| 국어 선생님을 위한 |

문법 교육론

창비교육총서 4

국어 선생님을 위한

문법 교육론

초판 1쇄 발행 • 2017년 10월 27일

지은이 • 최경봉 김윤신 이동석 주세형
펴낸이 • 강일우
편집 • 윤보라 박문수
디자인 • 최윤창 씨디자인
펴낸곳 • (주)창비교육
등록 • 2014년 6월 20일 제2014-000183호
주소 • 04004 서울특별시 마포구 월드컵로12길 7
전화 • 1833-7247
팩스 • 영업 070-4838-4938 / 편집 02-6949-0944
홈페이지 • www.changbiedu.com
전자우편 • textbook@changbi.com

ⓒ최경봉 김윤신 이동석 주세형 2017
ISBN 979-11-86367-75-9 94370

국어 선생님을 위한

문법 교육론

최경봉

김윤신

이동석

주세형

지음

창비
교육

표현과 이해를 위한 문법 교육의 길을 찾다

1

　"국어 교육에서 문법을 가르치는 게 필요한 일인가?" 어느 때부터인가 국어 교육 학계에서 이러한 도발적인 질문이 나오기 시작하였다. 질문은 거침없었고, 때맞추어 국어과 교육과정에서도 문법보다는 언어 기능 영역이 더 강조되었다. 학교 현장에서는 문법 지식이 국어 능력을 향상시키는 데 실질적으로 어떤 역할을 할 수 있는지 보여 주기를 원했다.

　문법 교육의 독자성을 확보하기 위한 문법 교육학자들의 대응은 수세적일 수밖에 없었다. 그러나 기능주의적 통합론에 대응하는 문제의식은 학교 현장의 요구에 맞닿아 있었다. 문법 교육학자들은 문법 지식이 정확하고 적절한 국어 사용을 넘어 타당하고 창의적인 국어 사용을 위해 필요한 지적 도구임을 강조하는 한편, '규칙과 규범의 총체로서의 문법'과 '표현과 이해를 위한 수단으로서의 문법'을 연계하는 문법 교육 방법론을 모색해 왔던 것이다.

　그러나 문법 교육학자들이 문법 교육 방법론을 모색하는 것과 이를 교육 현장에서 실천하는 것은 또 다른 문제였다. 문법 지식이 타당하고 창의적인 국어 사용을 위한 지적 도구로 쓰이기 위해서는 문법의 체계와 내용을 국어의 표현 및 이해 과정과 연계하여 새롭게 기술해야만 하였다. 문법 체계 및 내용과 구체적으로 연계되지 못하는 한 표현과 이해를 위한 문법 교육 방법론은 선언적 수준에 머물 수밖에 없기 때문이다. 이러한 상황 인식에서 『국어 선생님을 위한 문법 교육론』이 기획되었다.

　필자들은 이 책을 집필하는 내내 '문법 지식이 국어 능력을 향상시키는 데 실질적으로 어떤 역할을 할 수 있는지 보여 달라'는 학교 현장의 요구를 끊임없이 의식하며 내용을 구성하고 채워 나갔다. 문법이 우리 삶과 어떻게 관련되고 다른 교과 영역들과 어떻게 연계되는지 보여 주면서 문법 교육의 의미를 이야기하고자 하였고, 이를 위한 구체적인 방법론을 문법 지식에 대한 설명과 연관 지어 제시하였다. 따라서 이 책은 새로운 문법 교육 방법론을 모색하고 있을 현직 국어 교사들뿐만 아니라 국어 문법의 체계 및 내용과 문법 교육 방법론을 더불어 익혀야 하는 예비 교사의 학습서로 널리 쓰일 수 있을 것이다.

2

이 책은 총 5부로 구성되어 있다. 총론 성격의 1부에서는 텍스트, 문장, 어휘, 음운의 각 단위와 관련한 교육 방법론을 제시하며 이 책의 문제의식과 목표를 설명하였다. 2부부터 5부까지는 텍스트, 문장, 어휘, 음운 단위의 순서로 논의를 진행하였다. 텍스트 단위에서 시작하여 음운 단위로 끝맺는 구성 방식은 여타 문법 교육론과 차이가 나는 부분인데, 이러한 구성을 채택한 것은 표현과 이해를 위한 문법 교육 방법론을 구체화하기 위해서이다. 즉, 문법 내용과 문법 교육 방법론의 연계성을 분명히 하기 위해서는 표현과 이해 활동의 최대 단위인 텍스트 구성에 이르기까지 문법 지식이 활용되는 양상을 전체적으로 조망하는 절차가 선행될 필요가 있었다.

2부에서는 '텍스트 내용 구성하기', '텍스트에 변화 주기', '텍스트에 수사적 관계 반영하기' 등으로 나누어 모어 화자들이 텍스트를 구성하는 과정 중에 구체적인 문법 사항들을 어떻게 활용하는지 설명하였다. 이를 통해 표현과 이해를 위한 문법 교육 방법론의 전모를 가늠해 볼 수 있을 것이다.

3부에서는 내용상 2부와 긴밀하게 연계하면서 그간 문법론에서 다룬 문장 문법 관련 사항들을 체계적으로 설명하였다. 따라서 2부에서 제시된 문법 사항들을 3부를 통해 깊이 있게 학습하면서 각 문법 사항들이 표현과 이해 과정에 어떻게 작용하는지 구체적으로 이해할 수 있을 것이다.

4부에서는 표현과 이해 과정에서의 어휘 사용과 관련하여 형태론과 의미론의 제반 문법 사항들을 설명하였다. 이를 통해 어휘에 대한 문법적 지식이 문장과 텍스트를 구성하는 과정에서 어떻게 작동하고 어휘력을 키우는 데 어떤 역할을 하는지 이해할 수 있을 것이다.

5부에서는 음운과 관련한 기본 지식을 설명하고, 발음의 규칙과 원리를 학생들 스스로 탐구하는 방안을 제시하는 데 중점을 두었다. 그리고 규칙과 원리에 대한 이해를 바탕으로 맞춤법과 표준 발음의 문제에 합리적으로 접근할 수 있도록 하였다.

3

최경봉이 창비교육의 김이구 상임 기획 위원을 만나 '문법 교육론' 집필을 의뢰받은 것이 2015년 늦봄이었다. 국어 교육학계와 국어학계의 문제의식을 함께 담아낼 수 있는 저자들로 집필진을 꾸렸고, 그렇게 모인 필자들은 교육 현장에 실질적으로 도움을 줄 수 있는 새로운 형식과 내용의 문법 교육론을 저술하자는 목표를 세웠다. 각자의 전공에 따라 '텍스트'는 주세형, '문장'은 김윤신, '어휘'는 최경봉, '음운'은 이동석이 맡아 책임 집필하였다. 2년이 넘는 집필 기간 동안 두 달에 한 번꼴로 만나 각자의 원고에 대해 비평하고 토론하였다. 모임 때마다 창비교육 편집진도 참여하여 의견을 나누었다. 김이구 상임 기획 위원님과 윤보라 편집자님은 때로는 독자의 입장에서 때로는 편집자의 입장에서 귀중한 조언을 해 주었다.

끝날 것 같지 않던 일이 마무리되어 이제 그 결과물을 내놓는다. 겸허한 마음으로 독자들의 평가를 기다린다.

2017년 10월
지은이

일러두기 1. 인용 글은 원문을 따르는 것을 원칙으로 하되, 이 책을 활용하는 이들을 위하여 분명한 오기나 비문 등은 수정하여 제시하였다.

2. 학계에서 널리 통용되는 학설이나 개론적인 성격의 논의에 대해서는 출처를 일일이 밝히지 않은 경우도 있다. 연구자들의 양해를 바라며, 미비한 것은 보완하고자 한다.

차
례

3부
문장

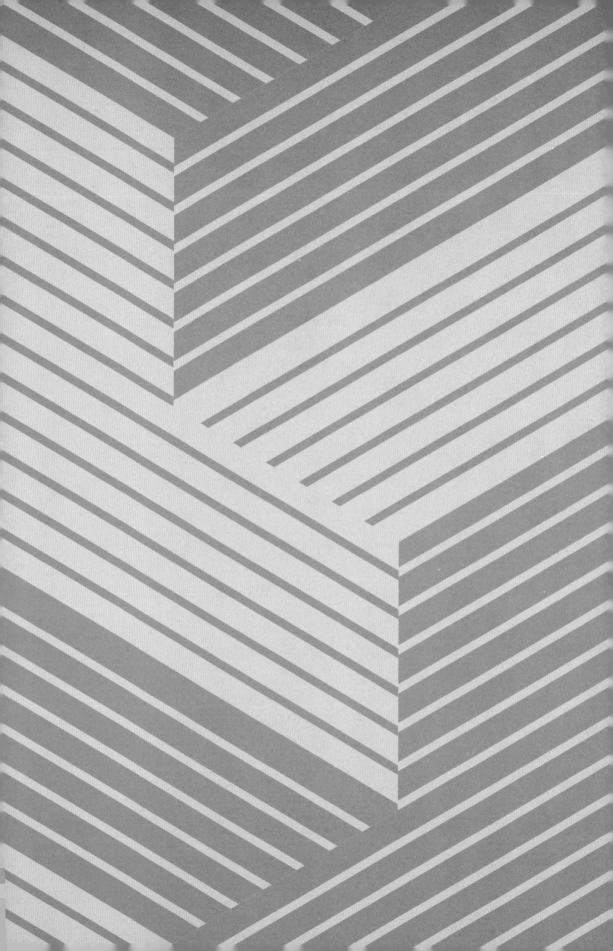

1부
총론

문법 교육과 텍스트

1──모어 화자에게 필요한 문법 능력

"모어 화자는 이미 충분한 문법 능력을 지니고 있기 때문에 문법 학습은 필요하
지 않다."

이는 맞는 말이기도 하고, 틀린 말이기도 하다. 언어 능력을 '숙달도 관점'에
한정한다면 모어 화자에게 국어 교육은 필요 없고, 문법 학습 역시 필요 없다.
그러나 '사고 능력, 문화 계승, 문화 분석력, 높은 수준의 텍스트 이해·생산 능
력'을 위해서라면 국어 문법 교육은 꼭 필요하다. 외국어 교육에서 문법 능력
은 언어 숙달도를 가늠하는 기초 능력에 해당하지만, 모어 교육에서는 '사고
능력, 분석 능력, 고차원의 텍스트 이해·생산 능력' 등과 관련된다.
이 책에서는 높은 수준의 텍스트를 생산할 수 있는 학습자를 길러 내기 위해
서 필요한 국어 문법 교육의 내용과 방법을 구상하고자 하였다. 그동안 국어
문법 교육에서 이에 대한 고민이 없지는 않았으나, 실제 언어 자료를 대상으로
담화 텍스트 차원의 교육을 강조하기만 하면 높은 수준의 텍스트를 생산할 수
있을 것이라고 생각해 왔다. 그러나 언어 지식을 기술하고 제시한다고 해서 학

습자가 그대로 학습하고 활용할 수 있는 것은 아니다.

여기에서는 수준 높은 국어 문법 교육을 실행하기 위해 모어 화자가 단계별로 갖추어야 하는 능력이 무엇인지 살펴보고자 한다. 기본적으로 '국어에 대해 메타적으로 사고할 수 있는 능력과 한국어 텍스트를 문장 문법으로써 분석할 수 있는 능력'을 갖춘 상태에서야 '텍스트 이해 및 생산'을 위한 문법 교육이 온전히 실현된다. 이 점을 고려하여 메타 언어 능력, 한국어 분석 능력에 대해 알아보고 각 해당 능력이 모어 화자 문법 능력의 기초가 됨을 살펴본 후, 가장 높은 수준의 문법 능력, '텍스트 이해 및 생산의 자원으로서 문법을 활용할 수 있는 능력'에 대해 단계적으로 설명하고자 한다.

1) 메타 언어 능력

학습자가 문법 교육을 통해 가장 먼저 갖추어야 할 능력은 언어를 대상화할 수 있는 메타 언어 능력이다. 이는 교육과정에서 최근 '국어 인식'으로 명명하며 강조하고 있는 내용으로, 학습자가 자신에게 내재된 문법 지식을 재인식하여 대상화하는 능력이다. 사실상 초등학교 단계에서 완성되어야 한다.

하나의 문장을 대상으로 맥락과 상관없이 문장 내 구조를 살펴보는 것은 모어 화자의 국어 활동에 직접적으로 기여한다고 보기는 어렵다는 주장이 득세하면서, 하나의 문장에 대하여 문법적 정오(正誤)를 판단하는 훈련은 특히 초등학교 교실에서 교육적 가치가 없는 것으로 폄하되었다. 언어를 총체적으로 보지 못하게 하고, 언어 활동에도 직접적으로 도움을 주기 어려우며, 창의성을 꺾을 우려가 있다는 것이 이유이다. 그런데 과연 그러한 '훈련'이 학생들에게 정말 의미 없는 것일까?

모어 화자는 이미 문법 지식을 내재하고 있으므로 문법을 의식적으로 소환하여 명시적으로 인식하기 위해 노력해야 한다. 이 과정에서 메타 언어 능력이 생기는데, 이러한 능력이 생겨야만 자신의 언어를 관찰하고 이를 기반으로 다른 학습 능력도 갖출 수 있게 된다.

언어 사용자가 언어 그 자체에 대해 생각하는 메타 언어 능력은 '탈맥락화된 대상으로서의 언어' 그 자체에 초점을 두는 사고 행위이다. 문법 수업에서 탈맥락적인 문장을 대상으로 정오 판단을 하는 '훈련'은 자신의 언어를 대상화하려는 사고 행위를 수반한다는 점에서 메타 언어 능력을 기르는 데 핵심적인 활동에 해당한다.

우리 아빠는 집을 초록색으로 칠했다.

초등학생에게 위 문장을 제시하고 '이러한 문장을 쓸 수 있는가?'라는 질문을 던졌을 때, 언어 발달 수준에 따라 질문의 의미를 받아들이는 양상이 다르다고 한다. 메타 언어 능력[1]이 충분히 발달한 아동은 질문의 의미를 '문법적으로 옳은 문장인가?'로 받아들이는 경향이 있다. 그리하여 위 문장에 대하여 '세상사 맥락과 별개로' 문법적으로 오류가 없는지를 판단하게 된다. 그러나 메타 언어 능력이 부족한 아동은 위 질문에 '세상사 맥락에서 분리하여 위 문장에 대하여 판단하라'라는 의도가 포함되어 있음을 상상조차 하지 못한다. 결국 '이러한 문장을 쓸 수 있는가?'라는 질문을 '세상사에 대한 아동 자신의 경험 맥락'에 준하여 '참, 거짓'을 판단하라는 의미로 받아들이게 된다. 아동의 경험에 비추어 '자신의 아빠가 실제로 집을 초록색으로 칠한 적이 있는지 여부'를 중심으로 '참, 거짓'을 판단하게 된다는 것이다.

메타 언어 능력의 속성이 국어과에서 필수적으로 요구하는 각종 활동과 긴밀히 연결되어 있고, 중등학교의 모든 교과에서 요구하는 학습 능력과 무관하지 않기 때문에 메타 언어 능력은 국어과에서 좀 더 높은 비중으로 다루어져야

---

1 "메타 언어 능력은 학령 전 시기에 시작하지만, 여덟 살이나 아홉 살까지는 언어에 대해 제대로 의식하지 못한다. 이 나이 이전에는 언어를 일차적인 소통 수단으로 보며, 언어가 전달되는 방식에는 초점을 맞추지 않는다. 그러다가 아홉 살이 지나면서 의미론에 영향을 받지 않고 문법적 정확성을 판단할 수 있게 된다. (중략) 메타 언어 능력은 대개 아동이 언어 형식에 숙달되고 난 다음에 나타나며, (중략) 메타 언어적 기술의 발달은 언어 사용, 인지 발달, 읽기 능력, 학교 성적, IQ, 환경적 자극, 놀이와도 관련이 있다." (Owens, 2006: 532~535면)

한다. 일례로, 초등학교 단계에서부터 중요하게 다루어지는 '요약하기'는 메타 언어 능력이 완성된 후에야 가능하다. 제대로 된 요약을 하기 위해서는 대상 텍스트의 맥락에 매몰되지 않고 이를 대상화할 줄 아는 능력이 전제되어야 하기 때문이다. 밤을 새워 가며 즐겼던 영화의 감동이 아직 생생하나, 다음 날 아침 친구나 선생님에게 그 영화의 줄거리를 '요약하여 말하기'는 제대로 되지 않는 학생이 있다면, 그 학생은 영화 속 맥락에서 벗어나게 해 주어야만 한다. 영화 속 맥락을 벗어나 영화를 객관적으로 '대상화'해야만 다른 사람에게 요약하여 말해 줄 수 있는 '언어'를 얻게 되는 것이다. 이처럼 기존의 국어과 활동 중에도 메타 언어 능력이 전제가 되어야만 유의미한 결과를 얻을 수 있는 경우가 많다.

문법 수업에서 '하나의 문장을 맥락에서 분리하여 대상화하는 훈련'은 메타 언어 능력을 가장 손쉽게 획득할 수 있는 활동 가운데 하나로, 그 교육적 가치가 재조명되어야 한다. 초등학교 단계는 학습 능력의 기반을 다지는 시기인 만큼, 탈맥락적 문장을 대상으로 문법적 판단을 하는 훈련을 강화하여 세상사를 자신의 맥락과 분리하여 객관화할 수 있는 사고 능력을 발달시켜야 한다.

국어 문법 교육과정 중에도 메타 언어 능력과 관련된 교육 내용이 이미 설정되어 있다. '언어 의식'이나 '국어 의식'이 그것인데, 그 기원은 김광해(1997)가 제안한 탐구 학습에서부터 찾을 수 있다. 그는 문법 교육 내용을 '우리말 알기'와 '우리말 가꾸기'로 나누고, 전자는 국어 탐구 경험, 후자는 국어에 대한 사랑을 핵심 내용으로 제안하였다. '우리말 알기'에서 본격적으로 국어 현상에 대해 의문을 가지고 탐구한다면 자연스럽게 '우리말 가꾸기'로 연계가 된다. 김은성(2005)은 영국의 언어 인식 운동을 소개하였는데, 언어를 대상화하여 탐구·조사한 결과를 바탕으로 무엇인가를 실천할 수 있는 인식 행위임을 강조함으로써 김광해의 아이디어를 구체화하였다. 이를 발전시켜 김은성(2006)은 '태도'를 국어 문법 교육 내용의 한 범주로서 본격적으로 안착시켰다.

언어 인식

'언어 인식'이란 언어에 대한 명시적인 지식과 언어를 배우고 가르치고 구사할 때의 의식적인 지각과 감수성을 의미한다. 이는 영국, 미국, 오스트레일리아 등에서 전통적인 문법 교육에 대한 대안을 제시할 필요가 있다는 문제 제기 아래, 문법 교육 및 언어 교육에 대한 서로 다른 관점과 배경을 지닌 근원들이 모여서 합의를 이루어 낸 '언어 운동, 프로그램, 이론, 관점'이다. 즉, 무언가 전통적 문법 교육과는 다른 방식으로 접근할 필요가 있다는 문제의식만 공유되고 구체적인 실천 방안은 천차만별일 수 있다. 이러한 흐름에 따라 국어 문법 교육에 언어 인식을 도입하는 과정에서도 마찬가지로 명확히 개념화되는 과정을 거치지 못하였다.

언어 인식과 비판적 언어 인식

기존의 언어 인식 운동이 언어를 투명하고 객관적인 실체로만 바라보는 것을 비판하면서 언어가 지닌 힘과 이데올로기 등이 교육되어야 함을 강조한 것이 비판적 언어 인식 운동이다. 국어 문법 교육에서는 오래전부터 '올바른 언어, 정확한 언어'라는 언어관이 자리 잡고 있기에, 다양한 변이어에 대해 성찰해 보는 교육 내용을 도입하고 있는 정도이다. 대신 읽기 행위를 '사회적 실천'으로 보고 '비판적 문식성'을 중요한 목표로 보게 됨에 따라 현재 국어 교육에서는 '읽기' 또는 '매체 언어 교육'에서 비판적 언어 인식을 다루고 있다. 언어 인식 교육이 단지 문법 교육의 몫만은 아님을 알 수 있다.

언어 탐구와 인식

주지하다시피 제7차 교육과정에서부터 문법 교육에서는 탐구 학습을 강조해 왔다. 제7차 교육과정에서의 '탐구'는 교수·학습 방법 차원에서의 제안 정도에 그쳤으나,

2007 개정 교육과정에서는 문법 교육 내용의 한 범주로 자리 잡게 되었다. 교육 내용으로서 '탐구' 범주는 결국 국어를 하나의 대상으로 삼아 관찰, 분석, 비교, 인식하는 사고 행위를 하는 것으로 규정되어 언어 인식과의 관련성을 강조한다.

현재 문법 교육에서는 아래 인용문의 취지에 따라, '언어 탐구'와 '언어 인식'을 연계할 필요성에 대해 공감하고 있다.

> 언어 탐구와 인식(LEA)이라고 부르는 언어 학습 방법을 통해 영어 학습을 보다 넓고 확장된 관점으로 바라볼 수 있는데, 이 관점은 개인적인 편협성에 의해서 눈이 먼 우리가 언어 코끼리의 전체를 볼 수 있도록 도울 것이다.
>
> 학습자들은 자신과 다른 화자, 필자들이 특정한 문법 자질을 다루는 방법을 파악하기 전에, 이러한 문제들에 주의를 기울여야 하는 '이유'를 알아야 한다. 이러한 이유들은 학습자가 실재 세계에서 실제 언어 사용에 대하여 탐구함으로써 점점 명백해질 것이다.
>
> 예를 들어, 한 지역에서 다른 지역으로, 한 세대에서 다른 세대로, 한 계층에서 다른 계층으로 언어가 어떻게 변화하고 다양해지는가, 사전이 이러한 변화들을 어떻게 기술하고 있는가, 단어가 어떻게 만들어지는지, 사람들이 단어에 어떻게 의미를 부여하는지를 탐구할 수 있다. (Andrews, 2008: 24면)

'국어 의식'과 '언어 인식'의 관계

전통적으로 '국어 의식'은 근대 언어와 국민 사이의 관계를 인식하면서 형성된 국어에 대한 의식, 또는 애국 계몽기에 있었던 어문 운동으로 촉발된 '국어에 대한 관심과 사랑' 정도로 인식되어 왔다. 그러나 2007 개정 국어과 교육과정에서 '국어 의식'이라는 용어를 선택한 것은 앞서 기술한 '언어 인식'을 도입하려는 것이 주된 의도였다. 그럼에도 '언어 인식'이 아닌 '국어 의식'이라는 용어가 채택되었는데, 그 이유는 '국어 의식'이 가장 보편성을 획득하고 있어 현장 교사들에게 부담 없이 다가갈 수 있다는 판단 때문이었다(신명선, 2008: 371면). 요컨대 현재 문법 교육에서의 '국어 의식'은 전통적인 '국어에 대한 사랑과 태도'와 '언어 인식' 모두를 포함한 내용을 담고 있다.

　　'국어 의식'은 2007 개정 교육과정에서 본격적인 용어로 채택된 이후, 2015 개정 교육과정에 이르기까지 문법 내용 체계의 범주 속에 꾸준히 제시되어 왔다. 국어 문법 교육과정에서 주로 '태도' 범주의 하위 내용으로 설정되어 있으나, 실제로는 지식적 속성, 더 나아가 '사고 능력', '메타 언어 능력'과 긴밀히 관련을 맺고 있는 것이다.

2009 개정 교육과정 '문법' 영역

실제	지식	탐구와 적용	태도
• 국어 문화와 자료 　– 구어 자료, 문어 자료 • 다양한 매체와 국어 자료	• 언어의 특성 • 국어의 구조 • 국어의 규범	• 국어의 분석과 탐구 • 국어 지식의 적용 • 국어 생활의 점검과 문제 해결	• 국어의 가치와 중요성 • 국어 탐구에 대한 흥미 • 국어 의식과 국어 사랑

핵심 개념	일반화된 지식	학년(군)별 내용 요소					기능
		초등학교			중학교 1~3학년	고등학교 1학년	
		1~2학년	3~4학년	5~6학년			
▸국어의 본질	국어는 사고와 의사소통의 수단이 되는 기호 체계로서, 언어의 보편성을 바탕으로 하여 고유한 국어문화를 형성하며 발전한다.			• 사고와 의사소통의 수단	• 언어 기호	• 역사적 실체	• 문제 발견하기 • 자료 수집하기 • 비교·분석하기 • 분류·범주화하기 • 종합·설명하기 • 적용·검증하기 • 언어생활 성찰하기
▸국어 구조의 탐구와 활용 음운 단어 문장 담화	국어는 음운, 단어, 문장, 담화로 구성되며 이들에 대한 탐구를 통해 국어 지식을 얻고 이를 국어 생활에 활용할 수 있다.		• 낱말의 의미 관계 • 문장의 기본 구조	• 낱말 확장 방법 • 문장 성분과 호응	• 음운의 체계와 특성 • 품사의 종류와 특성 • 문장의 짜임 • 담화의 개념과 특성	• 음운의 변동 • 문법 요소의 특성과 사용	
▸국어 규범과 국어생활 발음과 표기 어휘 사용 문장·담화의 사용	발음·표기, 어휘, 문장·담화 등 국어 규범에 대한 이해를 통해 국어를 바르게 사용할 수 있는 기능을 기르고 바른 국어 생활을 할 수 있다.	• 한글 자모의 이름과 소릿값 • 낱말의 소리와 표기 • 문장과 문장 부호	• 낱말 분류와 국어사전 활용 • 높임법과 언어 예절	• 상황에 따른 낱말의 의미 • 관용 표현	• 단어의 정확한 발음과 표기 • 어휘의 체계와 양상의 활용 • 한글의 창제 원리	• 한글 맞춤법의 원리와 내용	
▸국어에 대한 태도 국어 사랑 국어 의식	국어의 가치를 인식하고 국어를 바르게 사용할 때 국어 능력이 효과적으로 신장된다.	• 글자·낱말·문장에 대한 흥미	• 한글의 소중함	• 바른 국어 사용	• 통일 시대의 국어에 대한 관심	• 국어 사랑과 국어 발전 의식	

2) 한국어 분석 능력

메타 언어 능력이 갖추어진 다음에는 텍스트를 의미의 조합으로 보고 형태소 단위로 분석할 줄 알아야 한다. 학습자는 "이제까지는 사용의 단위이고 소통의 단위였던 언어가 문법 교육의 국면에서는 분석의 단위가 되어 쪼개지고 각종 문법 용어들로 명명되고 설명된다"(남가영, 2011: 118~119면)는 것에 익숙해져야 한다. 본격적인 문법 학습이 이루어지는 단계이다. 이때 학습한 문법 지식과 개념이 텍스트를 분석할 수 있는 능력과 연계되려면 텍스트를 의미의 조합으로 보고 이를 의미의 단위로 분석해 내는 과정이 반드시 포함되어야 한다.

> (가) 우리의 관심은 학조가 당대의 선승이었는지 아니면 실록의 기록대로 요승이었는지, 또 얼마나 재산을 많이 가지고 있었는지를 따지는 데에 있지 않다. 앞서 서촌 지역에 왕족 외의 사대부들이 들어와 자리 잡기 시작한 것이 대개 세조 이후 성종 무렵이라고 언급했는데, 그 구체적인 사례를 이 학조에게서 확인하는 것이다. 그 특혜의 당사자가 숭유억불 시대에 승려였다는 점이 이채롭다. (최종현·김창희, 『오래된 서울』, 동하, 2013, 154면)

> (나) Mr. Bennet was among the earliest of those who waited on Mr. Bingley. He had always intended to visit him, though to the last always assuring his wife that he should not go; and till the evening after the visit was paid she had no knowledge of it. It was then disclosed in the following manner. Observing his second daughter employed in trimming a hat, he suddenly addressed her with: 'I hope Mr. Bingley will like it, Lizzy.' (Jane Austen, *Pride and Prejudice*)

(가)와 (나) 텍스트는 '의미'로 분절할 수 있다. 이때 '의미'란 '실질 의미'뿐만 아니라 '문법적 의미'도 포함한다. (가)와 (나) 텍스트는 우선 '실질 의미를 나타내는 어휘'와 '문법적 의미를 나타내는 문법 장치'로 분절된다. (가) 텍스트의 '문법 장치'들은 '조사', '어미'로 나눌 수 있는데, '조사'의 경우 '격'을

나타내는 경우도 있고 의미를 더하는 경우도 있으며, '어미'에는 '시제, 상, 양태적 의미'가 포함되어 있다. (나) 텍스트도 (가) 텍스트 못지않게 여러 문법 장치가 포함되어 있다. 그런데 둘 사이의 차이점이 있다면, (가)는 문법적 의미를 파악하는 데 문법 형태소를 분석할 수 있는 지식이 필요한 반면, (나)는 형태소 분석 능력까지는 필요하지 않다는 점이다.

(나)에서 보듯, 영어 텍스트는 문법적 의미를 인식할 수 있는 단위가 시각적으로도 명확히 파악된다. 그러나 한국어 텍스트는 문법적 의미를 정확하게 이해하기 위해서는 절이나 구 차원을 넘어 형태소 단위까지 분석해야 한다. 형태소 차원의 분석 능력이 전제되지 않으면 담화의 의미를 명확하게 이해하기가 어렵다.

그동안 문법 교육에서는 형태소 분석 활동의 교육적 가치가 충분히 부각되지 못하였다. '단어의 짜임'을 가르치는 데에 필요한 것으로만 언급되어 왔고, 그나마 그 비중이 더욱 줄어들어 2015 개정 교육과정에서는 '형태소' 개념조차 언급하지 않는 데에까지 이르게 되었다.

그러나 한국어의 경우 '조사와 어미'가 문장의 의미, 더 나아가 담화의 의미를 결정짓는 문장 구성 요소인 경우가 많으므로 형태소 분석 활동은 단어, 문장, 텍스트 차원 전반에서 중요하게 다루어져야 한다. 심지어는 조사와 어미가 여러 개 겹쳐서 나타나거나 융합형으로 나타나는 경우가 많은데, 이 경우 문법적 의미 기능을 나타내는 단위를 인식하고 그에 따라 형태소 분석을 하기가 무척 어렵다. 형태소 분석 활동이 단지 단어 짜임을 알도록 하는 데 초점을 두지 않고, 띄어쓰기가 어려운 현상을 두고 형태소 분석 연습을 하면서 해당 형태소가 지니는 문법적 의미를 성찰하도록 독려하는 것이 필요하다.

형태소 분석 능력을 갖추었는지를 살펴보기 위해서는 띄어쓰기 능력을 검사해 보면 된다. 형식은 같은데 문법적 기능은 다른 언어 형식들을 제시하고, '의존 명사, 조사, 어미, 접사' 등을 판별해 낼 수 있는지 검사지를 구성해 본다. 검사지에서 띄어쓰기를 제대로 해내지 못한다면, 복잡하고 미묘하게 드러나는 담화 의미를 이해할 능력이 없음을 방증하는 것이라고 보아도 된다.

검사지의 예

띄어쓰기가 틀린 부분을 고치시오.

- 아직 뱃전에 오르지 못한 사람들을 내려다보며 안타까워 하다가 생사의 갈림길에서 극적으로 살아남게 된 자신을 보며 가슴을 쓸어내렸을 지도 모른다.
- 과연 그 선택이 정말 '성장'일 지, 아니면 '타락'일 지는 쉽게 말할 수 없다.
- 그가 나를 떠난 지 벌써 일 년이다.
- 그럴만도 하겠다.
- 그 분은 그런 큰 상을 받을 만하다.
- 나만이 그 일을 해낼 수 있다.

이 단계는 문장 문법을 의미 기능을 중심으로 익히는 과정으로, 학습 요소 면에서는 문장 문법 차원에서 다루어 왔던 것과 큰 차이가 없다. 그러나 '관점'을 달리하여 학습해야 하므로 생소하거나 어렵게 느껴질 수도 있다. 따라서 이러한 활동을 할 때에는 담화 텍스트를 이해하고 생산하는 데 필요한 '풍부한 언어 자원'의 '재료'를 준비하는 과정임을 인식하도록 하는 것이 중요하다. 큰 덩어리째 인식이 되는 의미 덩어리를 의미 기능에 따라 분석하는 활동이 선행되어야 문장 문법을 의미 기능 중심으로 학습하는 것이 가능하다. 이 과정에서 형태소 개념을 적극적으로 활용하고, 형태소 차원의 의미 기능을 '제대로 분석'해 내기 위해 분석의 도구가 되는 '개념 학습'도 함께 이루어져야 한다. 이에 대해서는 3부에서 자세히 다룰 것이다.

모어 화자의 경우 24개월만 되어도 모어의 문법 구조에 이미 익숙해지고, 문장의 적격성 여부를 '느낌으로' 판단할 수 있다. 한국어에 '숙달된' 상태가 된 것이다. 하지만 더 나아가 숙달된 언어들을 다시 대상화하고 재인식하는 과정을 거쳐 메타 인지 능력을 획득하고, 수많은 텍스트 안에 묻혀 있는 형태소 단위를 인식하면서 (원래 익숙해져 있었던) 문법적 의미를 '새삼스럽게' 깨닫는 가운데 분석적 사고까지 획득하여야만 비로소 모어 화자의 문법 능력이 완성되었다고 할 수 있다.

3) 언어적 자원으로서의 문법 능력: 학습자의 언어화 과정 전반에 문장 문법을 활용할 수 있다

지금까지 언급한 문법 능력을 갖추기도 어려운데 아직 한 단계가 더 남아 있다고 하면, 아마 다음과 같이 의구심을 품을 것이다.

초등학교 때 한 문장을 대상으로 문법적인지 여부를 판단하는 과정을 거쳐야 '메타 언어 능력'이 생긴다는 것까지는 이해해 줄 수도 있다. 그렇지만 이미 문장 차원의 문법을 모두 익히고 나면, 중등학교 교육과정 이후에 필요한 문법이란 솔직히 기껏해야 맞춤법 정도 아닌가. 문법이 글을 수정하는 최종 단계에서 맞춤법을 점검할 때는 분명히 필요하며, 성인이 되어서 교양이 있는지 없는지 판단할 수 있는 주요한 기준이기 때문에 맞춤법을 익히는 데 집중하면 된다.

그러나 최고 수준의 문법 능력을 완성하기 위해서는 맞춤법 이상으로 중요한 능력이 더 남아 있다. 텍스트 유형별로, 상황 맥락별로 어떠한 언어 자원을 활용하여야 할지 판단할 수 있는 능력이 그것이다. 논설문, 설명문, 이야기, 묘사하는 글, 기사문, 과학 보고서 등 특정한 유형의 텍스트에 대체로 자주 쓰이는 언어 표현이 있고, 공식적인 상황이냐 비공식적인 상황이냐, 수신자 집단이 불특정 다수이냐 아니면 필자와의 관계가 밀접한 특정인이냐에 따라 '써야 하는' 또는 써야 한다고 '권장받는' 언어 표현이 있다. 이러한 언어 표현 모두가 이해 및 표현을 위한 언어적 자원이 된다. 숙련된 국어 능력을 갖추고자 한다면 모어 화자는 이러한 언어적 자원을 풍부하게 하는 데 많은 노력을 기울여야 한다.

유의해야 할 점은 특정 유형의 상황에 부합하는 언어 목록이 규칙처럼 정해져 있는 것이 아니라는 것이다. 국어 교육에서는 한때 특정 유형의 텍스트를 제대로 생산하려면 명문장에 등장하는 언어 표현을 그대로 베껴 쓰면서 학습자가 그 언어 표현을 암기하도록 교육해야 한다고 생각하였던 시절이 있었다. 이를테면 '논설문에 꼭 써야 하는 언어 표현 목록'이 있으며, '명문장들이 발견되는 논설문들'에서 그 목록을 찾을 수 있다고 생각한 것이다. 이처럼 '언어 그 자체'를 제시하는 것만으로도 작문 능력이 향상될 것이라고 보는 '결과주의 작문 이론'에 근거하여 교수·학습이 이루어졌던 것이다.[2]

그러나 국어 교육 학습자가 '사회 속의 개인'이라는 관점이 보편화되면서 이해 활동은 물론이고, 말하기·글쓰기 등의 표현 행위조차도 '고차원적인 인지적 사고 작용'이자 '사회적인 소통 행위'라고 생각하게 되었다. 그러면서 교수·학습에서는 '언어'가 차지하는 비중이 급격히 줄었다.[3] 즉, '말하기를 아주 못하는 사람, 글쓰기를 아주 못하는 사람'에게는 말하기 불안증을 극복하는 방법이라든지, 브레인스토밍을 해 보라든지 등의 '언어적이지 않은 처방'이 내려졌다. 처방 대상인 학습자가 인지적·사회적으로 어떤 상황에 처해 있는지 종합적으로 관찰한 후에 처방을 내리는 것(그 처방이 진짜 옳은 것인지도 잘 모르는 채)이 타당하다고 생각하게 된 것이다. 그 결과 현재 국어 교육에서는 종종 교수·학습 과정에서 '언어 그 자체'가 정말 적은 비중을 차지한다고 생각하는 학자도 상당수를 차지한다.

그러다가 이러한 현상에 대해 비판적 시각이 생기기 시작하였다. 교사는 어찌 되었든 학습자에게 무언가 처방을 내려 주어야 하는데, 여러 종류의 처방

---

2 모든 교수·학습 방법은 그 나름대로의 장단점이 있고, 어떤 맥락에서 어떤 학습자를 만나느냐에 따라 선택될 가치가 있는 '후보군' 가운데 하나이다. 교육은 인간 능력의 일부분에만 초점을 맞추어 이루어질 수밖에 없기 때문이다. 그러므로 학술적 전제가 틀렸다고 해서 해당 교수·학습 방법이 교육적 맥락에서 가치가 없는 것은 결코 아니다. 비록 숙련자가 작성한 논설문을 베껴 쓰도록 하는 교수 방법은 '쓰기가 정신 작용이라는 것을 무시하고 있다는 점에서' 학술적 전제가 옳지 않기는 하지만, 만약 문법을 명시적으로 배우기 어려워하지만 태도는 성실한 학습자가 있다면 해당 학습자에게는 어느 정도 효과가 있을 수 있다.
3 문법이 '언어 행위' 그 자체를 전부 설명해 줄 수 있다고 말하는 것이 아니다. 또한 이 책에서 말하는 '문법'이란 단지 형태 통사론만이 아니라, 음운론, 형태론, 통사론, 의미론, 화용론을 모두 아우르는 '언어 운용상의 원리'를 뜻한다.

가운데 '언어'가 그래도 가장 명시적이며 가장 국어과적인 처방에 해당한다고 보게 된 것이다. 이러한 시각이 반영되어 2007 개정 국어과 교육과정에 이르러 국어과 교수·학습은 다시 '언어, 텍스트'가 중심이 되었다. 수준 높은 언어 능력을 갖추려는 모어 화자에게는 '예각화된 비판적 언어 인식을 바탕으로 한 비판적 읽기 능력, 의미를 깊이 있게 구성하는 쓰기 능력, 수사학적 요소에 대한 메타적 인식, 상호 작용적 기능을 예각화하여 언어적 레퍼토리를 구성하고 선택하는 능력'이 필요하며, 이러한 능력에는 반드시 '언어적 처방'이 필요하다. 그리고 이러한 '언어적 처방'을 내리려는 교사에게도 역시 '수준 높은 언어 능력'이 필요하다.

그런데 문제는 국어 교육 전반에서 이러한 문제의식에 다들 동의하기는 하지만, 정작 교사가 참고할 만한 내용이 없다는 것이다. 이 책에서는 이해 및 표현 활동에 필요한 언어적 자원은 '문법' 영역에서 제공할 수 있다고 본다. 이에 대해 학계에서 이제야 조금씩 구체화하는 중이라 이 책에서 그에 관한 전반적인 내용을 일목요연하게 설명하기는 어렵지만, 그 관점만이라도 간략히 설명하고자 한다.

흔히 이해 및 표현 활동에 필요한 문법은 담화 텍스트 차원에서 제공할 수 있다고 생각해 왔다. 그리하여 기능 영역 분야에서 텍스트를 분석함으로써 '언어적 교육 내용'을 도출하고자 하였으나, 현재로서는 그 연구의 흐름이 끊긴 상태이다. 이해 및 표현 능력 향상을 위해 담화 차원의 교육 내용을 강화하는 방법은 무언가 부족하거나 적절하지 않다는 암묵적인 평가가 있었던 것으로 보인다.

그동안 문법 교육에서는 이러한 교육 내용을 탐색하는 것에 적극적인 관심을 두지 않았었는데, 문법 영역의 역할이 '언어'를 둘러싼 제 문제를 다루는 것으로 확대된 지금, 관련 교육 내용을 개발하는 데 다시금 관심을 기울일 필요가 있다. 그러나 '문법 내용을 새로이 기술'하여 언어적 교육 내용을 개발해야 할 필요는 없다. 문장 문법을 활용하는 것만으로도 충분하기 때문이다.

다만 문법을 의미 기능 중심으로 익히는 것으로 문법관 및 교수·학습관이 바꾸어야 한다. 기존 문법 교육에서 문법 형식의 의미 기능을 자료에서 확인하도록 하는 방식은 학습자가 이미 알고 있는 것을 확인하는 데 그치는 것이므로 아무리 다양한 맥락에서 가져온 자료를 제공한다고 하더라도 모어 화자에게 그다지 큰 도움이 되지 않는다. 중요한 것은 문법 역시 모어 화자의 의도에 따라 주도면밀하게 선택되는 것임을 깨닫게 하는 '언어화 과정에서의 문법의 역할'을 생각하게 하는 것이다. 학습자가 스스로 자신의 표현 활동 과정을 점검하거나(표현 활동과 연계할 경우), 텍스트의 필자가 왜 그 언어 형식을 선택하게 되었는지 표현 의도를 역추적하는(이해 활동과 연계할 경우) 과정에서 비로소 유의미한 문법 학습이 이루어진다.

학습자가 표현 활동을 수행할 경우, 학습자가 표현하고자 하는 바를 어떻게 언어화해야 하는지 대화하거나 토론하면서, 특정 언어 형식을 선택하였을 때 '표현 의도'와 '언어 형식의 의미 기능'의 관련성을 생각해 보도록 하고, 문법 지식이 유의미하게 활용된 방식을 깨닫도록 한다. 즉, 표현 과정에서 어떤 언어를 선택할 수 있는지를 인식하도록 한다.

학습자가 이해 활동을 수행할 경우, 실현된 텍스트를 대상으로 필자가 언어 표현 과정에서 어떠한 의도로 해당 문법 장치를 선택하였는지 해석하면서, 역시 문법 지식이 어떻게 유의미하게 활용되는지 깨닫도록 한다.

지금까지 논의한 바를 도식화하면 다음과 같다.

문법 능력의 단계별 완성 과정

[고등학교 문법 교육]
이해 및 표현 활동 과정에서
문법을 언어적 자원으로 다루기

⇧

[중학교 문법 교육]
개념 학습 + 형태소 분석 능력
(의미 기능 중심의 문장 문법 학습)

⇧

[초등학교 문법 교육]
메타 언어 능력(국어 의식)

이 책 2부에서는 의미 기능을 중심으로 문장 문법 학습을 끝낸 이후의 학습자를 대상으로 하는 문법 교육의 실제를 보여 주기 위해 '글을 쓰고자 하는 필자의 표현 단계'를 과정별로 나누고, 각 단계별로 관련이 되는 문법 사항을 의미 있게 기술하였다. 이를 통해 문장 문법에서 배우는 내용들이 표현의 단계를 중심으로 '배열'되고, 문법의 선택이 표현 의도와 긴밀히 관련되어 있음을 드러내고자 하였다.

이와 같은 내용을 통해 표현 활동 과정 중에 문법 교수·학습을 유의미하게 진행할 수 있는 방법을 얻을 수 있을 것으로 기대한다. 이때 문장 문법에 대한 의미 있는 이해가 선행되어야 함은 물론이다. 이러한 '의미 기능 중심의 문장 문법' 교육 내용은 3부에서 다룰 것이다.

2──문법 교육에서의 담화 텍스트 관련 교육 내용

이 책 2부에서는 텍스트에 사용된 문법에 주목하여, 해당 텍스트의 필자가 왜 그와 같은 문법 장치를 선택하였을까를 생각해 보게 된다. 모어 화자가 글을 쓰는 과정에서 어떠한 문법 사항을 고려하게 될 것인지를 고려하여 기술하였다. 독자 입장에서는 2부와 3부의 내용이 겹치는 것이 아닌가 생각할 수도 있겠다. 그러나 3부는 2부의 기본 지식에 해당하는 이른바 문법재(文法材)에 대한 내용이고, 2부는 표현 과정에서 점차적으로 다루는 것으로, 문법 텍스트 내에서 의미와 상황 맥락을 긴밀하게 관련지어 학습할 수 있다는 점에서 차별성을 찾을 수 있다.

이 책의 구조에서도 쟁점이 되는 것처럼, 문법 교육 혁신의 중심에서도 '문장과 텍스트의 관계'는 늘 쟁점이었다. 즉, 추상적 문장 단위를 중심으로 한 교육을 벗어나 '담화, 텍스트'에 대한 교육 내용을 개발함으로써 문법 교육의 변화를 주도하였다고 할 수 있다. 그러나 그동안의 '담화' 교육 내용은 문장 문법 내용과 관련하여 분명히 비판적으로 볼 여지가 있었다. '문장과 담화 텍스트'

의 교육적 의미가 명확히 정리되지 않았기에 문제가 되는 점이 많다.

이러한 맥락에서 문법 교육에서 다루어 온 담화 텍스트 교육 내용을 교육 과정 중심으로 간략히 정리하고 그 한계를 살펴보면서 국어 교육학 전체의 관점에서 볼 때 문법 교육이 오히려 '문장 문법'에 주목해야 함을 짚어 보고자 한다.

1) 교육과정을 중심으로 본 담화 교육 내용

먼저 '담화, 텍스트'라는 용어의 기원부터 정리해 보자. '담화'는 'discourse'의 번역어로 주로 구어를 가리키고, '텍스트(text)'는 문어를 가리키는 용어로 구분되어 왔다. 이러한 구분은 구어 자료를 중심으로 한 담화 분석 및 화용론적 전통과 문어 자료를 중심으로 한 텍스트 언어학의 연구 전통에서 비롯된 것이다.[4] 문어 텍스트의 초구조, 거시 구조, 미시 구조를 분석하거나, 구조를 가리키는 표지를 연구하거나, 텍스트 유형별로 텍스트성을 규명하려는 연구들에서는 텍스트 언어학의 연구 전통에 따라 '텍스트' 용어가 선택된다. 최근에는 구어를 다루든 문어를 다루든 구어 담화/문어 담화, 구어 텍스트/문어 텍스트 등으로 혼용하여 쓰기도 한다.

이처럼 연구의 맥락에서는 '담화' 또는 '텍스트' 용어를 학파의 전통에 따라 구분해 왔지만, 국어과 교육과정 및 교과서에서는 '텍스트'가 외국어라는 이유로 용어로 채택하는 것을 자제함에 따라 '담화', '글', '언어 자료', '작품' 등의 용어만 사용한다. 2007 개정 교육과정 해설서에서는 이를 명시적으로 밝히고 있다.

---

4 윤석민(2011: 9면)에 의하면, 텍스트 언어학과 화용론은 모두 언어의 기능적 측면에 주목하지만, 텍스트 언어학은 문장을 넘어서는 언어 단위를 연구한다는 관점을 견지하고, 화용론은 담화 요소를 중심으로 하여 언어 사용자의 해석 행위를 연구한다는 점에서 차이점이 있다. 그러나 텍스트 언어학과 화용론은 형태소나 단어, 문장 등 언어 단위에 대한 의미 및 통사 구조를 규명하고자 하였던 문장론의 연구 태도를 극복하려는 노력의 일환으로 등장하였다는 점에서 상호 보완적 관계를 갖는 학문 분야이다.

텍스트란 용어를 사용해야 하는 맥락에서는 원칙적으로 '담화 또는 글, 언어 자료, 작품'이라고 표현해야 하나 음성 언어와 문자 언어의 발화를 모두 포괄하는 용어로서 '담화와 글', '담화나 글', '담화·글'이란 표현을 사용하고자 한다.

2015 개정 교육과정에서도 맥락에 따라 영역별로 그 명명과 개념역이 다르게 나타난다. '화법' 영역에서는 '담화', '읽기와 쓰기' 영역에서는 '글', '문학' 영역에서는 '작품'이라고 명명하고 있으며, 이를 내용 체계표 등에서 통칭해야 할 경우에는 '텍스트(담화·글·작품)'라고 명명한다. 실제 연구물에서는 여전히 연구 전통에 따라 '담화', '텍스트' 용어가 달리 선택된다. 특히 담화를 통해 사회적 관계나 권력 관계를 드러내려는 일련의 연구 흐름, 즉 '사회적 실천으로서의 담화'에 주목하는 연구에서는 '담화'라는 용어만을 선호하는 경향이 있다.[5] 2015 개정 교육과정의 '언어와 매체' 과목에서는 특히 '사회적 실천으로서의 담화' 관점이 적극적으로 도입되어 비판적 문식성을 길러 주는 데 기여하고자 한다. 여기에서는 문법 교육과정이나 교과서, 교육과정사를 살펴볼 것이기 때문에 맥락에 따라 '담화', '텍스트'를 모두 사용한다.[6]

---

5   문학 교육 연구 및 교육 사회학에서는 이를 '담론'으로 번역하기도 한다. 다음은 교육 사회학자가 '담론'이라는 용어를 사용한 맥락 중 일부인데, 이는 문학 교육 연구 및 비판적 문식성에서 관심을 가지는 바와 일치한다. "어떤 사회에서든 담론의 생산을 통제하고, 선별하고, 조직화하고 나아가 재분배하는 일련의 과정들—담론의 힘들과 위험들을 추방하고, 담론의 우연한 사건을 지배하고, 담론의 무거운, 위험한 물질성을 피해 가는 역할을 하는 과정들—이 존재한다(Foucault, 1998: 10면). 푸코가 지식과 권력의 관계에 초점을 두어 담론(discourse) 이론을 제시한 이래 지식은 언어와 주체, 그리고 힘과의 불가분의 관계 속에서 해명해야 할 문제가 되었다. 지식은 주체 밖에 존재하는 객관적 실재를 언어라는 '거울'을 통해 반영하는 것이 아니다. 언어는 언어 놀이 내에서 하나의 행위로서 의미를 지니며, 주체는 그 언어 놀이 내에서 특정한 위치에 자리 잡을 때에만 '말하는 주체'로 설 수 있고, 힘은 바로 그러한 언어 놀이를 통해 미시적인 효과를 발휘한다. 이렇게 지식과 주체, 그리고 힘의 관점에서 본 언어 놀이가 담론이다. 인간은 바로 이 담론에 참여함으로써 말할 수 있는 주체로 형성되며 그 질서를 지킴으로써 자신이 아는 바를 언어로 표현하고 타인으로 하여금 특정 행위를 하도록 힘을 발휘한다."(서덕희, 2010: 112면)

6   그러나 이 책의 2부에서는 '텍스트'를 선택할 것이다. 기본적으로 '글을 쓰고자 하는 필자'라는 모형에 근거하여 글을 쓰는 과정에서 선택 가능한 문법 지식이 무엇인지 해석하는 방식으로 기술하였기에 기본적으로 문어 자료를 채택하였기 때문이다.

현 '담화' 교육 내용은 국정 교과서 시기인 제4차~제7차 문법 교과서를 거치면서 다음과 같이 정립되어 왔다(김은성 외, 2009: 64면).

내용 요소	문법 현상	시기	구체적인 문법 항목			
			4차	5차	6차	7차
생략 표현	문장 성분 생략	4차~7차	주어, 목적어 생략		복원 가능한 모든 성분	
지시 표현	'이, 그, 저' 지시어		원근에 따른 지시, 전조응 및 후조응		원근에 따른 지시	
물음/대답	긍정/부정 의문문과 대답	4차~6차	긍정/부정 의문문, 부정/찬동, 긍정/반대의 대답		긍정/부정의 질문	
심리적 태도	보조사	4차, 5차	'은/는', '도', '만', '까지'			
	보조 동사		'버리다', '지다'			
	어미	6차, 7차			'단정, 확인, 감탄' 등의 의미를 전달하는 용언의 의미	
높임 표현	높임 관계 표현, 주체/상대 높임법			상대 높임법	높임 관계 표현, 주체/상대 높임법	
발화 의미	발화 기능				발화 수행 행위, 직접/간접 발화	
이야기 구조	통일성 및 응집성				주제의 통일성, 언어 형식의 연결성(연결어)	

위 표에서 알 수 있듯이, 담화 관련 내용은 제4차~제7차 시기를 거치면서 많은 변화를 겪었다. 제4차~제7차에서 지속적으로 다루고 있는 내용이 있는가 하면, 제6차부터 다루지 않은 내용, 제7차부터 다루지 않은 내용, 제6차부터 다룬 내용 등이 발견된다. 2007 개정 교육과정 이후『국어』교과서가 검인정제로 바뀌면서 문법 교과서의 내용은 제7차 고등학교『문법』교과서에 근거하고 있다.

1. 이야기의 개념
   (1) 발화와 이야기
   (2) 발화의 기능

2. 이야기의 요소
   (1) 이야기의 구성 요소
   (2) 지시 표현
   (3) 높임 표현
   (4) 심리적 태도
   (5) 생략 표현

3. 이야기의 짜임
   (1) 이야기의 구조
   (2) 이야기의 내용 구조
   (3) 이야기의 형식 구조

현재 담화 차원의 문법 교육 내용 역시 위의 내용에서 크게 벗어나지 않는다. 2015 개정 교육과정에 등장하는 담화 차원 문법 교육 내용은 다음과 같이 정리할 수 있다. '언어와 매체' 성취 기준 중 '국어'와 중복되는 기준은 제외하였다. 이 중 [10국04-03]과 [12언매02-10]은 새로운 관점으로 받아들여야 하기 때문에 다음 절에서 교수·학습의 주안점에 대해 설명하겠다.

성취 기준	학습 요소	성취 기준 해설	교수·학습 방법 및 유의 사항
[6국04-01] 언어는 생각을 표현하며 다른 사람과 관계를 맺는 수단임을 이해하고 국어 생활을 한다.	언어의 기능(사고와 의사소통의 수단)	이 성취 기준은 언어가 자신의 느낌을 표현하는 수단이자 인간관계 형성의 수단임을 알고 국어 활동을 하는 자세를 기르기 위해 설정하였다. 언어의 기능에는 지시적·정보적·친교적·정서적·명령적 기능이 있는데, 언어가 대상과 상황 맥락에 따라 다양하게 표현되어 인간관계 형성에 중요한 영향을 미친다는 것을 이해하게 하는 데 중점을 둔다.	언어의 기능을 지도할 때에는 다양한 언어 기능을 모두 다루기보다 지시적, 친교적, 명령적 기능 등 기본적인 기능을 중심으로 하되, 일상생활 속에서 언어 사례를 찾고 이때 사용된 언어 기능을 확인하도록 지도한다.
[9국04-07] 담화의 개념과 특성을 이해한다.	담화의 개념과 특성	이 성취 기준은 담화의 개념과 특성을 이해함으로써 실제 국어 생활에서 담화를 이해하고 생산하는 능력을 기르기 위해 설정하였다. 이를 위해 화자(필자)와 청자(독자), 전달하고자 하는 내용, 맥락(상황 맥락과 사회·문화적 맥락)과 관련하여 담화의 개념을 이해하도록 한다. 담화의 특성에 대한 이해 과정에서는 학습자가 다양한 담화를 접할 수 있게 한다.	담화의 개념과 특성을 지도할 때에는 담화의 유형이나 구조는 유동적인 것이므로 이를 규범적 차원에서 접근하여 암기해야 할 대상으로 인식하게 하는 것은 가급적 지양하도록 한다.
[10국04-03] 문법 요소의 특성을 탐구하고 상황에 맞게 사용한다.	문법 요소(높임 표현, 시간 표현, 피동 표현, 인용 표현),	이 성취 기준은 높임 표현, 시간 표현, 피동 표현, 인용 표현 등의 문법 요소를 담화 상황에 맞게 사용하여 원활하게 소통하는 능력을 기르기 위해 설정하였다. 고등학교 1학년 수준에 맞는 높임 표현, 시간 표현, 피동 표현, 인용 표현을 다루되, 문법 요소들의 형식적인 특성을 아는 것이 아니라 많이 사용되는 높임 표현과 번역 투로 잘못 사용되는 피동 표현 사례를 다루면서 실제 담화에서 활용하는 데 초점을 둔다.	문법 요소를 지도할 때에는 문법 요소에 대한 지식을 암기하는 것보다는 문법 요소가 실제 담화 상황에서 어떤 기능을 하는지를 탐구할 수 있도록 한다.
[12언매02-10] 다양한 갈래에 따른 국어 자료의 특성을 이해하고 적절하게 국어 자료를 생산한다.	국어 자료의 갈래별 특성	이 성취 기준은 다양한 갈래에 따른 국어 자료의 특성을 이해함으로써 적절하게 국어 자료를 생산하는 능력을 기르기 위해 설정하였다. 친교 및 정서 표현, 정보 전달, 설득 등 목적 층위와 기사문, 보도문, 공고문, 광고문 등 구체적 갈래 층위에서 국어 자료의 언어적 특성의 차이에 주목하도록 한다. 글의 갈래에 따른 언어적 특성으로는 기사문에서는 인용 표현이나 피동 표현이 많이 나타난다는 점, 공고문에서는 명사형 종결 표현이 많이 나타난다는 점 등이 있으며, 광고에서는 음성, 문자, 음향, 이미지, 동영상 등이 복합적으로 드러난다는 점을 이해하도록 한다.	사회나 갈래에 따른 국어 자료의 차이를 이해하는 학습 내용을 지도할 때에는 전형적인 자료를 대상으로 하여 각각의 자료에 나타나는 언어적인 차이를 통해 학습자가 실제 자료를 이해하거나 생산하는 데 도움이 되게 한다.

2) '문장–텍스트' 관계를 중심으로 본 문법 교육

기존 문법 교육에서 '문장 이하의 문법'은 상황이나 문맥에 따른 의미를 가르칠 수 없었기에 학습자에게 유의미하지 않은 교육 내용을 제공한다고 지적받았고, 이러한 문제의식을 공유하게 된 국어 교육학자들은 담화 텍스트 연구를 주도하였는데 그 결과 텍스트 언어학계에 큰 기여를 하게 되었다(김은성, 2008). 그에 따라 국어 문법 교과서에서도 '담화' 단원을 추가하고 국어 교육 전반에 다음과 같은 연구 성과를 담으려고 노력해 왔다.

(1) 문장 이하 문법에서 의미 기능에 집중하도록 하여 실제 담화 상황에서 활용하기 쉽도록
(2) 담화의 구성 요소에 대한 수사적 이해 – 수사학적, 화용론적 성과 반영
(3) 상황 맥락 및 사회 문화적 맥락에 대한 이해 – 학제적 성과 반영
(4) 담화 텍스트의 응집성에 대한 이해 – 텍스트 언어학의 성과 반영

범박하게 말해 (1)은 문법 영역에만 특화되어 있고, (2), (3), (4)는 기능 영역에서도 다루고 있다. 당초 담화 텍스트 언어학의 연구 성과가 문법 교육에 도입된 이유가 (1)을 강화하고자 함이었는데, 담화 교육 내용이 양적으로 늘어나게 되면서 문법 교육에서 문장과 텍스트의 관계는 오히려 헐거워졌다. 즉, '문장'은 추상적·분석적 단위이지만, 특정 문장이 상황 맥락이 구체화된 실제 장면에 놓이게 될 경우에는 문장 생산자의 표현 의도를 분명히 할 수 있다는 점이 강조되어야 함에도 기능 영역에서도 중복되어 다루고 있는 (2)~(4)의 내용을 중심으로 담화 교육 내용이 제공되고 있는 셈이다.

담화 연구 성과가 기능 영역의 발전에 일정한 역할을 한 것은 분명하지만, 과연 문법 교육의 개혁에도 기여하였다고 볼 수 있는지에 대해서는 두 가지 면에서 회의적이다.

첫째, 문법 교과서의 담화 단원에서 제공되는 지식을 실제 언어 생활에 적용

하기란 여전히 어렵다. 이를테면 담화의 '구성 요소'가 무엇인지 정의하면서, 학습자가 '상황 맥락'에 집중하여 담화 텍스트를 접하는 식이다. 기존의 구조주의 언어학에서 다룬 문장의 개념에서 '상황 맥락'이라는 변인 하나를 더 고려한 정도이기 때문에 학습자는 문장보다 더 큰 단위를 대상으로 펼쳐지는 드라마를 그저 관찰만 하게 될 뿐, 담화 단원을 학습하는 이유를 납득하지 못한다.

둘째, 언어 형식의 구조나 의미가 화용적 상황에 따라 얼마든지 달라질 수 있다는 점을 지나치게 강조한 나머지 '언어 형식 중심'이라는 문법 교육의 본령을 잊게 만들 우려가 있다. 실제 언어 사용 과정에서 학습자가 문장을 기본 단위로 삼는다는 것은 누구나 인정하므로, 그동안 문법 교육이 문장을 기본으로 다루어 왔는데 무엇인가가 '부족'하다는 판단이 있었다면 '문장을 보는 관점'을 전환하여 '기본 단위 문장'을 대상으로 '의미 있는 무엇'을 가르쳤어야 한다.

문법 교육 내용은 '기능 중심성'에 따라 그 내용이 재기술되어야 학습자에게 더욱 의미가 있다. 기능을 중시해야 한다는 의미는 담화 문법을 중시해야 한다는 것과 동일하지 않으며, 문법 지식에 집중하지 않음을 함의하는 것도 아니다. '기능 중심성'은 '기능과 형식', '기능과 의미', '기능과 상황 맥락' 관계를 종합적으로 고려하여 이해할 필요가 있다. 문법 교육계에서는 '의미, 상황 맥락부터' 먼저 고려하여 기능 중심성을 구현하려 하였으나, 이러한 시도는 충분히 '기능적이지 않았다'.

'기능과 형식'의 관계를 성찰하는 과정에서 자연스럽게 '의미, 상황 맥락'의 관계 역시 논의하게 되는데, 우선 '기능과 형식'의 관계를 생각해 보자. 기능과 형식이 대립되는 것처럼 느껴지는 이유는 언어학파가 대립해 왔기 때문이다. '기능(function)'이란 '언어가 사용되고 있는 상황에서, 언어 형식에 의해 수행되는 역할'이라고 정의된다. 이를 상기한다면, 사실 '기능'과 '형식'은 동전의 양면과도 같은 관계에 있는 것이다. 즉, '기능 중심성'은 기능이 중심이 되기는 하나 결코 형식을 배제하지 않는다. 언어 형식에 근거를 두되 해당 언어 형식이 기능과 밀접하게 관련됨을 의미한다. 이렇게 본다면 '형식 중심성'이나

'기능 중심성'이나 문법 현상을 기술한 결과물만 놓고 보면 비슷해 보인다.

　문법 교육에서의 '기능 중심성'은 '기능 – 의미 – 상황 맥락'과의 관계도 생각해야 한다. '기능 – 의미 – 상황 맥락'의 관계를 명확히 구분하지 않은 채, 문법 교육에서의 '형식'과의 균형을 제대로 견지하지 않은 채 여전히 '맥락 중심 문법 교육', '텍스트 중심 문법 교육', '장르 중심 문법 교육' 등의 명명을 접한다면 혼란스러울 것이다. 그런데 사실 '의미'나 '상황 맥락'은 모호한 개념이거나 너무 장황한 개념이므로[7] 문법 교육에서는 '형식'에 근거를 둔 '기능' 중심으로 다루는 것이 타당하다. 사실 모어 화자가 언어를 사용하는 방식이 '기능' 중심이기도 하기 때문이다. 지금까지 논의된 내용을 바탕으로 '기능 중심성'을 정의해 보면 다음과 같다.

　　'기능 중심성'이란
　　– 모어 화자가 언어를 수행하는 방식
　　– 모어 화자가 표현하는 과정을 드러내는 방식

3── '담화 텍스트' 관련 내용의 교수·학습: '문장-텍스트'의 관계 정립

　2015 개정 교육과정 중 [10국04-03]과 [12언매02-10]은 이 책에서 지향하는 문법 교육의 관점을 잘 구현할 수 있는 성취 기준이다. 여기에서는 '기능 중심성'을 좀 더 구체화하여 설명하고, 이들이 텍스트의 이해 및 표현 활

7　언어학자 할리데이(M. Halliday)는 의미하는 방법을 밝혀 내는 것이 언어학자의 임무라고 하였지만, 정작 의미의 본질을 본격적으로 밝히고자 하지는 않았다. 그만큼 '의미'는 불분명한 개념이라 보았던 듯하다. 대신 그는 '기능' 개념을 정립한다. 그가 '의미' 대신 '기능' 개념을 정립하는 데 힘을 쓴 이유는 인간이 대면하는 수많은 상황, 또 그에 따라 무수히 생겨나는 수많은 의미를 유형화하기 어렵기 때문이다. '기능'은 '형식'의 다른 이름이기도 하다는 그의 언급에서 볼 수 있듯이, '기능'은 필연적으로 '형식'과 수반하여 논의될 수밖에 없다. '기능'의 이러한 특성은 '의미하는 방법'을 밝혀내고자 한 할리데이에게 '의미'보다 좀 더 분명한 이론적 거점이 되었다.(주세형, 2009: 173~204면)

동에 제대로 작동하게 하려면 어떠한 사고틀이 필요한지에 대해 살펴보고자 한다.

1) 의미 기능 중심의 문장 문법

2015 개정 교육과정에서는 문법 요소가 '문장 문법 차원의 지식'으로만 학습되도록 기술되지 않았다. 즉, "[10국04-03] 문법 요소의 특성을 탐구하고 상황에 맞게 사용한다."에서 '의미 기능을 중심으로' 탐구한 후 담화 상황에 따라 활용할 수 있도록 해야 하는 것이다. 제7차 교육과정과 비교해 볼 때 학습 요소는 변함이 없어 얼핏 보면 '문장' 단원에서 학습해야 할 내용으로 보이지만, 문법관이 '의미 기능' 중심으로 바뀌었다. 이런 의미에서 여기에서는 [10국04-03]을 담화 관련 교육 내용으로 보는 것이다.

2007 개정 교육과정 '문법' 영역에서 '피동 및 사동 표현'은 성취 기준이 단독으로 구성되었다. 다른 문법 요소들은 단독으로 성취 기준을 구성하지 않았으나 피동·사동 표현만 단독 성취 기준을 구성한 것이다. 2011 개정 교육과정부터는 성취 기준 문면에서는 피동·사동 표현이 언급되지 않고 '문법 요소'로 묶어서 제시되고 있다.

〈2007 개정 교육과정〉

[7학년 문법] (4) 표현 의도에 따라 사동·피동 표현이 달리 사용됨을 안다.

내용 요소의 예

• 사동·피동 표현의 개념 이해하기

• 사동·피동 표현에 따라 의미 해석이 어떻게 달라지는지 이해하기

• 사동·피동 표현을 사용하는 심리적·사회적 특성 이해하기

〈2011 개정 교육과정〉

[중학교 1-3학년군 문법] (9) 문법적 기능을 담당하는 요소들의 특징을 이해하

고 담화 상황에 맞게 사용할 수 있다.

　문법적 의미를 실현하는 데 사용되는 다양한 문법 요소들을 탐구하는 활동을 통해 국어의 문법적 특징을 이해하고 상황에 맞는 정확한 문장 표현 능력을 기를 수 있다. 높임, 시간, 피동·사동, 부정 표현 등 국어의 주요 문법 요소들의 형태와 의미 기능을 실제 담화 상황 속의 다양한 문장 자료를 통해 탐구한다. 이러한 탐구의 결과가 정확하고 효과적인 문장을 구성하는 능력과 습관을 기르는 쪽으로 이어지도록 지도한다.

〈2015 개정 교육과정〉
[고등학교 1학년 문법] [10국04-03] 문법 요소의 특성을 탐구하고 상황에 맞게 사용한다.

　이 성취 기준은 높임 표현, 시간 표현, 피동 표현, 인용 표현 등의 문법 요소를 담화 상황에 맞게 사용하여 원활하게 소통하는 능력을 기르기 위해 설정하였다. 고등학교 1학년 수준에 맞는 높임 표현, 시간 표현, 피동 표현, 인용 표현을 다루되, 문법 요소들의 형식적인 특성을 아는 것이 아니라 많이 사용되는 높임 표현과 번역 투로 잘못 사용되는 피동 표현 사례를 다루면서 실제 담화에서 활용하는 데 초점을 둔다.

　2007 개정 교육과정에서 피동·사동 표현만 별도로 제시한 것에 대해 비판의 여지도 많았지만, 문법 교육적 관점에서만 본다면 긍정적인 효과가 많다. 그 이전에는 사동·피동 표현에 대한 구조적·형태적 특징만을 이해하도록 했다면, 2007 개정 교육과정부터는 같은 사태를 두고 다른 문법 범주를 선택하였을 경우 화자 또는 필자의 표현 의도가 어떻게 달라지는지를 파악하도록 할 수 있었기 때문이다. 이러한 관점에서 피동·사동 표현을 학습할 때에는 '피동문과 능동문의 대응', '피동문 성립의 요건'에만 초점을 두어 학습하는 방식을 넘어 의미적 기능을 더욱 다양하게 해석할 수 있어야 한다.

　다음 교과서의 예를 살펴 보자. '생각 열기' 활동에서 '피동 표현을 선택하고자 하는 화자의 표현 의도'와 피동 표현을 사용할 수 있는 가능성 있는 상황

을 생각해 보도록 하고 있다. 그 과정에서 '피동 표현을 사용할 수 있는 상황을 상정한 후, 그 결과 산출하게 될 담화의 구성 요소'를 예상하도록 구성할 수 있다. 즉, 이 성취 기준을 제대로 실행하려면 앞서 언급하였듯이 '모어 화자가 표현 과정을 역추적해 보는' 사고 틀이 필요하다.

피동 표현과 사동 표현은 그 표현 자체가 의미와 긴밀히 관련지어 탐색할 수밖에 없는 문법 범주이다. 그리하여 국어학계에서는 심지어 의미 범주로 보아야 하는 것은 아닌지에 대한 논쟁이 일기도 하였다. 그런데 2007 개정 교육과정에서 처음으로 피동 및 사동 표현을 시작으로 하여, 문법이 의미 구성력을 지닌다는 점에 초점을 두도록 하는 성취 기준을 구성하였던 것이다. 그 이후에는 피동·사동 표현뿐만 아니라 인용 표현, 부정 표현, 시간 표현 등 다른 문법 요소들에 대해서도 의미와 깊은 관련성을 지니고 있음을 탐색하도록 유도하게 되었다.

흔히 '작문'에서의 문법은 학습자의 글이 완성된 후 고쳐 쓰기 단계에서나 필요한 처방적 역할만을 한다고 인식된다. 그러나 문법 지식이 '글의 목적, 명제들의 재배열, 초점화, 의견에 대한 확신' 등 필자의 '표현 의도'와 긴밀히 관련된다는 점에 주목하면, 학습자의 글에 나타난 문법 현상들은 학습자의 표현 의도를 읽어 낼 수 있는(마치 블랙박스 내부를 읽어 내는 것처럼) 단서가 된다. 심지어 문법적 오류가 나타나더라도 왜 그렇게 선택했을까 의도를 읽어 내는 것이 좋다. 텍스트를 규칙의 집합으로 본다면 문법적 오류를 단순히 교정하면 된다. 그러나 텍스트를 의미 덩어리로 본다면, 심지어 문법적으로 오류인 언어 형식이라고 할지라도 학습자의 의도가 반영된 선택지일 수 있기 때문이다. 교사가 텍스트와 문법관을 이와 같이 전환하게 되면 문법이 '표현하고자 하는 바를 분명하게 해 주는 힘'이 되도록 지도할 수 있다. 다음은 중학교 학습자의 글 중 일부이다.[8]

> 아까 말했지만 노래방도 10시 이후에는 청소년이 출입 금지인 것은 되게 좋은 선택 인 것 같고 노래방 뿐만 아니라 당구장이나 게임방 같은 곳들도 그런게 좀 강화되면 좋겠다.

첨삭 지도를 할 때에는 '것 같다'와 같은 표지를 교정적 관점에서 다루는 첨삭 지도상의 관행, 즉 논증적인 글에서 '것 같다'와 같은 추측 표현을 사용하는 것이 적절하지 않음을 지적하곤 했던 관행을 지양해야 한다. 이러한 처방은 양태 표지인 '것 같다'의 의미 기능과 논증에서 양태의 역할에 대해 오해를 일으킬 수 있다는 점에서 문제적이다. "주장이나 근거를 제시할 때 '것 같다'를 사용하면 안 된다."라고 지도하는 것은 탈맥락화된 정보를 제공하는 것에 불과하며, 설령 '것 같다'를 '것이다'로 교정하는 것이 특정 맥락에서 타당한 교정 방식이 될 수 있다고 하더라도 이러한 교정적 처방을 통해 학습자가 얻게 되는 것은 논증 텍스트 작성 시 '것 같다'와 같은 추측 표현을 쓰면 안 된다는 탈맥락화된 지식일 뿐이다. 그렇게 될 경우 학습자는 해당 맥락에서 왜 이와 같은 표지가 제한되는지에 대한 이해 없이 특정한 양태 표지를 부정적으로 인식하게 된다. 즉, 이러한 교정적 처방은 맥락에 대한 고려 없이 주장이나 근거를 제시할 때에는 추측 표현을 사용하면 안 된다고 인식하게 하는 부작용을 낳는다. 그 대신 '것 같다'를 왜 선택하게 되었는지 생각하도록 하고, 대체 가능한 또 다른 표현이 있는지 고민함으로써 자신이 선택한 의도를 정립하게 한다.

요컨대 '의미 기능' 중심으로 다루어질 수만 있다면 문장 문법의 학습 요소는 더욱 강조될 것이고, 실제로도 교육과정 성취 기준 역시 점차 의미 기능 중

---

8 학습자 텍스트는 띄어쓰기 등 맞춤법 교정 없이 그대로 인용하였다.

심으로 기술이 되고 있다. 그리고 '문장' 단원 또는 '담화' 단원 중 어떤 부분에 기술이 되든, 수준 높은 문법 능력의 완성을 위해서라면 교사는 '문장 문법'을 학습자에게 핵심적으로 강조해야 한다.

2) 갈래별·상황 맥락별 이해

2015 개정 교육과정 '언어와 매체' 과목의 '문법' 영역 성취 기준 중에는 학습량이 축소되었음에도 중요성을 인정받아 새로이 추가된 내용이 있다. [12언매02-10]이 그것이다.

> [12언매02-10] 다양한 갈래에 따른 국어 자료의 특성을 이해하고 적절하게 국어 자료를 생산한다.

김창원 외(2015)에 의하면, 이 성취 기준은 최근 문법 교육학계의 장르 문법 연구들을 반영한 것이라고 언급하고 있다. 그러나 연구 성과가 아직 정리되지 않은 상태이기 때문에 문법관이나 갈래(장르) 개념역에 대해 상당한 혼란이 예상된다. 이 성취 기준은 '갈래'를 제시하는 논리를 명확히 하고, 제시할 갈래를 타당하게 선정한 후, 해당 갈래의 특성을 보여 주는 문법 지식을 함께 제시해야 한다. 이 성취 기준이 제대로 실현된다면 '문법'과 '읽기, 쓰기' 영역에서 특히 유용할 것이다. 문법 교육 차원에서 보면 통합적 문법 교육이 구현될 수 있는 방법 중 하나를 제공하는 것으로 볼 수 있다. '갈래' 개념은 언어 형식이 파편화되어 제시되지 않고 규칙의 목록으로 남지 않으려는 노력의 일환으로 제안된 것으로, 문법 지식의 유의미함을 보증해 줄 수 있는 '교육 내용 제시의 틀'로 자리매김할 수 있는 것이다.

장르 문법은 사실 학계에서 이제 막 연구를 시작하는 단계에 있다고 볼 수 있기 때문에, 관련된 내용을 일목요연하게 보여 주기는 어렵다. 다만 꼭 필요한 원리를 두 가지 정도 제시할 수 있다.

첫째, 갈래별로 많이 나타나는 언어 형식을 추려야 할 경우, 빈도수'를 기준으로 교육적 가치가 있는 언어 형식 후보군을 추릴 수 있다. [12언매02-10] 성취 기준 해설에서 말한 '언어적 특성'이란 원론적으로 '어휘 문법적 장치' 모두를 지칭하지만, 구체적으로는 문법 장치에 우선적으로 관심을 두어야 한다. 이때 [12언매02-05] "문장의 짜임에 대해 탐구하고 정확하고 상황에 맞는 문장을 사용한다.", [12언매02-06] "문법 요소들의 개념과 표현 효과를 탐구하고 실제 국어 생활에 활용한다."와 같은 문장 문법 내용을 문법재(文法材)로 활용한다. 일차적으로 '어휘'를 우선시하지 않는 이유는 이 성취 기준의 핵심이 개별 텍스트마다 나타나는 언어적 특성을 학습하는 것이 아니라 갈래를 대표하는 언어적 특징을 학습하는 데 있기 때문이다. 어휘는 개별 텍스트의 '내용'을 결정짓는 데 필요한 장치이므로[9], 갈래와 상관관계를 지니는 '언어적 특성'과는 관련성이 적다. 우선적으로는 빈도수가 높게 나타나는 언어 형식이라야만 일차적인 후보군에 포함될 것이다.

둘째, 빈도수에 더하여 갈래와 어느 정도로 긴밀한 관계에 있는지 살펴보아야 교육적 가치를 확신할 수 있다. '빈도수'는 '후보군'을 확정하는 기준일 뿐이다. 특정 코퍼스에서 특정 갈래에 특정 언어 형식이 높은 빈도수로 나타났다고 해서 그 언어 형식이 곧 특정 갈래를 대표한다고 확증하여 문법 교육적 가치를 부여하기는 어렵다.

그렇다면 어떤 언어 형식이 갈래와 긴밀한 관련성이 있다는 것을 어떻게 확신할 수 있는가? 이관희(2012: 199~200면)는 "해당 텍스트의 장르성과 유표적 언어 장치 사이의 관계를 확인하기 위한 결정적 방법론이 존재하는 것은 아니고, 그 관계가 유동적이라는 점에서 고정된 유표성을 전제할 수도 없다"는 어려움을 토로한 바 있다. 무엇보다도 중요한 것은 "다수의 텍스트를 대상으로 하여 그 텍스트 유형을 선호하는 필자 집단이 왜 그 언어 형식을 선택하였는지

---

9 비판적 담화 분석에서는 '어휘'를 우선적으로 주목하여 개별 필자가 일차적으로 드러내고자 하는 의도를 파악하고자 하는 경우가 많다. 전술하였듯이 개별 텍스트의 특성을 밝히는 데 초점이 있기 때문이다.

해당 집단의 의미 체계와 관련하여 상관관계를 해석하는 것"만이 교육적 가치를 최종적[10]으로 확증해 줄 수 있다.[11] 후보군 언어 형식이 지니는 의미적 속성이 곧 갈래가 지니는 의미적 속성을 나타내는 경우가 발견될 것이다. 그렇다면 이는 곧 '언어 형식과 갈래'의 상관관계를 일차적으로 확증할 수 있는데, 이때 비로소 교육적 가치를 확신할 수 있는 것이다.

문법 장치('-는 것이다')와 특정 텍스트(기사문)를 동시에 제시할 때, 학습자가 문법과 텍스트의 관계를 어떻게 인식하도록 할 것인지 예를 들어 보자. 학습자는 문법 지식을 보기만 해도 규칙 목록을 제시한 것이라고 선입견을 지닐 가능성이 높기 때문에 이들의 관계를 제시하는 방식이 교육 내용의 효과까지 결정짓는다고 해도 과언이 아닐 정도로 중요한 문제이다.

특정 일자에 발행된 특정 신문의 특정 기사문 한 편과 '-는 것이다'는 그다지 큰 관련성이 없어 보인다. 그렇지만 '기사문과 비슷한 종류의 텍스트 갈래'가 지니는 '장르성', 즉 '사태에 대해 객관적인 관점을 견지하고, 동시에 자신의 관점을 드러내어 해설하고자 하는 상호 주관성'이라는 '장르성'은 '-는 것이다'와 깊은 관련성을 지닌다.

---

10 그렇기 때문에 여기에서 그 목록을 성급하게 제시하기가 어렵다. 이에 대해서 제민경(2014)에서는 '언어 목록'이 아닌 '언어 지식'을 제시하는 문제로 다루어야 한다고 말한다.

11 강범모 외(2000)의 연구 성과는 코퍼스에 나타나는 '모든 언어 형식'을 동등하게 다룬다. 예를 들어, 이 연구 성과들을 모델로 삼아 교육 내용화를 시도하게 되면 '나', '이다', '는'과 같은 형태소는 장르에 상관없이 광범위하게 나타나므로 모든 장르에서 동일하게 다루어야 하는 셈이 된다. 이러한 점은 제민경(2014: 408면)도 지적하고 있는데, 강범모의 연구 결과로는 '언어 목록'을 나열할 수 있을 뿐 교육 내용으로서 '언어적 특성'을 제시하기는 어렵기에 양적 수치를 보여 주는 한계점을 여실히 보여 준다고 역설한다. 실제로 강범모 외(2000: 118면)에서 밝히고 있듯, 비버(D. Biber)의 연구 방법론은 순수히 언어적 특성들만을 기반으로 계량하고 분류하고자 하기 때문에, 그에 따라 군집 분석을 통해 텍스트들을 유형화하였을 때 어떤 것은 균일한 집단으로 볼 수 있지만, 어떤 것은 균일하지 못하다. 그리하여 비버의 연구 방법론에 따른 연구에서의 '텍스트 유형'이란 철저히 '텍스트에 반영된 언어 특성'에 기반한 것이라서, 모어 화자의 언어 사용 목적이나 상황을 고려하는 '레지스터나 장르' 개념과 차이를 보인다.

[12언매02-10]에서의 '갈래'가 사회·문화적 '장르'로 이해되어야 하는 이유

2015 개정 교육과정에서 '갈래'는 사실 엄밀하게 규정되지 못하였다. '갈래'는 학파에 따라 다르게 정의하고 있어 유의하여 이해할 필요가 있다. 학파에 따라 '장르'를 이해하는 관점이 천차만별임을 일목요연하게 정리해 놓은 저술로 제민경(2014)을 참고할 수 있다. [12언매02-10]이 제대로 구현되기 위해서 '갈래'란 '언어 주체가 텍스트를 생성하기 위해서 사회·문화적으로 의미하는 과정'으로서의 '장르'로 명확히 규정되어야 한다. 이때 '장르'란 학습자의 머릿속 인지 과정을 중시하는 개념인 동시에, 공동체의 사회·문화적 행위를 인식하고 이를 다시 자신의 인지 속에 조율하는 과정에서 획득해 나아가는 동태적 개념이다. 그러므로 이 관점에서 '장르'란 학습자가 '인식'하는 것이 중요하지, 확정적·고정적인 실체로 보지 않는다. 또한 실세계에 존재하는 수많은 텍스트의 종류를 '장르'라는 개념으로 완벽히 만족스럽게 분류해 낼 수 없다고 생각한다.

최근 문법 교육에서는 위와 같은 장르관에 의거하여 '장르 문법'이라는 연구 분야가 새로이 정립되어 가는 중이다. '문법'에 방점이 있는 분야라기보다는 '문법'을 방법론으로 삼아 텍스트와 텍스트의 관계, 텍스트 전체의 분포를 다루고자 하는 분야이므로 [12언매02-10]의 성취 기준 내용 개발과 직접적으로 연계된다. 언어와 문법을 바라보는 관점은 이 책에서 '텍스트' 단원을 다루는 관점과 일치하므로 [12언매02-10]과 관련된 주요 개념들을 소개한다.

장르성의 정의

앞서 정의한 바처럼, 장르는 지극히 추상적인 개념이다. 그러므로 '장르' 그 자체를 교육하는 것은 교사나 학습자 모두에게 막막하게 느껴진다. 추상적인 '장르'에 적절하게 접근하도록 경로를 열어 주는 것이 필요하다. 지금까지 국어 교육에서는 텍스트 분류의 기준 중 하나인 의사소통의 '목적'에 따라 학습자가 장르를 인식하도록 유도하였는데, '정보 전달, 설득, 친교' 등이 그것이다. 그러나 이러한 의사소통 '목적'에 대해 인식하도록 하면 텍스트 생산 과정에서 언어 형식 의미 기능과 관련하여 설명하기 어려운 부분이 많다.

교육 내용을 타당하게 마련하기 위해 모어 화자가 텍스트를 이해하고 산출하는 과 정에서 직접적으로 '장르(설명하기, 주장하기, 보고서, 기사문, 학술 텍스트 등)'를 인 식할 것이라고 생각하기보다는, 텍스트에 담긴 주요 단서들을 통해 '장르성(주관성, 객관성, 시간성)'을 인식하고 이러한 장르성에 근거하여 궁극적으로 장르를 인식하 게 될 것이라고 생각하는 것이 좋다. 즉, 모어 화자가 텍스트를 통해 인식하는 '보고서 다움, 기사문다움'은 느낌으로 다가올 뿐이므로 이를 구체적으로 '가르칠 수 있는 요 소'로 분석해 내기 위해서는 좀 더 분석적인 개념이 필요하다. '장르'보다는 좀 더 분 석적인 개념인 '장르성'이 교사와 학습자 모두에게 더 분명하게 인식된다. 다음 글에 서 '장르성'에 대한 본격적인 정의를 찾아볼 수 있다.

사회문화적 의미 과정으로서의 장르는 텍스트 종류 층위의 텍스트를 상정함으로써 언어 주체에게 인식될 수 있다. '장르성'이란, 텍스트를 통해 인식된 장르의 원형적 속성 이다. 곧 '장르성'은 사회문화적 의미 과정이 '텍스트'를 기점으로 언어 주체에게 인식 될 때 그 인식의 원형성을 일컫는 말이다. 우리가 칼럼, 과학 보고서, 건의문 등 전혀 다 른 속성으로 명명된 텍스트들을 흔히 동일하게 '장르'라 칭하는 것은 이러한 장르성의 인식을 토대로 하기 때문에 성립 가능하다. (제민경, 2015: 66~68면)

장르성의 종류

'언어 형식의 의미 기능'에 근거하여 앞서 정의한 '장르성'과 관련지어 '장르'를 인 식하도록 유도하면 텍스트 생성의 전 과정에서 학습자는 스스로 주체가 되어 텍스트 와 장르와 언어 형식을 다룰 수 있게 된다. 그렇다면 장르성은 몇 가지로, 어떻게 나 눌 수 있을까? 이를 위해서는 먼저 구체적으로 '장르'를 어떻게 설정할 것인지를 살펴 볼 필요가 있다. 크내프(P. Knapp)와 워킨스(M. Watkins)는 사회·문화적 과정으로 서의 장르를 '묘사하기, 서사하기, 지시하기, 설명하기, 주장하기'로 나누었다(Knapp & Watkins, 2007). 이 다섯 가지 장르는 인류 보편적인 원형성을 지녔기에 한국어 공동체에 서도 이를 일종의 가설로 받아들이고 연구를 진행하고 있으나 가설에 지나지 않으므 로 향후 연구의 진행 과정에서 얼마든지 수정해도 좋을 것이다.

그런데 이 다섯 가지 장르는 곧바로 언어적 자질과 연계되기가 어려우므로 좀 더 언어적 자질과 연계가 되면서도 각 장르의 원형적 특성을 보여 주는 '장르성' 개념이 필요하다. 제민경(2015: 109면)은 다섯 가지 장르에 '상대적으로 총칭적인 핵심 자질'이 있다고 보고, 자아가 세계를 보는 관점을 기준으로 나누어 다음과 같이 설정하였다. 현재까지는 아래의 표가 가장 타당한 것으로 판단된다.

다섯 가지 원형 장르와 그에 대응하는 핵심 장르성

주장하기	주관성
설명하기	객관성
지시하기	관계성
서사하기	시간성
묘사하기	공간성

즉 '-는 것이다'의 의미 기능이 해당 텍스트군의 장르성을 드러내는 데 어떻게 기여하는지를 고려하는 것이 우선이다. 이 점에 유의하지 않으면 '-는 것이다'가 나타난 개별 텍스트를 이해하는 데 그치게 되고 '장르성', '갈래의 의미'는 학습자의 머릿속에 남지 않게 되어 버린다. 더욱 문제가 되는 점은 학습자는 갈래를 생산하는 데 꼭 써야 할 문법 목록이 있는 것으로 생각할 수 있다는 것이다. 그럴 경우 학습자는 문법 학습을 '기사문'을 작성하거나 논설문을 작성하는 데 필요한 문법 목록을 익히는 것처럼 인식하게 될 것이고, 문법을 또 다른 모습으로 나타난 '규칙'처럼 느낄 것이다. '기사문'에 많이 나타나는 '-는 것이다'를 어제 읽은 '소설'에서도 발견하게 된 학습자는 교과서에 제시된 문법 목록이 정말 '갈래'와 긴밀하게 연결되는 것일까 의심할 수도 있다.

교과서에 제시될 내용은 '한국어 모어 화자가 머릿속에 지니고 있을 원형적 인식'을 갈래(텍스트군)에 대한 장르성으로 활성화할 수 있도록 해야 한다. 즉, 아래의 (가)보다는 (나)의 방식으로 기술해야 한다. (나)의 방식은 학습자가 '문법'도, '문법과 갈래의 관계'도 유의미하게 받아들일 수 있게 되며, 실세

계에서 발견되는 다른 갈래의 텍스트에서 '-는 것이다'를 발견하더라도 논리적으로 접근하게 한다.[12]

갈래와 언어 형식을 제시하는 방식 비교

'객관성'이라는 장르성을 드러내는 데 사용되는 문법 장치를 '기사문', '논증 텍스트', '학술 텍스트', '과학 보고서' 등을 통하여 익힘.	
(가) 언어 형식과 실제 텍스트를 일대일 대응하도록 하여, 문법을 실제 텍스트를 생산하기 위해 알아야 할 '규칙의 목록'으로 인식하도록 만드는 방식	(나) 언어 형식과 텍스트 유형(종류, 갈래)이 연계되는 것은 '장르성'으로 인한 것이라고 해석해 줌으로써 문법이 표현의 힘으로 인식되도록 하는 방식
(가) 방식에 따른 기술 ▶ '-는 것이다'는 기사문에서 많이 발견된다. ▶ 변형된 직접 인용 표현은 기사문에서 많이 발견된다. ▶ 변형된 간접 인용 표현은 학술 텍스트에서 많이 발견된다.	(나) 방식에 따른 기술 ▶ '-는 것이다'는 '객관성'과 '주관성'을 동시에 드러내고자 하는 장르성(상호 주관성)을 드러내고자 하는데, 이는 기사문에서 '도' 많이 발견된다. '객관성'과 '주관성'을 동시에 드러내고자 하는 장르성이 발견되는 또 다른 텍스트 종류로는 '학술 텍스트'가 있다. 학술 텍스트에서의 '-는 것이다'는 (하략)

위와 같이 교수·학습하게 되면 문법 지식이 그저 '규칙의 목록'으로 남지 않고 텍스트를 이해하는 힘, 생산하는 힘이 될 것이다. 이러한 연습은 '텍스트'를 중심으로 이루어지기 때문에 '텍스트' 단원에서 다루는 문법 사항은 '문장' 단원에서도 설명되는 것은 물론이고, 텍스트 단원 내부에서도 중복되어 설명

---

12 (가)의 방식은 한국어 교육에서는 효용성이 있으나 국어 교육에서는 효용성이 없다. 한국어 교육에서는 '자주 쓰이는 언어 표현' 자체를 제공받는 것만으로도 교육적 가치가 있으나, 국어 교육에서는 '언어 표현 목록' 자체는 이미 학습자의 머릿속에 있기 때문이다.

될 수 있다. 이 책에서도 그러한데, '텍스트' 단원에서 피동·사동 표현, 양태 표현은 두 번이나 나온다. 거듭 강조하지만, 2부에서는 관점을 달리한 문장 문법 내용을 '표현 행위의 과정'을 중심으로 관련되는 문법 지식을 '재구조화'하는 작업을 시도하려고 노력하였다. 모든 필자는 글을 쓰는 과정에서 모종의 선택 과정을 거치는데, 텍스트는 선택의 결과로 이루어진 결과물이다. 선택된 결과물 이전에 어떠한 '선택 항'이 있었는지 읽어 낼 수 있는 능력은 모어 화자에게 필요한 문법 능력을 완성하기 위한 핵심 활동이다.

문법 교육과 문장

1──문장 교육의 현황과 출발점

문장은 어휘를 규칙에 맞게 나열하여 구성하는 텍스트의 기본 단위이다. 텍스트를 사람의 사고를 나타내는 것으로 본다면 의사소통의 내용인 생각을 구성하는 가장 기본적인 단위는 결국 문장이 된다. 그렇다면 문장의 구조는 사고의 구조와 긴밀하게 연관되어 있으며, 문장의 구조와 그 구조의 논리적 전개에 대한 교육은 사고의 전개와 관련이 있다. 따라서 문장에 대한 교육은 자신의 의사를 적절하게 표현하고 상대의 의사를 정확하게 이해하는 데 중요한 역할을 하게 된다.

의사소통을 위해 사고를 잘 표현하는 텍스트를 구성하기 위해서는 문장의 구성 요소와 구조, 그리고 문장과 관련된 문법 요소에 대한 교육이 국어 문법 교육에서 매우 중요하다는 것은 분명하다. 의사소통은 끊임없는 산출과 이해의 과정 속에서 이루어지며, 문장의 구조에 대한 이해는 분석 능력을 전제로 한다. 이 분석 능력은 문장을 산출해 내는 토대를 이루기 때문에 문장 구성 능력과 문장 분석 능력에 대한 교육이 모두 필요하다. 따라서 문장을 산출해 내는 구성 능력과 함께 문장을 작은 단위로 쪼개는 분석 능력을 기르는 것에 초점을 맞추어 문장에 대한 교육이 이루어져야 한다. 이러한 내용의 문법 교육을 특정하여 '문장 교육'이라고 할 수 있다.

　문장 교육은 1973년 제3차 국어과 교육과정부터 본격적으로 다루어지기 시작하였고, 최근의 2015 개정 국어과 교육과정에서도 '문법' 영역에서 중요한 교육 내용을 차지하고 있다. 또한 국어 문법 교육과정은 의사소통 능력을 중요시하는 방향으로 개정되고 있는바, 문장 교육과 관련된 교육 내용도 실제 사용을 염두에 두고 제시되었다고 할 수 있다.

　2015 개정 교육과정 '문법' 영역의 문장 교육 성취 기준을 살펴보자.[1] 먼저 공통 과목 '국어'에 제안된 내용은 다음과 같다.

국어	
학년군	성취 기준
초등학교 3~4학년	[4국04-03] 기본적인 문장의 짜임을 이해하고 사용한다.
	[4국04-04] 높임법을 알고 언어 예절에 맞게 사용한다.
초등학교 5~6학년	[6국04-05] 국어의 문장 성분을 이해하고 호응 관계가 올바른 문장을 구성한다.
중학교 1~3학년	[9국04-06] 문장의 짜임과 양상을 탐구하고 활용한다.
고등학교 1학년	[10국04-03] 문법 요소의 특성을 탐구하고 상황에 맞게 사용한다.

　문장에 대한 교육 내용은 초등학교 3~4학년에 처음 등장하는데, 이때에는 주어부와 서술어부와 같은 기본적인 문장 구조에 관한 지식을 습득하고 언어 예절과 관련하여 높임법을 공부하도록 하고 있다. 이어서 초등학교 5~6학년에서는 문장 성분에 관한 기본적인 지식을 습득하고 문장 성분을 적절히 배치하여 문장 성분의 호응 관계가 올바른 문장을 쓰도록 교육하고 있다. 중학교 1~3학년에서는 초등학교에서 배운 문장에 관한 지식을 바탕으로 문장의 짜임, 즉 문장의 구조를 파악하여 다양한 종류의 겹문장을 이해하도록 하고 있

1　여기서 2015 개정 교육과정만을 제시하여 살펴본 것은 제7차 이후의 교육과정에 심대한 변화가 있다고 보기 어렵고 기본적 기조는 대동소이하게 유지되고 있다고 판단하였기 때문이다.

다. 나아가 고등학교 1학년에서는 문장을 구체적으로 실현하는 문법 요소인 높임 표현, 시간 표현, 피동 표현, 인용 표현 등을 학습하도록 하고 있다. 고등학교 과정에서도 문법 요소에 관한 지식을 습득하는 것보다는 높임 표현의 오용이나 번역 투의 피동 표현 등에 주목하면서 실제 담화에서의 문법 요소를 적절히 사용하는 것에 교육의 초점이 맞춰져 있다. 이전의 교육과정에 비하여 부정 표현, 사동 표현 등이 언급되지 않고 있는데, 이러한 항목도 문장을 구성하는 데 중요한 문법 요소이므로 무시되어서는 안 될 것으로 보인다.

고등학교 선택 교과인 '언어와 매체'에서도 '국어'와 유사한 내용이 제시되고 있다.

언어와 매체	
영역	성취 기준
국어의 탐구와 활용	[12언매02-05] 문장의 짜임에 대해 탐구하고 정확하면서도 상황에 맞는 문장을 사용한다.
	[12언매02-06] 문법 요소들의 개념과 표현 효과를 탐구하고 실제 국어 생활에 활용한다.

'국어'와 마찬가지로 '언어와 매체'의 교육과정에서도 구체적인 내용을 적시하지 않았고, 성취 기준 해설에서도 문장의 짜임과 겹문장의 유형에 대해서만 언급하고 있다.

이러한 교육과정은 실제 교육에서 초등학교 5~6학년 때 학습한 문장 성분에 관한 지식이 과연 중학교까지 잘 연결될 것인지, 그리고 문장 구조에 대한 학습이 중학교 때 한 번만 실시된 후 충분히 이해될 것인지에 대한 의문이 든다. 무엇보다도 이전의 교육과정보다 간략하게 제시되어 있어 교사의 문법 지식이 학생들의 학습에 미치는 영향이 매우 클 것으로 생각된다. 교육과정의 간략화는 결국 교과서의 자율적 내용 구성으로 이어질 것인데, 이를 교실에서 반영하기 위해서는 교사의 능력이 매우 중요하다.

문법 교육에서 교사의 능력이 중요함을 강조한 연구로 이지수·정희창(2015)을 들 수 있다. 이 연구에서는 문법 교육을 전공으로 하는 국어 교사와 그렇지 않은 교사의 수업 내용을 비교하여 교사들이 갖추어야 하는 '문법 교과 내용 지식'을 연구하고 있는데, 문법 지식이 충분한 교사일수록 수업의 밀도가 높고 체계화되어 있음을 보여 준다. 그런데 교육과정상 문장 성분에 대한 학습이 초등학교 5~6학년에서 이루어지나 비교 대상의 교사들, 특히 중학교 교사들은 거의 대부분 학생들의 문법 지식이 유지되지 않을 것으로 가정하고 수업을 진행하고 있었다. 이러한 측면에서 교수자인 교사가 갖추어야 할 문법 지식은 국어학이 원천이 되지만 '교과 내용 지식'이 되기 위해서 학교 문법과 학문 문법의 차이, 학습자의 수준, 교재의 기술 등에 대한 지식과 판단이 교사에게 요구된다고 밝히고 있다(이지수·정희창, 2015: 251면). 교과 내용 지식은 교수학적 내용 지식(Pedagogical Contents Knowledge, PCK)으로 '교육 내용과 교육 방법을 아우르는 지식'이라고 할 수 있다. 그러므로 교수학적 내용 지식으로서의 '문법 교과 내용 지식'은 교육의 내용이 되는 국어학적 지식과 이에 맞는 교육 방법을 포함하는 것으로, 문법 교육에서 국어 교사가 갖추어야 하는 핵심적인 지식 가운데 하나라고 할 수 있다. 이러한 복합적 특성의 문법 교과 내용 지식을 갖추기 위해서는 학교 문법과 학문 문법의 차이, 그리고 국어 문법 논의에서의 쟁점과 이에 대한 학교 문법에서의 대처 등에 대한 내용을 장악하는 것이 매우 중요한 일이다. 내용에 대한 장악이 선행되어야만 교육 방법을 적절하게 고안할 수 있기 때문이다.

2015 개정 교육과정에서는 2011 개정 교육과정에 비하여 더욱 간략한 내용으로 문장 교육과 관련된 항목을 제시하고 실제 상황에서의 사용을 중심으로 가르치도록 하고 있다. 따라서 교과서의 내용이 다양해질 가능성이 높아지고 내용 또한 단순 지식을 넘어설 가능성이 있다. 실제로 문장과 관련된 문법 요소의 형식이나 개념을 강조한 문법 지식은 비교적 단순한 문장 구조를 통해 나타나므로 깊이 있는 지식이나 실제 사용과는 거리가 있을 수도 있다. 결국 문장 교육과 관련된 문법 교육 항목에 대해 교사가 감당해야 할 몫이 커지게 되므로 문장과 관련된 지식은 기존의 형식과 개념 중심의 지식에서 벗어나야 한다. 오히려 실제 언어 사용에서의 의미와 기능, 그리고 그 기저에 내재된 원리

에 대한 이해가 교사들에게 더욱 필요하다. 이러한 경향은 최근 국어학 연구에서도 중요하게 대두되고 있으며, 이는 '구어 문법'에 대한 관심으로 이어지고 있다.

문장과 관련된 국어학 연구에서는 많은 쟁점이 심각하게 논의되고 있다. 국어학적 지식이 옳고 그름으로 나누어질 수 없을 뿐만 아니라 그 실체를 구체적으로 발견할 수 있는 것이 아니므로 논쟁이 쉽게 끝날 수 있는 것이 아니다. 다만 문장과 관련된 중요한 문법 현상에 대한 관찰이 있고 그 관찰들 가운데에는 국어학자들이 대부분 동의하는 것들이 있으므로 그것들이 국어 문장 교육의 출발점이 될 수 있다고 생각된다. 또한 이를 바탕으로 언어 사용에서의 의미와 기능을 살펴보고 그 기저의 원리에 접근할 수 있다고 판단된다.

2——국어 문법 연구의 쟁점과 문장 교육의 내용

국어의 많은 문법 현상은 유사하게 관찰되지만 동일한 방식으로 설명되지는 않는다. 학자들은 자신의 관점에 따라 다른 설명 방식을 취한다. 어떤 학자는 형태를 가장 중요한 기준으로 삼아 문법 현상을 분류하고 설명하지만, 어떤 학자는 의미나 기능을 형태보다 더 중요한 기준으로 보고 문법 현상에 대한 분류와 설명을 진행한다. 이러한 견해 차이로 인해 문법 교육의 내용을 정하는 데 큰 어려움이 나타나기도 한다.

1962년에 시작되어 1963년에 작성된 '학교 문법 통일안'도 당시 국어학자들 사이에서는 격렬한 논쟁을 거쳐 완성된 것이다(남기심·고영근, 1993: 430면). 특히 1960년대 초반에는 문법 용어에 대한 문제나 '이다'의 정체에 대한 논쟁이 큰 문제였으며, 1960년대 후반까지 이루어진 국어학의 연구 성과를 반영하여 문장에 대한 내용이 보강된 '통일 문법'은 1979년에 저술된 『문법』 교과서에서 시작되었다(남기심·고영근, 1993: 431~432면). 통일 문법에 대한 시도는 최근의 표준 문법 기술로 이어지고 있는데, 이를 위해서는 국어학자들이 서로 다른 의견을 토론하고 합의해야 할 것이나 결코 쉬운 작업은 아니다. 여전히 논쟁의 정점에 있는 내용들은 우리에게 풀리지 않는 숙제로 남아 있으며, 이것이 국어 문법 교육에서도 어려움으로 남아 있다.

문장과 관련된 쟁점도 여전히 관련 교육 항목에 대한 설명의 어려움으로 나타난다. 이는 교육과정을 개편하거나 새로운 교과서를 집필할 때 늘 문제가 되는 항목이며 교사들이 학생들에게 설명하기 어려운 내용이기도 하다. 그렇게 되면 결국 학생들이 이러한 내용을 이해하는 것이 쉽지 않게 되고, 관점이 다른 국어학자들은 부적절한 교육 내용이라고 지적하게 될 것이다. 따라서 교사가 문장을 대상으로 하는 문법 교과 내용 지식을 적절하게 구성하기 위해서는 문장과 관련된 국어학의 쟁점을 배경지식으로 파악하고 있어야 한다. 이러한 배경지식은 교육 현장에서 하나의 문법 현상에 대한 서로 다른 견해를 이해하고 적절한 교육 내용을 설정하는 데 도움이 될 것이다.

현재 국어학에서의 쟁점이 문장 교육에서 문제가 되는 내용은 다음과 같이 정리할 수 있다.

① 문장 성분과 관련된 쟁점: 보어와 필수적 부사어, 접속 부사의 문장 성분

② 문장의 짜임과 관련된 쟁점: 종속적으로 연결된 이어진문장과 부사절, 안은문장 판정의 문제 — 관형사절과 관형어, 부사절과 부사어

③ 문법 요소와 관련된 쟁점: 피동과 사동

이외에도 더 많은 쟁점이 있겠지만 국어 문장 교육과 관련해서는 위에 제시한 내용들이 핵심적인 문제이다. 서술격 조사 '이다'에 대한 문제나 품사 분류 등의 문제도 국어학에서는 매우 중요한 쟁점이지만 문장과 관련된 쟁점들보다는 가볍다고 할 수 있다. 이러한 쟁점은 학문의 영역에서 더 깊이 다루어져야 비로소 교육의 영역에서 다루어질 수 있을 것으로 생각된다.

여기에서는 국어학의 쟁점과 문장 교육과 관련된 큰 윤곽만을 제시하고, 각 쟁점에 대한 내용은 3부에서 자세히 논의하기로 한다.

1) 문장 성분과 관련된 쟁점

(1) 보어와 필수적 부사어[2]

문장 성분과 관련된 쟁점으로는 역시 '보어'와 '필수적 부사어'에 대한 논쟁이 가장 중요한 문제라고 할 수 있다. 최현배(1937/1971)에 많은 부분을 기댄 학교 문법에서는 용언 '되다, 아니다' 앞에 오며 조사 '이, 가'를 붙인 문장 성분을 '보어'로 정의한다. 이는 '분포와 기능'에 주목한 견해이다. 그러나 허웅 (1995) 등에서는 보어로 정의하지 않고 주격 조사와 동일한 형태의 조사를 취하므로 결합하는 격 조사의 형태에 주목하여 '주어'로 정의한다.

이 보어를 주어가 아닌 것으로 보는 경우에도 이 문장 성분을 필수적으로 필요한 부사어로 정의해야 하지 않느냐는 논쟁이 있기도 하다. 이와 관련하여 '필수적 부사어'라는 용어에 대한 부조리가 지적되기도 한다. 부사어는 애초에 필수성이 없는데 그 본질적 속성과 상반되는 '필수적'이라는 말을 붙이는 것이 적절하지 않다는 의견이다. 이를 보완하기 위해 목적어, 보어, 필수적 부사어를 모두 합쳐서 프랑스어 문법에서와 같이 보어(complement)로 보고자 하는 논의도 있다.

현재 학교 문법에서는 이러한 견해들 가운데 한 가지를 채택하고 있을 뿐이다. 보어에 대한 폭넓은 이해를 위해서는 이러한 여러 견해들에 대한 이해가 필요하다.

(2) 접속 부사의 문장 성분

접속 부사의 문장 성분에 대해 학문 문법에서는 독립어로 취급하기도 하지만 제7차 교육과정 이후에 학교 문법에서는 부사어로 취급한다.

아무도 그 남자를 도와주지 않았다. <u>그리고</u> 그는 결국 그 마을을 떠났다.

---

2 보어에 대한 내용은 3부 1장 '문장 성분'에서 자세히 다루어질 것이다.

여기서 '그리고'는 앞의 문장과 뒤의 문장을 이어 주는 역할을 하며, 앞의 문장이 나타내는 사건이 일어난 이후에 뒤의 문장이 나타내는 사건이 일어남을 말해 준다.

그런데 접속 부사 '그리고'가 뒤의 문장이나 동사를 수식한다고 보기가 어렵다. 그렇다면 수식의 기능이 없는 어절을 부사어로 취급하는 것은 타당성을 찾기가 어렵다. 이와 관련하여 접속 부사의 품사 설정 등이 또 다른 쟁점으로 대두될 수 있다. 허웅(1995) 등은 접속 부사를 부사가 아닌 것으로 보아 '접속사'라는 품사를 설정할 것을 제안하고 있다.

2) 문장의 짜임과 관련된 쟁점

(1) 종속적으로 연결된 이어진문장과 부사절[3]

문장의 짜임, 즉 문장의 구조에서 나타나는 쟁점은 종속적으로 연결된 이어진문장과 부사절의 문제, 그리고 관형사절과 관형어의 설정 문제가 있다. 그 중에서도 가장 중요한 쟁점이며 문장 교육에서 교사와 학생들에게 큰 어려움을 주는 것이 종속적으로 연결된 이어진문장과 부사절의 문제이다.

　　　비가 와서 소풍이 취소되었다.

이 문장에서 '비가 와서'는 원인이며, 이 원인으로 인해 '소풍이 취소된' 결과가 나타난 것이다. 이 문장은 주어와 술어 관계가 '비-오다'와 '소풍-취소되다'와 같이 두 번 나타나는 겹문장이며, 선행절 '비가 와서'는 후행절 '소풍이 취소되었다'에 대한 원인이 되므로 종속적으로 연결된 이어진문장이 된다.

다음 문장을 살펴보자.

3　이 부분은 3부 2장 '문장의 구조'의 '종속적으로 연결된 이어진문장'과 '부사절을 가진 안은문장'에서 자세히 논의하겠다.

신발 바닥이 다 닳게 나는 뛰어다녔다.

'신발 바닥이 다 닳게'라는 선행절이 '나는 뛰어다녔다'라는 후행절에 대해 결과를 나타낸다. 이때는 "내가 뛰어다녀서 신발 바닥이 다 닳았다."로 해석될 수 있다. 그러나 이 문장은 "신발이 다 닳을 정도로 내가 뛰어다녔다."로 이해될 수도 있다. 그렇다면 전자는 결과 상태를 나타내는 절이 종속적으로 연결된 이어진문장으로 볼 수 있는 반면, 후자는 '뛰어다녔다'라는 서술어를 수식하는 것과 같은 효과를 갖는 부사절로 볼 수 있다.

그런데 위 두 문장에서 선행절이 후행절 속으로 들어가 어순을 바꾸어 나타날 수도 있다.

소풍이 비가 와서 취소되었다.
나는 신발 바닥이 다 닳게 뛰어다녔다.

이렇게 되면 이 두 문장에서는 이유의 절이나 정도의 절이 뒤따르는 동사를 수식하는 것으로 볼 수 있으며, 이 경우에는 그 절들은 부사절과 기능이 동일하다.

다음과 같이 '-게 하다'나 '-게 되다'에 나타날 경우에는 '-게'절이 종속적으로 연결된 이어진문장도 아니고 부사절도 아니다.

선생님은 영희를 양호실에 가게 하셨다.
영희는 양호실에 가게 되었다.

이 두 문장에 나타나는 '-게'는 보조적 연결 어미로, 뒤에 나타나는 '하다'나 '되다'는 보조 용언으로 보기도 한다. '-게 하다'는 흔히 사동을 나타내는 보조 용언 구성으로, '-게 되다'는 피동이나 예정을 나타내는 보조 용언 구성으로 본다.

이처럼 종속적으로 연결된 이어진문장과 부사절의 구별이 쉽지 않다. '-게' 절의 경우에는 종속적으로 연결된 이어진문장일 수도 있고, 보조적 연결 어미를 붙인 보조 용언 구성일 수도 있으며, 동사를 수식하는 부사절일 수도 있다. '-게'절의 다면적 속성으로 인해 구별이 어려워 어떠한 문법 요소라고 확정할 수가 없는 것이다. 이에 대해 국어학자들은 여러 가지 의견을 제시하고 있다.

2002년에 출판된 교육부의 『고등학교 국어』에서 이전과 달리 부사절을 인정하면서 종속적으로 연결된 이어진문장도 함께 인정하고 있는데, 이에 대해 고영근(2004가)은 적절하지 못함을 지적하고 있다. 고영근(2004가)과 고영근·구본관(2008)은 보조적 연결 어미인 '-게'가 다의적으로 해석되므로 '-게'가 부사절로도 종속적으로 연결된 이어진문장으로도 확대되어 사용된다고 설명하고 있다. 이러한 견해는 '-게' 형태가 동일하게 실현되지만 다른 기능으로 사용되는 점을 고려하고 어느 하나에 중심 기능을 부여하고 그 기능이 확대되는 것으로 설명한 것이다. 다시 말해 형태에 일차적인 기준을 둔 것이라고 할 수 있다.

반면에 이익섭·채완(1999)은 종속적으로 연결된 이어진문장은 인정하지 않고 부사절만을 인정하고 있어서 대등하게 연결된 이어진문장이 아닐 경우에는 모두 부사절로 취급하고 있다. 이것은 형태보다는 기능을 일차적으로 고려한 설명이라고 할 수 있다.

부사절을 인정할 경우에 또 문제가 되는 것은 부사 파생 접사 '-이'를 붙인 부사절의 존재이다.

그 남자는 <u>말도 없이</u> 떠났다.
이 건물은 <u>주변의 다른 건물들과 달리</u> 유리로 되어 있다.
나도 <u>다른 사람들과 같이</u> 검은 볼펜으로 서명을 해야 하나요?

학교 문법에서는 '없이, 달리, 같이'가 다른 문장 성분과 같이 나타날 경우에는 부사절로 처리하고, 이를 부사 파생 접미사가 이끄는 부사절로 보고 있다.

그러나 현재 공시적 국어 문법에서는 파생 접사를 붙인 부사어가 절을 구성할 수 있다는 것을 타당한 설명으로 보기는 어렵다. 통시적인 측면에서 보면 중세 국어에서는 '-이'가 형용사와 결합하여 오늘날의 '-게'와 유사하게 사용된다. 이러한 통시적 측면을 고려한다면 아주 무리한 시도는 아닐 수도 있다. 그러나 공시적 측면에서 접미사가 절을 이끌 수 있다는 것은 좀 더 적절하게 설명되어야 할 것이다.

(2) 안은문장 판정의 문제: 관형사절과 관형어, 부사절과 부사어[4]

문장의 구조에서의 또 다른 쟁점은 다음과 같은 문장을 안은문장으로 판정할 수 있느냐 하는 것이다.

장미는 역시 <u>붉은</u> 장미지.

이와 같이 용언의 관형사형만이 체언 앞에 나타날 경우에 밑줄 친 '붉은'을 무엇으로 판단하느냐의 문제이다. '붉은' 자체가 관형사와 같은 구실을 하는 관형어로 보는 견해와 '붉은'을 관계 관형사절로 보는 견해가 있다. 전자의 경우는 드러난 형태를 그대로 분석하는 방식으로, 주어진 문장에 어떠한 변화를 전제하지 않는 설명이다. 반면에 후자의 경우는 다음과 같은 기저 구조를 설정하여 설명하고자 하는 것이다.

([장미는 역시 [<u>장미</u>가 붉은]S_1 장미지.]S_2)

수식을 하는 관형사절 '장미가 붉은'에서 피수식어와 동일한 명사구가 삭제되는 규칙이 작용하여 '붉은 장미'와 같은 구가 형성된다고 보는 것으로, 생

4　이 문제는 3부 2장 '문장의 구조'의 '관형사절을 가진 안은문장'과 '부사절을 가진 안은문장'에서 상이한 두 가지 관점에 대해 자세히 살펴보겠다. 특히 문장의 도출 과정에 초점을 맞추어 언급할 것이다.

성 문법의 설명 방식이다. 이러한 설명 방식은 보이지 않는 기저 구조를 설정하는 것에 대한 타당성이 의문이 될 수 있다. 이러한 의문에 대한 적절한 답이 주어진다면 모든 관계 관형사절에 대한 일관성 있는 설명이 가능하다.

이러한 설명은 다음과 같은 부사절에도 적용할 수 있다.

철수가 운동장을 <u>빠르게</u> 달렸다.

이 문장도 관형사절과 마찬가지로 설명할 수 있다. '빠르게'가 분명히 서술어 '달리다'를 수식하고 있으므로 단순 부사어로 처리할 수도 있고, 다음과 같은 기저의 문장 구조를 설정하여 설명할 수도 있다.

([철수가 운동장을 [<u>철수가 빠르게</u>]S_1 달렸다.]S_2)

즉, 관계 관형사절과 마찬가지로 동일 명사구 삭제 규칙을 적용하여 부사절로 처리할 수도 있다.

이러한 두 가지 설명 방식은 문장 교육에서 각각 장점과 단점이 있다. 단순 관형어나 부사어로 처리하는 것은 직관적으로 이해할 수 있어 특별한 설명이 필요 없기는 하지만 동일한 활용 어미를 붙인 용언형에 대해 서로 다른 지위를 부여해야 한다는 단점이 있다. 이 부분에 대한 **별도의** 설명이 필요하게 되는 것이다. 이와 달리 관계 관형사절이나 부사절로 설명하면 기저의 구조에 대한 설명이 별도로 필요한 데다가 보이지 않는 문장 성분의 존재를 설명하기가 어렵게 된다. 그러나 동일한 용언 활용형에 대해 체계적이고 일관성 있는 설명이 가능하다는 장점이 있다.

3) 문법 요소와 관련된 쟁점: 피동과 사동[5]

피동과 사동은 다양한 문장을 산출할 수 있는 중요한 문법 요소이다. 이 두 문법 요소는 개념적 측면에서 서로 연관되어 있다. 어떤 사태를 인과 관계로 파악할 경우 원인과 결과를 모두 드러내는 표현 방식을 사동이라고 할 수 있고, 결과 부분을 두드러지게 드러내는 표현 방식을 피동이라고 할 수 있다.

> 아이들이 돋보기로 먹지를 <u>태우고</u> 있다.   [사동문]
> 도둑이 경찰관에게 <u>잡혔다</u>.   [피동문]

위의 사동문은 아이들이 돋보기를 먹지에 대는 행동을 하고 그 행동으로 인해 먹지가 타는 상황을 나타낸다. 이처럼 사동문에는 원인과 결과를 모두 드러내게 된다. 반면에 피동문은 도둑이 경찰관의 체포 행위의 결과로 잡힌 상태가 되는 것을 나타낸다. 즉, 사동문은 원인과 결과를 모두 드러내면서 원인에 화자의 초점을 맞추는 경우에 해당하며, 피동문은 결과에 화자의 초점을 맞추는 것으로 설명할 수 있다.

그런데 피동과 사동은 문법 요소로서 어떤 문장의 형태를 결정하고 그 형태에 고정된 의미만을 전달하는 것이 아니라 담화상의 의미를 전달하기도 한다. 오히려 실제 국어 사용에서는 담화상의 기능이 더 중요한 양상을 보인다고 할 수 있다.

피동은 앞서 언급한 바와 같이 화자의 의도에 따라서 언급하는 문장의 초점이 행위의 대상에 가 있음을 나타내게 된다. 이러한 기본적인 담화 기능으로부터 주어의 의지 없음을 나타내는 표현 효과에 더하여 화자 스스로의 언급에 대한 확신에 객관성을 부여하는 표현 효과나 스스로 그 언급에 대한 책임을 회피하는

---

5 피동과 사동에 대해서는 3부 3장 '피동 표현과 사동 표현'에서 개념과 형식, 담화 맥락상의 의미 등을 상세히 살펴보기로 한다. 여기에서는 이 문법 교육 항목의 의미와 문제점에 대해서 논의할 것이다.

수단으로 사용하기도 한다. 더 나아가 주어의 상태 속성을 언급하기도 한다.

나는 어쩔 수 없이 그 일을 포기하게 <u>되었다</u>.　　　　[무의지성]
곧 정부의 공식 발표가 있을 것으로 <u>보인다</u>.　　　　[책임 회피]
오늘은 내가 밥이 잘 안 <u>먹힌다</u>.　　　　　　　　　[상태 속성]

여기서 중요한 것은 피동의 원형적인 의미와 담화상의 기능이 전혀 무관한 것이 아니고 서로 연관되어 있다는 점이다. 이 연관성은 실제로 '영향 입음'이라는 피동의 의미로부터 '무의지성, 책임 회피, 상태 속성'의 의미가 도출되는 것이라고 생각할 수 있다.

사동의 경우에도 화자의 의도가 반영될 수 있다. 인과 관계를 나타내는 기본적인 의미와 함께 강제적 시킴의 의미를 나타내는 경우가 있다.

추운 날씨 때문에 엄마가 아이를 외투를 <u>입혔다</u>.　　[강제적 시킴]

이 경우에는 엄마가 아이에게 외투를 입도록 하는 시킴의 행위가 사동의 원인 행위이고, 그 결과 아이가 외투를 입는 행위를 강제로 하게 된다. 따라서 전형적인 사동문의 강제적 시킴의 의미를 나타낸다. 이는 사동주가 피사동주에게 전면적인 영향을 미치고 있음을 나타내며, 이러한 의미로부터 다음과 같이 어떤 사태의 가장 중요한 원인, 또는 전적인 원인을 강조하여 언급할 때 사용되기도 한다.

<u>나의 작은 실수로</u> 어린 동생이 <u>울었다</u>.
<u>나의 작은 실수가</u> 어린 동생을 <u>울렸다</u>.

결국 문장의 기본적 의미와 담화상의 의미는 따로 존재하는 것이 아니다. 실제로 문장과 텍스트는 별개의 것이 아니라 문장의 확장이 곧 텍스트이며, 문장

의 의미는 텍스트에서 담화상의 의미로 확장되어 사용된다.

국어학 연구에서는 피동과 사동의 형태와 의미의 범위를 확정하는 문제가 늘 중요한 쟁점이 되고 있다. 피동과 사동이 하나로 묶여서 설명되었을 경우 피동사는 비대격 동사와, 사동사는 타동사와 겹치게 되는데, 그렇게 되면 적절한 범위 확정이 어렵게 된다. 또한 비전형적인 피동과 사동을 피동과 사동으로 받아들이느냐의 문제도 제기될 수 있다.

피동·사동과 관련된 국어학의 쟁점은 문장 교육에도 시사하는 바가 크다. 형태와 의미, 기본적인 의미와 담화상의 기능 등은 별도로 존재하는 것이 아니라 서로 긴밀하게 연관되어 있다. 그 연관 관계는 단어의 의미가 합성성의 원리를 통해 문장의 의미를 도출하고, 그 문장의 의미는 담화상의 원리를 통해 맥락상의 의미, 즉 담화상의 의미로 확장되는 것으로 정리할 수 있다(김윤신, 2014가: 378~379면). 이를 도식화하면 다음과 같다.

의미 체계와 의미 추론 원리(김윤신, 2014가: 379면)

3——문장 교육의 과제

문장에 대한 문법 연구가 교육 내용으로 전환되어 교육과정으로, 교과서로, 교사의 수업 내용으로 나타나게 된다. 그러나 현재 문장 교육을 비롯한 문법 교육은 그 의의나 가치가 충분함에도 어려운 교육 내용으로 취급되고 있다. 따라서 논리적 사고의 신장과 의사소통 능력의 향상이라는 문법 교육의 중요한 역할을 제대로 구현하기 위해서는 교육 내용과 교육 방법을 다시 살펴볼 필요가 있다.

교육 내용의 측면에서는 문법 연구의 쟁점에 대한 여러 견해 중 하나만을 교육 내용으로 제시하는 것은 지양되어야 할 것으로 보인다. 현재의 교육과정은 전체의 윤곽만 제시할 뿐 이를 구체화한 교과서와 교사의 수업 내용은 독자적 체계를 중심으로 전개되는 동시에 관련된 다른 견해도 함께 생각해 볼 필요가 있다. 물론 모든 학년군에서 이러한 시도를 해야 하는 것은 아니지만 각 학년별로 수준에 맞게 다룰 필요가 있다고 본다. 앞에서 살펴본 문장 교육과 관련된 국어 문법의 쟁점들은 문장에 관한 문법 지식의 문제가 아니라 문법 체계의 문제이다.

예를 들어, 종속적으로 연결된 이어진문장과 부사절의 쟁점과 같은 경우는 문장에 관한 문법 지식의 문제가 아니라 문법 체계에 대한 통찰의 문제이다. 어떤 문장이 종속적으로 연결된 이어진문장이냐 부사절이냐를 단순 지식으로 학습하는 것은 문장 교육이 논리적 사고의 신장과 의사소통 능력의 향상에 기여한다는 의의와 부합하지 않는다.

따라서 이 부분에 대한 교육 내용은 두 견해의 타당성에 대한 논리적 추론 과정이 핵심이 되어야 할 것이다. 즉, 문장 교육의 내용이 단편적인 지식이 아니라 지식의 체계이므로 문장과 관련된 지식의 체계가 구성되는 과정에 나타나는 논쟁에 대한 이해가 학습에 중요한 부분이라고 생각된다. 심화 학습이나 활동을 통해 이러한 내용을 기술적으로 반영하는 것이 바람직하다.

교육 방법의 측면에서는 제7차 교육과정 이후 주요한 문법 교육 방법으로 대두되는 탐구 학습을 더욱 발전시킬 필요가 있다. 구본관·신명선(2011)의 원리에 의한 학습법, 최근에 대두되고 있는 프로젝트 학습법도 고려할 만하다. 이러한 방법들을 적극적으로 도입할 필요가 있는 것은 문장 교육을 비롯한 문법 교육이 단순 지식의 습득보다는 학습자가 자료를 분석하고 원리를 탐구해 나가는 과정을 중요시하기 때문이다. 예를 들어, 종속적으로 연결된 이어진문장과 부사절에 대한 서로 다른 견해의 타당성을 검증하는 활동이 교육 내용에 포함된다면 이를 적절하게 구현할 방법은 해당 언어 자료를 수집하여 각 견해에 따라 분석하고 비교하는 과정 외에는 불가능해 보인다. 단순 지식으로 서로 다른 두 견해를 암기하는 것은 문장에 대한 문법 지식의 체계를 이해하는 데 큰 의미가 없는 활동이 될 것이다.

문법 교육과 어휘

1──어휘 교육의 성격

여기에서는 어휘 교육의 영역 논의가 문법 교육의 영역 논의와 더불어 진행될 필요가 있음을 강조하고, 문법 교육과 어휘 교육의 연관성에 대해 논의할 것이다.

1) 국어 교육에서 어휘 교육의 위상

국어 능력이 "정확하고 적절한, 타당하고 창의적인 국어 사용을 포괄하는 개념"으로 사용된다면, 어휘 능력 또한 정확하고 적절한, 타당하고 창의적인 어휘 사용을 포괄하는 개념으로 이해할 수 있을 것이다(신명선, 2011). 실천적인 측면에서 볼 때 '정확성, 적절성, 타당성, 창의성'이라는 국어 능력의 평가 지표는 어휘 능력의 평가에 동일하게 적용될 수 있는 것이기 때문이다. 어휘 능력의 개념을 위와 같이 이해한다면 어휘 교육의 영역 설정은 다음과 같이 두 방향으로 이루어질 수 있을 것이다.

첫째, 어휘 교육을 국어과의 독립적인 영역으로 설정하지 않는 것이다. 국어 능력의 평가 지표가 어휘 능력의 평가에 동일하게 적용된다면 어휘 능력은 독서, 화법, 작문, 문법, 문학 등 국어 사용과 관련된 모든 영역에서 필요한 능력으로 볼 수 있다. 이러한 관점으로 보면 어휘 능력을 기르는 문제는 작문, 독서, 화법, 문학 등 국어 교육의 전 영역에서 다루어야 할 문제이다.

둘째, 어휘 교육을 국어 교육의 하위 독립 영역으로 설정하는 것이다. 어휘 능력은 국어 능력을 구성하는 하위 부분이기는 하지만, 어휘 능력을 기르는 문제는 작문, 독서, 화법, 문학 등 특정 영역에 귀속될 수 있는 문제가 아니다. 그렇다면 어휘 교육 영역은 국어 교육의 독립적인 영역으로 설정하여 교육 방법을 체계화할 필요가 있다.

어휘 교육을 국어과의 독립 영역으로 설정하지 않는 것은 어휘 능력을 기능적(도구적) 관점에서 규정하기 때문이다. 즉, 기능적 관점에서는 어휘 능력이 작문, 독서, 화법, 문학 등의 교육 활동을 원활하게 하는 데 필요하며, 작문, 독서, 화법, 문학 등의 교육 활동을 통해 신장되는 것이라고 본다. 그런데 어휘 교육론에 관한 최근 논의에서는 기능적 관점보다 인지적 관점에서 어휘 능력을 규정한 후 어휘 교육 방법론을 체계화하는 방안을 모색하고 있다. 이때 인지적 관점의 어휘 교육론은 어휘 교육이 어휘의 실용적 사용 능력을 신장하는 것 못지않게 국어적 사고력을 신장하는 데 기여할 수 있음을 강조하는 견해라 요약할 수 있다.[1] 이러한 인지적 관점은 어휘 교육을 국어과의 독립적인 하위 영역으로 자리매김하려는 시도와 연결된다.

현재 국어과의 영역 구분을 보면 어휘 교육이 독립적인 영역으로 설정되어 있지 않다. 이는 인지적 관점에서 어휘 교육 방법론을 모색하는 움직임이 활발함에도 현실에서는 기능적 관점에서 어휘 교육이 이루어지고 있음을 말해 준다. 그러나 어휘 교육의 중요성이 부각되는 상황에서 체계적인 어휘 교육 방법론이 필요하다는 점을 고려한다면 어휘 교육을 독립적인 영역으로 설정하는 문제를 적극적으로 검토할 필요가 있다. 다만 어휘가 언어의 한 단위로서 문법

---

1 이러한 관점의 문제의식은 김광해(1993)를 통해 제기되었고, 신명선(2004)과 주세형(2005가) 등을 통해 구체화되었다.

의 설명 대상이고, 어휘와 어휘 능력에 대한 이론적 접근이 언어 이론과의 관련하에서만 구체화될 수 있다는 점을 감안할 때, 어휘 교육의 영역 논의는 문법 교육의 영역 논의와 더불어 진행하는 것이 현실적이다.

국어 능력을 "정확하고 적절한, 타당하고 창의적인 국어 사용을 포괄하는 개념"으로 정의할 때, 문법 교육은 '정확하고 적절한 국어 사용을 위한 것' 정도로 이해된다. 이처럼 문법 교육의 목표를 좁게 설정하는 관점에서 보면 '정확하고 적절한, 타당하고 창의적인 어휘 사용 능력을 신장한다'는 어휘 교육의 목표는 '정확하고 적절한 어휘 사용 능력의 신장'이라는 부분에서만 문법 교육의 목표와 겹칠 것이다.

그러나 현재 언어 이론의 전개 양상을 볼 때 문법 교육을 '정확하고 적절한 국어 사용' 또는 '정확하고 적절한 어휘 사용'을 위한 것으로 한정 짓는 것에 대해서는 반론이 있을 수 있다. 그런 점에서 어휘 교육의 영역 논의는 문법 교육의 영역 또는 문법 교육의 목표를 혁신하는 논의와 맞물려 진행될 수밖에 없다.

2) 문법 교육과 어휘 교육의 연관성

어휘 교육의 성격을 규정하는 대목에서 재검토해야 할 것은 문법 교육의 성격이다. 문법 교육의 성격 논의와 관련하여 하나의 기준이 되는 것이 제7차 교육과정 시기에 발간된 고등학교 『문법』이다. 여기에 제시된 교육 목표에서 주목할 점은 문법 교육의 목표가 '정확하고 적절한 국어 사용'에 국한된 것은 아니라는 사실이다.

국어에 대한 탐구 과정을 통한 통찰력과 논리적 사고력을 바탕으로 언어와 국어의 문화적 가치 및 국어에 대한 체계적인 지식을 갖추고, 국어를 올바르게 사용하여 국어의 발전에 기여하는 태도를 지닌다.

위의 기술에서 주목할 점은 국어에 대한 문법적 탐구가 '국어에 대한 체계적 지식을 갖추는 활동'의 기본이 되고, 이것이 결국 '국어를 올바르게 사용하는 것'으로 이어진다고 보는 관점이다.

이처럼 문법 교육의 목표는 '타당하고 창의적인 국어 사용'에 접근하면서 국어적 사고력을 바탕으로 국어의 가치를 이해하는 것까지 포괄하고 있다. 이는 이미 문법 교육을 '정확하고 적절한 국어 사용'이라는 틀에 한정하여 보지 않음을 말해 준다. 이러한 상황에서도 문법 교육을 '정확하고 적절한 국어 사용' 또는 '정확한 국어 사용'으로 국한하는 것은 문법의 기능과 모어 화자를 대상으로 한 문법 교육의 취지를 협소하게 보는 관습적 태도가 바뀌지 않기 때문이다. 결국 문제는 문법 교육의 목표와 방법론에 있는 것이 아니라 문법 교육에 임하는 태도에 있는 것이다.

현재의 문법 교육 목표에 근거하더라도, 모어 화자를 위한 문법 교육은 '정확하고 적절한 국어 사용'을 유도하면서 이를 통해 귀납되는 문법적 원리를 탐구함으로써 '타당하고 창의적인 국어 사용' 문제에 접근해야 한다. 문법 교육의 목표를 이렇게 정하게 된 것은 문법 이론의 전개와 관련이 있다. 즉, 화용론의 등장과 함께 문법의 분석 단위가 담화로 확장되었으며, 이에 따라 문법 교육에서도 '타당하고 창의적인 국어 사용'의 맥락을 문법적으로 설명하려는 시도를 하게 된 것이다. "표현하고자 하는 바를 다양한 담화 환경에서 상이한 문법 형식으로 표현하는 모어 화자의 언어 활동을 고려한다면, 국어 교육이 다양한 담화 환경에서 선택할 가능성이 있는 언어 형식 중 하나를 선택하는 능력을 기르는 데 주안점을 두어야 한다"는 주장[2]은 문법 교육이 새로운 국면에 접어들었음을 잘 보여 준다.

이때 담화 환경에 따라 특정 언어 형식을 선택할 수 있는 능력을 기른다는 목표는 화자(필자)의 의도와 관련지어 텍스트를 독해할 수 있는 능력을 기른다는 목표로 확대할 수 있다. 이는 표현과 이해를 위한 문법 교육의 핵심 목표가 된다. 문법 교육의 문제의식이 위와 같다면, 여기서 다루고자 하는 어휘 교

---

2 이러한 문제의식은 주세형(2004)에서 본격적으로 제기되었고, 주세형(2005나)에서 재정립한 통합적 문법 교육론으로 이어진다.

육 문제 또한 이러한 문제의식의 연장선상에서 접근해 볼 수 있을 것이다. 앞에 제시한 '문법' 과목의 목표에서 '국어'를 '어휘'로 교체해 보면 어휘 교육의 목표가 그 윤곽을 드러낸다.

어휘에 대한 탐구 과정을 통한 통찰력과 논리적 사고력을 바탕으로 어휘의 문화적 가치 및 어휘에 대한 체계적인 지식을 갖추고, 어휘를 올바르게 사용하여 국어의 발전에 기여하는 태도를 지닌다.

이처럼 문법 교육의 목표를 자연스럽게 어휘 교육의 목표로 치환할 수 있는 것은 어휘 교육이 문법 교육의 하위 영역으로 자리매김할 수 있음을 보여 준다고 할 수 있다.

현재 교육과정에서도 어휘 교육 문제에 체계적으로 접근할 수 있는 고리는 '문법' 영역에 있다. 다만 어휘 교육을 문법 교육의 차원에서 체계화할 경우 이를 어휘력 향상의 실천 방안과 직접 연결 짓기는 어려운 면이 있다. 그러나 문법 영역에서 어휘의 성격과 체계 그리고 사용의 원리를 다룬다는 점에서 문법 교육의 관점에서 어휘 교육 방안을 모색하는 것은 어휘 교육을 체계화하는 가장 현실적인 접근이라고 볼 수 있다. 현재의 교육과정에서도 어휘 교육과 관련한 성취 기준은 '읽기'와 '문법' 영역에서 집중적으로 나타나며, 이 중 문법 영역의 성취 기준이 어휘 교육에서 다루어야 할 바를 가장 체계적으로 제시하고 있다.

그런데 이러한 어휘 교육 방안이 표현과 이해를 위한 문법 교육에서 일정한 역할을 하기 위해서는 어휘의 다양한 작용 원리를 익히고 이를 표현과 이해 과정에 적용할 수 있는 방법론을 구체화해야 한다. 이에 대한 원론적 논의는 다음 절에서 살펴보고, 구체적인 방법론에 대해서는 4부에서 논의할 것이다.

2──어휘 교육의 목표

여기에서는 문법 교육으로서 어휘 교육의 목표를 논의하는 차원에서 어휘 교육의 범위를 규정할 것이다. 그리고 어휘 교육과 관련한 문법 영역의 성취 기준을 검토하면서 어휘 교육의 측면에서 '표현과 이해를 위한 문법 교육' 방안을 모색해 볼 것이다.

1) 어휘 교육의 범위

논의를 시작하기 전에 먼저 '어휘'라는 용어를 검토할 필요가 있다. 여기에서 거론하는 '어휘'라는 용어는 문장의 구성 단위인 '단어'를 가리키는 동시에 다양한 기준으로 묶일 수 있는 '단어의 집합'을 가리킨다.

그런데 국어학 논의에서는 '어휘'를 '단어의 집합'으로 규정하면서 '단어'와 개념적으로 구분하는 것이 일반적이다. 이처럼 '단어'와 '어휘'를 엄격히 구분하는 관점이 있는 데다가 특정 맥락에서 낱개의 단위를 지칭하는 용어로 '단어'가 필요한 경우도 있다는 점에서 '어휘'라는 용어를 사용하는 것은 부담스러운 면이 있다. 그럼에도 단어의 의미를 단어들 간의 관계에서 파악할 수 있다고 보는 현대 언어학(구조주의 언어학)의 관점에 비추어 보면 한 단어의 존재는 이미 단어의 집합을 전제한다고 볼 수 있다. 이러한 관점에서 본다면 '집합으로서의 단어'와 '개체로서의 단어'를 엄밀히 구분하기보다는 두 가지 용어를 모두 수용하면서 '어휘'라는 용어의 의미를 폭넓게 설정할 필요가 있다.

'어휘'라는 용어의 의미를 폭넓게 설정하는 것은 어휘 교육의 범위를 설정하는 일과도 관련된다. 단어의 형성, 품사, 어휘 유형, 의미 관계, 의미 확장 등의 개념은 언어학적으로 볼 때 각각 다른 원리로 설명해야 하는 것이다.[3] 그러

---

3 '단어의 형성'은 단어의 형태 구조를 분석하는 형태론과, '어휘 유형, 의미 관계' 등은 어휘의 체계를 파악하는 어휘론과, '의미 확장'은 단어의 문맥적 의미를 분석하는 의미론과 관련된다.

나 언어 사용의 차원에서 볼 때 이 개념들은 어휘력[4]을 확장하는 방안을 체계화하는 데 활용될 수 있다. 그렇다면 단어의 형성, 품사의 분류, 어휘의 유형화, 의미 관계, 의미 확장 등과 관련된 원리를 어휘력을 강화하는 방안과 관련지어 일관되게 설명할 수 있을 것이다.

이 책에서는 어휘력 신장이라는 측면에서 이를 교육적 관점에서 체계화하고 위계화하는 단계까지 나아가지는 않지만, 어휘력 신장의 문제를 문법 교육의 차원에서 고민함으로써 문법의 원리에 대한 이해와 어휘력 신장이라는 실용적 목표가 관련되는 양상을 보이고자 한다. 이는 문법 교육이 읽기나 쓰기 교육 등에 직접적으로 활용될 수 있다는 증거를 제시하는 것인 동시에 어휘 교육이 읽기나 쓰기 교육 등에 어떻게 활용될 수 있는지를 보여 주는 것이다. 결국 어휘 교육은 표현과 이해를 위한 교육의 일환이라 할 수 있는데, 이를 위해서는 어휘의 선택과 사용 원리에 대한 이해가 더불어 진행되어야 한다. 어휘의 선택과 사용 그리고 생산의 원리는 곧 문법과 관련되는 것이다.

효율적인 표현과 능동적인 이해를 위해 어휘의 선택과 사용 양상이 달라지고, 경우에 따라서는 새로운 어휘를 만들기도 하는데, 문법은 이러한 과정을 관찰하여 규칙화한 것이라 할 수 있다. 현재 문법 영역의 성취 기준도 이러한 관점에서 표현과 이해를 위한 문법 교육을 지향해야 한다는 문제의식을 분명히 밝히고 있다. 다만 표현과 이해의 과정이 문법과 어떻게 관련되는지에 대한 구체적인 설명이 부족하였다. 이는 문법 교육이 주로 국어 지식과 관련한 교육으로 진행되어 온 데에서 비롯된 문제이다. 이런 점에서 이 책에서는 문법의 각 원리가 표현과 이해 과정에 어떻게 관여하는지를 적극적으로 설명하고자 한다. 가장 생동감 있는 예를 통해 학습자가 문법의 원리를 이해할 수 있도록 하고, 이러한 이해를 바탕으로 표현과 이해를 효율적으로 하는 길을 학습자가

---

4 어휘력이 일반적으로 어휘의 양적 측면을 가리키는 데 사용된다는 점에서 어휘의 질적인 측면 즉 어휘에 대한 지식, 어휘 사용 기능, 어휘에 관한 태도 등을 복합적으로 가리키기 위해 '어휘 능력'이라는 용어를 사용하기도 한다. 그러나 어휘 능력이 어휘력의 개념을 확장한 것이라는 점에서 어휘력과 어휘 능력을 같은 차원에서 사용할 수 있다. 여기에서는 어휘력이라는 용어를 어휘 능력을 포괄하는 의미로 사용한다.

찾아가도록 하는 것이다.

2) 어휘 교육과 관련한 성취 기준

어휘 교육에서 어휘력을 기른다는 것은 표현과 이해 과정에서 어휘 사용 능력을 기르는 것이고, 이러한 교육이 문법 교육의 차원에서 이루어질 필요가 있다. 즉, 표현과 이해 과정에서의 어휘 사용 능력을 기르는 교육은 어휘에 대한 문법적 탐구와 병행되었을 때 체계적으로 이루어질 수 있는 것이다. 이 점은 그간 공유되어 온 문법 교육의 목표에도 뚜렷이 드러나 있다.

그런데 『국어』 교과서에서 다루고 있는 문법 항목은 이와 같은 취지를 살리지 못하고 있다. 현재까지 『국어』 교과서에서 문법 항목을 설명하는 데 기준이 되는 제7차 교육과정 고등학교 『문법』 교과서의 단원 구분을 보면, 문법 교육 단위는 '단어, 어휘, 의미, 이야기' 등으로 설정되어 있다. 즉, 여기에서 설정하는 어휘 교육의 단위가 '단어, 어휘, 의미'로 분리되어 있는 것이다. '단어' 단원은 형태론 내용을, '어휘' 단원은 어휘론 부분을, '의미' 단원은 의미 관계와 의미 확장을 다루고 있는데, 이처럼 각각의 단원으로 분리함으로써 각 단원에서 설명하는 원리가 어휘력 확장이라는 언어 사용의 측면에서 통합적으로 서술할 수 있는 계기를 마련하지 못했다고 볼 수 있다.

표현과 이해라는 관점에서 어휘를 설명하게 되면 위의 각 단원들은 하나의 큰 틀에 묶으면서 문법의 원리라는 언어 지식적 측면과 어휘력 확장이라는 언어 사용의 측면을 통합적으로 서술할 수 있을 것이다. 기존 연구 성과를 정리하면 "이해 어휘와 표현 어휘를 안다."라는 표현의 내포적 의미를 열 개의 항목으로 제시할 수 있을 것이다(김소영·이병운, 2013: 382면).

① 그 어휘의 기본적인 형태와 파생어의 형태를 이해한다/표현한다.
② 다른 어휘와의 의미 관계(유의어, 반의어 등) 및 차이를 이해하고 표현한다.
③ 그 어휘의 의미론적·화용론적 의미를 이해한다/표현한다.

④ 그 어휘의 기능과 상황에 따른 쓰임과 제한을 이해한다/표현한다.

⑤ 그 어휘의 다의적 의미와 쓰임을 이해한다/표현한다.

⑥ 그 어휘의 관계망(문화적, 가치적 의미 관계 등)을 이해한다/표현한다.

⑦ 새로운 말이 형성되는 원리를 이해한다/표현한다.

⑧ 그 어휘의 은유(metaphor)적 표현을 이해한다/표현한다.

⑨ 그 어휘 속에 담긴 백과사전적 정보를 이해한다/표현한다.

⑩ 그 어휘에 대한 타당성·적절성 등을 이해하고 표현한다.

위의 항목들은 현재 '문법' 영역의 내용 성취 기준과 이 성취 기준을 확장적으로 해석한 내용을 종합한 것이라 할 수 있다. 2007 개정 국어과 교육과정부터 제시된 교육과정의 성취 기준 중 어휘 교육의 성취 기준은 위의 열 개 항목과 대응하여 다음과 같이 재정리할 수 있다.

첫째, '어휘 유형'과 '의미 관계'에 대한 성취 기준은 '실제 의사소통 상황에서 담화 상황에 맞는 단어를 효과적으로 선택하여 사용하는 것'으로 정리할 수 있다. 이는 ②와 ⑥과 관련된다.

둘째, '단어의 형성'에 대한 성취 기준은 '단어 확장의 원리, 즉 파생과 합성의 원리를 탐구하고 이러한 이해를 기반으로 의사소통 상황에서 단어를 효과적으로 사용하는 것'으로 정리할 수 있다. 이는 ①과 관련되며, 이를 확장적으로 해석하면 ⑦과도 관련되는 내용이다.

셋째, '단어의 의미 확장'에 대한 성취 기준은 '단어의 의미가 의사소통의 맥락이나 문맥에 따라 달라질 수 있음을 아는 것'으로 정리할 수 있다. 이는 ③과 ⑤와 관련되며, 이를 확장적으로 해석하면 ④, ⑧, ⑨와도 관련되는 내용이다.

넷째, '품사'에 대한 성취 기준은 '품사의 개념과 특성을 이해하고 이를 단어를 적절하게 사용하는 데 활용하는 것'으로 정리할 수 있다. 이는 ④와 관련되며, 이를 확장적으로 해석하면 ⑩과도 관련되는 내용이다.

위에서 네 항목으로 정리한 어휘 관련 교육의 성취 기준은 어휘론, 단어 형성론, 어휘 의미론, 품사론 등 문법론의 네 가지 영역과 대응되는 것이다. 결국 이러한 문법론의 연구 단위들이 문법 교육과정에서 표현과 이해를 위한 어휘 교육과 관련된다고 할 수 있다.

이러한 성취 기준을 감안한다면 교육과정상으로는 어휘의 탐구와 활용의 문제를 통합적으로 인식하고 있음을 확인할 수 있다. 그러나 탐구와 관련한 내용과 방향은 구체적인 데 반해 활용의 문제와 관련한 내용과 방향은 명확하지 않다. 이러한 문제는 교과서의 기술 문제로 드러난다.

교과서의 기술은 대체적으로 항목별로 개념과 특성을 설명하는 것에서 크게 벗어나지 않는다. 그러나 앞에서 거론하였던 어휘 교육의 원론적 목표와 관련짓는다면, 교과서 기술 시 어휘에 대한 설명을 '담화 상황에서 단어의 효과적 사용'이나 '발화와 텍스트의 적절한 이해'라는 목표와 어떻게 연결하여 기술할 것인지를 구체화할 필요가 있다.

가령 다의적 단어의 의미 항목마다 그것의 반의어와 유의어를 찾아보고, 어휘 유형을 유의어들 간의 차이를 파악하는 활동과 연결 지어 본다면 관계어들의 선택에 따른 문체적 효과를 점검하는 활동이 다채로워질 수 있었을 것이다. 그런데 이러한 활동이 부각되기 어려운 구조적 이유는 어휘 유형 및 의미 관계의 개념 파악에 비중을 둔 기술 방식에서 찾을 수 있다.

3──어휘 교육의 내용과 방법

교육과정은 교육 내용을 위계화한 것으로, 이 교육과정에 따라 어휘 교육 방법론을 구체화할 수 있을 것이다. 그러나 전 교육과정에서 범용적으로 참고할 수 있는 어휘 교육 방법론을 제안하려는 이 책의 목적상 여기에서는 교육과정의 성취 기준을 고려하되 위계적인 틀을 벗어나, 앞에서 제시한 문법 교육의 목표와 취지를 부각하는 차원에서 어휘 교육 방안을 제안하고자 한다.

문법적인 관점에서 어휘 교육의 내용은 단어의 형성, 품사, 어휘 유형, 의미 관계, 의미 확장으로 나누어 볼 수 있다. 이때 '국어의 탐구와 사용'을 통합적으로 인식하는 바탕 위에 어휘 교육의 방법론을 체계화한다면, 어휘 교육 내용은 어휘와 관련한 문법적 원리가 작문, 독서, 화법, 문학 등에 어떻게 적용될 수 있는지를 보여 주는 단계까지 나아갈 필요가 있다. 이에 대한 구체적인 내용은 4부에서 제시할 것인데, 여기에서는 4부의 논의 개요와 그 문제의식을 보이고자 한다.

1) 단어의 형성

단어의 형성과 관련한 교육은 표현의 측면에서 볼 때에는 표현 수단을 확장하는 능력을, 이해의 측면에서 볼 때에는 새로 접하는 표현을 분석적으로 이해하는 능력을 기르는 효과를 기대할 수 있다. 단어 형성과 관련한 문법 교육은 이처럼 표현과 이해를 위한 교육과 밀접하게 관련된다.

단어의 형성과 관련하여 문법 교육에서 관심을 두는 부분은 형태 분석과 형태 결합의 원리이다. 단어의 형태 분석은 형태소를 추출하는 과정이다. 그런데 이렇게 추출된 형태소는 단어의 형성을 위한 재료가 된다. 문법적인 관점에서 볼 때 단어의 구조 분석과 단어의 형성 원리에 대한 탐구는 서로 관련되는 것이다. 이때 문법 교육에서 중요한 것은 단어의 구조 분석 또는 단어의 형성 원리가 언어의 표현과 이해에 어떻게 관련되는지를 보이는 것이다.

이를 위해 먼저 단어를 형성하는 동기 또는 계기를 설득력 있게 보이면서 이러한 동기와 계기가 표현의 문제와 직접적으로 관련되는 것을 보일 필요가 있다. 따라서 기존 복합어의 형성 과정을 표현의 관점에서 추적하고 복합어의 표현 효과를 평가하는 논의, 신어(新語)의 형성을 표현의 관점에서 설명하고 신어의 표현 효과를 평가하는 논의가 이루어질 것이다. 이는 단어 형성 원리에 대한 설명이 어휘력을 확장하는 방법과 직접적으로 관련되는 것임을 보여 주는 것이기도 하다.

단어 형성과 관련한 설명은 이해의 과정에서 새롭게 접하는 단어를 능동적으로 분석하여 그 의미를 추출하는 과정으로 이어진다. 새로 접하는 단어를 분석하는 과정은 곧 형태소를 추출하는 과정이라 할 수 있는데, 이러한 과정을 통해 자연스럽게 단어의 형성 과정을 재구성하여 단어를 이해하게 되는 것이다.

2) 품사

품사는 단어를 기능, 형태, 의미에 따라 분류한 것이다. 그런데 품사 교육이 품사의 분류 기준과 그에 따른 결과를 익히는 데에만 집중되면서 표현과 이해의 측면에서 기능, 형태, 의미라는 품사 분류의 기준이 지닌 의의를 파악하는 데에는 소홀한 면이 있다.

그렇다면 표현과 이해의 측면에서 품사의 분류 체계는 어떤 의미를 갖는가? 그리고 단어의 기능, 의미, 형태는 표현과 이해를 도모하는 데 어떤 역할을 하는가? 이러한 문제의식을 바탕으로 할 때, 품사에 대한 문법적 설명을 표현과 이해의 문제로 승화하여 보여 주는 계기를 만들 수 있다. 즉, 품사에 대한 지식을 어휘력의 일종으로 본다면, 품사에 대한 이해는 문장에서 단어의 역할을 이해하고 문장 구성 시 단어 사이의 선택 제약 양상을 설명하는 단서가 될 수 있다. 따라서 이에 대한 지식은 문장 구성력과 분석력을 기르는 데 도움이 된다고 할 수 있다.

이러한 내용을 좀 더 확장하여 설명한다면 품사에 대한 이해를 표현의 문제를 해결하는 데 활용할 수 있을 것이다. 품사의 성격에 대한 이해를 바탕으로 표현과 관련한 문제를 정교하게 설명할 수 있는 것이다. 예를 들어, 한국어 대명사의 성격을 이해하는 것은 한국어 문장에서 대명사를 빈번하게 쓰는 것이 부자연스러운 점을 이해하는 것과 관련된다. 이러한 문법적인 제약은 곧 글쓰기에서 대명사 쓰기를 제약하는 요인으로 표현 교육에서 다룰 수 있는 것이다.

또 다른 예로 들 수 있는 것은 수식어의 성격을 이해하는 문제이다. 수식이 많아지면 그만큼 글이 번잡해진다는 점을 수식어로 사용되는 단어의 성격을 설명하며 보여 줄 수 있는 것이다. 그리고 수식어의 적확한 선택이 글을 구체적이고 역동적으로 만드는 데 중요하다는 점에서 문장 안에서 관형어와 부사어의 선택 양상을 어휘력 확장과 관련지어 설명할 수 있을 것이다.

3) 어휘 유형

외래어·한자어·고유어 등 어휘의 기원과 관련한 유형, 속담·관용어 등 어휘 형성의 특수성에서 비롯한 유형, 속어·은어·완곡어 등 어휘의 화용적 특수성에서 비롯한 유형 등 어휘 유형을 가르는 방법은 다양하다. 그런데 이처럼 어휘 유형을 가르는 것은 궁극적으로 표현과 이해의 정교함 또는 적절성과 관련된다. 여기에는 사회·문화적 관습에 대한 이해가 결부되어 있다. 따라서 어떤 유형의 어휘를 사용하는 것이 어떤 표현 효과로 이어지는지, 또는 어떤 유형의 어휘를 사용하는 것이 어떤 태도와 연결되는지를 설명하는 과정이 필요하다. 그렇다면 어휘 유형에 대한 교육은 문체 선택에 따른 표현 효과를 교육하는 것이면서 국어의 가치관 교육과도 깊이 관련된다고 할 수 있다.

4) 의미 관계

어휘 의미에 대한 변별적 인식은 어휘를 선택하는 데 결정적으로 작용한다. 이때 어휘 의미에 대한 변별적 인식에는 어휘 간의 의미적 공통점과 차이점뿐만 아니라 어휘에 대한 인식 태도의 차이까지도 포함되는데, 이러한 차이의 양상에 따라 어휘들은 서로 다양한 의미 관계를 형성하게 된다. 따라서 어휘의 의미 관계를 파악함으로써 어휘 사용의 문체적 효과를 가늠할 수 있을 것이다. 이런 점에서 어휘의 의미 관계 양상에 대한 논의는 앞서 거론한 어휘 유형 논의와 관련될 수밖에 없다.

어휘 의미에 대한 변별적 인식에서 비롯하는 의미 관계 양상 중에는 유의 관계, 반의 관계, 상하의 관계 등이 주로 거론된다. 이러한 의미 관계를 아는 것은 모어 화자의 어휘 체계를 이해하는 문제와 관련되는데, 모어 화자의 '머릿속

사전'에 포함된 어휘 체계가 표현과 이해 과정에 어떻게 작용하는지를 구체화하는 것은 문법 교육에서 중요한 문제가 된다.

의미 관계를 설정하는 것은 어휘의 의미가 관계 속에서 드러난다는 관점을 반영하는 것인 만큼, 여기에서는 의미의 변별과 이를 통한 어휘의 활용이 핵심적 교육 내용이 될 것이다. 그런데 어휘 의미의 변별은 모어 화자의 다양한 지식이 작용하여 이루어진다는 점에서 이에 대한 교육에서는 모어 화자의 다양한 지식이 작용하는 양상을 설명해야 한다.

5) 의미 확장

의미 확장은 이해의 측면에서 주목받을 수 있는 내용이다. 즉, 문맥 안에서 단어의 의미를 해석하는 것은 곧 그 단어가 문맥 안에서 어떻게 의미를 확장하였는지를 파악하는 일이기 때문이다. 그러나 다른 한편으로 의미 확장은 표현의 문제이기도 하다. 한 단어의 의미가 문맥 안에서 어떻게 확장될 것인지를 예상하고, 자신의 의도에 맞는 해석을 유도하는 방향으로 표현을 구성할 수 있기 때문이다. 따라서 의미 확장 원리를 알고 이를 예측하여 활용하는 것은 표현 능력을 향상하는 데 중요하다.

의미 확장은 단어의 의미가 변이하는 것과 관련된다는 점에서 의미 확장의 원리를 통해 비유적 표현의 원리를 설명할 수 있다. 환유와 은유의 기법은 곧 모어 화자가 머릿속 사전에 지니고 있는 어휘 지식을 화용적 상황과 관련지어 조작하는 것이라 할 수 있기 때문이다.

이런 점에서 의미 확장은 모어 화자의 머릿속 사전에 등록된 지식(의미)의 문제와도 연결된다. 모어 화자의 머릿속 사전에 등록된 지식(의미)은 의미 확장의 기반이 되기 때문이다. 머릿속 사전의 지식에는 개념적 의미와 연상적 의미가 혼재되어 있고, 이는 사회·문화적 감성과 관련되어 있다. 이런 점에서 의미 확장의 원리에 대한 설명은 문법 교육이 문학 교육과 맺는 상호 보완적 관계를 잘 보여 준다고 할 수 있다. 사회·문화적 감성은 의미 확장 양상에 대한 이해를 통해 파악할 수도 있지만, 문학 작품의 이해를 통해 사회·문화적 감성을 파악하여 의미 확장의 원리를 이해할 수도 있기 때문이다. 이와 관련하여 4부에서는 특별히 은유, 환유, 직유 표현의 원리가 표현과 이해를 위한 어휘 교육에 어떻게 적용될 수 있는지를 설명할 것이다.[5]

또한 의미 확장은 기존에 없던 새로운 의미가 만들어지는 과정이므로 이는 의미 변화의 원리와 관련지어 볼 수도 있다. 의미 변화에 따라 어휘에 대한 모어 화자의 인식이 어떻게 바뀌었는지를 살펴보는 것은 자연스럽게 국어 문화에 대한 역사적 이해를 심화하는 데 도움이 될 것이다.

---

5 은유와 환유의 원리에 대한 설명은 Lakoff & Johnson(2006)의 개념 의미론에 근거하여 이루어지지만 최근의 인지 언어학적 탐색의 성과도 반영할 것이다. 최근의 인지 언어학적 성과는 Dancygier & Sweetser(2015)의 설명을 참고하였다.

문법 교육과 음운

1──음운 교육의 의의

어느 정도의 연령에 이른 국어 화자라면 우리말을 발음하고 듣는 데 큰 어려움을 느끼지 않는다. 굳이 우리말의 음운 체계와 음운 현상을 공부하지 않더라도 말하고 듣는 데 큰 지장이 없다고 생각한다. 이 때문에 음운 교육, 더 포괄적으로는 문법 교육이 필요하지 않다는 주장마저 제기되기도 한다.

그러나 이는 쉽게 판단할 사항이 아니다. 대부분의 사람들이 올바른 발음을 구사하는 것처럼 보이지만 의외로 혼란을 보이는 경우가 많으며, 설령 모든 사람이 동일한 발음을 공유한다고 하더라도 우리말의 발음 원리를 이해하고 음운 현상을 파악하는 것 자체만으로도 충분히 가치 있는 일이기 때문이다. 이를 좀 더 구체적으로 사용의 관점과 지식의 관점으로 나누어 살펴보도록 하자.

1) 사용의 관점

사용의 관점은 구체적인 의사소통 상황과 관련이 있다. 만약 화자와 청자가 언어의 내용과 형식에서 서로 차이를 보인다면 의사소통이 원활하게 이루어질 수 없을 것이다. 예를 들어, '산림(山林)'을 어떤 사람은 [산님]이라고 발음하고 어떤 사람은 [살림]이라고 발음한다면 극단적인 경우에는 이 두 사람 사이에 대화가 제대로 이루어지지 않을 것이다. 이렇게 우리 주변에는 사람들 사이에 발음이 일치하지 않는 경우가 제법 많은 편이다.

지역적인 차이가 있기도 하지만 '의사'를 사람에 따라 [으사], [이사], [의사]라고 발음한다. 역사적인 유산이면서 서울의 지명이기도 한 '선릉(宣陵)'의 경우에는 발음이 [선능]이냐 [설릉]이냐를 놓고 오래전부터 논쟁이 오가기도 하였다.

'효과'와 '인사말, 머리말' 등을 평음으로 발음하는 문제, 모음 / ㅔ /와 / ㅐ /를 구별하여 발음하는 문제, '눈〔雪〕'과 '눈〔眼〕'에서 모음의 길이를 구별하는 문제 등은 규범과 현실 사이에서 심한 차이를 보이는 문제이기도 하다.

'인라인, 온라인, 원룸'과 같은 외래어를 발음할 때에도 발음이 서로 달라 불편을 느끼곤 한다. '인라인'의 경우 [인나인] 또는 [일라인]으로 발음하며, 동일한 화자라 하더라도 그때그때 발음이 달라지기도 한다.

발음의 차이나 혼란이 표기에 영향을 미치기도 한다. '주꾸미'는 표준 발음이 [주꾸미]이지만, 많은 사람들이 이를 [쭈꾸미]로 발음하면서 표기를 '쭈꾸미'로 하는 경향이 있다. '숙맥, 세다, 잘리다, 질기다' 등도 발음과 표기 모두 평음이어야 하지만, 경음 발음이 세력을 얻으면서 표기 또한 '쑥맥, 쎄다, 짤리다, 찔기다'와 같이 경음으로 실현되는 양상을 보인다. 이외에도 '희안하다(→희한하다), 임마(→인마)'와 같이 발음에 이끌려 표기를 잘못하는 예를 쉽게 찾아볼 수 있다.

위와 같은 문제들은 체계적인 발음 교육과 표기 교육을 통해 해결할 수 있다. 음성 언어의 측면에서는 발음 교육이, 문자 언어의 측면에서는 발음을 올바르게 적기 위한 표기 교육이 강조된다. 한글 맞춤법 제6항부터 제13항까지는 소리에 관한 표기를 규정하고 있는데, 이렇게 말소리와 관련하여 여러 표기 조항이 명시되어 있다는 것은 우리말을 무조건 발음되는 대로만 표기해서는 안 된다는 사실을 잘 보여 준다.

발음 교육을 할 때 개별 단어의 발음 위주로만 접근하는 것은 비효율적이다. 특정 단어에 적용되는 보편적인 발음의 원리를 무시한 채 개별 단어의 발음만을 강조하는 것은 단편적인 지식을 전달하는 것에 불과하므로 교육적으로 큰 효과를 얻을 수 없다.

예컨대 '선릉'의 올바른 발음을 논한다면 이 단어가 비음화의 적용을 받지 않고 유음화의 적용을 받는 이유를 설명해 주어야만 학습자가 표준 발음을 이해하고 이를 쉽게 받아들일 수 있다. 또한 관련된 원리를 설명해 주면 '광안리, 광한루'처럼 같은 원리의 적용을 받는 다른 예들의 발음에 이를 적용할 수 있으며, 유사한 상황에 활용할 수 있는 문제 해결 능력을 갖출 수 있다. 이처럼 발음 교육이 체계적으로 이루어지기 위해서는 사용의 관점과 연계하여 지식의 관점에서 구체적인 논의가 이루어져야 한다.

2) 지식의 관점

지식의 관점에서 우리는 우리말의 발음에 내재된 규칙과 원리에 관심을 가질 필요가 있다. 사용의 관점만 강조하다 보면 규칙과 원리를 다룬다 하더라도 문제가 되는 발음 위주로 내용을 구성하기 쉬운데, 이러한 태도는 바람직하지 않다.

음운 교육이 체계적으로 이루어지기 위해서는 우리말의 다양한 음운 현상에 내재된 규칙과 원리를 탐구하여 이를 체계화할 수 있어야 한다. 특정 단어와 관련된 규칙이나 원리에만 치우치게 되면 규칙 간의 연계성과 여러 규칙을 통솔하는 상위 원리를 파악하기가 어려워 우리말의 음운론적인 특징을 종합적이고 체계적으로 이해할 수가 없다.

발음하는 데 큰 어려움이 없는 경우라 하더라도 그 발음에 음운론적인 규칙이나 원리가 작용한다면 그 규칙이나 원리를 탐구하여 기술하는 것 자체만으로도 가치를 부여할 수 있다. 이러한 규칙과 원리는 아무리 당연하게 여겨지는 것이라 하더라도 우리말의 문법적인 특징에 해당하며, 이러한 문법적인 특징은 우리말을 이해하는 데 도움을 준다.

예컨대 모든 사람이 '국민'을 [궁민]으로 발음한다고 해서, 즉 비음화 현상과 관련하여 발음상 큰 문제가 없다고 해서 해당 음운 현상을 학습하는 것이 불필요하다고 할 수는 없다. 비음화 현상 자체가 우리말의 음운론적인 특징으로서 영어와는 다른 양상을 보이며, 큰 원리 면에서 유음화나 평파열음화와 같은 다른 음운 현상과 밀접한 관련이 있기 때문이다.

발음의 규칙과 원리에 대한 이해는 발음에 대한 올바른 판단을 가능하게 한다. 즉, 규칙과 원리에 대한 이해 없이는 사용의 관점에서 관찰되는 다양한 발음 문제를 합리적으로 해결할 수 없다. 개별 단어의 발음 문제는 결국 그 단어에 작용하는 음운론적인 원리를 통해 합리적으로 해결할 수 있기 때문이다.

2─── 음운 교육의 목표

음운 교육의 목표는 앞서 살펴본 음운 교육의 의의와 밀접한 관련이 있다. 음운 교육에서 지식의 관점과 사용의 관점은 이론과 실제라는 두 가지 중심 축을 이루고 있으며, 음운 교육의 목표도 이 두 축을 중심으로 설정된다.

제7차 교육과정과 그 이후의 교육과정에서 제시하는 국어과의 목표를 분석해 보면, 조금씩 차이가 있기는 하지만 이론과 실제라는 두 축이 잘 드러나 있다. 여기에다 태도적인 부분까지 더하면 국어과의 목표는 대개 세 가지 측면에서 제시된다. 이를 편의상 '지식, 사용, 태도'로 나누어 살펴보도록 하자.

1) 지식의 측면

지식의 측면에서는 음운과 관련된 기본 지식을 갖추는 것이 일차적인 목표라 할 수 있다. 이 목표는 '듣기·말하기, 읽기, 쓰기, 문법, 문학' 등 모든 영역에 적용되는 것이다.

다른 영역도 마찬가지이지만, 특히 '문법' 영역에서는 기본적인 용어와 개념에 대한 이해가 매우 중요하다. 용어와 개념에 대한 이해가 결여된 상태에서는 이를 다양한 상황에 적용하기도 힘들고, 국어의 발전에 도움이 되는 바람직한 태도를 형성하기도 힘들다.

그런데 문제는 이러한 기본적인 지식을 흔히 단순 암기로 생각하는 경향이 있다는 점이다. 교사와 학생 모두 문법 지식을 단순 암기로 생각하는 경우가 많은데, 그러다 보니 많은 교사와 학생들이 문법을 암기 중심으로 공부해야 한다고 생각한다.

그러나 문법이란 우리의 말과 글에 내재된 규칙과 원리를 정리한 것으로, 귀납적인 관찰과 분석을 통해 도출된 실제적인 것이기 때문에 결코 현실과 동떨어진 비현실적인 대상이라 할 수 없다. 음운 역시 마찬가지이다. 음소와 음성의 개념부터 시작하여 자음 체계와 모음 체계 등을 단순히 암기하는 데 그친다면 이를 바탕으로 하는 다양한 음운 현상을 이해하기가 어렵다.

이에 역대 국어과 교육과정에서는 단순히 문법 지식을 학습한다고 표현하지 않고 "국어를 체계적으로 이해"(제7차 교육과정)한다거나 "국어의 구조와 기능을 분석적으로 이해"(2009 개정 교육과정)한다는 식으로 문법 교육의 목표를 제시하고 있다. 즉, 지식을 갖추는 목표는 단순 암기가 아닌 이해에 중점을 두어야 한다는 것이다.

이렇게 본다면 음운 교육에서도 지식의 측면에서 음운과 관련된 기본 지식을 이해하는 것을 하나의 목표로 삼을 수 있겠다. 물론 암기 위주가 아닌 이해를 통한 지식 습득이 궁극적인 목표가 되어야 할 것이다.

2) 사용의 측면

사용의 측면에서는 관련 지식을 여러 상황에 활용하면서 비판적이고도 창의적으로 수용하고 생산하는 능력을 갖추는 것을 목표로 삼을 수 있다. 여기에서 유의할 점은 지식을 단순히 사용 상황에 활용하는 데 그치지 않고 비판적이고도 창의적으로 접근할 수 있어야 한다는 것이다. 이를 2009 개정 교육과정에서는 "국어 현상을 탐구하고 다양한 자료를 분석하며 비판적·창의적 문제 해결 능력을 기른다."라고 표현하였다.

사용의 문제는 대부분 국어 음운 현상과 관련이 있다. 그런데 국어의 다양한 음운 현상을 단순히 암기의 대상으로 접근하게 되면 '비판적·창의적 문제 해결 능력'을 기르는 것이 불가능하다. 그래서 국어의 음운 현상을 탐구 학습 모형을 이용하여 교수·학습하는 방안이 연구되고 있지만, 모든 음운 현상을 탐구 학습 모형을 이용하여 교수·학습하는 것은 현실적으로 어렵다. 시간과 교실 여건상 많은 제약이 따르기 때문이다.

그러하더라도 비판적·창의적 문제 해결 능력을 갖추기 위해서는 기존의 암기식, 주입식 수업을 지양하고 학생들이 스스로 규칙을 발견하는 과정을 거칠 수 있도록 교사가 안내해 줄 필요가 있다. 가장 간단한 방법은 음운 현상이 적용되는 자료를 먼저 제시하고 어떠한 환경에서 어떠한 변화가 일어나는지를 학생들이 생각할 수 있도록 유도하는 것이다.

물론 이것만으로는 비판적·창의적 문제 해결 능력을 기를 수 없다. 잘 짜인 맞춤형 자료를 분석하는 것만으로는 비판적·창의적 문제 해결 능력을 기르기가 쉽지 않다. 학생들에게는 조금 어려울 수 있겠지만, 이론과는 달리 현실에서 부딪히는 실제적인 문제들을 직접 생각해 볼 수 있는 기회를 제공하는 것이 큰 도움이 된다. 예를 들어, '개'와 '게'의 발음을 구별하지 못하는 현상, '꽃이'를 [꼬시]로, '닭이'를 [다기]로 발음하는 현상 등에 대해 생각하고 토론하는 과정을 통해 언어 현상을 능동적으로 판단하고 문제 해결을 위해 적극적으로 사고하는 자세를 기를 수 있다.

3) 태도의 측면

태도와 관련된 국어과의 목표는 대개 국어의 가치를 인식하고 국어의 발전에 이바지하는 방향으로 설정된다. 이와 관련된 역대 국어과 교육과정의 목표를 제시하면 다음과 같다.

- 국어 세계에 흥미를 가지고 언어 현상을 계속적으로 탐구하여, 국어의 발전과 국어 문화 창달에 이바지하려는 태도를 기른다. (제7차 교육과정)
- 국어 세계에 흥미를 가지고 언어 현상을 계속적으로 탐구하여, 국어의 발전과 미래 지향의 국어 문화를 창조한다. (2007 개정 교육과정)
- 국어의 가치와 중요성을 인식하고 국어 생활을 능동적으로 하는 태도를 기른다. (2009 개정 교육과정)
- 국어의 가치와 국어 능력의 중요성을 인식하고 주체적으로 국어 생활을 하는 태도를 기른다. (2015 개정 교육과정)

'국어의 가치와 중요성을 인식'하도록 한다는 목표는 특정 문법 내용보다는 포괄적인 언어의 차원에서 설정될 수 있는 내용이다. 이와 연결되는 '국어의 발전에 이바지'한다는 목표는 포괄적인 언어의 차원이면서도 한편으로는 문법적인 규범의 준수 및 실천을 통해 어느 정도 달성될 수 있는 것으로 보인다. 이는 '국어 생활을 능동적으로 하는 태도'나 '주체적으로 국어 생활을 하는 태도'를 기른다는 목표와도 연관이 있으며, 음운 교육에 국한한다면 표준 발음법과 같은 올바른 발음의 문제로 귀결될 수 있다.

실제로 역대 교육과정을 검토해 보면 음운 현상과 관련하여 올바른 발음을 다루거나 어문 규범과 관련하여 표준 발음법을 다루도록 하는 등 '문법' 영역의 성취 기준을 통해 발음과 관련된 규범적인 내용을 학습 내용에 포함하도록 하고 있다.

사실 올바른 발음을 구사하는 태도는 실제 국어 생활과 관련하여 매우 민감한 문제에 속한다. 규범과 실제 사이의 간극이 크다 보니 표준 발음에 대한 지식이 있음에도 현실적으로는 규범과 다르게 발음하는 경우도 있다. 이러한 경우에 현실적인 문제를 완전히 무시할 수는 없겠지만, 발음의 규칙과 원리를 잘 반영하여 올바른 발음에 대한 태도를 형성할 수 있도록 할 필요가 있다.

3──음운 교육의 내용과 방법

1) 음운과 음운 체계

음성과 음운의 개념을 이해하고 국어의 음운 체계를 아는 것은 음운 교육에서 가장 기본적인 내용이다. 그런데 제7차 교육과정을 비롯하여 2007, 2009 개정 교육과정에 '음성과 음운의 개념을 이해한다'는 항목이 세부 내용 및 성취 기준에 포함되어 있었으나, 2015 개정 교육과정의 성취 기준에는 이러한 내용이 빠져 있다.

학교 문법에서는 대개 '음운'이라는 용어를 사용하지만, 학자들은 '음운'보다는 '음소'라는 용어를 사용한다.[1] 머릿속의 추상적 말소리인 음소로부터 실재하는 음성이 도출되는 과정을 기술한 것이 바로 음운 현상이다. 따라서 음소와 음성의 개념 차이를 이해하는 것은 음운 현상을 이해하는 데 기본이 되며, 국어와 다른 언어의 음운 체계가 어떠한 차이를 보이는지를 이해하는 데에도 도움이 된다.

국어의 음운 체계에는 자음 체계와 모음 체계가 있다. 자음 체계는 자음을 조음 위치와 조음 방법, 발성 유형에 따라 분류하여 자음들의 관계를 체계화한 것이다. 과거에는 이러한 자음 체계표를 일방적으로 제시하고 외우게 하였으나 학생들이 분류 기준을 생각해 보거나 분류 기준에 해당하는 자음들을 직접 발음하여 확인해 보도록 하는 것이 좋다. 물론 모든 자음을 이러한 방식으로 파악하는 것은 시간상 여건이나 학생들의 수준을 고려할 때 현실적으로 어려우므로 일부분에 한해서 학생들이 직접 참여할 수 있도록 유도하는 것이 좋다.

이와 관련하여 2009 개정 교육과정에서는 "음운 체계를 탐구하고 그 특징을 이해한다."라는 성취 기준을 제시하고 이에 대해 "자음과 모음을 그 소리의 성질과 분화 기준에 따라 몇 무리로 나누거나 표로 정리해 봄으로써 국어 음운

---

1 이 용어의 문제에 대해서는 5부 1장 '음운의 개념과 성격'에서 구체적으로 언급할 것이다.

체계의 특징을 이해하게 한다."라는 해설을 덧붙이고 있다.

모음 체계는 단모음 체계와 이중 모음 체계로 나뉜다. 그런데 단모음의 수에 대해 규범과 현실 사이에 차이가 있어 다소 조심스러운 면이 있다. 특히 단모음 /ㅔ/와 /ㅐ/를 현실에서는 거의 구별하지 못하나 규범에서는 구별하고 있어 이에 대한 주의가 필요하다. 교과서에서는 대개 규범을 따르게 되므로, 규범과 현실 사이의 차이에 대해 학생들이 스스로 생각해 볼 수 있도록 간단하게나마 기회를 제공해 주는 것이 좋을 듯하다.

자음 체계와 모음 체계 외에 소리의 길이도 학습 내용에 포함된다. 소리의 길이, 즉 장단은 의미를 변별하는 기능을 하기는 하지만 자음·모음과 대등한 자격을 갖지는 못한다. 자음과 모음은 발음 기관을 통해 생산되는 구체적인 말소리인 반면, 장단은 이 말소리가 실현될 때 수반되는 말소리의 성질이기 때문에 동등한 대상으로 볼 수 없다. 몇몇 교과서에서는 소리의 길이를 자음·모음과 대등한 것으로 설명하고 있어 주의가 필요하다.

2) 음운 현상

학교 문법에서는 '음운 현상' 대신 '음운 변동'이라는 용어를 주로 사용한다. 제7차 교육과정에 따른 『문법』 교과서에서는 음운 현상을 '교체, 동화, 축약, 탈락, 첨가'로 유형화하였지만, 2009 개정 교육과정에서는 '독서와 문법'의 성취 기준 해설을 통해 음운 현상을 '교체, 탈락, 첨가, 축약'으로 유형화할 수 있다고 하였다. 학계에서는 대체로 후자의 유형을 인정한다.

음운 현상은 그동안 음운 체계와 함께 중학교 1~3학년군에서 학습 내용으로 다루어져 왔으나, 2015 개정 교육과정에서는 중학교 1~3학년의 학습 내용에서 음운 현상이 제외되었다. 2015 개정 교육과정에서는 중학교 1~3학년 '교수·학습 방법 및 유의 사항'을 통해 "음운의 체계와 특성을 지도할 때에는 단순한 암기 위주의 학습보다는 실생활에서 사용되는 실제적 발음 원리에 대한 이해 위주의 학습이 이루어지게 하고, 음운 변동에 대한 학습으로까지 나아가지는 않도록 한다."라고 하였다.

  그 대신 2015 개정 교육과정에서는 "단어를 정확하게 발음하고 표기한다."
라는 성취 기준을 통해 중학교 1~3학년에서 발음의 문제를 다루도록 하였다.
그런데 이에 대한 해설을 보면 "표준어 규정 중 제2부 '표준 발음법'의 제2장
과 제4장에서 학습자가 자주 틀리는 잘못된 발음이나 잘못된 표기를 중점적
으로 다루어 학습자들의 언어생활을 개선하도록 하며, 단어를 올바르게 발음
하고 표기하는 태도를 기르도록 안내한다."라고 하여, 예전처럼 개별 음운 현
상 위주로 학습 내용을 구성할 수 없게 되었다.

  2015 개정 교육과정에서 음운 현상은 고등학교 1학년의 '문법' 영역 성취
기준에 비로소 등장한다. 해당 성취 기준과 이에 대한 해설은 다음과 같다.

  [10국04-02] 음운의 변동을 탐구하여 올바르게 발음하고 표기한다.

    이 성취 기준은 음운 변동에 내재된 원리와 규칙을 탐구하여 올바른 발음과 표기
  생활을 하는 능력을 기르기 위해 설정하였다. 여러 가지 음운 변동 현상 중에서 발
  음 생활과 표기 생활에 미치는 영향이 큰 음운 변동에 초점을 맞추도록 한다. 비음
  화, 유음화, 된소리되기(경음화), 구개음화, 두음 법칙, 모음 탈락, 반모음 첨가, 거
  센소리되기(유기음화) 중에서 선택하여 다루되, 음운 변동 규칙에 대한 학습보다
  는 실제 발음 생활이나 표기 생활에 적용되는 사례를 중점적으로 다루도록 한다.

  위의 해설을 보면, 규칙 중심의 학습보다는 실생활의 발음과 표기 사례를 중
심으로 음운 현상을 다루도록 하고 있다. 또한 교과서에서 다룰 음운 현상의
목록을 한정하여 논란이 되고 있는 음절의 끝소리 규칙, 모음 축약 등을 학습
내용에서 제외하였다.[2] 이러한 방향은 '교수·학습 방법 및 유의 사항'에서도
확인된다.

---

2 음절의 끝소리 규칙, 모음 축약 등에서 논란이 되는 내용은 5부 4장 '음운 현상'에서 구체적으로 확인할 수
   있다.

음운의 변동을 지도할 때에는 모든 음운 변동 현상을 자세하게 학습하는 것보다는 실제 발음이나 표기 생활과 밀접하게 관련이 되는 것을 선택하여 가르치도록 한다. 그리하여 음운 변동에 대한 학습이 실제 발음 및 표기 생활에 도움이 된다는 점을 깨닫고 활용하도록 하는 데 중점을 둔다.

이와 같이 2015 개정 교육과정은 음운 현상을 실생활의 사례 중심으로 다룬다는 점이 예전의 교육과정과 다르다. 그런데 이러한 변화는 지식의 측면보다 사용의 측면에 더 큰 비중을 둔다는 점에서 지식과 사용 사이의 균형이 잘 맞지 않는다.

음운 현상을 실제 발음이나 표기와 관련지어 살펴보는 것은 의미 있는 일이지만, 실용적인 면과 탐구의 방법만 강조하다 보면 우리말의 발음에 내재된 규칙과 원리에 대한 정리가 체계적으로 잘 이루어지지 않을 수 있다. 따라서 사용의 측면을 강조하되, 지식의 차원에서 규칙 중심의 기술 또한 소홀히 해서는 안 될 것이다.

3) 표준 발음

표준 발음은 표준 발음법의 내용을 기반으로 한다. 표준 발음법의 일부는 음운 체계와 관련이 있고, 일부는 음운 현상과 관련이 있다. /ㅔ/와 /ㅐ/의 발음을 구별하고 /ㅢ/를 환경에 따라 적절하게 발음하는 것은 음운 체계와 관련이 있고, 받침의 발음이나 동화된 발음에 대한 것은 음운 현상과 관련이 있다. 소리의 길이도 표준 발음법에 규정되어 있다.

최근의 교육과정에서는 표준 발음 또는 올바른 발음에 대한 내용을 학생들에게 가르치도록 하고 있다. 이는 음운 교육이 지식 중심으로 치우치지 않고 사용의 측면과 균형을 맞출 수 있도록 하는 효과를 발휘한다. 또한 우리말을 바르게 사용해야 한다는 규범적인 가치를 인식하게 함으로써 우리말에 대한 올바른 태도를 형성하도록 한다. 이렇게 볼 때 올바른 발음에 대한 내용은 지식의 측면, 사용의 측면, 태도의 측면을 모두 아우르는 종합적인 성격을 띤다고 할 수 있다.

올바른 발음 문제를 교과서에서 다룰 때에는 성취 기준에 따라 규범과 관련된 소단원을 따로 구성하여 그 일부로서 표준 발음법을 다루기도 하고, 음운 현상을 다루는 단원에서 본문이나 학습 문제 등에 관련 내용을 포함시키기도 한다. 표준 발음 또는 올바른 발음과 관련된 내용은 이처럼 다양한 방법으로 구성할 수 있다. 또한 꼭 표준 발음법에 명시된 내용이 아니더라도 실생활의 발음과 관련된 내용이라면 충분히 학습 내용이나 학습 문제 등으로 다룰 수 있다.

표준 발음과 관련하여 조심스러운 사항이 하나 있는데, 이는 표준 발음과 현실 발음 사이의 차이가 큰 경우가 있다는 것이다. 예를 들어, 표준 발음법에서는 /ㅔ/와 /ㅐ/를 구별하여 발음하도록 하고 있으나, 현실 발음에서는 사실상 이 두 모음이 구별이 잘 안 된다. 단어의 의미에 따라 모음의 길이를 달리하는 것도 현실적으로는 구별하기가 힘들다.

음운 현상과 관련해서도 '한강'을 [항강]으로 발음하는 연구개음화 현상이 보편화되어 있지만, 표준 발음법에서는 이러한 현상을 인정하지 않는다. '꽃이'의 발음, '닭이'의 발음도 표준 발음과 현실 발음 사이에 큰 차이가 있다.

이러한 경우에 현실 발음을 외면하기도 어렵지만 그렇다고 해서 규범을 무시할 수도 없다. 표준 발음의 경우 대개 규칙이나 원리를 기반으로 하므로, 현실음과 다르다고 해서 무조건 이를 부정하는 것은 올바른 태도가 아니다. 따라서 이러한 경우에는 표준 발음에 작용하는 규칙과 원리가 어떠한 것인지를 충분히 설명한 다음 현실 발음과의 차이에 대해 학생들이 스스로 생각하고 토론할 수 있도록 기회를 제공하는 것이 좋다.

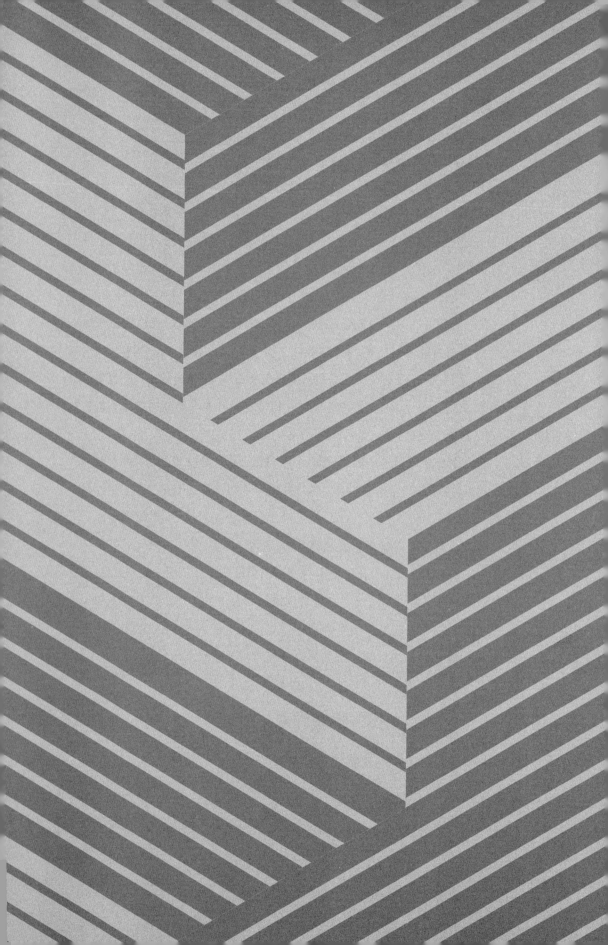

2부
텍스트

2부에서는 글을 글답게 구성하려는 필자가 단계별로 문법 지식을 어떻게 활용하는지, 그 과정을 추적해 보도록 하자. 글을 구성하는 과정을 크게 '텍스트 내용 구성하기', '텍스트에 변화 주기', '텍스트에 수사적 관계 반영하기'로 나누어서 살펴보고자 한다. 이렇게 단계화하기는 하였지만 각 과정이 반드시 순차적으로 이루어지는 것은 아니며, 필자는 각 과정을 수없이 반복하면서 글을 완성해 나간다.

'쓰기'가 사람들이 언어를 가지고 할 수 있는 행위라면, 문법은 이를 분류하고 기술하는 데에 필요한 테크놀로지이다. 사람들이 쓰기를 어떻게 하는가, 왜 하는가를 알 수 있는 도구라는 것이다. 문법을 단순히 가르치고 배워야 할 대상으로 간주하기보다는, 우리가 공유할 수 있는 메타 언어이고, 이를 가짐으로써 쓰기 교사와 학생은 특정한 목적을 위하여 언어가 어떻게 사용되고 있는지에 대해 체계적으로 기술하고 설명할 수 있게 된다.(Knapp & Watkins, 2007: 28~29면)

텍스트 내용 구성하기

'텍스트 내용 구성하기'는 정확한 언어를 사용하는 것이 왜 중요한지 이해한 후에, 사건의 뼈대를 구성하고, 사건과 사건의 관계를 확정하며, 이를 온전한 글로 만들어 나가는 단계이다. 각 단계에서 모어 화자인 우리는 어떤 문법 지식을 무의식적으로 활용하는지 살펴보도록 하자.

1──언어화 방식 이해하기

1) 직접 발화와 간접 발화

글을 쓰는(말을 하는) 이유는 필자(화자)가 나타내고자 하는 의미를 독자(청자)에게 전달하기 위해서이다. 이를 위해서는 글(말)의 내용과 형식 모두 독자가 이해하기 쉽도록 쓰는 것이 좋을 것이다. 독자가 글의 의미를 이해하기 쉽도록 하려면 어떻게 해야 할까? 전달하고자 하는 의미 그대로 정확한 형식으로 나타내면 되지 않을까? 30도를 오르내리는 어느 무더운 여름날, 철수는 다음과 같이 말하였다.

"덥다, 더워."

철수는 말하고자 한 의미와 일치하는 형식을 택하였다. 여기에서 주목되는 '형식'은 '평서문, 의문문, 명령문, 청유문, 감탄문'과 같은 문장 유형이다. 철수가 선택한 문장 유형은 '평서문'이고, 이는 철수의 의도와 일치한다. 이를 '직접 발화(직접 화행)'라고 한다. 그런데 때에 따라서는 이러한 직접 발화를 선택하는 것이 의사소통에서 좋지 않은 결과를 초래하기도 한다. 철수가 만약 더위와 전혀 상관없는 상황에서 '덥다, 더워'라는 언어 형식을 사용하였다고 생각해 보자.

(한겨울, 평소 사이가 좋지 않던 친구와 민감한 사안에 대해 논쟁을 벌이던 중, 좀처럼 끝이 나지 않자 더는 화제에 대해 논의하지 않고) "덥다, 더워."

이 상황에서 철수가 말하고자 한 의도는 '화가 나니 그 얘기를 더는 진행하지 말라'였다. 그렇지만 결과적으로 '덥다, 더워'라는 언어 형식을 '평서문'이라는 문장 유형으로 표현하였다. 이를 '간접 발화(간접 화행)'라고 한다. 의도와 문장 유형을 일치시키고자 했다면 '명령문'을 선택해야 할 것인데, 의도와 전혀 상관없는 언어 형식을 선택한 것이다. 철수가 만약 '명령문'을 선택하여 "그 얘기 더는 하지 마!"라고 했다면 어떻게 되었을까? 안 그래도 좋지 않은 관계가 더 틀어졌을 것이다. 심지어 이 상황에서는 명령문보다 강압성이 덜한 '청유문'을 선택한다고 할지라도 효과적이지 않다. "그 얘기 더는 하지 말자."라고 말한다고 가정해 보자. 과연 좋게 받아들여질까? 이렇게 보면 자신의 의도와 일치하는 언어 형식을 선택하는 것이 늘 좋게만 작용하지는 않는다.

지금까지 언급한 직접 발화, 간접 발화는 주로 구어 상황에 적용되는 개념이다. 위의 예에서 보았듯이, '직면한 상황이 어떤 상황인가'를 검토해 보면서 직접 발화인지 간접 발화인지를 판단해야 하기 때문이다. 그러나 문어 상황에서는 구어 상황처럼 구체적인 시공간적 장면이 뒤따르는 것이 아니므로 의도와 일치하는 언어 형식을 사용하려는 노력을 더욱 세심하게 하지 않으면 안 된다.

그를 만난 날은 참으로 추운 날이었다. 만난다는 것 자체가 아주 좋았다. 밥 한 숟갈에도 하루 종일 배가 불렀다.

위 글이 무엇인가 다른 의도를 가지고 작성된 것이라고 가정해 보자. 각각의 문장에 쓰인 '춥다', '좋다', '배부르다'라는 말이 사실은 아래와 같은 의도로 쓰인 것이라고 가정해 보자는 것이다.

그를 만난 날은 (날씨도 춥지만 마음도 썰렁하여 더 추운) 참으로 추운 날이었다. 만난다는 것 자체가 아주(반어적인 느낌으로) 좋았다. (스트레스를 받아서 식욕이 생기질 않아) 밥 한 숟갈에도 하루 종일 배가 불렀다.

괄호 안의 내용이 빠져 있다면 필자가 의도한 대로 글을 이해하기가 얼마나 힘들겠는가. 괄호 안의 의미를 독자도 읽어 낼 수 있도록 하려면 더 정확한 의미를 담은 '단어, 구, 절' 등을 부가적으로 써야 할 것이다. 그리고 그 부가적인 문장들 역시 '의도와 정확하게 일치하는 문장'들이어야 할 것이다. 이처럼 상황 맥락에 대한 정보가 전혀 없는 독자가 글을 제대로 이해하게 하려면 필자는 글을 쓸 때 상황 맥락에 대한 정보가 누락되지는 않았는지 확인하면서 자신의 의도와 일치하도록 많은 노력을 기울여야 한다.

2) 문장의 유형과 문장 종결법 그리고 화행

2009 개정 교육과정 초등학교 3~4학년군 '문법' 영역에는 다음과 같은 성취 기준과 해설이 있었다.

(5) 문장을 끝내는 다양한 방식을 알고 자신의 의도에 맞게 문장을 사용할 수 있다.

문장을 끝내는 다양한 방식을 알면 자신의 의도를 효과적으로 표현하고 상대방의 의도를 더 잘 이해하는 힘을 기를 수 있다. 문장은 표현 의도에 따라, 설명하고, 묻고, 명령하고, 부탁하고, 감탄하는 방식으로 끝남을 알게 하고 자신의 표현 의도에 맞는 문장을 구성해 보는 활동을 하게 한다. 그리고 하나의 문장을 다른 형식으로 바꾸는 활동을 할 수도 있다.

이 성취 기준을 학습 목표로 할 때 실제 수업 시간에는 대개 단일 문장을 두고 해당 문장의 유형이 무엇인지 식별하는 활동을 하곤 한다. 교과서에서는 주로 종결 어미의 의미 기능과 문장 부호에 주목하여 문장의 유형을 식별하도록 한다. 초등 학습자라도 그다지 어려워하지 않아 크게 유의미하지 않다는 판단이 있었을까, 2015 개정 교육과정에서는 이 성취 기준이 삭제되었다. 초등학교 1~2학년군의 '문장 부호 익히기' 활동에서 위 내용을 부가적으로 수행할 수 있다는 판단이 있었을 것이다.

간단한 내용인 것처럼 보이지만, 사실 위 성취 기준에는 문장 종결법, 종결 어미의 의미 기능, 문장의 유형, 화행 등 다양한 문법 현상이 복합되어 있다. 성취 기준 해설 중 "문장을 끝내는 다양한 방식"은 '종결 어미'에 주목하라는 것을 의미하며, "자신의 의도를 효과적으로 표현하고 상대방의 의도를 더 잘 이해"라는 구절은 종결 어미의 '화자가 청자에게 지니는 의향 표현 기능'을 익히도록 하라는 의미이다. 그리고 이어서 '평서문, 의문문, 명령문, 청유문, 감탄문'과 같은 '문장의 유형'도 제시하고 있다.

원래 통사론에서는 문장의 유형보다는 문법 범주로서의 문장 종결법을 다루지만, 그간 교육과정에서는 이를 구분하지 않고 문장의 유형만 설명해 왔다. 한국어에서는 일차적으로 문장 종결법과 문장의 유형을 종결 어미의 의미 기능에 따라 구분하므로 교육적 맥락에서는 이 둘을 엄밀하게 구분하도록 교수·학습하는 것이 오히려 비효율적일 수 있기 때문이다.

종결 어미 자체의 의미 기능만으로는 문장의 유형을 명쾌하게 식별하기 어려운 경우도 있어서 억양이나 상황 맥락에 따라 판단하기도 한다. 즉, 문장의 유형은 '구체적인 맥락 속에서 화자가 지니는 표현 의도'에 따라 정확히 결정되기 때문에 문장의 유형에 대한 연구가 통사론의 핵심 주제가 아니라는 인식을 낳게 하였고, 결국 이러한 인식이 화행 개념과 연계되었다.

화행 이론은 문장의 의미를 진리치를 판단하는 데 그치지 않고, 화자와 청자의 실제 상황 맥락에서 파악되는 의미를 분석할 수 있게 한다. 이로써 '명령문'이나 '의문문'이라는 문장의 형식이 실제 맥락에서 더 다양한 화행으로 기능하기도 한다는 것을 밝혔으며, 화행의 형식이 변화하도록 하는 기제를 '공손, 관련성' 등의 관점에서 분석할 수 있다는 것을 알게 되었다. 이러한 화행 이론은 주로 '화법' 영역에서 다루어진다.

요컨대 문장의 유형은 일정한 문법적 형식과 화행이 관습적으로 연관되어 있는 문장 형식으로 정의되는 것이 일반적이다(임동훈, 2011: 325면). 따라서 하나의 문장 유형이 하나의 화행만을 표현하지도 않고, 하나의 화행이 특정 문장 유형으로 표현되지도 않는다는 점을 강조하여 교수·학습하면 될 것이다.

중학교 단계 이후의 '문법' 영역에서도 문장의 유형과 기능에만 초점을 둔 성취 기준은 나타나지 않는다. 실제 의사소통에서는 '저 말의 진짜 의도는 뭐지?', '내 말이 결국에는 다른 사람에게 어떤 영향을 미치지?'라는 문제가 더 중요하다. 즉, 문장의 내적 짜임보다는 문장 종결법, 화행, 더 나아가 양태나 서법이 더 중요하게 취급된다.

2──명제를 문장으로 만들기

1) 문장 성분

여기에서는 문장의 구조를 분석함으로써 한 문장이 나타내는 사건을 이해할 수 있음을 살펴보고자 한다. 한 문장 한 문장을 자신의 의도와 일치하도록 쓰기 위해 필자는 어떤 노력을 기울여야 하는지 관찰해 보자. 필자가 말할 내용, 곧 글로 쓰고 싶은 내용이 생긴다는 것은 무엇을 의미하는가? 이는 세상사를 겪으면서 특정 정보에 주목한다는 것을 의미한다. 예를 들어 보자.

위 상황을 접한 필자는 자동적으로 (머릿속에서) 다음과 같은 질문을 하며 하나의 문장을 생성하게 된다. 즉, 만들고 싶은 사건 구조를 만들어 낸다.

'나는 지금 이 상황에서 진행되고 있는 사건이 무엇이라고 생각하는가?'

하나의 사건을 나타내는 가장 큰 틀은 문장에서 '서술어'로 실현된다. 위 상황을 접한 필자는 다음과 같이 다양한 용언을 선택할 수 있다.

보다, 으르렁거리다, 서다

이 중에서 하나의 용언을 선택하여 한 문장의 서술어로 실현한다는 것은 각각의 용언이 한 문장의 서술어로 실현될 때 자동적으로 요구하는 정보 역시 동시에 선택한다는 것을 의미한다.

보다→개가 사람을/사람이 개를 보다
으르렁거리다→개가 (사람에게) 으르렁거리다
서다→사람이 서다

'보다'라는 서술어를 선택하였다면 '사람'이든 '개'든 둘 중 하나를 주어로, 나머지 하나는 목적어로 실현해야 한다. 이는 주어와 목적어가 '반드시' 실현되어야 사건이 온전하게 표현되기 때문인데, 이러한 점에서 이들을 '필수 성분'이라고 한다.

'으르렁거리다'라는 서술어로 사건을 나타내고자 할 때, 주어는 의미상으로 '개'일 가능성이 크다. 개가 으르렁거리는 행위 자체만을 나타내고자 하면 문장에서 '사람에게'는 실현하지 않아도 된다. '사람에게'는 써도 되고 안 써도 되는 성분으로, 이를 '부속 성분'이라고 일컫는다.

'서다'의 경우에 대해서는 또 다른 면을 논의할 수 있다. '서다'를 쓴 경우는 같은 상황을 접하고서도 '개'에 주목하지 않았다는 의미이다.

나타내고자 하는 사건이 용언만으로 충분하지 않으면 용언을 꾸며 주는 부사어를 사용하여 좀 더 명확하게 나타낼 수 있다.

마주 보다→개와 사람이 마주 보다

'보다'라는 용언 앞에 '마주'라는 부사어를 선택하였다면 '개'와 '사람'이라는 두 개체를 '와/과'로 묶어 주는 주어구를 필수적으로 필요로 한다.

세상사를 접할 때 모든 것에 다 주목하지는 않는다. 그러므로 특정 맥락에서 특정 문장 구조를 선택한다는 것은 곧 '어떤 정보를 선택하는가'라는 문제와 관련된다는 것을 알 수 있다.[1] 하나의 문장에 문장 성분들을 실현하는 것은 필자가 특정한 세상사 정보에 주목하여 사건 구조를 만들어 나가는 과정이다.

2) 문장의 짜임

지금까지 설명한 내용은 한 문장, 즉 서술어 하나로만 실현되는 명제 내용을 다룬 것으로, '문장의 구조'와 관련된 문제였다. 그런데 서술어가 두 개 이상으로 이루어지는 명제들이 이어질 경우에는 또 다른 노력을 기울여야 한다. 글을 쓰려고 하는데, 다음과 같은 명제들이 머릿속에 맴돈다.[2]

나에겐 꿈이 있다.
교사가 되는 것이다.
공군 사관 학교에 가는 것이다.
나는 활동적인 걸 좋아한다.
국어 교사는 안 할 거다.
체육 교사를 할 거다.
체육이 쉽다.
우리가 좋아한다.
공군 사관 학교도 마찬가지이다.
내 몸 관리를 할 수 있다.
운동이 된다.

이 명제들을 글답게 만들어 나가려면 문장 하나하나를 '잘' 써야 한다. 세상

---

1 이러한 이유로 2007 개정 교육과정부터는 '문장 성분' 관련 지식을 '필자의 의도'와 연관 지어 다루라는 진술이 등장한다. '정보의 재조직, 취사선택'과 관련하여 통합적으로 다루도록 하고 있는 것이다.
2 이하 내용은 미숙련 학습자가 쓴 글을 바탕으로 한 것으로, 의미가 불분명하고 부적절한 표현이 있지만 최대한 원래 텍스트를 그대로 살리고자 한다. 불분명한 의미를 분명하게 만들어 나가는 과정을 보여 주는 데 목적이 있기 때문이다.

사에 대한 생각을 말이나 글로 표현하고자 할 때에는 '하나의 문장'으로써 하나의 완결된 사건을 나타낸다. 그런데 글을 쓸 때에는 다음과 같은 고민이 생기기 마련이다. 이때 기준으로 삼아야 하는 것은 '완결된 사건'을 '몇 개로 나타낼 것인가'이다.

- 두 개 이상의 명제를 몇 개의 문장으로 나타낼 것인가?
- 하나의 문장에 몇 개의 명제를 담을 것인가?

우선 가장 중요한 명제가 무엇인지 파악해야 한다. 다음 네 개의 명제가 핵심 내용이라고 본다면 문장의 개수는 네 개가 된다. 선택한 네 개의 문장을 인과 관계[3]에 맞게 재배열하면 다음과 같다.

나에겐 꿈이 있다.
나는 활동적인 걸 좋아한다.
교사가 되는 것이다.
공군 사관 학교에 가는 것이다.

선택한 문장을 재배열하는 과정에서 보완해야 할 명제 내용이 있다면 보완하도록 한다. 명제 몇 개를 보완하여 새로운 문장을 써서 다음과 같은 '글'을 만들어 보았다.

나는 책상에 앉아 있는 것보다는 활동적인 것을 좋아한다.
그러므로 내가 직업을 갖는다면, 활동적인 직업이 내게 적절할 것 같다.
교사는 주로 책상에 앉아 있어야 하는 직업이다. 그렇지만 체육 교사는 그에 못

---

3 여기에서는 인과 관계를 내용상으로 판단하고 문장 순서를 배열함으로써 판단의 결과를 반영하였다. 인과 관계를 문법 장치로 드러낼 수도 있는데, 대표적으로 피동 표현과 사동 표현이 있다. 이에 대해서는 2장의 '피동·사동 표현'을 살펴보라.

지않게 활동적이어야 한다고 생각한다. 교사 중에서도 체육 교사는 내가 할 수 있을 것 같다.

공군 사관 학교에 가는 것도 좋을 것 같다. 몸 관리를 하면서 충분히 할 수 있을 것이라 생각한다.

이 정도로만 보완해도 필자가 무엇을 전달하고자 하는지 개략적으로 이해할 수는 있다. 그러나 여전히 '한 편의 좋은 글'이라고 보기는 어렵다. 지금까지는 맥락에서 어떤 정보를 선택하여 문장으로 만들 것인가, 또 의미적으로 관련 있는 명제들을 어떻게 배열하여 몇 개의 문장으로 만들 것인가만을 고민한 것이기 때문이다.

문장들이 논리상으로 좀 더 긴밀하게 연관되도록 하기 위해서는 문단 단위, 글 단위에서의 고민이 더 필요하다. 다시 고친 위 글에서 대개의 문장이 '나의 직업과 관련된 나에 대한 정보, 나에 대한 생각'을 기술하고 있는데, 그중 세 번째 문장만이 일반적인 진술을 하고 있다. 글 전체적으로 '나'에 대하여, '나의 직업'에 대하여 생각과 느낌을 논의하는 것이 목적이라면 세 번째 문장은 다른 문장에 비해 '부수적인' 역할을 하고 있다고 볼 수 있기 때문에 아래와 같이 다른 문장 안에 종속되도록 '절' 단위로 만들어야 한다. 더 핵심적이고 더 중요한 정보가 무엇인지 판단하는 과정에서 다섯 번째 문장이 가장 핵심적이라고 생각해야 하며, 결과적으로는 세 번째~다섯 번째 문장을 하나의 문장으로 구성해야 한다. 이에 대해서는 '적절한 길이의 문장 만들기'에서 더 자세히 연습해 보도록 하자.

나는 책상에 앉아 있기보다는 활동적인 것을 좋아한다.

그러므로 내가 직업을 갖는다면, 활동적인 직업이 내게 적절할 것 같다.

교사는 책상에 앉아 있어야 하는 직업이라고 하지만, 그중에서도 체육 교사는 활동적이기도 해야 하니까 나도 할 수 있을 것 같다.

공군 사관 학교에 가는 것도 좋을 것 같다. 몸 관리를 하면서 충분히 할 수 있을 것이라 생각한다.

다른 한편으로 글의 주제가 '평생 직업으로서 체육 교사와 공군 장교 중 무엇이 나을 것인가'라면 위와는 다른 선택을 해야 한다. 이 경우 '나의 특성'은 직업을 선택하는 과정에서 고려해야 하는 '근거'이므로 '직업'에 대한 언급으로 첫 문장을 시작하고, 체육 교사와 공군 장교에 대한 내용이 비슷한 비중으로 언급되어야 한다. 즉, 대등하게 이어진 문장으로 쓰거나, 그러한 의미 관계를 드러내는 응집성 장치를 사용해야 한다.

직업을 선택할 때 가장 중요하게 생각해야 할 것은 '나의 특성'이다. 나는 책상에 앉아 있기보다는 활동적인 것을 더 좋아한다. 그러므로 내가 직업을 갖는다면, 활동적인 직업이 내게 적절할 것 같다. 그렇다고 해서 몸만 움직이는 직업군을 선택하고 싶지는 않기에, 좀 더 노력하여 체육 교사나 공군 장교를 하는 것이 좋을 것 같다. 두 직업군 모두 머리와 몸을 동시에 사용하며, 직업 생활을 유지하면서도 몸 관리도 할 수 있을 것 같다.

3) 적절한 길이의 문장 만들기

교사는 학습자의 글을 첨삭하는 과정에서 '짧은 문장'을 쓰는 것이 좋다는 조언을 해 주곤 한다. 그런데 유명한 작가의 글에서 다음과 같이 긴 문장을 발견하였다.

영빈이 터무니없이 밝은 소리로 말했기 때문일까, 경호가 눈 감은 채 희미하게 웃었다. 영묘는 못 알아들은 것 같았다. 수술실 앞에는 오늘 수술장에 들어가는 환자 가족들이 웅성거리고 있었다. 그중에서 영묘 시어머니와 친척인 듯한 부인이 영묘를 보고 달려오더니, 용원 아저씨한테 자꾸 뭐라고 물어보고 아저씨가 아는 척을 하는 걸 영빈은 바라보기만 했다. 수술장 앞에서 흔히 볼 수 있는 광경이었다. 송 회장의 모습은 보이지 않았다. 수술장 입구 간호사로부터 다시 체크를 받고 나서 환자는 담당 마취과 의사와 함께 수술장 안으로 사라졌다. 영빈은 의사들의 전용문을 통해 수술장으로 들어갔다. <u>흉강경 수술에 임할 의사들이 갱의실에서 수술복으로 갈아입고, 수술장 방 앞에 있는 수도에서 소독약이 든 수세미 같은 기구로 손톱 밑에서 팔꿈치까지 소독을 하고, 간호사가 건네 주는 소독된 타월로 물기를 닦은 후 역시 간호사가 입혀 주고 묶어 주는 대로 완전 소독된 수술 가운으로 갈아입는 걸 지켜보면서 영빈은 초록색 모자와 마스크만 쓴 다음 수술장 안으로 들어갔다.</u>

— 박완서, 『아주 오래된 농담』

밑줄 친 문장은 아주 '복잡한 짜임'으로 되어 있다. 확실히 이 문장은 '길다'. 그렇지만 문학적 판단은 논외로 하고 모어 화자의 언어적 직관에 의거하기만 해도 훌륭한 문장으로 느껴진다. 그렇다면 대체 문장이 길고 짧은 것은 무엇으로 판단해야 할까? 분명히 글자 수는 아닐 것이다.

그 기준은 바로 '한 문장에 한 개의 핵심 명제를 담는 것'이다. 위 글에서 밑줄 친 문장이 물리적으로 보아서는 길지만 핵심 명제는 '하나'이기 때문에 모어 화자에게 '길다'는 느낌을 주지 않는다.

그동안 문법 교육에서는 '구, 절, 문장' 개념을 정확하게 익힌 후, 이를 언어 자료에서 식별해 내도록 하는 활동이 주를 이루었다. 그러나 이러한 활동으로 획득하는 능력은 문장의 내용을 생성하는 능력과 결합되기 어렵다. 하지만 '구 — 절 — 문장'을 기능적으로 인식하도록 하면 학습자는 다음과 같은 판단 능력을 획득할 수 있다.

- 문장 경계를 결정할 줄 안다.
- 문장의 간결성을 판단하고 결정할 줄 안다.
- 문장의 정보 구조를 언어 단위로써 드러낼 줄 안다.

이를 바탕으로 하여, 초등학교 5학년 학생의 글을 첨삭해 본다.

그리고 버스를 타고 가스 과학관에 갔다. 제일 처음에는 밥을 먹고 놀고 들어갔다. 들어가서 우주가 어떻게 생겼는지도 보고 이야기 나무에 가서 문제를 풀고 그 전에는 게임하는 게 나왔는데 1번, 2번대가 했다. 그래서 4등을 했다. 자유 시간이 있었는데 자전거 같이 돌리는 거 하고 컴퓨터는 못 했다. 그리고 꼭대기에 올라가서 망원경으로 보았는데 아주 가까이 보였다.

그리고 버스를 타고 지하철로 가서 송내역으로 내려서 집에 갔다. 그리고 종연이네서 놀다가 집에 왔다. 오늘 참 재미있었다. 선생님 가을 여행 고맙습니다.

• 글의 주제를 다시 깊이 생각해 본다.
☞ 이하 활동들이 모두 글을 쓰는 과정의 일부임을 인식하도록 한다.

• 절 단위로 중요도를 평정한다.
☞ 글 전체의 주제에 비추어 볼 때 좀 더 인상 깊고 중요하게 생각했던 것이 무엇인지 판단하며 평정하게 한다. ①이 가장 중요한 내용이고, ③은 중요도가 가장 떨어지는 것이다. 물론 내용에 대한 평정은 학습자의 의도에 따라 달라질 것이다. 여기에서는 세 가지 가능성을 설정해 보았다.

㉮ 그리고 버스를 타고(③) 가스 과학관에 갔다(①). 제일 처음에는 밥을 먹고(②) 놀고(①) 들어갔다(②). 들어가서 우주가 어떻게 생겼는지도 보고(①) 이야기 나무에 가서(②) 문제를 풀고(①) 그 전에는 게임하는 게 나왔는데(①) 1번, 2번대가 했다(②). 그래서 4등을 했다(①).

㉯ 그리고 버스를 타고 가스 과학관에 갔다(②). 제일 처음에는 밥을 먹고(②) 놀고(③) 들어갔다(①). 들어가서(③) 우주가 어떻게 생겼는지도 보고(①) 이야

기 나무에 가서 문제를 풀고(①) 그 전에는 게임하는 게 나왔는데(①) 1번, 2번 대가 했다(③). 그래서 4등을 했다(①).

㉰ 그리고 버스를 타고 가스 과학관에 갔다(①). 제일 처음에는 밥을 먹고 놀고 들어갔다(②). 들어가서 우주가 어떻게 생겼는지도 보고(②) 이야기 나무에 가서 문제를 풀고(②) 그 전에는 게임하는 게 나왔는데(①) 1번, 2번대가 했다. 그래서 4등을 했다(①).

- 최종적으로는 ①의 개수가 문장의 개수와 동일하게 재구성되어야 한다. 이를 고려하여 ①, ②, ③ 중 어떤 내용을 더하고 뺄 것인지 판단한다.

  ☞ ③으로 평정한 절에 대하여, 글 전체의 주제를 고려할 때 중요도가 떨어진다고 판단된다면 ③은 생략하는 것이 좋다. 글 전체의 주제에 크게 어긋나지 않고 이후의 논의에도 필요하다고 생각한다면 ③으로 평정되었다고 하더라도 남겨 둔다.

㉮ ~~그리고 버스를 타고~~(③) 가스 과학관에 갔다(①). 제일 처음에는 밥을 먹고(②) 놀고(①) 들어갔다(②). 들어가서 우주가 어떻게 생겼는지도 보고(①) 이야기 나무에 가서(②) 문제를 풀고(①) 그 전에는 게임하는 게 나왔는데(①) 1번, 2번대가 했다(②). 그래서 4등을 했다(①).

㉯′ 그리고 버스를 타고 가스 과학관에 갔다(②). 제일 처음에는 밥을 먹고(②) 놀고(③) 들어갔다(①). 들어가서(③) 우주가 어떻게 생겼는지도 보고(①) 이야기 나무에 가서 문제를 풀고(①) 그 전에는 게임하는 게 나왔는데(①) ~~1번, 2번대가 했다~~(③). 그래서 4등을 했다(①).

  ☞ 특히 ③으로 평정한 부분이 당초 문장 단위로 구성된 경우 이를 '절 수준 이하'로 격하한다.

㉯′ 그리고 버스를 타고 가스 과학관에 갔다(②). 제일 처음에는 밥을 먹고(②) 놀고(③) 들어갔다(①). 들어가서(③) 우주가 어떻게 생겼는지도 보고(①) 이야기 나무에 가서 문제를 풀고(①) 그 전에는 게임하는 게 나왔는데(①) ~~1번, 2번대가 했다(③)~~. 그래서 4등을 했다(①).

☞ 구, 절, 문장 단위를 재구성하는 과정에서 결속성이 떨어지는 부분에는 새로운 내용을 포함시킨다.

☞ 새로운 내용도 중요도를 평정하여, 중요하다고 생각되는 내용은 하나의 문장으로 구성한다.

☞ 이전 단계에서 평정한 각각의 경우에 따라 문장 구성을 달리해 보았다. 각 경우에서 중요하게 간주한 '명제 내용'이 다르므로 그에 따라 자연히 언어 단위 구성도 달라진다.

㉮″ 가스 과학관에 갔다. 들어가기 전에 밥을 먹고 한참을 놀았다. 과학관에 들어가서는 많은 것을 보았다. 처음에는 우주가 어떻게 생겼는지 보았다. 이야기 나무에 가서 문제도 풀었다. 그 전에는 게임하는 게 나왔다. 1번, 2번대가 게임을 했는데 4등을 했다.

㉯″ 그리고 버스를 타고 가스 과학관에 간 우리는 밥을 먹고 입장했다. 우주가 어떻게 생겼을까? 궁금했던 점이 많이 풀렸다. 이야기 나무에 가서 문제를 풀었다. 무엇보다 게임 활동이 재미있었다. 1번, 2번대가 게임을 했는데 4등을 했다.

㉰′ 그리고 버스를 타고 가스 과학관에 갔다. 들어가서 우주가 어떻게 생겼는지도 보고 이야기 나무에 가서 문제도 풀었지만 제일 기억나는 것은 게임이었다. 1번, 2번대가 게임을 했는데 4등을 했다.

- 구, 절, 문장에 대한 문법적 개념을 기본적으로 익히게 하고, 이를 바탕으로 명제 내용에 적절한 단위를 선택하여 글의 내용을 스스로 고칠 수 있게 한다. 이로써 내용과 의도를 표현하기에 적절한 언어 형식을 선택하는 능력을 획득할 수 있다.

이와 같은 활동은 단지 문법 지식을 기존과 다른 방식으로 학습하도록 하는 데에만 의의가 있는 것이 아니다. 궁극적인 의의는 학습자 스스로 자신의 의도를 최대한 적절히 드러내는 언어 형식을 찾을 수 있도록 하는 데 있다.

지금까지 '접속과 내포'라는 '문장의 짜임'을 활용하여 명제 내용들을 다양하게 배열할 수 있음을 살펴보았다. 그런데 명제 내용을 다양하게 배열하는 것을 넘어서서, 한 편의 글을 짜임새 있게 완성하기 위해서는 문장과 문장, 문단과 문단, 글 전체에서의 의미 관계를 깊이 고려하면서 이를 드러내는 문법 장치를 사용해야 한다. 텍스트가 '텍스트답다'라고 할 수 있는 특성을 '텍스트성'이라고 하는데, 텍스트성을 유지해 주는 여러 장치에 대해 좀 더 자세히 알아보자.

3──명제들을 텍스트로 만들기

글을 쓰는 과정에서 필자는 글의 의미적(내용적), 형식적 요건을 고려하려고 노력한다. 글의 내용적, 형식적 요건을 고려하여 문장을 쓴다는 것은 모든 문장들의 연속체, 즉 문장 연쇄의 '의미적 관련성'을 고려하면서 이들이 '형식적으로도 관련되도록' 하는 것이다. 내용적 요건을 갖추고자 하는 것은 '통일성', 형식적 요건을 갖추고자 하는 것은 '응집성'에 해당한다. 내용과 형식의 문제를 분리하여 생각할 수 없듯이 통일성과 응집성 또한 따로 분리하여 생각할 수 없다. 따라서 어느 한쪽을 자세히 설명하다 보면 다른 쪽은 자연스럽게 해명이 된다. 이 책은 '문법' 책이므로 여기에서는 '응집성'에 초점을 맞추어 설명하겠다.

응집성을 유지한다는 것은 '두 번째 문장'부터는 어떤 문법적 전략을 사용할 것인지 생각하고 판단하는 것이다. 그 문법적 전략이란 첫 번째 문장에 나타나 있는 '선행 정보' 중에서 '구정보'[4]로 받고 싶은 언어 표현을 선택하고, '어떤 장치로 대용할 것인가'를 결정하는 전략이다.

열심히 공부를 했다. 식사를 했다.

위와 같이 두 문장을 연달아 쓰는 순간, 독자는 어찌 되었든 두 문장을 관련지어 읽으려고 한다. 그런데 두 문장이 의미적으로 어떤 관련성이 있는지 정확히 알기는 어렵다. 각 문장이 나타내고자 하는 명제가 의미적으로 관련성이 없어 보이기 때문이다.

두 사태의 의미 관계를 명확히 드러내고자 할 때 사용하는 대표적인 문법 장치는 '연결 어미'이다. 연결 어미를 정확하게 사용하였는지는 선행절과 후행절이 나타내는 두 사태를 연결 지어 생각함으로써 판단할 수 있다. 예를 들어, 두 사태의 의미 관계를 '원인과 결과'로 판단하여 다음과 같이 써 보았다.

열심히 공부를 했으니까 식사를 하게 되었다.
열심히 공부를 해서 식사를 하게 되었다.

그러나 적절한 연결 어미를 선택하여 사용했다고 해서 선행 사태와 후행 사태의 의미 관계가 명확히 드러나는 것은 아니다. 후행절의 종결 부분도 그에 부합하게 바꾸어야 한다. 이처럼 연결 어미를 사용하여 두 사태의 의미 관계를 드러내어도 되지만, 다음과 같이 접속어를 사용할 수도 있다.

---

4 '구정보와 신정보', '정보 구조'에 대한 논의는 2장의 '정보 구조 조정하기(136~138면)'를 참고하라.

열심히 공부를 했다. <u>그래서</u> 식사를 했다.

연결 어미와는 달리 '그래서'라는 접속어만으로도 두 문장이 의미적으로 좀 더 긴밀한 관련성을 지니는 것처럼 여겨진다. 그렇지만 엄밀히 말하면 접속어가 없을 때보다는 낫다는 것이지, 두 문장이 나타내는 명제들의 의미적 관련성은 여전히 불분명하다. 그러므로 다음과 같이 좀 더 많은 정보를 주어야 한다.

열심히 공부를 했다. 그래서 식사를 <u>즐겁게</u> 할 수 있었다.

통상적으로 식사 시간만큼은 즐겁기 마련인데, 공부를 열심히 했기 때문에 즐겁게 식사를 했다니 이 필자는 아마도 평소에 공부를 열심히 하지 않으면 식사를 즐겁게 할 수 없는 사람이거나, 공부를 정말 열심히 해야 하는 시기라고 느끼는 듯하다. '그래서'는 앞의 내용이 뒤의 내용의 원인이나 근거, 조건 따위가 될 때 사용할 수 있기 때문이다. 이처럼 접속어 '그래서'가 쓰임으로 해서 필자의 의도를 '더 많이' 추론할 수 있게 된다.

접속어는 두 문장의 의미 관계를 긴밀하게 연결해 주는 역할을 하기 때문에 그동안 국어과 교육에서는 이를 초등학교 단계에서부터 적극적으로 다루어 왔다. 이를테면 다음과 같은 방식이다.

• 아래의 상자에서 적절한 연결어를 골라 다음 문장을 완성하시오.

나는 밥을 먹었다. _____ 나는 양치질을 했다.

| 그리고 | 왜냐하면 | 그래서 | 그러나 |

• 다음 글에서 이어 주는 말을 찾아 밑줄을 그어 봅시다.

> 찬 바람이 쌩쌩 부는 어느 겨울날, 사또는 갑자기 산딸기를 먹고 싶었습니다. 그래서 이방을 불렀습니다.
> "여봐라, 산딸기를 사 오너라."
> 이방은 사또의 명령을 듣고 어리둥절하였습니다. 왜냐하면 겨울에는 산딸기가 없기 때문입니다.

국어과 교육에서는 이와 같은 문제 유형을 무수히 제공해 왔다. 그래서인지 교사나 학습자 모두 응집성을 유지하는 장치로서 '접속 표현'의 위상을 지나치게 높이 평가하곤 한다. 그러나 접속 표현을 '문법적 의미에 맞게' 쓴다고 해서 무작정 응집성이 생기는 것은 아니다. 다음 두 글을 비교해 보자.

> 그래서 나는 학교로 갔다. 그리고 나는 아이들을 만났다. 그러고는 우리들은 같이 어울려 영화 얘기를 했다. 그런 얘기가 너무나 재미있었기 때문에 우리들은 두 시간 동안이나 영화 얘기를 했고, 그러다 보니 한두 명은 지루하다는 생각이 들었던 까닭에 자리를 떴다. 그래서 나머지 우리들만 빵집으로 가서 하던 얘기를 계속했다.

> 나는 학교로 갔다. 아이들을 만났다. 우리들은 같이 어울려 영화 얘기를 했다. 너무나 재미있어 우리들은 두 시간 동안이나 영화 얘기를 했고, 한두 명은 지루하다는 생각이 들어서인지 자리를 떴다. 나머지 몇 사람만 빵집으로 가서 얘기를 계속했다.

첫 번째 글에서는 거의 모든 문장에 접속어가 쓰인 반면, 두 번째 글에서는 접속어가 하나도 쓰이지 않았다. 안정효는 『안정효의 글쓰기 만보』 중 「글더듬이 접속사」에서 위의 두 예문을 제시하며 "접속어를 지나치게 많이 사용하는 것은 초보자가 흔히 보여 주는 글쓰기이며, 접속어 때문에 글더듬기가 생겨난다."라고 말하면서, 두 번째 글처럼 쓰면 "모든 문장이 강력 접착제를 사용한 듯 서로 더 찰싹 달라붙는다."라고 언급한다. 즉, 명제 내용이 잘 연결되기만 하면 접속 표현이 없어도 응집성 있는 글이 된다는 것이다.

두 문장을 의미적으로 연결해 주는 역할을 하는 장치는 접속어 이외에도 몇 가지가 더 있다.

열심히 공부를 했다. 이는 결국 내 인생에 도움이 되었다.

뒤 문장의 '이'가 가리키는 것은 "열심히 공부를 했다."라는 앞 문장 전체이다. '이'라는 '지시 표현'이 두 문장을 의미적으로 연결해 주는 경우이다.

열심히 공부를 했다. 한때 열심히 공부를 했다는 사실은 결국 내 인생에 도움이 되었다.

위 예문에서는 "열심히 공부를 했다."라는 앞 문장 전체가 뒤 문장에서 그대로 반복됨으로써 두 문장이 의미적 연결 관계를 지닌다. 영어에서는 같은 말을 반복해서 다시 받는 것을 기피하지만, 한국어에서는 같은 말을 반복하여 대용해도 어색하지 않은 경우가 많다.

어머니는 언제나 내게 희생적이셨다. 그러면서도 어머니는 내게 과도하게 기대하지 않으셨다. 어머니는 나의 선택을 늘 존중해 주셨다.

위 예문의 경우 세 개의 문장에 등장하는 '어머니'는 모두 동일하다. 첫 문장에서 '어머니'가 쓰였지만, 두 번째 문장에서 이를 대용하는 다른 표현을 쓰지 않고 동일한 단어를 반복한 것이다. 한국어에서는 이러한 표현이 전혀 어색하지 않으며, 오히려 '반복 표현'이 문체적으로도 긍정적인 효과를 가져오기도 한다.

지금까지 두 개 이상의 문장을 의미적으로 연결해 주는 장치로 '접속 표현, 지시 표현, 반복 표현, 대용 표현' 등을 사용할 수 있음을 살펴보았다. 두 개 이상의 문장뿐만 아니라 문단과 문단을 연결하거나 글의 각 부분을 연결할 경우에도 의미적으로 연결되도록 필자는 노력해야 하는데, 이때도 역시 '접속 표현, 지시 표현, 반복 표현, 대용 표현' 등을 사용함으로써 형식적 요건을 갖추어야 한다. 물론 이렇게 형식적 요건인 응집성을 유지하려는 것은 자연스럽게 내용적 요건, 즉 통일성을 유지하는 것과 늘 함께 이루어진다.

열심히 공부를 했다. 평소 좋아하지 않던 물리 과목이다.

위 예문에서는 두 문장 사이에 '접속 표현, 지시 표현, 반복 표현, 대용 표현'이 없으나 의미적으로 완결성을 띠고 있다. 응집성 장치가 없어도 두 문장이 나타내고자 하는 명제가 의미적으로 관련성이 있어 보이는데, '공부'와 '물리 과목'이라는 두 어구가 '상하의어 관계'라는 의미 관계에 있기 때문이다. 문장을 구성하는 어휘 요소 간에 관련성이 있다는 것을 안다면 두 문장이 의미적으로 연결되어 있음을 이해할 수 있다.

이처럼 필자는 글 전체가 의미적으로 연결되도록 하려 하는데, 이는 글의 내용적 요건을 갖추고자 하는 것이며, 이를 글의 '통일성'이라고 한다. 필자는 통일성을 기본 바탕으로 한 상태에서 형식적 장치인 '접속 표현, 지시 표현, 반복 표현, 대용 표현' 등을 사용함으로써 응집성도 갖추려고 노력한다.

더 알아보기

'텍스트성' 관련 교육 내용

텍스트 언어학자 보그랑데(R. de Beargrande)와 드레슬러(W. Dressler)는 저서 『담화·텍스트 언어학 입문』에서 '통일성, 응집성, 의도성, 용인성, 정보성, 상황성, 상호 텍스트성' 등 일곱 가지 텍스트성을 제안하였다. 국어과 교육에서는 '텍스트성'을 아는 것이 '텍스트 이해 및 생산 능력'에 도움을 줄 것이라는 전제하에 텍스트성 관련 내용을 교육과정 내용으로 받아들였다. 그런데 국어과 교육과정 성취 기준에는 다음과 같이 '통일성'과 '응집성'만 부각되어 강조되어 왔고, 이는 주로 '독서, 작문, 문법' 영역에서 다루어졌다.

- 통일성과 응집성이 무엇인지 안다.
- 담화 및 텍스트 내에서 대용, 지시, 접속 표현을 익힌다.

일곱 가지 텍스트성 중 통일성과 응집성만이 강조된 이유는 무엇일까? '통일성, 응집성'은 텍스트의 내적 자질을 이해하는 차원에 해당하고, 나머지 '의도성, 용인성, 정보성, 상황성, 상호 텍스트성'은 텍스트 내재적으로 결정되는 성질이 아니기 때문이다. 통일성과 응집성을 구체적으로 이해한다는 것은 학습자가 텍스트 자체의 형식과 내용의 관계를 이해하는 문제로 치환된다. 가시적으로 관찰 가능한 응집성 장치를 통해 형식적인 측면의 응집성을 이해하고, 이들이 동시에 텍스트의 의미를 어떻게 결정짓는지(브링커의 용어로 말하자면 '문법적 층위의 재수용 문제')를 종합적으로 이해하는 것이 국어과적인 전문성을 지닌다고 판단하였던 것이다.

텍스트에는 내용과 형식을 결정짓는 장치가 어디에든 조금씩 있어야만 학습자가 '텍스트성'을 종합적으로 이해할 수 있다. 그런데 이 둘의 관계는 동전의 양면과도 같아서 실제 교육 내용에 있어 개념 변별이 명료하게 되면서도 관련성을 확보하여 기술하기가 어려울 수밖에 없다. 특히 '문법' 소단원에서 응집성 장치가 핵심 교육 내용이 될 경우 더 유의하여 다루어야 한다. '문법 교육적 관점'에서 통일성과 응집성의 관련성을 어떻게 다룰 수 있을까?

'문법' 단원에서 두 개념에 대해 언급해야 한다면 '상-하' 개념으로 다루어 통일성을 상위 개념으로서 언급은 하되, 본격적인 교육 목표로는 드러내지 않는 것이 타당하다. 한 편의 글을 작성하는 과정에서 절 단위의 응집성을 유지하는 전략을 지속하다 보면 저절로 글 전체의 통일성을 얻을 수 있기 때문이다. 다시 말하면 통일성은 응집성을 유지한 결과물로 얻어지기에 문법 교육에서는 응집성을 집중적으로 다루면

되는 것이다. 또한 응집성을 제외한 나머지 텍스트성은 텍스트에서 관찰할 수 있는 것이 아니므로 다른 영역에서 다루더라도, 응집성만큼은 문법 교육에서 명확히 다루어야 할 것이다.

요컨대 문법 영역에서 텍스트성을 이해한다는 것은 통일성과 응집성을 이해하는 것으로 축소된다. 학습자가 텍스트에서 가시적으로 관찰할 수 있는 것은 '응집성 장치'이므로 응집성을 목표로 하여 관찰 가능한 응집성 장치를 교육 내용으로 제공한다면 문법 영역의 정체성도 확보할 수 있다. 이를 도식화해 보면 다음과 같다. 여기에서 '독서 중심 단원'의 내용으로 적어 둔 것은 '문법 중심 단원'과 비교하기 위해 개략적으로 작성해 본 것이므로 독서 전문가에 의해 더욱 정제되어야 할 것이다.

	문법 중심 단원	독서 중심 단원
학습 목표	응집성	응집성보다는 나머지 텍스트성을 더욱 강조
교육 내용	응집성 장치	응집성 장치를 제외한 좀 더 거시적인 구조적 문제를 포함. 의미 문제를 결정하는 현실 세계와의 소통 문제까지 다룸
표상 방법	응집성 장치들이 명시적 수용을 거치는 과정을 고려하여 설명	명시적 재수용을 제외한 나머지 양상을 다양하게 다룸
구현 의 중심	응집성 장치	응집성 장치를 제외한 나머지를 종합적으로 구현
교육 의의	텍스트의 내적 자질 이해. 텍스트의 형식적 요인이 의미를 결정짓는 양상 이해(텍스트의 재수용)	텍스트성의 종합적 이해

그런데 2015 개정 교육과정에서는 관련 내용이 명시적으로 기술되어 있지 않고, '독서와 문법' 과목마저 없어졌다. 강제적으로라도 통합을 시도해 볼 근거조차 사라지게 된 것이다.

관련 내용을 문면상에서 찾아볼 수 없다고 해서 그 중요성까지 반감된 것이라고 볼 수는 없다. 교육과정 문서가 어떻게 바뀌든 간에 다루어야 할 교육 내용과 핵심 논리를 마련해 놓을 필요가 있다.

텍스트에 변화 주기

　1장에서는 필자가 나타내려는 사태와 그에 대응하는 문장 구조를 어떻게 선택할 것인지, 이어지는 절들을 의미가 통하도록 배열하기 위해서는 어떠한 문법 장치가 필요한지를 주로 다루었다. 즉, 하나의 사태를 어떻게 하나의 문장에 제대로 담을 것인지, 이어지는 몇 개의 사태를 의도에 따라 어떻게 '구, 절, 문장'으로 적절히 표현할 것인지를 다루고, 텍스트로 완성해 가는 과정에서 필요로 하는 응집성 장치도 살펴보았다.

　그런데 그러한 지식만으로 글 내용이 온전히 완성될까? 명제 내용을 배열하는 것만으로 필자가 나타내고자 하는 사태를 명확히 표현할 수 있는 것은 아니다. 여기에서는 사태를 더욱 명확히 표현하는 과정에서 사용되는 문법 장치를 다루고자 한다. '시간 표현, 부정 표현, 피동·사동 표현'이 문장과 문장, 문단과 문단 사이에서 어떻게 작동하여 사태를 명확하게 나타내는지 살펴보고,[1] 주제를 명확하게 드러내는 방법도 다룰 것이다.

1　문장 문법을 추상적인 규칙의 집합으로만 바라보지 않으려면 이러한 관점 전환이 필요하다. 이에 대해서는 1부를 참고하라.

1──사태를 명확히 표현하기

사태를 명확하게 표현하기 위해서는 정확한 어휘를 사용해야 한다고들 한다. 그렇지만 '어휘'가 아닌 '문법'으로써도 사태를 더욱 자세히 표현할 수 있다. 여기에서는 사태를 더욱 자세히 들여다볼 수 있는 다양한 문법 장치에 대해 살펴본다. 똑같은 사태에 대하여 시간적 관점을 달리하여 사태를 다르게 표현할 수도 있고, 똑같은 행위를 '완료'된 것으로 보느냐, '진행'되고 있는 것으로 보느냐에 따라 표현이 달라질 수도 있음을 알아본다. 또한 '긍정-부정'이라는 기준에 의하여 사태들을 재배치하면서 명제 간의 의미 관계를 따져 보고, '피동·사동' 표현을 통해 필자가 연속되는 사태들의 인과 관계를 어떻게 설정하고 있는지에 대해서도 생각해 본다.

1) 시제와 상

한 사태에 대하여 시간 인식을 달리한다면 당연히 시간과 관련된 문법 장치도 다르게 써야 한다. 시간을 나타내는 문법 범주는 '시제'와 '상(相)'이다. 그런데 피동·사동 표현은 문법 범주 중 하나로서 '학습'해야 한다고 느끼면서도 시제가 문법 범주라는 의미는 무심히 받아들이는 경우가 있는 것 같다.

'시제'는 시간과 관련된 문법 범주 중 가장 '객관적으로 시간을 표상하는' 범주로, 하위 범주는 '과거, 현재, 미래'이다. 그렇다 보니 일상의 '시간' 개념과 비슷하게 느껴질 수밖에 없는데, 바로 이러한 특성 때문에 '문법 범주로서의 시제'를 이해하는 데 오히려 어려움을 느끼곤 하는 경우를 종종 본다. 시제란 어떤 시점을 기준으로 하여 어떤 사태의 시간적 위치를 나타내는 문법 범주이다. 쉽게 말해 시간의 흐름을 일직선으로 나타낸다면 그 위의 어떤 시점을 기준점으로 삼고, 시간의 흐름상 그 기준점에 비해 '그 이전'이라면 '과거', '그 이후'라면 '미래', '그 시점'이라면 '현재'라고 본다.

그에 비해 '상'은 사태가 담고 있는 시간의 모습('시간의 내적 구성'이라는 말은 시제 개념과의 차이점만을 나타내는 단순한 것이다)을 의미한다. 시제가 시간의 흐름 속에서 사태가 일어나는 '위치'만을 가리킨다면, 상은 사태가 해당 장면에서 어떠한 시간적 모습으로 전개되는지(즉, 상황 유형을 총체적으로 드러내는가)를 생생하게 나타내는 것이므로 사태를 자세히 표현하고자 할 때 필자가 적극적으로 고려하는(이것이 문장마다 꼭 드러내어야 하는 문법 범주라는 의미는 아니다) 문법 범주 중 하나이다.

이러한 개념 구분을 바탕으로 시간을 나타내는 문법 장치들을 통해 필자의 의도를 읽어 내어 보자.

철수가 빵을 먹다.

이 문장을 '지금'이라는 '발화시'를 기준으로 하여 '과거'라는 한 시점을 나타내고 싶다면 다음과 같이 써야 할 것이다.

철수는 어제저녁 7시쯤 빵을 먹었다.

'어제저녁 7시쯤'이라는 부사어구가 '-었-' 형태소가 나타내는 '과거' 시점을 더 분명히 나타낸다. 한편 초점이 사건이 일어난 시점보다 철수가 빵을 먹고 난 후 빵이 없는 상태를 초래한 아쉬움에 있다면 다음과 같이 써야 한다.

철수가 이미 그 맛있는 빵을 다 먹었다.

'이미', '다'라는 부사어가 과거의 어느 시점에서부터 시작된 먹는 행위가 지금은 완료되었음을 나타낸다.

위 두 문장은 '철수가 빵을 먹다'라는 사태를 좀 더 세밀하게 나타내기 위해 '시간과 관련된' 부분을 달리 표현한 것이다. 두 문장 모두에서 '-었-'은 시간을 표현하기 위해 사용된 것이긴 하지만, 각기 다른 문법 범주에 해당한다. 하나는 '과거 시제를 나타내는 형태소'이며, 다른 하나는 '완료상을 나타내는 형태소'이다. 즉, 시제와 상은 '객관적·물리적 시간'을 나타내고자 하는 문법 범주가 아니라, 사태와 관련하여 필자가 시간에 대한 인식을 어떻게 지니고 있는지를 드러내고자 사용하는 문법 장치임을 알 수 있다. 상적 의미가 종종 양태적 의미와 함께 논의되기도 하는 것은 이렇게 필자의 '관점'과 '인식'이 반영되어 있기 때문이다.

시간 관련 형태소 '-었-'이 필자의 관점을 드러내는 경우는 특히 소설에서 많이 발견된다. 대체 '-었-'이 어떤 의미 기능을 지니고 있기에 소설 문장에서 주로 사용되는 용법으로 굳어지게 되었을까? 소설의 사건은 실제로 일어난 일을 서술하는 것이 아니라는 점을 고려할 때, '-었-'이 '발화시', '사건시'를 기준으로 한 전형적인 과거 시제 용법으로 쓰인 것이라고만 보기는 어렵다.

옛말에 공방살(空房煞)이라는 말이 있다더니, 이것이 바로 그런 것인가, 효원은 가슴속이 써늘하게 식어 내리는 것을 ①느꼈다.

어둠은 쇠붙이처럼 날카롭고도, 섬뜩하고 차갑게 살에 닿았다.

이제 동짓달, 지월(至月)이니 문풍지를 울리는 외풍도 차겠지만, 꼭 그래서만은 아닌데 온몸이 ②시렸다.

효원은 그렇게 뜬눈으로 밤을 새우고 나서, 다음 날 밤부터는 쉽게 불을 끄지 못하고 한밤의 허리가 겨워지도록 홀로 그렇게 앉아 있게 되었다. 벌써 오늘이 몇 날째인가. 머리 속이 아득하다.

그네의 눈에는 불빛이 푸르게 보인다.

젊은 밤에 홀로 앉아 바라보는 등불이라서 그러한가.

— 최명희, 『혼불 1』

위 글에서는 형태소 '-었-'이 사용된 부분도 있고, 그렇지 않은 부분도 있다. '-었-'이 사용되지 않은 부분에서 화자는 등장인물 중 한 사람의 시점에서 등장인물의 심리 추이를 서술하고 있음을 알 수 있다.[2] 이때 시간은 순간 멈춰 선다. 등장인물의 관점에서 머릿속, 마음속을 있는 그대로 드러내기 때문에 생각과 느낌이 생생하게 전달되고, 이때의 문장들에서 이야기 속의 사태들은 잠시 진행을 멈추게 된다.

'-었-'이 사용된 부분에서는 화자가 사태를 멀리서 하나의 점처럼 바라보고 객관적인 시점에서 이야기를 진전시킨다. 더 나아가, 용언의 성격에 따라 상의 의미가 다르게 나타나기도 한다. ①과 ②의 용언들, '느끼다', '시리다'는 그 자체가 완결의 의미를 지니지 않는다. 해당 문장에는 '완료'의 의미를 명확히 나타내는 부사어도 없다. 그러므로 이들과 결합한 '-었-'은 '완료'일 리가 없다. 단지 사건을 외부에서 바라본 '서술의 관점'만을 나타내는 표지로 해석된다. 만약 소설을 읽어 가다가 이야기 속의 주요 사건을 빨리 파악하려면 '-었-'이 사용된 문장을 중심으로 살펴보는 것이 도움이 될 것이다.

우리말 문법에서는 대체로 완료상과 진행상, 이 두 가지를 문법상으로 인정한다.[3] 그런데 한국어 텍스트에서 문법상의 의미는 선행 용언[4] 또는 용언을 한정해 주는 부사어구의 어휘적 의미와 결합하여 또 다른 의미로 해석되기도 한다.[5] 우리말에서는 완료상과 진행상을 드러내는 문법적 표지가 모든 맥락에서 똑같은 의미로 해석된다고 보기 어렵다. 우선적으로 해당 용언의 어휘적 의미를 파악한 후, 그에 따라 맥락에서 파악되는 문법상을 해석해야 하기 때문이다.

---

2 이에 대한 자세한 논거는 박진호(2011: 304면)를 참고하라. "완망상은 사태를 멀리서 하나의 점처럼 바라 보는 것이고, 비완망상은 가까이서 사태의 내적 시간 구조나 전개 양상에 주로 관심을 갖고 바라보는 것이 다. 멀리서 보면 사태의 내부는 안 보이는 대신에 사태의 전모를 시야에 넣을 수 있으나, 가까이서 보면 사 태의 내부가 잘 보이는 대신 사태의 가장자리/윤곽은 시야에 들어오지 않는다."

3 이에 대해서는 3부 5장 '시제·상·양태'를 참고하라.

4 이호승(2001)에 의하면, 문장의 상적 의미가 상황 유형과 보조 용언의 상적 의미의 합성으로 형성된다는 점까지 인식해야만 상 개념을 제대로 이해할 수 있다. 상을 나타내는 보조 용언은 선행 용언과만 결합하지 않고 선행 성분 전체와 결합한다. '저 풍선이 터지다'는 [-지속성]의 순간 상황 유형이어서 '-고 있다'와의 결합이 제약되는데, '저 풍선들이 터지다'는 [+지속성]의 과정 상황 유형이어서 '-고 있다'와의 결합이 자 연스럽다.

5 3부 5장 '시제·상·양태'를 참고하라.

남아메리카 안데스 산지에 사는 원주민 우와족은 하루하루 피를 말리며 싸우고 있다. 우와족 6,000명이 살고 있는 마을 근처에 석유가 매장된 것을 알고 미국과 영국에서 개발에 나섰기 때문이다. 그러나 인디언 우와족 사람들은 땅속에 묻힌 그 무엇도 파헤쳐서는 안 된다며 싸우고 있다. 땅속에 묻힌 모든 것은 그들에게 대지 어머니의 핏줄인데 그걸 파내게 되면 그것으로 세상이 끝나게 된다는 것이다. 이 세상엔 어떤 경우에도 한쪽에서는 주기만 하고 한쪽에서는 받기만 하는 일은 없다. 그런 일이 있어선 절대 안 된다. 자연은 공생의 질서가 유지되어야만 모두가 살아남는다. 한쪽은 주기만 하고 한쪽은 받기만 하면 둘 다 끝장이 나 버린다.

인디언들의 자연에 대한 경외심은 우리 모두 잘 알고 있지 않은가. 인디언들은 수만 년간 아메리카 대륙에서 자연과 더불어 모든 생명을 함부로 해치지 않고 함께 살아왔다.[6] 그런데 아메리카 대륙에 상륙한 사람들은 그러지 않았다. 끝도 없이 개발해 오지 않았던가.

— 권정생, 「아낌없이 주는 나무」

위 글에서 문법적 상을 나타내는 표지를 찾아보면 다음과 같다.

> • 싸우고 있다: '-고 있다' → 진행상
> • 끝장이 나 버린다: '-아(어) 버리다' → 완료상 + 양태적 의미
> • 알고 있지: '-고 있다' → 완료상(결과 지속)(타동사)
> • 끝도 없이 개발해 오지: '-아(어) 오다' → 진행상

'싸우다'라는 용언은 의미상 '행위'가 순간적으로 이루어지지 않으며, 행위의 결과가 종국에는 완성된다는 의미를 내포하지 않는다. 그에 결합하는 '-고 있다'는 '행위가 순간적으로 이루어지지 않는다'라는 의미를 가중시켜, 전체 문장의 의미는 진행상으로 해석된다. 결국 우와족이 지금까지 싸움을 계속하

---

6 '살아오다'는 한 단어로 취급되므로 여기에서는 논의하지 않는다.

고 있음을 강조하고 있다.

　'나다'라는 용언은 '어떤 작용에 따른 효과, 결과 따위의 현상이 이루어져 나타나다'라는 의미로, 작용의 결과가 종국에는 완성된다는 의미를 내포한다. 그에 더하여 보조 용언 '-어 버리다'가 덧붙어 완료상을 강조하고, 더 나아가 '인간과 자연이 공생 관계를 유지하고 있지 못한' 사태에 대해 필자가 안타까운 태도를 지니고 있음을 드러낸다.

　'알다'라는 용언은 행위의 결과 '앎의 상태'를 완성한다는 의미를 지닌다. 따라서 이에 결합하는 '-고 있다'를 '진행'의 의미로 해석하면 선행 용언의 의미와 부합하지 않으므로 이때 '-고 있다'의 의미는 '알다'라는 사건이 끝난 후의 결과 상태가 지속되고 있음을 강조하는 것으로 해석할 수 있다. 인디언들의 자연에 대한 경외심에 대해 우리가 지금까지 '지속적으로' 알고 있음을 강조하는 것이다.

　'개발하다'라는 용언은 '행위'가 순간적으로 이루어지지 않으며, 행위의 결과가 완성됨을 의미하지 않는다. 그런데 이에 더하여 '-아 오다'가 결합하여 행위가 진행되는 과정을 강조하고, 더 나아가 '끝도 없이'라는 부사구가 진행의 의미를 강조하게 된다.

2) 부정 표현

　필자는 '긍정적-부정적'이라는 기준을 중심으로 사태 간의 관계를 드러낼 수 있다.

　아무도 묻지 않았을 때에는 시간이 무엇인지 알지만, 정작 시간을 설명하려고 하면 시간이 무엇인지 알 수 없게 된다.

　사변적인 글에서는 특히 명제와 명제, 사태와 사태를 대조하는 과정이 수반되기 마련이다. 위에서 인용한 성 어거스틴의 발언 역시 문장에 포함된 명제를 대조하라고 지시하는 문법적 장치가 있다. 바로 '-지만'인데, 선행절이 '-지만'이라는 연결 어미를 취하면서 대조적인 의미를 암시하게 만드는 것이다. 그렇지만 선행절과 후행절에 나타난 두 명제를 대조하려는 필자의 의도는 '부정 표현'을 통해 더욱 분명해진다. 글이나 문단의 첫 문장에 보조사 '는'이 출현하는 경우, 그에 선행하는 어구가 화제로 인식되는 경우가 많다. 따라서 위 문장에서는 '아무도 묻지 않았을 때에'를 가장 먼저 주목하게 된다.

그런데 화제가 되는 '아무도 묻지 않았을 때에'에서부터 '-지 않다'라는 부정 표현이 발견된다. 부정 표현은 의미론적으로는 긍정문과 모순이 되도록 하며, 명제 논리적 관점에서는 문장의 진리치를 바꾸는 기능을 한다. 즉, 부정 표현이 사용되었다는 것은 두 명제가 대조되어 진리치를 비교하려는 의도가 있는 것이다. '아무도 묻지 않는다'와 대조되는 명제는 '누군가가 묻는다'이고, 위 문장에서는 이와 같은 값을 가지는 명제로서 '정작 시간을 설명하려 한다'를 제시하였다. 요컨대 '아무도 묻지 않는다'라는 명제와 '시간을 설명하려고 한다'라는 명제를 서로 대조하여 표현한 것이다.

이렇게 두 명제를 부정 표현으로 대조함으로써 필자는 어느 한쪽 명제를 강조하게 된다. 그런데 대조되는 두 명제를 풀어 써서 표현하지 않으면 부정 표현이 무엇을 강조하는지 분명하지 않을 때도 있다.

나는 작년에 그 회사에 지원하지 않았다.

위 문장은 '대조되는 명제'가 '전제'로 숨어 있어 맥락이 명확하지 않다. 즉, 강조하고자 하는 정보가 '작년에'인지, '그 회사에'인지, '지원하지 않았다'인지 분명하지 않다. 말을 할 때에는 대조되는 정보에 강세를 둠으로써 숨어 있는 의미를 명확히 드러낼 수 있지만, 글을 쓸 때에는 이를 명확히 밝혀서 써야 한다.

나는 작년에 그 회사에 지원하지 않았다. ⊃ 나는 올해에 그 회사에 지원했다.

☞ 나는 작년이 아니라 올해에 그 회사에 지원했다.

나는 작년에 그 회사에 지원하지 않았다. ⊃ 나는 작년에 다른 회사에 지원했다.

☞ 나는 그 회사가 아니라 다른 회사에 지원했다.

나는 작년에 그 회사에 지원하지 않았다. ⊃ 나는 작년에 그 회사에 지원하는 것을 고려해 보았다.

☞ 나는 작년에 그 회사에 지원은 안 했지만 지원하는 것을 고려해 보기는 하였다.

이처럼 '안 부정문'의 경우는 명제를 대조하고 특정 명제를 초점화한다. 그런데 '못 부정문'은 그에 더하여 필자의 태도를 더 많이 드러낸다. '못 부정문'은 '능력'을 부정하는 것이기 때문에 행위자에 대한 필자의 태도가 자연스럽게 드러날 수밖에 없다.

나는 작년에 그 회사에 지원하지 못했다. ⊃ 나는 올해에 그 회사에 지원했다.

☞ 나는 작년에 그 회사에 지원하고 싶었는데 능력이 없어서 하지 못하여 아쉽다.

나는 작년에 그 회사에 지원하지 못했다. ⊃ 나는 작년에 다른 회사에 지원했다.

☞ 나는 작년에 그 회사에 지원하고 싶었는데 능력이 부족한 것 같아 그보다는 취직이 쉬울 것 같은 다른 회사에 지원하게 되었기에 아쉽다.

나는 작년에 그 회사에 지원하지 못했다. ⊃ 나는 작년에 그 회사에 지원하는 것을 고려해 보았다.

☞ 나는 작년에 그 회사에 지원하는 것을 고려해 보았는데 능력이 없어서 아예 지원하지 못하여 아쉽다.

흔히 '못 부정문'은 '능력 부정문'이라고 일컫기도 한다. 이 역시 부정 표현이기 때문에 '안 부정문'처럼 그에 대응하는 '긍정의 의미를 지니는 명제'가 있고 의미적으로 대조된다. 단, '못 부정문'의 경우 필자는 '대조되는 명제 상태가 이상적이고 바람직하다'라고 전제한다. 그렇기 때문에 '못 부정문'을 쓰게 되면 필자가 '자신이 그러할 능력이나 기회가 없음을 아쉬워함'을 함의하게 된다.

3) 피동·사동 표현

피동 표현과 사동 표현은 명시적이든 암시적이든, 필연적으로 해당 사태(들) 간의 인과 관계를 표현하게 된다.

온난화로 북극 빙하가 다 녹는다.

위 문장은 북극 빙하가 녹는 원인을 '온난화'라고 보고 있다. '온난화'는 '지구의 온도가 점차 올라가다'라는 사태를 나타내는 명사이다. 개념화되기 이전에는 '용언 상당 어구'로 표현하여 사태를 기술하였겠지만, 해당 사태를 자주 언급해야 하는 상황이 늘어남에 따라 이를 '온난화'라는 '명사'로 개념화하여 쓰게 된 것이다. '온난화'라는 사태와 '북극 빙하가 녹는 사태' 간에는 의미적으로 인과 관계가 성립하는데, 이때 이 인과 관계를 드러내는 표지로 부사격 조사 '로'가 쓰였다. 이 문장을 다음 문장과 비교해 보자.

온난화가 북극 빙하를 다 녹인다.

'녹다'라는 주동사 대신 '녹이다'라는 사동사를 사용한 문장이다. 논리적으로만 비교해 본다면, '녹이다'라는 사동사를 썼을 경우와 '녹다'라는 주동사를 썼을 경우는 모두 진리치가 같다. 그러나 인과 관계를 어느 정도로 강조하느냐를 고려한다면 두 문장의 의미 효과는 다르다. 주동문일 때 부사어 위치에 있던 '온난화'가 사동문에서는 주어 자리를 차지함으로써 '온난화'라는 현상이 '북극 빙하'라는 대상이 '녹도록' 힘을 가하는 의미로 읽힌다. 이로써 '북극 빙하가 녹는 사태'에 대하여 '온난화'가 온전히 책임을 져야 할 것처럼 보인다.

그런데 '온난화'와 '북극 빙하가 녹는 사태'가 의미적으로 인과 관계에 있다는 것은 변함이 없으므로 다음과 같은 인과적 표현을 사용해도 역시 진리치는 같다.

북극 빙하가 다 녹은 것은 온난화 때문이다.
북극 빙하가 녹게 된 원인은 온난화이다.

2——주제를 명확히 표현하기

재탄생의 상상은 물론 불가능한 것에 대한 상상력이다. 그러나 중요한 것은 알 수 없는 미래를 향한 그 상상력이 과거의 기억, 그리고 지나간 삶에 대한 성찰과 결합해 있다는 점이다. 이것이 기억과 상상의 접합이다. 이런 접합은 인간이 처한 유한한 조건으로부터 나오고 그 조건 때문에 가능하다. 게다가, 그 연속의 상상력 속에서 새로운 삶의 방식은 유한성을 거부하는 것이 아니라 오히려 확인한다. 인간이 완벽성을 추구할 수 없다는 것이 유한성의 인정이다. 천사에게라면 이런 성찰, 상상, 인정은 필요하지 않다.

— 도정일, 「고독한 성찰과 불안한 의심의 극장」

이 글은 쉽게 읽히지 않는다. 일상적으로 경험할 수 있는 사건이 전개되는 것이 아니라, 추상적인 명제들의 관계가 복잡하게 전개되기 때문이다.[7] 이러

---

7 잘 읽히지 않는 또 다른 요인은 원래 동사적으로 표현하면 더욱 쉽게 읽을 수 있는 내용을 '굳이' 명사적으로 표현하였기 때문이다. 이에 대해서는 3장의 '명사적 표현'에서 설명하겠다.

한 글일수록 독자로서는 핵심 내용을 파악하기가 참 힘이 들 것이다. 그러므로 필자는 '자신이 무엇에 대하여 이야기하고 있는지', '독자가 새로이 알아 가야 할 것이 무엇인지'를 명확하게 나타내야 한다.

필자는 주제에 대해 잘 알고 있지만, 독자는 주제에 대해 잘 알고 있을 수도 있고 그렇지 않을 수도 있다. 필자는 이러한 점을 고려하여, 주제를 드러내는 과정에서 독자가 무엇에 주목하여 읽어야 할지 형태적으로 표시를 해 둘 수 있다.

1) 화제 표지

글에서 '필자가 무엇을 말하고 있는가'에 해당하는 것이 바로 '화제'이며, 이는 형태적 표지로 나타낼 수 있다.

<u>겸재 정선의 예술은</u> 당대부터 오늘에 이르기까지 변함없는 찬사의 <u>대상이다.</u>
(주어) (서술어)

위 문장의 주어는 '겸재 정선의 예술은'이고, 서술어는 '대상이다'이다. 그 동안 문법 교육에서는 하나의 문장을 놓고, '주어-서술어'라는 문장 구조를 중심으로 하여 분석하도록 하였다. 그런데 이러한 방식은 한 문장의 구조를 분석할 때에는 유용하지만, 연속된 문장들을 읽으며 글의 요지를 파악해 나갈 때에는 큰 도움이 되지 않는다. 위 문장은 다음 글의 첫 부분인데, 첫 문장의 '겸재 정선의 예술은'이 주어라고 설명하는 것은 이 문단의 핵심어, 주제를 파악하는 데 큰 도움이 되지 않는다.

겸재 정선의 예술은 당대부터 오늘에 이르기까지 변함없는 찬사의 대상이다. 겸재가 이룩한 예술 세계에서 가장 돋보이는 점은 진경산수라는 장르를 개척하고 또 그것을 완성한 것이다. 진경산수란 중국풍의 그림을 답습하던 종래 화가들의 관념 산수에서 벗어나 우리나라 산천의 아름다움을 있는 그대로 표현한 산수화를 말한다. 이러한 진경산수를 대표할 수 있는 이가 바로 겸재 정선이다.

— 유홍준, 「진경산수의 창시자, 겸재 정선」

하나의 문장은 늘 '무엇에 대하여' 말한다. 그 '무엇'을 '화제'라고 한다. '화제'는 원래 '문장' 단위를 기능적으로 분석하기 위해 특정한 문법학파에서 제안하였던 개념이지만, 실제로는 '화제'는 문장의 경계를 넘어, 이어지는 문장들, 그리고 글 전체를 지배한다. '겸재 정선의 예술은'은 첫 문장의 '화제'이며, 이어지는 문장들에서도 대체로 이에 대해서 이야기하고 있음을 알 수 있다. 이처럼 문장이나 문단의 첫머리에서 형태소 '은/는'[8]으로 화제를 나타내는 경우가 많은데, 이때의 '은/는'을 가리켜 '화제 표지' 또는 '초점 표지'라고 한다. 영어만 하더라도 화제를 나타내는 별도의 표지가 존재하지 않는데, 이처럼 화제를 나타내는 형태적 표지가 있다는 것은 한국어의 주된 특징 중 하나이다. 다음 글에서는 주어가 곧 화제에 해당한다.

나는 이 세계에서 하나의 언어가 사라진 순간, 그 말(言)에서 빠져나온 숨결과 기운들로 이뤄진 영(靈)이다. 나는 거대한 눈(目)이자 입(口). 하루치 목숨으로 태어나 잠시 동안 전생을 굽어보는 말(言)이다. 나는 단수이자 복수, 안개처럼 하나의 덩어리인 동시에 낱낱의 입자로도 존재한다. 나는 내가 나이도록 도운 모든 것의 합, 그러나 그 합들이 스스로를 지워 가며 만든 침묵의 무게다. 나는 부재(不在)의 부피, 나는 상실의 밀도, 나는 어떤 불빛이 가물대며 버티다 훅 꺼지는 순간 발하는 힘이다. 동물의 사체나 음식이 부패할 때 생기는 자발적 열(熱)이다.

나는 누구일까. 그리고 어디 살까.

나는 구름처럼 가볍고 바람처럼 분방해 시시각각 어디론가 이동한다. 그러다

---

8 격 조사와 보조사의 의미와 기능에서도 '은/는'을 다루게 된다. 이에 대해서는 4부 2장 '단어의 유형화, 품사'의 '단어 선택의 제약: 덧붙이기의 딜레마'를 참고하라.

나와 비슷한 것과 쉽게 결합한다. 다른 영(靈)들과 만나 몸을 섞는다. 몸을 불려 지상에 그림자를 드리운다. 그 그늘로 단어에 수의(壽衣)를 입힌다. 나는 시원이자 결말, 미지(未知)이자 지(知), 거의 모든 것인 동시에 아무것도 아닌 노래다. 나는 이런 식으로밖에 나를 설명하지 못한다. 다른 부족의 몇몇 문법을 빌려 말한대도 마찬가지다. 우리에게는 뚜렷한 얼굴이나 몸통이 없다. 하지만 우리는 우리가 누구인지 안다. 그리고 그게 우리의 정체다.

— 김애란, 「침묵의 미래」

'은/는'은 주어 자리가 아닌 곳에 붙어서 화제를 나타내기도 한다.

지금 이곳에는 약 천여 명의 화자가 천여 개의 언어를 지키며 산다. 낮에는 박물관에서 일하고 밤에는 기숙사에 머무는 식이다. 각각의 기념관은 부족의 특성에 맞게, 조상 대대로 내려오는 양식에 따라 복원됐다. 하나의 기념관은 하나의 언어를 대표했다. 전시관 안에는 전통 의상을 입은 화자가 한 명 이상씩 상주했다.

— 김애란, 「침묵의 미래」

문장을 분석할 때 문장 내의 구조가 아니라 필자가 말하고자 하는 바를 중심으로 분석하는 것을 '정보 구조'로 분석한다고 일컫는다. 필자는 자신이 글에서 나타내고자 하는 바를 '정보 구조'에 따라 배열한다. 독자를 고려하여 문장을 배치하고 문법 장치를 선택하며 글을 써 나가는 것이다. 이처럼 필자는 적절한 문법 장치들을 사용하여 독자들이 더 중요하게 읽어야 하는 정보가 무엇인지 알려 주고, 독자들이 글을 읽어 나가면서 줄거리를 파악할 수 있는 힘을 얻도록 한다. 그 대표적인 문법 장치가 바로 화제 표지였음을 살펴보았다. 또 다른 장치가 있을까? 좀 더 자세히 알아보도록 하자.

2) 정보 구조 조정하기

글에서 필자가 나타내고자 하는 바를 '정보 구조'라고 하였다. 정보 구조는 크게 '구정보'와 '신정보'로 나뉜다. 구정보와 신정보를 적절히 섞지 않으면 독자는 글을 읽기가 어려워진다. 구정보와 신정보는 필자가 '독자를 고려하여' 잘 구분해야만 한다. 독자가 '이미 알고 있는 정보'라고 판단되면 구정보로, 독자가 '새롭게 알게 될 것'이라고 판단되면 신정보로 구성해야 한다. 그렇다면 다음 글의 필자는 무엇을 구정보로 판단하고 글을 작성하였는지 살펴보자.

분단 이후 남과 북의 한글날도 달라졌다. 북한은 한글이 반포된 날이 아닌 창제된 날을 기준으로 한글의 생일날을 정했다.『세종실록』에 따르면 훈민정음은 1443년 12월에 창제되었다. 따라서 북한에서는 창제된 날을 양력으로 환산해 양력 1월 9일로 정하고 그 이름도 '훈민정음 창제일'이라 불렀다.

—「한글의 생일날」

'분단 이후 남과 북은 달라진 것이 많다'라는 정보가 직접적으로 나타나 있지는 않지만, 한국어 공동체에 속하는 독자라면 대부분 공유하는 정보이므로 필자는 굳이 밝히지 않았다. 다음 글을 보자.

이 신조어의 출현이 처음엔 그 생소함 때문에 더욱 거북했을지도 모르겠다. 그러나 누구에게나 익숙한 말이 된 뒤에도 이 말은 여전히, 아니, 들으면 들을수록 점점 더 참담해지고 쓸쓸해진다. 대량으로 생산하고 대량으로 소비하는 것이 경제 활동의 중요한 미덕이 된 지 오래되었으니 대량 폐기가 새삼스러울 것도 없지만, 음식에까지 이 극도로 부박한 물질주의적 사유 방식이 적용되는 것에 현기증을 느낀다.

— 김선우,「쓰레기통, 부정된 것들을 긍정하는 자의 힘」

첫 문장에서 '신조어' 앞에 '이'라는 지시 표현을 쓴 것으로 미루어 보아 특정 신조어에 대한 이야기는 이 글에서 구정보에 해당한다. 아마 인용된 글의 앞쪽에서 이미 언급되었을 것이다. '구정보'는 이처럼 글에서 이미 언급된 것, 독자가 이미 알고 있을 것이라고 생각되는 것, 두 종류가 있다. 앞에서 논의한 '화제'는 글 전체에서 구정보에 해당한다. 응집성 장치를 사용한 부분도 구정보에 해당한다. 그렇다면 새로 파악해야 하는 정보가 무엇인지 좀 더 쉽게 알아 낼 수 있을 것이다. 위 글에서 '신조어의 출현'은 구정보, '거북하다', '더 참담하고 쓸쓸하다', '물질주의적 사유 방식에 현기증을 느낀다'는 신정보로 파악할 수 있다. 신정보가 문장마다 크게 변화하지 않고, '신조어 때문에 필자가 느끼는 감정을 나열'하는 정도로 제시되고 있기 때문에 독자는 글을 읽어 나가는 데 큰 어려움을 느끼지 않는다. 이처럼 글을 쓸 때에는 한 문단 이내에 제시되는 신정보들이 어느 정도 서로 관련성이 있고 예측 가능한 범위 안에 있어야 한다.

위 글은 필자가 구정보에 형태 표지를 부여함으로써 정보 구조를 드러낸 경우이다. 이러한 형태 표지는 전체 정보 중 구정보가 무엇인지 알게 하고, 그 여집합이 신정보라고 파악할 수 있게 한다. 그런데 필자는 신정보를 강조함으로써 독자가 신정보에 초점을 두면서 글을 읽게 만들 수도 있다. 대표적인 예는 '주제화'와 '초점화'로 어순이 변이되는 경우이다.

점순이가 사랑을 원한다.

이 문장만으로는 '점순이가', '사랑을', '원한다' 중 필자가 정보 구조상 어느 성분에 초점을 두고 있는지 알 수가 없다. 만약 구어 상황이라면 별도의 문법 장치가 필요하지 않다. 강조하는 부분을 강하게 읽으면 되니까. 그런데 문어 상황이라면 달라진다. 굵은 글씨로 표현하거나 밑줄을 치면 된다는 생각이 들었는가? 그것은 '타이포그래피'이지 '언어적(어휘 문법)' 장치는 아니다. 어휘 문법 장치만으로 정보의 초점을 드러내어 보자.

점순이는 오직 사랑을 원한다.

점순이가 원한 것은 오직 사랑이다.

우선 '오직'이라는 부사어를 사용함으로써('오직'은 명사를 꾸며 주기도 한다) 강조하는 것이 '사랑'임을 나타낼 수 있다. 그런데 두 번째 문장처럼 중요한 정보만을 남기고 나머지 성분을 모두 합쳐 쓸 수도 있다. 이 문장은 원래의 문장 구조 중 일부를 분열시킨 것이다. 이때도 필자가 독자가 강조하여 읽기를 바라는 정보는 역시 '사랑'이다.

▼ 더 생각해 보기

어순을 바꾸어 필자가 특정 정보를 강조하는 경우를 더 찾아보자.

면앙정 송순 선생이 아홉 살 때 지은 「곡조문」은 이렇다. "나는 사람, 너는 새. 새가 죽었는데 사람이 곡하다니 의리상 안 될 말이나, 네가 나 때문에 죽었기에 그래서 곡하노라."

원문으로 스물석 자밖에 안 되는 짧은 제문이다. 어린 날 새를 잡아 놀다가 잘못해서 죽게 한 모양이다. 그것이 마음에 걸려 새를 묻어 주며 지은 글이다. 궁금한 것은 어린 날의 이런 글까지 수습해 두었다가 문집에 올린 그 마음이다.

— 정민, 「옛사람의 기록 정신」

지난 2009년, 회생이 불가능한 상태에 있는 한 환자에 대한 연명 치료 장치를 제거해 달라는 환자 가족의 소송에 대해 대법원에서 소극적 안락사를 인정하는 취지의 판결을 내린 적이 있다. 이 판결을 계기로 우리 사회에서는 안락사에 대해 본격적인 논쟁이 불붙게 되었다.

— 「안락사를 허용해서는 안 된다」

이처럼 금강 소나무가 우수한 재목일 수 있는 이유는 그 생장 과정에서 찾을 수 있습니다.

— 「금강 소나무 숲을 다녀와서」

텍스트에 수사적 관계 반영하기

　글을 대체 왜 쓰는가? 글을 쓰는 것은 다른 사람과 소통하려는 데 궁극적인 목적이 있다. 그래서 최근 국어 교육에서는 '대화적 쓰기'라는 용어까지 등장하는데, 타인과 충분히 대화할 수 있는 글을 쓰려면 문장 하나하나에서 '나'와 '다른 사람'의 관계를 설정하는 장치를 제대로 사용해야 한다. 이로써 글 전체의 '목적과 기능'을 제대로 달성하게 된다.

　이를 위해 무엇부터 연습해야 할까? '나'를 어떻게 드러낼 것인지부터 성찰한 후, 그에 기대어 '타인과의 관계'를 드러내는 법을 연습하는 것이 좋다. '필자로서의 나'를 노골화하여 드러내느냐, 아니면 숨기느냐에 따라 글이 주관적인 것처럼 보일 수도 있고, 객관적인 것처럼 보일 수도 있다. '필자로서의 나'를 왜 숨기려고 하는가? 이유는 여러 가지가 있다. '타인과의 관계'를 고려할 때 좀 더 객관적으로 보이게 하기 위하여, 언급하는 내용에 자신이 없을 때, 언급하는 내용에 자신이 있기는 하나 '나'의 의견임을 드러내기에는 적합하지 않을 때, 타인과의 관계를 고려할 때 '나'의 주장이 너무 강하다는 느낌을 주면 안 될 때 등이다. 현대 사회에서는 어떠한 발화도 '나만의 생각'이 아니라는 인식이 보편적이어서, 심지어 내 머릿속에서 나온 생각조차도 다른 사람은 비슷한 생각을 하지 않았는지 점검해야 한다. 그렇기 때문에 '나만의 의견'이라고 확신에 차서 글을 쓰기가 어렵다. 그러므로 수준 높은 필자가 되려면 여러 문법 장치들을 늘 숙지하고 있어야 할 것이다.

1──'나' 드러내기

초등학교 시절, 일기를 쓰던 때를 떠올려 보자. 유독 '나'를 많이 쓰지 않았던가?

> 나는 게임이 참 좋다. 그런데 엄마는 게임을 하지 말라고 한다. 나는 그래도 게임을 계속한다. 나도 안 그러고 싶은데 계속하고 싶다.

위의 모든 문장들은 '나'의 특성이나 '나'의 경험을 중심으로 일화를 기술하고 있음을 쉽게 알 수 있는데, 이는 주어 자리에 '나'가 드러나 있기 때문이다. 서술어의 주체가 '나'임을 명시적으로 드러내고 있는 것이니, 한국어를 아는 사람이면 모두 주제를 수월하게 파악할 수 있다. 그런데 만약 주어 자리에 있는 '나'를 모두 빼 보면 어떻게 될까? 전반적으로 '나'의 특성과 경험을 드러내고 있음에는 변함이 없지만, 주어 자리에 '나'가 있을 때보다는 좀 더 주의 깊은 판단이 필요하다. '나'를 조금 더 숨겼기 때문이다.

> 게임이 참 좋다. 그런데 엄마는 게임을 하지 말라고 한다. 그래도 게임을 계속한다. 안 그러고 싶은데 계속하고 싶다.

우리말은 주어가 없어도 통사적으로 문제가 되지 않는 경우가 많다. 위 문장들 역시 통사적으로 문제가 없다. '일기'라는 점을 고려한다면 위 문장들이 '나'의 경험을 중심으로 일화를 기술하고 있는 것으로 읽히는 것은 변함이 없다. 그런데 주어 자리에 '나'가 빠지니 무언가 느낌이 다르긴 다르다. 거의 모든 문장의 주어 자리에 '나'를 실현한 앞의 문장들과 비교해 보라. 훨씬 수준이 높은 필자가 쓴 것처럼 느껴진다. 왜 그렇게 느껴질까? 두 가지 이유가 있다. 첫째, '나'의 반복은 정보 구조상 잉여적으로 읽히므로 주어 자리에 '나'를 쓰지 않아도 전혀 문제가 없기 때문이다. 그러나 이러한 문법적 차원보다도 더 중요한 이유가 있다. 둘째, 명시적으로 행동의 주체를 밝히지 않음으로써 필자가 글에서 자기 자신의 목소리를 객관화하고자 하였다는 것이다.

숙련된 필자이지만 문장 주어 자리에 '나'를 쓰고 싶다는 생각이 들 경우가 있을 수 있다. 이러한 필자는 '다른 사람이 아닌 나'를 특별히 강조하고 싶은 의도를 지녔을 것이다. 숙련된 필자인데도 이러한 의도를 가졌다면 '일기'가 아닌 '소설'을 쓰는 경우일 것이다. 만약 처음 인용한 문장들이 '소설'의 일부라고 해 보자. 아마도 소설을 시작하는 부분에서 1인칭 시점임을 드러내기 위해 '나'를 명시화하였을 것이다.

> 나는 게임이 참 좋다. 그런데 엄마는 게임을 하지 말라고 한다. 나는 그래도 게임을 계속한다. 나도 안 그러고 싶은데 계속하고 싶다.

물론 '소설'이 아닌 다른 장르의 글에서도 위의 예문처럼 분명한 의도가 있을 경우에는 '나'를 주어 자리에 많이 쓸 수도 있을 것이다. 그러나 필자의 특별한 의도가 없는 상황에서, 좀 더 많은 사람들이 읽고 공감하도록 하기 위한 목적으로 글을 쓴다면, '나'의 경험을 소제로 할지라도 일반화된 의미로 진술해야 한다면, 모든 문장 주어 자리에 '나'를 명시적으로 사용하는 것이 보편적이다.

이처럼 '글에서 나를 어떻게 드러내는가, 왜 드러내는가'는 필자로서 늘 고민해야 하는 문제이다. 이 고민은 한 문장 안에서 주어 자리에 '나'를 쓸 것인지를 결정하는 문제에서부터 특정 문장에 '나'를 어느 자리에 어떤 방법을 활용하여 드러내어 쓰는 것이 글 전체의 의도에 부합하는 것인지를 판단하는 데에까지 이어져야 한다. 그 과정에서 특히 유의해야 할 것은 자신이 쓰고자 하는 글의 '종류'이다.

초등학교 입학 이후 '나'에 대해 본격적으로 기술하고, 설명하고, 이야기하는 일기를 쓰게 됨에 따라 학습자는 주어인 '나'를 어떻게, 얼마나 자주 드러낼 것인지를 (무의식적으로) 고민한다. 그러다가 일기에서도 주어 자리에 굳이 '나'가 드러나지 않아도 '나'와 '나의 경험'에 대해 기술할 수 있음을 알게 되고, 일기가 아닌 다른 종류의 글을 쓰면서도 이러한 고민을 더 많이 하게 된다.

현대 사회의 지성인들이 주로 써야 하는 글은 '일기' 같은 글보다는 '논증'이 주류를 이루는 글이다. 논증이란 쉽게 말해, 다른 사람과의 대화를 통해 자신이 이야기하고자 하는 바에 대한 합리적 근거를 제시하여 자신의 의견을 명확히 하는 과정이다. 따라서 글에서 자신의 주장을 드러내어야 한다. 그렇다고 해서 자기 주장만 강하게 드러내어서는 안 된다. 논증은 독단적이어서는 안 되기 때문이다. 논증은 다른 사람과 대화하는 과정이면서 객관적이어야 한다. 논증적인 글을 쓸 경우 어려운 점이 바로 '나'를 드러내되 객관성을 유지해야 한다는 것이다. 이에 대해서 더 살펴보자.

2 ── '나'를 드러내지 않으면서 객관성을 유지하기

현대 사회에서는 누구나 동의할 수 있도록 '객관성'을 드러내어 글을 써야 하는 경우가 많다. 필자는 여러 문법 장치들을 긴밀하게 연계함으로써 객관성을 유지할 수 있다. 여기에서는 같은 명제 내용이라도 좀 더 객관적인 것처럼 보이도록 하는 데 기여하는 문법 장치들로 '비인칭화, 피동 표현, 명사적 표현, 인용 표현, 양태 표현'을 살펴보고자 한다. 그동안 문법 교육에서는 이 같은 내용을 '문장' 단원에서 별도의 교육 내용 요소로 분리하여 가르쳤으나, '주관성과 객관성'이라는 기준에 근거해 보면, '하나의 텍스트'를 작성해 나가는 데 이러한 문법 장치들이 어떻게 기여하는지, 그 의미를 곱씹으면서 함께 학습해 보자.

1) 비인칭화

'나의 생각'을 써야 비로소 '나의 글'이라고 할 수 있다. 그렇다면 글을 쓰는 과정에서 '필자로서의 나'와 '다른 사람'은 분명히 구별되어야 할 것이다. 그런데 글의 종류와 목적에 따라 '나'를 드러내어야 하는 경우, '다른 사람'을 드러내어야 하는 경우, '나'를 숨기되 '나의 의견'임을 꼭 드러내어야 하는 경우가 있다.

> 나는 이 어머니의 애틋한 심정을 아는 까닭에, 과자나 사과 같은 것은 아예 넘겨다보지도 아니했고, 오직 어머니의 정성 어린 찰밥이 소중했었다.
>
> — 윤오영, 「찰밥」

위 글은 '나'와 '나의 행위' 모두가 중요한 글이다. 이 글에서 '다른 사람'은 '어머니'로서, '행위의 주체'와는 아무 상관이 없으므로 굳이 구별할 필요가 없다. 따라서 이러한 글은 '나'를 드러내어야 하는 경우이다.

> '나비 박사'라고 불린 석주명은 20여 년 동안 75만 마리에 이르는 나비를 채집하여 연구하였다. 그는 연구 대상을 철저하게 조선의 나비로 한정하였다. 이러한 태도는 생물학의 국학성을 강조하려는 노력의 결과였고, 이후 그의 학문적 업적은 '조선적 생물학'으로 명명되었다.
>
> — 「나비 박사 석주명」

비슷한 맥락에서 위 글은 '다른 사람'이 주어이자 화제가 되어 지속적으로 문장을 이어 나가야 하는 경우이다.

'나'를 드러내거나 '다른 사람'을 드러내어야 하는 경우에는 누구를 드러낼 것인지를 '주어 자리'에만 반영하면 된다. 그런데 문제는 '나'를 드러내지 않아야 하는 경우이다. 예를 들어, '객관성'을 확보해야 하는 학술 논문이나 주장하는 글을 작성할 때에는 '나'를 숨기기 위해 별도의 문법 장치가 요구되는데, 이를 '비인칭화'라고 한다.

'은유'에는 동태적 의미로서의 '은유 과정'과 정태적 의미인 '은유 표현'이 모두 포함된다.

위 문장은 학술 논문에서 가져온 것이다. '은유'에 대한 정의는 학자마다, 학파마다 다를 것이므로 위 내용은 일종의 '관점'이자 '주장'일 것이다. 그런데 이 문장에서는 '나'가 등장하지 않는다. '객관성'을 요구하는 글이기 때문이다. 학술 논문의 성격상, 아무리 필자 자신의 학문적인 주장이라고 하더라도 그 주장이 객관성을 견지하면서 이루어져야 하므로 자신을 노골적으로 드러내지 않는 것이다.

2) 피동 표현

'비인칭화' 속성은 하나의 사태를 놓고 행위자보다는 행위의 결과에 주목하게 하여 자연스럽게 필자가 '피동 표현'을 사용하게 한다. 필자 자신을 내세우지 않아야 한다는 것은 '행위성'을 약화하고 '명제성'을 강조한다는 것을 의미한다. 명제성은 명사적 표현으로 나타낼 수 있는데, 명사적 표현의 '행위성이 약화되고 행위주가 숨는 성격'으로 인해 자연스럽게 '피동 표현'도 함께 쓰이게 된다. 심지어는 '나는 이렇게 생각한다'와 같은 표현에서 '자신이 생각했다'라는 행위성을 약화하기 위해 '자신의 생각'도 '인용 표현'을 사용하여 나타내는 경우가 종종 있다.

위 지적은 우리 국어 교육학계에도 그대로 적용된다고 판단된다.[1]

---

1 이 문장에 대해서는 '인용 표현'에서 더 자세히 다루도록 하겠다.

위 문장에서는 '-되다' 형태의 피동 표현과 함께 심리 및 판단 동사에 해당하는 동사를 사용하였다. '적용된다'는 '자신의 생각'도 객관화하여 인용한 것이고, '판단된다'는 자신의 생각을 자신과 거리가 있는 객관적인 명제인 것처럼 표현함으로써 객관적으로 보이는 것이다. 결국 독자는 필자가 '명제화된 사태 간의 관계를 합리적으로 생각한 결과'를 '객관적인 어조'로 읽게 된다. 피동 표현과 인용 표현, 두 가지 장치를 결합한 결과이다.

피동 표현이 지니는 의미 기능 중 '능동적으로 행위하지 않음', 즉 '행위성이 약화됨, 행위자가 제거됨'은 종종 정치인의 '책임 회피 전략'으로 사용되기도 한다. 정치인들이나 유명인들은 어떤 일이 생길 때마다 종종, 만천하가 누구의 책임인지 다 아는 사실임에도 다음과 같이 피동 표현을 사용함으로써 책임을 회피하곤 한다.

내가 일한 행정부들에 의해 혹여 잘못이 저질러졌을 수도 있을 것이다.
(헨리 키신저, 1970년대 베트남, 캄보디아, 남아메리카에 미국이 개입했을 때 그가 수행한 역할이 전쟁 범죄라는 비난에 대해 응답하면서)

지나고 나서 보니 혹 잘못이 저질러졌을지도 모르겠다. 그렇다면 정말 유감이다.
(뉴욕의 에드워드 에건 추기경, 가톨릭 성직자들의 아동 성추행에 대해 언급하면서)

우리 프렌치프라이와 해시브라운의 성분에 대해 대중과 고객들과의 의사소통에서 잘못이 저질러졌다.
(맥도날드사, 힌두교 신자들과 채식주의자들에게 감자튀김의 '천연 조미료'에 소고기 부산물이 함유된 사실을 알리지 않은 것을 사과하면서)
— 엘리엇 애런슨·캐럴 태브리스, 『거짓말의 진화 — 자기 정당화의 심리학』

3) 명사적 표현

세상사 정보는 크게 '사물'과 '관계', 두 가지로 나눌 수 있다. 사물은 흔히 명사로, 관계는 동사나 형용사 등으로 표현되는 것이 보통이다. 즉, '딸기'라는 사물은 명사로 표현해야 하고, '먹다'라는 행위는 동사로 표현해야 한다. 이 규칙이 너무 당연한 것처럼 보이는가? 그러나 일상 세계와는 다른 추상 세계를 다루고자 하면 이 규칙은 깨진다. '사물'은 추상 세계에서 여전히 명사라는 품사로 안정적으로 표현되지만, '관계'는 추상 세계에서 동사나 형용사에 비해 '상대적으로 안정적인 명사'의 속성으로 개념화되곤 하기 때문이다.

일상 세계에서 일어난 하나의 사건인 '철수가 게임을 많이 하다'라는 사태를 일회적 사건으로 표현하고 만다면 다음과 같이 표현하면 된다. 철수가 '게임을 하는 것'은 철수의 '행위'이므로 '하다'라는 동사로 표현하는 것이 일반적이다.

철수는 게임을 많이 한다.

그런데 위 문장만으로는 철수의 취미가 게임인지, 아니면 어느 하루 날을 잡아서 그날만 게임을 많이 한 것인지 알기 어렵다. 그렇다면 '게임을 하다'라는 행위를 명사적 표현으로 바꾸어 표현하면 필자의 의도는 어떻게 바뀔까? 다음 문장을 보자.

철수는 게임 중독증이다.

필자는 철수가 게임을 하는 것을 여러 번 관찰하였기 때문에 위와 같은 문장을 쓸 수 있다. '게임을 많이 하다'라는 행위가 적어도 몇 회 이상 반복적으로 이루어져야만 위와 같이 쓸 수 있기 때문이다. '게임을 하다'라는 행위가 수 없이 반복되었기에 필자는 이를 철수의 특성으로 확신하고 위와 같이 썼을 것이다.

'게임 중독증'이라는 표현을 보고 독자는 '게임에 중독되어 있다는 것'이 철수의 주된 특성이라는 것을 알 수 있다. 명사적 표현은 행위성이 약화되고 실체성이 강화되기 때문에 이러한 해석이 가능한 것이다. 또 이러한 표현은 '철수가 게임을 많이 하는 것'에 대한 단정적인 판단으로 보인다. 위 문장을 의사가 발화하였다고 가정해 보자. 의사라는 직업이 지니는 권위로 인해 위 문장의 진실성은 더욱 강화될 것이다. 그렇게 되면 많은 사람이 철수는 '게임 중독증'이라는 '병'에 걸렸다고 믿을 것이다. 이렇게 보면 명사적 표현은 동사적 표현보다 훨씬 권위적이며 단정적이라고 할 수 있다.

추상 세계를 다루거나 논리적인 글을 쓰고자 할 때에는 명사적 표현을 많이 사용하게 된다. 추상 세계를 다루고자 할 경우, 일회적이고 동적인 사태를 시공간이 바뀌어도 변함이 없는 속성으로 바꿀 필요가 있을 때 명사적 표현을 사용하게 된다. 복잡하게 얽힌 사태들 간의 관계에 대하여 자신의 의견을 피력하거나 객관적으로 입증하는 등의 사고 행위가 요구될 때 역시 명사적 표현을 사용한다. 복잡한 사태를 문장으로 표현하고자 할 때 모든 사태를 각각 하나의 문장으로 써서 여러 개의 문장으로 나열하면 독자가 필자의 생각을 요약적으로 이해하기 어렵기 때문이다. 그래서 하나의 문장에 여러 사태와 그것들 간의 관계를 압축적으로 표현해야 할 필요성이 있는 글이나 논리적인 사유를 요구하는 글에 명사적 표현을 자주 사용하게 되는 것이다.

4) 인용 표현

　　인용 표현에는 '직접 인용'과 '간접 인용'이 있다. 학교 문법에서는 전통적으로 인용 표현을 '문장의 짜임'을 가르치는 소단원에서 '인용절'의 일부로만 다루어 왔었다. 다음 문장을 보자.

　　메드베데프 총리는 올해 말까지 모든 정부 부처들이 크림 지원을 위한 구체적 계획들을 제출하라고 지시했다.

　　'올해 말까지 ~ 제출하라고'라는 절을 '기능'에 초점을 두어 부사절의 일종으로 다루어도 되는데, '의미'에 초점을 두어 인용절이라고 별도의 이름을 붙여 명명한 것이다. 그만큼 '의미'가 더 중요하다고 생각하였을 것이다.

그렇지만 이렇게만 배우면 안 된다. 글을 쓰는 과정에서 인용 표현의 사용은 이처럼 한 문장 내의 구조 속에 어떻게 내포되느냐의 문제로만 다루어서는 안 된다. 더군다나 현대 국어에서 인용 표현의 의미는 더더욱 중요해졌다. 과연 '인용'이 무엇인지, 왜 필자가 '인용'을 하게 되는지 근본적으로 성찰해 볼 필요가 있다.

Cumming, A.(2004)에 의하면, (중략) 그는 그동안의 언어 평가 연구물을 강력히 비판할 수밖에 없었다. 그는 그간의 언어 평가 연구에 대하여, (중략) 강력히 비판하면서, 언어 평가 이론이 발전하기 위해서는 다음 세 가지 방향을 견지한 연구가 축적되어야 한다고 하였다. (중략) <u>위 지적은 우리 국어 교육학계에도 그대로 적용된다고 판단된다.</u> 현 국어 교육학계는 이론적 전제나 평가 철학은 물론이고, 실천적 국면을 비판할 수 있는 정교한 이론적 틀조차 구축되어 있지 않은 실정이다. 이에 연구자는 커밍이 제시한 연구 방향을 우리 학계에 그대로 도입해도 무리가 없다고 본다. 다만, 평가론을 구축해 나가는 방법론과 절차에 대해서는 우리만의 방법을 특화하여 체계적으로 구축해 나가야 할 필요가 있다고 본다.

— 주세형, 「국어과 문법 평가 이론의 발전 방향」

위 글은 논문의 시작 부분에 해당한다. 커밍이라는 미국의 언어 평가 전문가의 의견을 첫 문장에서부터, 그것도 다소 길게 인용하면서 글을 시작하고 있다. 사실 국어 교육학계 논문에서 첫 문장부터 외국 학자의 글을 인용한 경우는 많지 않다. 그럼에도 필자가 이러한 전략을 사용한 이유는 무엇일까? 그 의도는 밑줄 친 문장에 드러나 있다. 필자는 국어 교육학계에서 타당한 평가 이론을 구축하지 않은 채 평가를 시행해 오고 있는 상황을 지적하면서 타당한 평가 이론 구축을 위한 연구가 필요함을 강조하고자 하였으며, 쓰고자 하는 논문이 학계 구성원에게 이를 충분히 '설득'할 수 있었으면 하는 의도가 있었다. 이를 위해 필자는 다음과 같은 전략 중 어떤 전략을 택할 것인지 고민하였을 것이다.

두 개의 전략

하나. 국어 교육학계의 평가 이론이 부족하다는 현실을 보여 주면서 글을 시작한다.
둘. 국어 교육학계의 평가 이론이 부족하다는 것을 직접적으로 지적하는 권위 있는 지자의 의견을 인용히면서 글을 시작한다.

첫 번째 전략은 현실을 그대로 보여 주는 자료가 있고, 그것이 수집 가능하다는 전제하에서 선택이 가능하다. 그런데 이 전략을 선택하는 데에는 문제가 있다. 필자가 주장하고자 하는 것은 '필자가 생각하는 종류의 이론'이 부족하다는 것이지 평가 이론 자체가 없다는 것은 아닌데, 이것이 현실인 것처럼 보여 주게 되면 분명히 존재하는 평가 관련 논저들은 '평가 이론 연구'가 아니라고 폄하하는 셈이기 때문이다. 그리고 독자들에게 거부감을 주어 읽고 싶은 마음이 들지 않게 만들 수도 있다.

두 번째 전략은 필자보다 권위가 있다고 보는 학자들의 의견을 인용하는 것이다. 단, 인용할 의견은 그 명제 내용이 필자가 생각하는 '이론의 상(像)'과 부합해야 할 것이다. 두 번째 전략을 선택해야겠다고 생각한 필자는 국내 학자들 중에는 동일한 의견을 지닌 사람이 없다고 판단하여 해외 학자의 의견을 인용하기로 결심하였다. 그런데 찾아보니 커밍의 의견이 필자가 생각한 것과 부합하는 면이 많아 일단 이를 자세히 인용하기로 하였다.

'다른 사람의 의견'을 인용하는 것이 '나의 생각'을 드러내는 데 도움이 된다는 판단이 섰다면, 이제 직접 인용을 선택하였을 때와 간접 인용을 선택하였을 때의 표현 의도상 차이를 고려할 차례이다. 직접 인용은 단지 내용을 '있는 그대로 정확하게 반복한다'라는 의미를 지니기도 하지만, 전달되는 내용에 생생하게 접근하도록 하여 객관성을 확보하게도 한다. 그에 반해 간접 인용은 타인의 생각 중 일부를 명제화하여 가져온다는 의도가 있다. 위 필자의 인용 의도와 일치하는 것은 '직접 인용'이 아니고 '간접 인용'이다. 다시 말해, 자신의 의견과 일치하는 명제 내용을 서술하는 데 목적이 있으므로 직접 인용이 아닌 간접 인용을 사용한 것이다.

이렇게 볼 때, 신문 기사에 쓰인 직접 인용문에 대하여 단지 인용 형식의 오류를 지적하거나, 취재원의 내용과 얼마나 정확하게 일치하는지를 파악하는 것은 지극히 사소한 것이라 하겠다. 그보다 근본적인 것은 기사문 작성자가 자신의 의도에 객관성을 더하기 위해 직접 인용을 어떻게 사용하였는지를 파악해야 하는 것이다.

(가) 메드베데프 총리는 올해 말까지 모든 정부 부처들이 크림 지원을 위한 구체적 계획들을 제출하라고 지시했다.

(나) 메드베데프 총리는 "올해 말까지 모든 정부 부처들이 크림 지원을 위한 구체적 계획들을 제출하라"고 지시했다.

(가), (나) 모두 메드베데프 총리의 말을 인용하였다. (가)는 간접 인용을 사용하였고, (나)는 직접 인용을 사용하였는데, 문제는 (나)가 규범에 어긋난 문장이라는 점이다. 직접 인용인 경우에는 큰따옴표 뒤에 조사 '라고'나 '하고'를 써야 하기 때문이다. 따라서 규범에 맞게 쓴다면 다음과 같이 고쳐야 한다.

메드베데프 총리는 "올해 말까지 모든 정부 부처들은 크림 지원을 위한 구체적 계획들을 제출해라."라고 지시했다.

그런데 (나)와 같은 문장은 실제 국어 생활에서 광범위하게 발견할 수 있다. 규범에 어긋남을 알면서도 화자들이 위와 같이 쓰는 것이 분명하다. 그들은 과연 의도적으로 규범을 어김으로써 어떤 의미를 드러내려고 하는 것인가? 과연 이것을 오류로 보고 정확하게 고쳐야 한다고 강제할 수 있는가?

신문 기사는 기본적으로 직접 인용을 사용해야 한다. 취재원을 발굴하여 사건 현장을 직접 취재하고 이를 최대한 객관적으로 전달해야 하기 때문이다. 기사문은 객관성과 정확성을 확보해야 하므로 누군가의 발화 내용도 있는 그대로 옮기는 직접 인용의 방식을 추구해야 마땅하다. 그러나 지면상의 한계를 비롯한 여타의 조건을 고려하면 원 발화를 고스란히 옮기는 방식은 (사실상도 불가능하지만) 부담이 된다. 심지어는 시민들이 스스로 취재를 하고 적극적으로 사건에 대한 정보를 인터넷에 퍼 나르기도 한다. 기자의 역할 중 많은 부분을 인터넷을 통해 시민들이 대신하고 있기도 해서 기사를 통한 객관적인 사실 전달이 더더욱 부담이 된다. 이제는 기자가 '보도'의 성격/역할에 충실한 기사문을 작성하는 것이 많은 부담이 되거나 불필요해진 상황으로 변화하였고, 기자는 해설적 성격을 띠는 기사문을 더 선호할 수밖에 없게 된 것이다.[2]

이러한 맥락에서 (나) 화자는 간접 인용의 방식으로 원 발화 내용을 재구성하여 독자로 하여금 해당 내용을 간결하고 신속하게 받아들일 수 있도록 하면서도 큰따옴표를 사용하여 해당 발화 내용의 정확성을 확보하려는 의도에서 이와 같은 인용의 탈규범적 사용 양상을 만들어 낸 것이라 볼 수 있다. 이는 오류라기보다 일종의 '변이 현상' 아닐까.

그 밖에도 '인용 표현의 변이' 현상은 다양하게 나타난다. 다른 사람의 글을 직접 가져다 쓰는 직접 인용을 하면서 인용한 부분을 표시하지 않아 어디서부터 어디까지가 인용한 것인지 분명하지 않은 경우가 많은데, 이는 윤리적인 문제까지 야기할 수 있으므로 분명히 밝혀야 한다.

최현배(1959: 222~223면)에서는 '이, 그, 저'를 '가까움, 떨어짐, 멀음'으로 기준삼아 말할이를 기준으로 한 고정적인 시점이라 할 수 있고, 허웅(1971: 38면)은 말할이에게 가까울 때 '이', 들을이에게 가까울 때 '그', 둘 다에서 멀어질 때 '저'로 대상을 중심으로 '유동적 시점'을 취하고 있다. (김일웅(1982: 63~64면)에서 재인용)

2 오장근(2001)에 의하면, 정보 위주 신문 텍스트만 보더라도 정보 전달 형식에 따라 '사건 보도, 사태 보도, 르포르타주'로 나눌 수 있다. 이 형식들은 모두 언어적으로도 차별화되는 특성이 있다.

위 글은 석사 학위 논문의 일부이다. 아마 최현배와 허웅의 의견을 인용하고 싶었을 것이다. 그런데 두 학자의 의견을 직접 찾아보지는 못하고, 그 대신 두 학자의 의견을 정리해 놓은 또 다른 학자의 논저에서 인용 내용을 가져왔다. 그러나 두 번의 간접 인용 과정을 거치면서 최현배의 의견, 허웅의 의견, 논문 필자의 의견이 어디부터 어디까지인지, 과연 이 문장은 누구의 목소리인지 분명하지 않다.

현 시대에서 독서(이해)란 '남의 의견을 그대로 전달받는 행위'가 아니라 '자신 스스로 의미를 구성하는 것'이다. 표현 활동에 비해 상대적으로 수동적인 이해 활동에 대한 철학이 이러할진대, 능동적 의미 구성 과정이 본질적인 글쓰기에서 남의 의견을 '그대로' 인용하는 것은 큰 의미가 없다. 직접 인용의 장점을 최대한 살려야 하는 경우는 어떤 상황일까? 직접 인용은 '화시소'를 전부 명확히 밝혀서 피인용자의 어조까지 생생하게 복원해 내야 하는데, '피인용자의 의도와 태도'까지 관심을 두는 경우가 얼마나 자주 있을까? 대부분의 글쓰기 장르에서는 필자 자신의 의도가 더 중요하기에 간접 인용을 제대로 활용해야 한다. 이해 행위의 의미가 위와 같이 변화하였으므로, 인용 행위는 결국 자신의 관점을 드러내는 것임을 알고, 타인이 언급한 명제 내용을 자신의 목소리로 완전히 바꾸어 표현하는 것이 중요하다. 아래의 예를 보자.

> 이처럼 피동의 의미가 더해지면 논문의 필자로 하여금 '어떤 사실을 보고, 생각하고, 판단하'도록 하는 외부 사실이 존재하는 것처럼 보인다. (안소진, 2012)

'판단하다'의 어간 부분에 인용 표시가 되어 있는 것은 엄밀히 말해 규범적으로 틀린 것이다. 그러나 자신이 생각하는 화제가 어떤 명제 내용인지(이 부분에 인용 표시가 되어 있다), 자신의 생각이 어디서부터 어디까지인지 분명하게 하고자 사용한 것이므로 잘못되었다고 보기 어렵다. 실제로 규범적으로는 어색하지만 인용 범위를 정확하게 밝히기 위해 인용 표시를 '어미 일부' 또는 '특정 어구'까지만 하는 경우도 최근 늘고 있다.

이러한 탈규범적 현상이 점차 늘어나는 근본적인 원인은 결국 '나'의 생각과 '남'의 생각을 명확히 구분하려는 과정에서 직접 인용과 간접 인용을 선택하는 기제가 확장되었기 때문이다. 직접 인용의 근본 선택 기제인 '객관성'과 간접 인용의 근본 선택 기제인 '남의 생각의 자기 생각화'를 결합해야만 하는 상황을 많이 접하면서, 인용 표현의 변이 현상을 양산해 내는 것으로 보인다.

5) 양태 표현

지금까지 논의한 문법 장치들은 '어떻게 하면 객관적인 어조를 유지할 수 있을까'라는 고민을 해결해 줄 수 있는 장치들이다. 그런데 이러한 장치만 쓰다 보면 지나치게 '나'와 '나의 목소리'가 사라지는 것은 아닌지 우려될 수 있다. 이럴 때 사용하는 것이 '양태 표현'이다.

> 표절은 2012년 국회 의원 총선거 때 다시 사회 일반의 관심 사항으로 떠올랐다. 부산 지역 국회 의원 후보로 나선 태권도 국가 대표 선수 출신 문대성 교수가 쓴 박사 학위 논문에 표절 시비가 붙으면서 이것이 곧 전국적인 선거 쟁점이 되었다. 문대성은 국회 의원에 당선되었지만 표절 문제로 소속 당을 떠날 수밖에 없었다. 이 사건은 표절 문제를 연구하는 쪽에서 보면 김병준 사건에 이어 또 하나의 분수령이 되었다. 이전까지 표절 문제는 주로 법률이 국회에서 인사 청문회를 하도록 정한 고위 공직자의 검증 항목이었는데, 이 사건을 계기로 선출직에까지 확대된 것이다. 학원(學園)과 국회(청문회)라는 한정된 공간을 넘어 표절 문제는 전방위로 확산되었다. (중략) 학문을 업으로 삼는 학자를 넘어, 임명직·선출직 공무원, 유명 강사, 연예인, 운동선수, 앵커, 종교 지도자 등 공인 전반에 걸쳐 학위 논문을 갖고 있는 사람은 모두 검증 대상이 되어 버린 셈이다.
>
> ─ 남형두, 「서설 ─ 이성적이고 합리적인 표절 논의를 제창함」

위 글에서는 표절의 범위에 대해 자신의 견해를 펼치고 있다. 자신의 견해가 처음으로 드러난 문장은 네 번째 문장이다. '-ㄴ 것이다'가 등장하는 다섯 번째 문장에서는 선행 발화인 네 번째 문장을 재해석하면서 자신의 견해를 더욱 강하게 단언하고 있다. 이와 비슷한 역할을 하는 '-다는 것이다'와 비교해 보자.

수많은 네트워크에 둘러싸인 현대인은 홀로 있을 기회를 점점 더 잃고 있다. 홀로 있을 때 사람들은 자신을 돌아보고 타인을 생각함으로써 타인과 진정한 소통의 기반을 닦게 되는데, 그런 고독의 기회가 줄어들면서 오히려 더 외로워지고 있다는 것이다. 우리 사회의 가장 큰 걱정거리로 사회 양극화를 꼽는 어느 철학자는 핸드폰이나 SNS가 우리 사회의 갈등과 반목을 봉합하기는커녕 오히려 증폭하고 있다고 말한다. 다른 생각을 가진 시민에 대한 '일베'나 극좌파 진영의 극단적 혐오와 폭력적 언사가 그런 매체를 통해서 확대 재생산되는 경향이 있다는 것이다.
— 이정전, 「시장과 국가 그리고 생활 세계」

이 글에서의 '-다는 것이다'는 '-ㄴ 것이다'로 바꾸어 써도 의미상으로 큰 차이가 없다. 다만 '-다는 것이다'의 경우 '-고 하-'라는 인용의 표지가 융합되었다는 점에 주목할 때, 양태적 의미에 인용의 의미가 부가된 것으로 보면 될 것이다. 위 글에서 '-다는 것이다'에 인용된 것은 자신의 발화이다. 즉, 자신의 발화를 마치 제3자의 발화인 것처럼 인용한 것인데, 이로 인해 독자는 선행한 명제 내용이 객관성을 지니는 것처럼 느끼게 된다. '-ㄴ 것이다'와 비교해 보면 '-다는 것이다'가 객관성이 더 두드러진다.

요컨대 '-ㄴ 것이다'와 '-다는 것이다' 모두 '필자 자신의 심리적 태도'를 드러냄을 알 수 있다. 이를 '양태 표현'이라고 하는데, 양태 표현을 사용함으로써 필자는 발화 내용에 대한 자신의 관점과 입지를 다양하게 조정한다. 우선 글을 쓰는 과정에서 자신이 표현하고자 하는 정보에 대한 자신의 심리적 태도를 양태 표현으로써 드러낼 수 있다. 자신이 접한 정보를 사실이라고 받아들이는지 아닌지를 드러내고자 할 때, '필자가 정보에 대한 확신을 어느 정도로 갖는지' 표현하고자 할 때 양태 표현을 사용한다. 예를 들어, 의학 전문 기사에서

'골다공증 예방을 위해서는 커피를 마시는 것이 중요하다'라는 정보를 읽었다고 가정해 보자. 전문가가 말했으니 필자는 이를 '사실'로 확신하고, 다음과 같은 문장을 썼다.

골다공증 예방을 위해서는 커피를 마시는 것이 중요하다.

그런데 정확한 출처를 찾으려고 다시 검색을 하다 보니, 도대체 그 기사를 찾을 수가 없다. 정말 그 기사에서 저렇게 말했는지 '정확히' 기억나지 않아 갑자기 위와 같이 확언하기가 자신이 없어졌다. '위 정보가 사실이라는 것에 대한 확신'이 줄어든 것이다. 그렇다면 어찌할 것인가? 물론 위와 같은 정보를 쓰지 않으면 전혀 문제가 되지 않을 것이다. 그래도 '골다공증 예방', '커피' 등이 글의 전체 주제와 관련이 깊기 때문에 어쩔 수 없이 위 정보를 활용해야 할 경우라고 해 보자. 그렇다면 적어도 다음과 같이 써야 한다.

골다공증 예방을 위해서는 커피를 마시는 것이 중요할 수도 있겠다.

이 문장에서 양태 표현은 '-ㄹ 수 있-'과 '-겠-', 두 개나 사용되었다. 양태 표현을 두 개나 사용하고 나니 관련 전문가가 이 문장의 사실 여부에 대해 검증을 요하지 않을 것이라는 생각에 조금 안심이 된다. 필자가 안심할 수 있는 이유는 무엇일까? 일단 '골다공증 예방을 위해서는 커피를 마시는 것이 중요하다'라는 명제에 '-ㄹ 수 있-'이라는 양태 표현을 사용함으로써 필자는 선행 명제가 '백 퍼센트 사실'이라고 생각하는 것이 아니라 '확률적 개연성'을 나타내는 '가능성'을 제기하는 것임을 드러낸다. 거기에다 어미 '-겠-'까지 사용함으로써 위 명제 내용이 '사실'이 아닐 수도 있다는 태도를 드러내게 된다. '골다공증 예방'과 '커피를 마시는 것'은 상관관계가 떨어진다고 주장하는 의학자가 있다면 양태 표현이 사용된 문장에 대해서는 별다른 문제를 제기하지 않겠지만, 양태 표현을 사용하지 않은 문장에는 당장에 반론을 제기할 것이다.

이처럼 양태 표현은 자신의 의견을 논리적으로 개진하는 글이나 정보를 정확하게 전달하는 글을 쓸 경우에 적극적으로 활용할 수 있다. 대표적으로 정보를 정확하게 전달하는 동시에 자신의 의견도 개진해야 하는 학술 텍스트에 이와 같은 양태 표현이 많이 쓰인다. 그러나 내용에 따라, 공동체 구성원 간의 약속에 따라, 학술 공동체가 기초하고 있는 인식론에 따라 양태성은 달리 해석될 수 있다. 예를 들어, 흔히 학술 텍스트에 나타나는 '-ㄹ 수 있-'의 주된 기능은 주장을 완화하는 것이라고 알려져 있다.

문식성 부족으로 인한 의사소통 능력의 부족은 교우 관계나 교사와의 관계에서도 문제를 일으켜 집단 따돌림이나 소외 현상 등을 일으킨다. 이러한 문식성 능력의 부재가 학업 능력의 결여, 정서적·사회적 문제 등을 일으키게 된다는 측면에서 다문화 가정 자녀들에 대한 다문화 문식성 교육의 근본적인 대책이 그 어느 때보다 시급하다고 <u>할 수 있다</u>.

— 심상민,「다문화 사회에서의 문식성 교육의 제 문제」

위 글은 국어 교육학 분야 학술 텍스트에서 가져온 것으로, 연구 문제 설정의 필요성을 이야기하는 서론 부분에 해당한다. 연구 문제를 발견하는 과정에서 '왜 다문화 문식성 교육의 근본적인 대책이 필요한지' 역설하는데, '-ㄹ 수 있-'이 포함된 마지막 문장에서 '주장하는' 필자의 주체성이 (비록 약화되기는 하였으나) 드러나고 있다. 이는 학술 텍스트에서 전형적으로 발견되는 '주장의 완화'라고 말할 수 있다.

그러나 과학 실증주의 인식론이 전제된 학문의 경우 '-ㄹ 수 있-'은 명제의 사실성에 대한 필자의 책임감이 조금 다르게 해석될 수 있다. 사회 과학 중에서도 과학 실증주의 인식론이 가장 강한 경제학 분야 학술 텍스트에서 '-ㄹ 수 있-'을 살펴보자.

Factor 모형을 이용한 분석의 결과를 종합해 보면, 공통 요인의 설명력은 총 산업 생산 지수 변동의 최대 70% 정도이며, 공통 요인이 설명하지 못하는 약 30%가 개별 산업 충격의 총 산업 생산 지수에 대한 설명력의 하한선이라고 <u>할 수 있다</u>. 앞에서 설명하였듯이 개별 산업 충격은 산업 간 투입 산출 네트워크를 통해 다른 산업 부문에 영향을 주는데, 몇몇의 산업에만 영향을 주는 경우 개별 요인(idiosyncratic part)으로 추정되고, 모든 산업에 영향을 다 주는 경우 공통 요인에 포함되어 추정이 된다. 따라서 산업 간 네트워크를 고려하면 이 중 개별 산업 차원의 충격이 거시 경제 전체에 미치는 영향은 30% 이상으로 상당히 클 것으로 생각된다.

— 김윤정 외, 「네트워크 경제를 고려한 거시 경제 실증 모형의 한국 경제에 대한 함의」

이 글은 연구 결과를 해석하는 부분에 해당한다. 밑줄 친 부분에 나타난 '-ㄹ 수 있-'은 '가설을 통계적으로 검증한 결과, 통계 수치에서 추론할 수 있는 결과는 무엇이다'라는 의미에 해당하지 자신의 주장을 완화하는 것이 아니다. 경제학은 과학 실증주의 인식론에 따르는 학문 분야이기에 연구 문제에 해당하는 가설 설정 과정에서부터 주관성이 개입할 여지가 거의 없다. 경제학 분야의 경우에는 가설을 연구자 개인이 독창적으로 설정하기 어려우며, 학계에서 관심을 가지는 몇 가지 학설 중 하나를 선택하는 정도의 '극히 제한된 자유'가 주어질 뿐이다. '이미 학계에서 중요하다고 판단하는 문제', '사회적으로 중요하다고 생각하는 문제'를 가설로 설정하는 경우가 대부분이다.

반면에 국어 교육학 분야의 경우에는 양적 방법론에 따라 연구를 수행했다고 할지라도 그에 대한 연구자 개인의 목소리를 담아 다양한 의견을 개진하는 것이 허용되고, 오히려 연구자의 독창적 해석이 부족하면 비판을 받기까지 한다. 국어 교육학에서 선도적인 연구들은 새로운 연구 문제를 필자가 단독으로 발견하는 것에 큰 의의를 두고 있다. 이러한 인식론에 근거한 국어 교육학과 비교해 볼 때, 경제학 학술 텍스트에서는 연구 결과를 해석하는 부분에서조차 '필자 자신의 주체성'이 훨씬 약화된 상태로 문장을 기술하게 된다. 따라서 '정보의 사실성을 입증하고 책임을 지는 태도'만을 비교해 본다면, 경제학에서 이에 대한 무게감을 더 둔다고 할 수 있다. 그러므로 위 인용문에서 밑줄 친 부분의 '-ㄹ 수 있-'은 국어 교육학 학술 텍스트에 나타난 '-ㄹ 수 있-'과 동일한 정도의 양태성을 지녔다고 해석하기 어렵다.

더 알아보기

과학 텍스트의 지식 구성 방식

지식을 구성하는 언어의 역할에 주목하여 교육하는 것은 국어 교육의 본질적 역할 중 하나(최미숙 외, 2016: 19면)로, 이러한 역할이 제대로 구현되기 위해서는 여타의 교과 교육에서 관찰되는 언어 현상이 과연 해당 교과의 본질에 부합하는지, 어떻게 해당 교과의 핵심적인 지식이 언어로 구성되어 교수·학습을 이끄는지 등을 우선 밝힐 필요가 있다. 그러나 국어 교육에서는 아직까지 이와 관련된 교육 내용을 적극적으로 개발하지 못한 형편이다.

2015 개정 교육과정에 따라 모든 교과에서 핵심 역량 개념을 원용하고 있으며, 의사소통 능력은 여러 교과에서 강조되고 있다. 과학과는 최근 언어적 소통 능력을 특히 강조하는 교과이다. 맹승호 외(2010)는 과학을 학습하기 위해서는 과학이 어떤 종류의 지식을 구성하는지, 과학자들이 어떻게 지식을 언어로 조직하고 통합하는지 이해하는 것이 필요하다고 하여, 언어적 특성을 통해 해당 학문 또는 교과의 본질을 파악할 수 있다고 하였다. 다시 말해, 과학은 언어화된 방식과 분리될 수 없기에 전적으로 과학 언어에 의존하며, 그렇기 때문에 '과학을 배우는 것'은 결국 '과학의 언어를 배우는 것'과 동일하다(Halliday, 2004: 160~162면)는 것이다. 이처럼 언어가 과학적 탐구 과정을 유도하는 역할, 더 나아가 과학적 지식 및 개념을 전달하는 데 핵심적인 역할을 한다는 관점은 과학 교육에서 이미 보편적이다.

이와 비슷한 시기에 국내의 언어학계에서도 대학 교육의 학문 분야별 글쓰기를 위한 맥락에서 분야별 언어의 특성을 밝혀 왔다. 대표적으로 신선경(2008, 2009) 등에서 과학 글쓰기를 위해 과학적 텍스트를 분석하여 과학 언어의 속성을 밝힌 바 있으며, 과학적 사고의 핵심 기제로 은유 및 유추를 다룬 연구물도 적지 않다(박영민, 2003; 신선경, 2009; 오철우, 2015 등), 국어 교육에서도 박영민(2003), 김혜연(2010), 이정찬(2013) 등이 이와 같은 연구를 수행한 바 있으나, 국어과 내용으로 수렴해 내기에는 아직 턱없이 부족하다. 한국어 교육 분야에서도 과학 텍스트의 지식 구성 방식을 밝히는 시도가 있어 왔고 그 성과도 괄목할 만하나, 언어적 특성보다는 주로 과학 텍스트 구조를 중심으로 연구를 진행해 왔기에 여기에서는 언급하지 않으려 한다.

많은 연구들이 과학 테스트에 대하여 대체로 동의하고 있는 내용은 다음과 같다. 첫째, 과학적 행위에서 발견되는 언어는 이론 정립 도구로서의 언어와 지식 전달 수단으로서의 언어, 이렇게 두 관점에서 관찰될 수 있다. 둘째, 근대 과학이 정립된 17세기 이후 과학 연구의 방법은 관찰(observation), 가설 세우기(hypothesis formation), 실험(experimentation), 검증(verification) 4단계로 고착되었고, 그 과정은 그대로 과학 텍스트의 개요 양식에도 반영되었다. 셋째, 새로운 현상에 대한 관찰과 분류 과정을 언어로 정리하는 하는 과정에서 동사의 명사화가 두드러지게 나타난다(신선경, 2009).

또한 문장 내용과 관련되는 참여자들의 '행위'에 대한 심리적 태도를 드러낼 수도 있다.

교육은 말로 한다. 말이 말 값을 하려면 실행이 뒷받침해야 한다. 가르치는 사람이 창조적인 사고를 하는 모범을 보여야 하는데 실상은 그렇지 않다. 구태의연한 태도로 훈시를 일삼는 종목에 창조력도 포함된다. 교육 개혁을 거듭 해도 나아지지 않는다. 그 때문에 실망할 것은 아니고 더욱 분발해야 한다.

— 조동일, 『학문론』

인용한 문단은 다섯 개의 문장으로 이루어져 있는데, 그중 두 개의 문장에서 '-어야 하-'라는 양태 표현을 찾아볼 수 있다. 세 번째 문장에서 '-어야 하-'를 사용함으로써 필자는 '가르치는 사람'이 어떤 '의무'를 수행해야 하는지에 대한 심리적 태도를 드러내고 있다. 마지막 문장의 '-어야 하-' 역시 '의무'를 드러내는데, 문맥상 누가 분발해야 하는지는 분명하지 않다. '가르치는 사람'을 포함하여 이 책을 읽는 모든 독자에게 일침을 가하는 것 아닐까 추측해 본다.

그런데 요즘은 독자를 설득하는 글을 쓰고자 할 때 다섯 문장 이내에 '의무' 양태 표현을 두 개나 사용할 수 있는 경우는 드물다. 단적으로 말해, 요즘 세상은 자기 자신의 '행위'조차 함부로 말할 수 없지 않은가. 위 글의 경우는 저자가 '대학자'라는 권위를 인정받았기 때문에 그와 같이 자신 있는 태도로 독자를 설득하는 문장을 쓸 수 있는 것이다. 그렇지만 대개는 자신이 입수한 정보가 '사실인지 아닌지'부터 조심스럽게 판단해야 하고, 다른 사람과의 관계도 생각하여 참여자의 '행위'에 대한 태도 역시 조심스럽게 드러내어야 한다.

한국어에서 양태 표현은 대체로 두 종류로 제시되는 것이 보통이다. 정보 내용으로서의 명제와 관련된 양태 의미로서 추측, 가능성, 지각을 나타내는 '인식 양태'와 행위 내용으로서의 명제와 관련된 양태 의미로서 의도, 의무, 소망, 능력, 허가를 나타내는 '의무 양태'[3]이다. 그런데 하나의 형식이 이 두 부류의 양태 의미를 모두 표현하는 경우도 많다. '-ㄹ 수 있다'를 예로 들어 보면 다음과 같이 양태적 의미가 '능력'인지 '가능성'인지 모호한 경우가 있다.

영재는 따로 있지 않다. 누구나 영재일 수 있다.

— 조동일, 『학문론』

그렇다면 위 문장에서 '-ㄹ 수 있다'는 '누구나 영재가 될 가능성이 있다'라는 인식 양태를 드러내는 것인가, 아니면 '누구나 영재가 될 능력이 있다'라는 행위 양태를 드러내는 것인가? 아무리 보아도 둘 다 의미하는 것 같다. 이런 경우 다음과 같이 앞뒤 맥락을 밝히지 않으면 두 가지 양태 의미는 좀처럼 구분

---

3 '의무 양태'는 '행위 양태'로 명명하기도 한다. 양태는 명제 내용에 대한 화자의 심리적 태도를 드러내는 문법 범주인데, 화자는 명제 내용뿐만 아니라 명제의 행위자에 대해서도 태도를 드러낼 수 있고 이를 '의무 양태'로 부른다. 학계에서는 '의무 양태'를 보편적인 용어로 사용하고 있기는 하나, 박재연(2007)은 인식 양태와의 개념 체계를 분명히 드러내고 개념 규정을 명확히 하기 위해서라도 '행위 양태'가 더 적절하다고 제안한 바 있다. 양태의 개념 규정과 종류에 대해서는 3부 5장 '시제·상·양태'를 참고하라.

이 되지 않는다.

지금 현재 영재일 수도 있고 아닐 수도 있지만, 분명한 것은 누구나 영재가 될 수 있다.

다음 문장에서의 '-ㄹ 수 있다' 역시 양태 의미가 모호하다.

논리는 이성적인 타당성을 더욱 단단하게 하는 경쟁을 하고 말 것이 아니다. 이성 이상의 통찰로 나아가는 길을 여는 데 기여하는 것이 더욱 긴요한 과제이다. 형식 논리보다는 변증법이나 음양론이, 이 둘보다는 생극론이 앞선다는 것을 실제 연구에서 입증할 수 있다.

─조동일, 『학문론』

앞서 인용한 글 중에서 '가르치는 사람이 창조적인 사고를 하는 모범을 보여야 한다.'라는 명제를 상기해 보자. 여기에 사용된 '-어야 하-'는 '모범을 보이다'의 참여자인 '가르치는 사람의 행위'에 대한 태도를 드러낸 것이다. 위 문장의 '-ㄹ 수 있다' 역시 '입증하다'의 참여자에 대한 필자의 태도를 드러낸 것이다. 그런데 여기에서는 문맥상 '입증하다'의 행위 참여자에 '필자 자신'도 포함된다. 이처럼 필자는 의무 양태 표현을 씀으로써 필자와 독자, 그리고 명제 내용과 관련된 제3자 모두의 행위에 대해 심리적 태도를 드러낼 수 있다.

3── '나와 타인의 관계' 드러내기

말 한마디 한마디가 장기적으로 쌓여 관계 그 자체가 되기 때문에 관계를 바꾸고 싶다면 말 한마디부터 바꾸어야 한다. 특히 우리말 대면 상황에서 관계를 드러내는 가장 중요한 문법 장치는 '높임 표현'이다. 높임 표현이란 기본적으로 높이거나 낮추는 '상대방'을 상정하고 있으므로, 본질적으로는 '구어 상황'에서의 관계(힘과 결속력)를 잘 반영하는 문법 장치라고 할 수 있다. 우리말에서는 높임 표현으로써 상대방과의 관계를 반드시, 매 순간 드러내어야만 한다.

그런데 높임 표현을 문법에 맞게 쓴다고 해서 상대방과의 관계가 잘 유지될 수 있는 것일까? 그렇지만도 않다. 우리말은 끝까지 들어 보아야 한다고 하지 않는가. 어미 하나만 잘못 써도 상대방과의 관계가 달라지기도 하고, 특정 어미를 지속적으로 쓴다면 그 어미가 드러내는 의미 기능에 따라 관계가 결정되기도 한다. 다음은 10대 아들과 어머니의 대화이다.

어머니: 지금쯤은 자야 할 시간 아니니?
아들: 원래 저는 12시쯤에 졸리기 시작하거든요.

아들로서는 '요'를 붙였기 때문에 비격식 상황에서의 높임 표현으로서 적절하다고 판단하였을 수 있다. 그러나 어머니는 '요' 앞에 결합된 '-거든'이라는 어미를 못마땅하게 생각하며, 아들의 언어가 적절하지 않다고 판단하게 된다. 아들이 발화한 문장에서 아들의 태도를 결정짓는 요소는 '요'가 아니라 '-거든'이다. '-거든'은 양태성을 드러내는 종결 어미의 일종인데, '-거든'이 전제하는 의미 기능이 어머니를 화나게 만들 가능성이 높다. 어머니의 발화는 엄밀히 말해 '왜 안 자느냐?'에 대한 대답을 요구하는 것이 아니라 '자야 할 시간이니 자라.'라는 '명령'의 기능을 한다. 그런데 이에 대해 아들은 '왜 자지 않는지'에 대한 이유를 말한 것이다. '-거든'이라는 어미는 '말하는 사람이 생각한 나름의 이유나 까닭'을 언급한다는 의미를 지니는데, 그렇기 때문에 '듣는 사람이 모르는 내용을 자신이 알고 있음'이라는 화용적 의미까지 함의하게 된다. 그러므로 '-거든요'를 반복하여 사용하면, 어머니는 아들이 부모에 대한 예의를 갖추지 않는다고 생각하게 될 것이다. 이런 경우 아들이 '-거든요'를 사용하지 않도록 주의해야만 바람직한 관계를 유지할 수 있다. 종결 어미 중에는 '-거든'처럼 화자와 청자 사이에 공유하는 '전제', '함축', '명제 내용에 대한 태도' 등이 포함된 경우가 있어 유의해야 한다.

교사와 학생들의 관계에서도 마찬가지이다. 다음 그림의 상황을 비교해 보자.

왼쪽 그림과 같이 교사가 수업 시간에 "지난 시간에 배웠지(요)?", "이거 알지(요)?" 등과 같은 의문문 형태의 '-지'를 자주 쓰게 되면 학생들은 점차로 질문을 하기가 어렵게 된다. 의문문에서의 '-지'는 기본적으로 상대방이 알고 있다고 생각하는 것을 전제로 하기 때문이다. 학생들과의 관계를 바꾸어 자유로운 질문과 대답을 유도하려면 이러한 어미 선택은 자제할 필요가 있다.

이처럼 구어 상황에서는 눈앞에 있는 상대방과의 관계를 매 순간 적극적으로 드러내어야 한다. 그렇기 때문에 모든 문장에서 높임 표현을 적절하게 사용하고, 더 나아가 양태적 의미를 지니는 어미들까지 잘 고려해야만 관계가 틀어지지 않는다는 것을 명확히 알 수 있다. '관계'를 드러내는 문법적 요인이 형태적 표지로 명확히 드러나기 때문이다.

문제는 '글을 쓸 때'이다. 만약 자신의 글을 읽는 수신자가 불특정 다수라면 이런 고민을 할 필요가 없을 것이다. 하지만 수신자가 확실히 정해져 있고, 그 수신자가 자신보다 '높은 지위'를 지닌 경우에는 고민이 많이 된다. 예를 들어, 자신의 글의 유일한 독자가 선생님으로 확정되어 있을 경우, 즉 '보고서'를 과제로 제출해야 하는 경우를 상상해 보라. 보고서는 객관성을 유지해야 하는 장르이므로 수신자와의 관계를 노골적으로 드러내는 문법 장치를 사용하지 않아야 한다. 그렇지만 보고서 장르의 규칙을 따르자니 공연히 선생님께 불손한 것 같아 마음이 불편하다. 그래도 어쩔 수 없이 아래와 같은 보고서를 제출한다.

이 수업에서는 일상어와 논증언어를 구별해 사용해야 한다는 점부터 시작해 핵심 명제를 절마다 잘라 중요도 평정을 하는 연습을 했는데, 단어 하나까지도 세심하게 보아야 함을 상기할 수 있어서 무척 흥미로웠다. 교수님께서 중학생 때 궁금해하셨다고 말씀하셨던 두 가지(주제와 궁극적 의도의 차이, 간결체의 기준)는 개인적으로 궁금했던 부분이었는데 명쾌한 답을 들을 수 있었다. 평소에 박완서 소설을 읽으면서 '문장의 호흡이 긴데도 왜 술술 잘 읽힐까?' 의문이었다. 그것이 '정보 구조의 기준을 말하고자 하는 바와 틀이 정확히 일치시켰기 때문'이라는 답을 듣고, 학생들의 논술을 지도할 때뿐 아니라 내가 평소에 쓰는 글의 문장도 이러한 기준으로 검토해 보아야겠다는 생각이 들었다.

이 글은 학생이 제출한 보고서 중 일부이다. 보고서란 객관적인 논조를 유지해야 한다는 것을 알고 있기에 '관계를 노골적으로 드러내는' 상대 높임 종결어미를 사용하지는 않았으나, 유일한 수신자인 '교수님'을 존대하는 표지는 여전히 드러내고 있다.

물론 글에서도 타인과의 관계를 고려하여 공손함을 표현해야 하는 경우가 있으며, 그에 해당하는 장치를 써야 한다. 바로 '완화 표현'이다. 완화 표현이란 명제 내용의 판단을 유보하거나 수행성을 약화하는 표현을 가리킨다.

특히 학술 텍스트에서는 완화 표현을 꼭 써야 한다고 알려져 있다. 학술 텍스트에서는 자신의 의견을 전개해 나가되, 텍스트의 독자인 학문 공동체의 구성원들과 더욱 잘 소통하기 위해 완화 표현을 활용한다. 학술 텍스트 역시 자신만의 의견을 주장하는 글로, 궁극적으로는 설득력을 지녀야 한다. 이 점에서 타인의 관계를 고려해야 하는 것이다.

학술 텍스트를 작성할 때에는 자신이 주장하고자 하는 바만 옳다는 태도를 보이지 않아야 하며, 자신의 주장이 언제든지 반박될 가능성을 인정하고 있음을 드러내어야 한다. 이러한 자세를 견지해야만 타당한 설득력을 지니게 된다. 이하 인용된 문단에서는 세 번째 문장에 완화 표현이 사용되었다.

교환이 이루어지지 못하고 모두가 스스로 생산한 것만 소비해야 한다면, 우리의 물질적 생활은 그야말로 빈약하기 짝이 없는 것이 되고 만다. 얼핏 보기에 교환이라는 것은 우리 주변에서 언제 어디서나 볼 수 있는 지극히 평범한 행위에 불과할지 모른다. 그러나 교환은 우리 인간이 생각해 낸 사회적 행위 가운데 가장 위대한 것 중 하나라고 말할 수 있다.

— 이준구, 「한미 FTA, 걸어 볼 만한 도박인가?」

필자의 주장은 '교환은 가장 위대한 사회적 행위'라는 것이다. 그렇지만 독자 중에서 이에 반발할 사람이 있을 가능성에 대비하여, '인간이 생각해 낸 사회적 행위 중 하나'라며 그 범위를 한정함으로써 표현을 완화하였다. 이에 더하여, '-ㄹ 수 있다'를 덧붙여 완화 표현을 연달아 사용하고 있다. 그렇다면 완화 표현을 제거하고 원래의 글과 비교해 보자. 아래 글은 특히 주장에 대한 근거가 충분하지 않다고 판단하는 독자가 읽었을 경우 반발이 심할 수밖에 없을 것이다.

교환이 이루어지지 못하고 모두가 스스로 생산한 것만 소비해야 한다면 우리의 물질적 생활은 그야말로 빈약하기 짝이 없는 것이 되고 만다. 얼핏 보기에 교환이라는 것은 우리 주변에서 언제 어디서나 볼 수 있는 지극히 평범한 행위에 불과할지 모른다. 그러나 교환은 가장 위대한 사회적 행위이다.

완화 표현은 다음과 같이 '아마도, 대체로, 비교적' 등의 양태 부사 및 부사, 부사구, 부사적 표현으로 나타나기도 한다.

구석기 벽화가 그토록 뛰어난 사실성을 보여 주는 건 아마도 동물을 쫓는 예리한 '사냥꾼의 눈'으로 관찰한 결과이기 때문이리라.

— 진중권, 「유희·노동·주술」

부정 표현 역시 수행성을 약화하여 완화 표현으로 사용된다. 아래 글은 마지막 문장에서 '쉽지 않다' 대신에 '어렵다'를 썼다면 좀 더 단정적인 표현이 되었을 것이다.

사람은 내·외적 정보를 바탕으로 사고하는 과정을 통해 의사를 결정하고 행동한다. 우리는 책을 읽을 때에도 여러 가지 생각을 한다. '지금 이 책을 다 읽을 수 있을까? 재미는 있을까? 다 읽고 나면 어떤 유익이 있을까? 지금 바쁜 일은 없는가?' 등의 다양한 생각을 통해서 독서의 우선순위를 결정한다. 다행히 독서에 대한 동기와 의지가 충분하다면 그 우선순위가 높겠지만, 반대로 그 우선순위가 낮다면 독서를 실천하기가 쉽지 않다.

— 곽동우, 「독서를 시작하는 사람들을 위한 독서 기술」

지금까지 텍스트에 수사적 관계를 반영하는 문제를 중점적으로 다루면서 '양태 표현'을 언급하였다. 구체적 상황 맥락에서의 화자·청자 간 '수사적 관계'는 '친소 관계, 상하 관계'를 반영하는 문제뿐만 아니라, 명제 내용을 어떠한 방식으로 말할 것인지에 대해서도 영향을 주게 된다.

'문법' 영역에서는 이러한 문제들을 '양태'에서 주로 다룬다. 3부 5장을 참고해 보면, 양태는 "문장의 명제에 대한 화자의 주관적인 태도를 나타내는 문법 범주"라고 정의된다. 한국어의 양태는 인구어에서와는 달리 어미나 조사와 같은 문법 요소뿐만 아니라 어휘 요소에 의해서도 표현된다. 최근 들어 양태를 문법 범주로 정의하고 있기는 하나, 근본적으로는 논리와 의미와 관련되므로 의미 범주로 보는 학자들도 있다. 이처럼 양태에 의미 문제가 관여하기 때문에 한 문장 안에서의 문법적 특성, 의미적 기능 확정은 만만하지 않다. 또한 본격적으로 담화 상황에 놓고 다루게 되면 양태성 문제는 더욱 복잡해지기 마련이다.

요컨대 양태는 그 자체로 문법 범주냐 의미 범주냐의 쟁점뿐만 아니라 상황 맥락이 관여하고 여러 층위의 문법 요소로 표현되기 때문에 더욱더 비체계적으로 느껴질 수밖에 없다. 따라서 문장 문법을 텍스트 차원에서 재해석하려고 한 2부에서는 문장 문법에서 체계화된 '문법 범주로서의 양태'에 따른 전형적

용법을 체계적으로 반영하기가 다른 문법 범주에 비해 쉽지 않았다. 그리하여 '양태'를 의미 범주로서의 '양태성'으로 인식할 수 있도록 하고, 글을 쓰는 과정에서 특히 유의하여 다룰 필요가 있는 용법을 추려서 제시한 것이다.

주요 내용은 '나'를 드러내지 않으려고 노력하는 과정에서 얻어지는 '객관성'과 관련된 것이다. 양태에서 관련되는 객관성의 문제는 주로 '명제 내용'에 대한 태도와 관련된다. 양태 표현은 '인식 양태'와 '의무 양태'로 나누어 살펴보았다. 인식 양태는 화자가 지닌 지식의 내용, 즉 명제가 참인가 아닌가, 명제가 참이라면 필연성 또는 가능성이 있는가 등과 관련되는 것이다. '나와 타인의 관계'에 대해 언급한 내용은 크게 두 가지이다. 첫째, 양태성을 드러내는 어미 중에서 화자가 청자에 대한 태도를 드러내는 경우를 살펴봄으로써 기존 높임법 체계에서는 취급되지 않은 표현들을 다루고자 하였다. 이러한 내용은 그간 학계에서는 문장 문법 차원에서 인식 양태와 의무 양태로 다루어 온 내용에 해당하는데, 이 책에서는 수사적 관계를 중심으로 문어 텍스트에 접근할 수 있는 논리를 마련하고자 하였다. 개별 어미의 양태적 의미를 밝히는 연구들의 내용을 언급함으로써, '높임법에서 다루지 않았으나 화자·청자 간의 수사적 관계에 영향을 주는 양태적 의미'를 다루고자 하였다.

둘째, 문어 텍스트에서 명제 내용에 대한 판단과 수행성을 유보하는 장치로서의 완화 표현을 다루었다. 이러한 완화 표현은 학문적으로 범주와 표현의 '불명료함'이라는 인지 언어학의 개념을 활용하여 구어 담화 대상의 맥락에서 주로 연구되어 왔으나, 문장론 차원에서 시제, 상, 서법과의 관련성 속에서 연구되어 온 양태 개념과의 관련성을 적극적으로 논의하지 못하였다. 그에 따라 이 책에서도 이들의 관계를 종합적으로 설명하지는 못하였기에 향후 국어 문법 교육학계의 과제로 남겨둔다.[4]

---

4 한국어 교육에서 특히 추측 표현이 맥락에 따라 공손성을 드러내는 전략으로 사용될 수 있음을 언급함으로써 완화 표현을 가르치고 있다.

▼ 더 생각해 보기

다음 글을 읽고 〈보기〉의 질문에 답해 보자.

신문 윤리 실천 요강

제1조 언론의 자유, 책임, 독립
언론인은 자유롭고 책임 있는 언론을 실현하기 위해 부당한 억제와 압력을
거부해야 하며 편집의 자유와 독립을 지켜야 한다.

제3조 보도 준칙
보도 기사(해설 기사 포함)는 사실의 전모를 충실하게 전달함을 원칙으로
하며 출처 및 내용을 정확히 확인해야 한다. 또한 기자는 사회 정의와 공익을
실현하기 위해 진실을 적극적으로 추적, 보도해야 한다.
① (보도 기사의 사실과 의견 구분) 기자는 사실과 의견을 명확히 구분하여
보도 기사를 작성해야 한다.

제5조 취재원의 명시와 보호
보도 기사는 취재원을 원칙적으로 익명이나 가명으로 표현해서는 안 되며
추상적이거나 일반적인 취재원을 빙자하여 보도해서는 안 된다. 그러나 기
자가 취재원의 비보도 요청에 동의한 경우 이를 보도해서는 안 된다.

신문 기사는 위와 같은 원칙에 따라 객관적 보도를 해야 한다. 그렇지만 김지영
(2011: 39면)은 1980년대 군부 독재 시절, 의견과 판단의 주체가 누구인지 숨기고
싶은 기자의 심리가 주체를 밝히지 않는 표현, 즉 피동 표현으로 나타났다고 언급
한다. 예를 들면 다음과 같다.

　정부의 5·17 조처는 심상찮은 북괴의 동태와 전국적으로 확대된 소요 사태를 감안
한 것으로 풀이되며, 나아가서 이를 계기로 국가 안보적 차원에서 부정부패와 사회불
안을 다스리려고 결심한 것으로 관측된다.(『한국 일보』 1980년 5월 20일 2면 사설)

　위 사설은 정부가 1980년 5월 17일 비상계엄을 확대하고 5·18 민주화 운동을
진압한 뒤 게재된 것인데, 피동 표현만이 쓰였다. 그 결과 사설임에도 누가 풀이하

고 누가 관측한다는 것인지 알 수 없게 되었다는 것이다. 그러면서 그는 최근 독재 정권이 아닌 상황에서도 이와 같은 표현이 난무하는 것을 비판한다.

무주체 피동형이나 간접인용문, 익명성도 취재 결과를 생각으로 나타내는 하나의 표현 형식이다. 이런 표현을 습관처럼 남용하다 보면 피동형이나 익명 등 잘못된 문체에 상응하는 취재 체질이 형성된다는 것이다.

〈보기〉

위 글과 같은 비판에도 오늘날 기사문에서는 여전히 다음과 같은 문장이 발견된다.

"한강대교 남단에서 30대로 추정되는 남성이 투신해 숨졌다."

왜 그러할까. 기자들이 평소에 마감 시간에 쫓기고, 특종 보도를 둘러싼 경쟁이 심하다는 형편을 고려하여 생각해 보자.

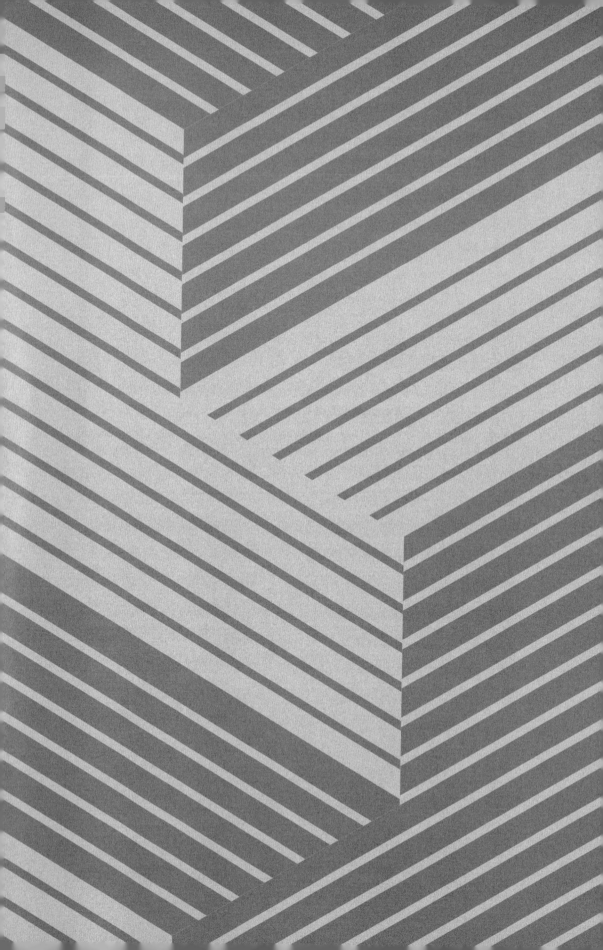

3부
문장

우리는 생각하는 바를 표현하기 위해 단어를 조합하여 문장을 만든다. 그러나 모든 단어의 조합이 문장이 되는 것은 아니다.

나는 <u>옛 친구에게</u> 받은 편지를 발견했다.
*나는 <u>친구에게 옛</u> 받은 편지를 발견했다.

위 문장에서 '옛'은 '친구'를 꾸미는 말이다. 국어 문장에서 꾸미는 말은 꾸밈을 받는 말의 바로 앞에 와야 하는데 이를 어긴 위치에 나타나면 비문법적인 문장이 된다. 즉, 단어와 같은 요소들이 일정한 원칙에 따라 조합되어야 문장이 이루어진다.

문장을 구성하고 이해하는 데에는 문장 구성 성분, 문장의 구조, 피동 표현과 사동 표현, 부정, 시제와 상 및 양태, 문장 종결법, 높임법 등의 문법 요소들이 필요하다. 문장 구성 성분이 일정한 짜임을 이루어야 올바른 국어 문장이 되는데 이는 문장 자체의 형식에 관련된 문법 요소이고, 그 외의 것은 문장의 형식뿐만 아니라 화자와 청자를 포함하는 담화적 요소와 관련된 문법 요소라고 할 수 있다.

문장 성분

1──문장 성분의 개념

문장 성분은 문장을 구성하는 데 일정한 구실을 하는 문법 단위를 말한다. 문장 성분이 되는 것들은 단어나 어절 단위부터 구나 절[1]의 형식까지 그 범위가 다양하다. 다음 문장에서 밑줄 친 부분 '영호를'은 '알다'의 목적어이고, 단어와 조사가 결합한 어절이다.

나는 <u>영호를</u> 알고 있어.　　　　　　　[명사]

이러한 목적어인 어절의 자리에 다음과 같이 더 많은 단어의 연쇄인 구와 조사의 결합이 대신하여도 된다. '우리 반장 영호를'이 위 문장의 '영호를'을 대신하고 있다.

나는 <u>우리 반장 영호를</u> 알고 있어.　　　[명사구]

1　문장의 형식을 갖춘 형식 가운데 끝맺지 않은 것을 '절'이라고 하는데, 이 절들이 이어지거나 다른 문장의 또 다른 문장 성분이 되어 문장을 구성할 수 있다.

더 나아가 다음과 같이 '우리 반장 영호를'은 '영호가 우리 반장임'과 같이 문장 구성을 가졌으나 더 큰 문장의 목적어 역할을 하는 절을 포함하는 문장으로 확장시킬 수 있다.

나는 <u>영호가 우리 반장임</u>을 알고 있어.   [명사절]

뿐만 아니라 다음과 같이 목적어가 되는 체언 자리에 문장의 형태가 대체되기도 한다.

누가 우리 반장인가?   [의문문]
나는 <u>누가 우리 반장인가</u>를 알고 있어.   [문장→명사절]

이 문장의 목적어 자리에 온 '누가 우리 반장인가'는 의문문이 될 수 있는 문장이다. 이 문장은 "나는 (   )을 알고 있어."라는 문장의 목적어 명사절로 나타난다. 이와 같이 문장의 형식이 종결되지 않고 다른 문장의 문장 성분으로 나타날 때 이러한 형식을 '성분절'이라고 한다. 따라서 문장 성분의 역할을 하는 어절에서 단어를 대체할 수 있고 하나의 기능을 하는 구나 절 등은 문장 성분이 될 수 있다. 즉, 한 단어로 구성된 어절만이 문장 성분이 되는 것은 아니다.

2──문장 성분의 유형

문장 성분은 문장 구성의 뼈대를 이루는 '주성분'과 주성분을 수식하는 '부속 성분', 그리고 문장의 다른 성분들과 관련이 없는 '독립 성분'으로 나눌 수 있다.

철수는 어제 학교에서 과제를 마쳤다.

이 문장에서 밑줄 친 부분은 문장이 나타내는 사태를 가리키는 동사 '마쳤다', 마치는 행동을 하는 사람을 가리키는 '철수는', 그리고 마치는 일의 대상이 되는 '과제를'이다. 이 어절들은 '마치다'라는 동사가 문장을 이룰 때 뼈대를 이루는 주성분이다. 반면에 '어제'와 '학교에서'는 과제를 마치는 행위가 일어난 시간과 장소를 나타내는 부속 성분이다.

원칙적으로 주성분은 생략할 수 없으나, 부속 성분이나 독립 성분은 생략할수 있다. 주성분은 생략되었을 때 비문법적인 문장이 도출되므로 반드시 필요한 성분이라고 하여 '필수적 문장 성분'이라고도 하고, 부속 성분은 생략되어도 문법적인 문장이 도출되므로 '수의적 문장 성분'이라고도 한다. 그러나 실제 언어생활에서 문장 성분의 생략은 통사적 원칙에 의해서만 결정되는 것이 아니며, 부사어와 같은 부속 성분 중에서도 필수성을 가지는 것이 있다. 그러므로 필수적 문장 성분이나 수의적 문장 성분 대신에 주성분과 부속 성분이라는 용어를 사용하기로 한다.

1) 주성분

주성분은 문장의 서술어인 용언이 나타내는 사건에서 핵심적인 역할을 하면서 문장의 골격 구조를 이루는 역할을 한다. 주성분에는 서술어, 주어, 목적어, 보어가 있다.

(1) 서술어

문장이 나타내는 사태의 내용은 주로 주체의 동작이나 대상의 상태이고, 이를 나타내는 것이 서술어이다. 서술어는 동작이나 상태뿐만 아니라 어떤 대상의 정체를 지정하거나 그 대상을 환언하기도 한다. 서술어는 동사, 형용사, 그리고 명사와 서술격 조사 '이다'의 결합형으로 나타난다.

아이가 책을 <u>읽는다</u>.　　[어찌하다-동작]

하늘이 <u>맑다</u>.　　　　　[어떠하다-상태]

철수는 <u>공무원이다</u>.　　[무엇이다-지정 또는 환언]

그런데 다음과 같은 문장의 서술어는 무엇이 될까?

　　영희가 눈이 크다.

　이 문장의 서술어가 형용사인 '크다'라면 주격 조사가 붙은 주어가 둘이므로 '크다'의 주어가 무엇인지 논란이 될 수 있다. "영희가 눈이 크다."는 앞선 주어인 영희의 외모에 대한 진술이므로 '영희가'를 문장의 주어로 본다면 '눈이 크다'가 서술어 역할을 하게 된다. 그렇게 되면 서술어가 주어와 서술어로 이루어진 절[2]로 실현된다고 할 수 있다. 현재 학교 문법에서는 이와 같이 절로 이루어진 서술어를 '서술절'이라고 보고, 이러한 문장을 '서술절을 가진 안은문장'이라고 한다.

　그런데 전체 문장 "영희가 눈이 크다."의 주어는 '영희가'이고 서술절 '눈이 크다'의 주어는 '눈이'가 되므로 학문 문법에서는 이러한 문장을 '이중 주어 구문' 또는 '주격 중출문'으로 다루기도 한다. 이때 전체 문장의 주어와 서술절의 주어는 서로 전체와 부분의 관계나 소유자와 소유주의 관계에 있다. 이러한 관계는 분리되거나 다른 사람에게 넘겨줄 수 없으며, 이 문장은 다음과 같은 문장으로 환언할 수 있다.

　<u>영희의 눈이 크다</u>.

　전체 문장의 주어인 '영희가'를 관형어 '영희의'로 바꾸어 넣었지만 이중

---

2 '절'에 대한 내용은 2장의 '안은문장'에서 자세히 다루겠다.

주어 구문과 의미가 크게 다르지 않다. 서술절을 가진 안은문장과 관형어로 치환된 문장이 절대적으로 동일한 의미를 나타내는 것은 아니지만 환언 관계로 볼 수 있다.

서술절을 가진 안은문장은 한 개의 서술절만 허용하지 않는다. 서술절의 수에 따라 주어가 두 개 이상 실현되기도 한다.

저 마트가 야채가 품질이 좋다.
우리 동네가 마트가 야채가 품질이 좋다.

서술어는 문장 구성의 중심이 되며 서술어 이외에 필요한 문장 성분을 결정한다는 점에서 다른 주성분과 성격이 다르다. 문장을 구성할 때 서술어가 요구하는 필수적인 문장 성분의 수를 '서술어 자릿수'라고 한다.

이 된장국이 너무 <u>짜다</u>.	[한 자리 서술어(주어)-형용사]
개나리가 활짝 <u>피었다</u>.	[한 자리 서술어(주어)-자동사]
영수는 이제 아이가 <u>아니다</u>.	[두 자리 서술어(주어, 보어)-자동사]
영수는 커다란 짐 보따리를 번쩍 <u>들었다</u>.	[두 자리 서술어(주어, 목적어)-타동사]
이 나무는 참 이상하게 <u>생겼다</u>.	[두 자리 서술어(주어, 필수적 부사어)-자동사]
우리는 선생님께 과제물을 <u>제출했다</u>.	[세 자리 서술어(주어, 필수적 부사어, 목적어)-수여 동사]

일반적으로 형용사나 자동사는 주어만을 취하는 한 자리 서술어이고, '아니다'와 같이 보어를 요구하는 형용사나 '되다'와 같은 자동사, 일반적인 타동사, 그리고 주어 이외의 부사어를 반드시 취하는 용언은 두 자리 서술어이다. '제출하다'와 같은 동사는 일반적으로 '수여 동사'라고 하는데, 이 동사들

은 동작의 주어인 행동주, 목적어인 이동 대상, 이동 대상의 도달점인 부사어를 필수적으로 요구하므로 세 자리 서술어라고 한다. 거의 모든 언어에서 가장 많은 자릿수를 요구하는 서술어는 세 자리 서술어이며, 그 이상의 필수적 문장 성분을 취하는 서술어는 찾아보기 어렵다.

논항과 술어

문장의 핵(head)으로 기능하는 서술어가 문장을 구성하기 위해 필수적으로 요구하는 문장 성분을 '논항(論項, argument)'이라고 한다. 논항은 원래 형식 논리학에서 술어(述語, predicate)가 진리치를 투사하기 위해 요구하는 필수적인 요소를 말하는데, 이 개념이 언어학에 들어와 서술어가 요구하는 필수적 문장 성분으로 사용된다. 그러므로 논항은 필수적 문장 성분과 달리 서술어는 포함하지 않으며, 논항의 수가 곧 자릿수가 된다.

그런데 동일한 서술어가 서로 다른 자릿수의 서술어로 실현되기도 한다.

철수가 바위를 <u>움직였다</u>.
바위가 <u>움직였다</u>.

'움직이다'는 주어와 목적어를 모두 필요로 하는 두 자리 서술어인 타동사로도 사용되고, 주어만 필요로 하는 한 자리 서술어인 자동사로도 실현된다. 이러한 동사를 '능격 동사'나 '중립 동사' 또는 '자동·타동 양용 동사'라고 하는데, 이러한 특징을 보이는 동사로는 '그치다, 멈추다' 등이 있다.

서술어가 주어, 목적어, 부사어 등과 결합하여 문장을 구성할 때 특정한 의미상의 제약이 있을 수 있다.

그는 <u>입을</u> 굳게 <u>다물고</u> 아무 말도 하지 않았다.

그는 눈을 <u>감고</u> 잠든 척했다.

그는 대문을 굳게 <u>닫고</u> 아무도 들이지 않았다.

'다물다, 감다, 닫다'는 모두 "벌어진 틈을 막다."라는 공통적인 의미가 있다. 그러나 '다물다'의 목적어는 '입'이어야 하고, '감다'의 목적어는 '눈'이어야 한다. '닫다'의 목적어는 통로의 연결부를 나타내는 '문'과 같은 것이 되어야 한다. 만약에 이러한 제약을 어긴다면 부적절한 문장이 된다.

*그는 <u>입</u>을 굳게 <u>감고</u> 아무 말도 하지 않았다.

*그는 <u>눈</u>을 <u>닫고</u> 잠든 척했다.

*그는 대문을 굳게 <u>다물고</u> 아무도 들이지 않았다.

이와 같이 서술어가 특정한 의미 유형의 문장 성분을 취하는 것을 '선택 제약'이라고 한다. 이러한 선택 제약은 서술어의 사용에 대한 정보를 제공하여 부적절한 문장이 산출되는 것을 제한할 수 있다. 그러나 실제 언어생활에서는 선택 제약이 지켜지지 않은 문장이 종종 사용되기도 한다.

배가 어찌나 고팠는지 철수는 완전히 <u>밥</u>을 <u>마시더라</u>.

동사 '마시다'는 주어로 유정물을, 목적어로는 액체 또는 기체를 취한다. 그런데 이 문장은 목적어로 고체인 밥을 취하고 있으며, 밥을 매우 빨리 먹는 상황을 나타낸다. 즉, 화자가 주어인 '철수'가 급하게 밥을 먹는 상황을 기술하고자 하는 의도를 적극적으로 나타낸 것으로 볼 수 있다.

(2) 주어

주어는 서술어가 나타내는 행위의 주체가 되거나 변화나 상태 기술의 대상이 되는 것을 나타내는 주성분이다. 일반적으로 주어에는 주격 조사 '이/가'가 붙지만 화자가 주어를 높여야 할 경우에는 특수한 형태의 주격 조사인 '께서'가 사용되고, 주어가 개체가 아닌 단체를 나타내는 경우에는 주격 조사 '에서'가 사용된다.

아이들이 운동장에서 뛰어놀고 있다.
저쪽 가게에 신선한 채소가 더 많다.
할머니께서 지금 주무신다.
학교 당국에서 새로운 학칙을 발표했다.

주격 조사 '가'는 모음으로 끝나는 체언 다음에, 주격 조사 '이'는 자음으로 끝나는 체언 다음에 쓰인다. '에서'를 주격 조사로 사용한 문장은 다음과 같이 주격 조사 '이'로 바꾸어도 의미는 같다.

학교 당국이 새로운 학칙을 발표했다.

화자가 주어에 기능을 표시하는 주격 조사 대신에 특별한 뜻을 더하고자 하는 의도가 있을 경우, 주격 조사 대신 보조사를 붙이거나 주격 조사와 보조사가 함께 나타나기도 한다.

아이들은 운동장에서 뛰어놀고 있다.
아이들도 운동장에서 뛰어놀고 있다.
아이들만 운동장에서 뛰어놀고 있다.
아이들만이 운동장에서 뛰어놀고 있다.

보조사 '은'과 '도'는 격 조사와 함께 쓰일 수 없지만, '만'은 주격 조사 없이도 쓰이고 주격 조사가 뒤에 붙기도 한다.

주격 조사가 다른 조사로 교체되는 현상 이외에도 주격 조사가 생략되는 경우가 있다. 적절한 맥락이 주어졌을 때 화자는 어떤 언어 형식을 생략할 수 있다. 그 맥락에 근거하여 청자는 생략된 언어 형식을 추론해 내어 화자의 말을 적절하게 이해할 수 있기 때문이다. 따라서 적절한 맥락이 주어질 경우 주격 조사의 생략이 가능하다.

> 철수: 너 어제 집에 있었니?
> 영희: 응, 나 어제 계속 집에 있었는데.

이 경우에는 주격 조사가 없어도 주어가 무엇인지 분명히 알 수 있으며, 어순이 동사나 목적어 앞에 고정되는 경향을 보인다. 이는 문장에서의 주어라는 기능을 나타내는 주격 조사를 생략하게 되면 주어라는 문장 성분의 기능을 문장의 구조로 파악할 수 있어야 하기 때문이라고 생각된다. 위 문장들의 주어는 모두 청자와 화자를 의미하므로 구어 담화에서는 일반적으로 생략된다.

그러나 의문사에 대한 대답에서는 절대로 주격 조사나 주어를 생략할 수 없다.

> 철수: 누가 어제 학교에 갔었니?
> 영희: 내가 어제 학교에 갔었지.
>   *나 어제 학교에 갔었지.

철수는 학교에 간 사람의 정체를 알고자 영희에게 질문을 한 것이므로 학교에 간 사람은 대화의 참여자인 철수와 영희가 공유하는 앎의 세계에서는 정체가 밝혀지지 않은 새로운 존재이다. '누가'에 대한 답으로 영희가 '내가'라고 대답했을 때 비로소 이 두 사람이 공유하는 앎의 세계에 도입되는 정보이다. 이때 '나'와 같이 주격 조사가 생략된 형태로 답을 하면 적절하지 않다. 따라서 주격 조사는 문장에서의 기능을 나타내는 통사적 기능 이외에도 새로운 정보를 나타내는 담화·정보적 기능을 갖는다고 할 수 있다.

앞에서 말한 바와 같이 주어는 서술어에 따라 행동주나 대상 등의 다양한 의미 역할로 나타날 수 있다.

> 철수가 저 멀리서 뛰어오고 있었다.　　　[행동주]
> 얼음이 다 녹았다.　　　　　　　　　　[대상]
> 영희는 벌레를 무서워한다.　　　　　　[경험주]

'뛰어오고 있었다'의 주어인 '철수가'는 뛰어오는 일을 의도적으로 하는 행동주이다. 반면에 '녹았다'의 주어가 되는 '얼음이'는 녹는 일을 의도적으로 하는 존재가 아니라 어떤 외적 요인에 의해서 녹게 되는 상태 변화를 겪는 대상이 될 뿐이므로 주어인 '얼음이'의 의미 역할은 대상이 된다. 그리고 '무서워한다'의 주어인 '영희는'은 행동을 외적으로 표현하는 것이 아니라 무서워하는 경험을 겪는 존재이므로 대상이나 행동주가 아닌 경험주의 의미 역할을 한다.

(3) 목적어

목적어는 대체로 타동사인 서술어가 나타내는 행위의 대상이 되는 것을 나타내는 주성분으로, 목적격 조사 '을/를'을 붙여 실현된다.

> 철수가 종이를 자른다.
> 영희가 사과를 먹는다.

그런데 주어와 마찬가지로 목적어에 목적격 조사 대신 보조사가 붙거나 목적격 조사에 보조사가 덧붙는 경우가 있다. 이러한 경우 목적어의 역할은 동사의 통사적·의미적 속성에 의해 결정되며, 목적어에는 특별한 뜻이 덧붙게 된다.

> 철수가 종이도 자른다.
> 철수가 종이만 자른다.

철수가 <u>종이만을</u> 자른다.

또한 주어와 마찬가지로 적절한 맥락이 주어지는 경우 목적어의 목적격 조사가 생략될 수 있다. 그러나 초점 정보가 되는 의문사의 대답에 나타날 경우에는 목적격 조사가 생략되면 어색해진다.

영희가 <u>사과</u> 먹는다.
철수: 영희가 지금 뭘 먹어?
동수: 영희는 지금 <u>사과를</u> 먹지.
*^{??}영희는 지금 <u>사과</u> 먹어.

격 조사의 사용 양상은 격 조사가 문장 성분의 역할을 나타내는 구조적 기능 이외에도 담화상의 정보에 대한 화자의 인식을 반영하는 기능을 하기도 한다는 사실을 보여 준다.

한편 국어에서는 목적어를 둘 이상 취하는 경우도 있다. 이러한 경우를 '이중 목적어 구문' 또는 '대격 중출 구문'이라고 한다.

철수가 <u>영희를</u> <u>책을</u> 주었다.
철수가 <u>영희에게</u> <u>책을</u> 주었다.

이 경우에 두 개의 목적어 가운데 앞의 '영희를'은 목적어가 하나인 구문의 여격 '영희에게'와 같은 기능을 한다.[3] 이와 같이 동일한 기능의 문장 성분이

---

3 이와 같이 목적어가 둘 이상 나오는 문장을 받아들이기 어렵다고 생각하는 국어 화자들이 많다. 그러나 중세 국어에서는 이와 같은 문장 구조가 많이 출현하는바, 당대에는 보편적이었을 것으로 판단된다. 중세 국어의 예를 살펴보면 다음과 같다.

<u>四海</u>롤 년글 주리여 ᄀᆞᄅᆞ매 비 업거늘 얼우시고 ᄯᅩ 노기시니
<u>三韓</u>을 ᄂᆞ물 주리여 바ᄅᆞ래 비 업거늘 녀토시고 ᄯᅩ 기피시니 (「용비어천가」)

다른 격 조사를 붙여 실현되는 것을 '격 교체'라고 한다.

다음과 같은 경우에도 이중 목적어가 나타날 수 있다.

철수가 <u>영희를</u> 팔을 잡았다.
철수가 <u>영희의</u> 팔을 잡았다.

이 경우에는 앞의 '영희를'이 관형격 조사를 붙인 '영희의'로부터 기인된 것이라고 볼 수도 있다. 하지만 두 문장이 완전히 동일한 의미를 나타낸다고 보기 어렵다는 점에서 두 문장의 동의성을 보장할 수는 없다. 다만 이중 목적어 구문의 선행 목적어와 후행 목적어는 전체-부분, 소유주-소유물 관계에 있다.

수량 표현이 나타나는 경우에도 이중 목적어 구문이 실현된다. 이 경우에는 다른 이중 목적어 구문과 달리 격 조사가 모두 실현되거나 앞이나 뒤, 한 곳만 실현될 수 있다.

철수가 <u>친구를</u> <u>세 명을</u> 만났다.
철수가 <u>친구를</u> <u>세 명</u> 만났다.
철수가 <u>친구</u> <u>세 명을</u> 만났다.

앞에서 언급한 대로 목적어는 서술어가 나타내는 행위의 영향을 받는 대상이 되는 것이 일반적이므로 목적어의 주요한 의미 역할은 대상이 된다.

철수가 <u>종이를</u> 자른다.　　　[상태 변화의 대상]
철수가 가방에 <u>책을</u> 넣는다.　　　[위치 이동의 대상]

'자르다'의 목적어인 '종이를'은 철수의 자르는 동작으로 인해 상태의 변화를 겪는 대상이고, '넣다'의 목적어인 '책을'은 철수의 넣는 동작으로 인해 가방의 외부에서 내부로 이동하게 되는 위치 이동의 대상이다. 상태의 변화나 위치의 변화, 이 두 경우에 나타나는 목적어는 결국 변화의 대상임은 분명하다.

그런데 목적어의 의미적 특성이 항상 어떤 행위의 영향을 받는 대상이기만 한 것은 아니다.

철수는 <u>호랑이를</u> 무서워한다.

'무서워하다'의 목적어인 '호랑이를'은 경험주인 주어 '철수는'의 경험을 유발하는 자극, 다시 말해 주어가 경험하는 대상의 역할을 하며, 주어의 행위에 영향을 받는 대상은 아니다.

다음의 예에서와 같이 '닮다'의 목적어도 전형적인 목적어가 갖는 대상의 의미 역할을 하지 않는다.

철수가 <u>아버지를</u> 닮았다.
철수는 <u>아버지와</u> 닮았다.

'닮다'의 목적어인 '아버지를'은 형태와 달리 어떤 행위의 영향을 받는 대상이 아니라 비교의 기준이 된다. 따라서 동일한 단어가 부사어로 실현된 문장으로 치환될 수 있다.

(4) 보어

보어는 일반적으로 '되다'나 '아니다' 앞에 실현되는 주어와 형태가 같은 문장 성분을 말한다. 주어나 목적어가 문장에서의 기능을 근거로 정의되는 반면에 보어는 특정 서술어 앞에서 실현되는 문장 성분이라는 분포상의 특징에 근거를 두어 정의된다. 이러한 정의에 따르면 보어가 나타나는 문장은 다음과 같다.

철수가 <u>아빠가</u> 되었다.

영희는 <u>학생이</u> 아니다.

보어는 주격 조사와 동일한 보격 조사 '이/가'를 취하여 나타나게 되며, '되다'나 '아니다'는 주어만으로는 문장을 온전히 완성할 수 없다.

*철수가 되었다.
*영희는 아니다.

보어는 주어도 목적어도 아니지만 생략될 수 없는 문장 성분이다. 현재 학교 문법에서 다루는 보어 개념은 최현배(1937/1971)의 '기움말'에서 기원을 찾을 수 있다.

더 알아보기

보어에 대한 쟁점

보어는 분포가 좁고 형태가 주어와 동일하기 때문에 문장 성분으로서의 지위가 쟁점이 되는데, 주어로 보는 견해와 필수적 부사어로 보는 견해가 있다.

형태가 주어와 동일하다고 생각하는 쪽에서는 보어를 인정하지 않고 주어로 보고 있다. 이렇게 되면 "<u>영희는 중학생이</u> 아니다."와 같은 보어 구문은 '중학생이 아니다'를 서술절로 보아 서술절을 가진 안은문장으로 처리하거나 '영희는'과 '중학생이'를 주어로 하는 이중 주어 구문으로 처리하게 된다. 이와 관련해서는 허웅(1995)의 견해가 대표적이다.

그러나 고영근·구본관(2008: 300~301면)은 '되다, 아니다' 앞의 문장 성분을 주어로 보지 않는다. "저분은 우리 할아버지가 아니다."의 '우리 할아버지가 아니다'를 서술절로 본다면 서술절의 주어에 높임의 주격 조사 '께서'를 사용할 수 있어야 하는데 그러한 조사 사용을 보이는 "*저분은 우리 할아버지께서 아니다."는 비문이 되며, 서술절의 주어를 피수식어로 하는 관형 구성 "*아닌 중학생'으로 바꿀 수 없다는 점을 들어 주어가 아니라 보어라고 주장한다.

한편에서는 보어로 처리되는 문장 성분이 주어나 목적어가 아니므로 서술어가 필수적으로 요구하는 부사어로 보고 있다. 그러나 서술어가 달라지면 동일한 형태의 부사어가 필수적일 수도 있고 수의적일 수도 있게 되므로 부사어로 보는 것에 대해 문제가 제기되기도 한다(고영근·구본관, 2008: 300면).

결국 보어를 인정하지 않고 주어로 파악하는 견해는 형태를 중심으로 문장 성분을 구분하는 방식을 반영하는 것이며, 부사어로 파악하는 견해는 형태보다는 기능을 중심으로 문장 성분을 구분하는 방식을 반영하는 것이다. 현행 학교 문법에서와 같이 보어로 파악하는 것은 두 견해의 문제점을 모두 피하고자 하는 뜻이다.

2) 부속 성분

부속 성분은 생략이 가능하며, 문장의 주된 골격을 구성하는 데 기여하지 않고 다른 문장 성분을 수식하는 것을 주된 기능으로 한다. 관형어, 부사어가 부속 성분에 속한다.

(1) 관형어

관형어는 체언을 수식하는 문장 성분으로 관형사, 체언, 체언에 관형격 조사를 붙인 형태, 용언의 관형사형 등 다양한 방식으로 나타난다.

철수는 <u>옛</u> 친구를 만났다.   [관형사]

철수는 <u>고향</u> 친구를 만났다.   [체언]

철수는 <u>형의</u> 친구를 만났다.   [체언+관형격 조사]

철수는 <u>친한</u> 친구를 만났다.   [용언의 관형사형]

관형어는 수식의 기능을 하므로 서술어와는 직접적인 관련이 없다. 주성분인 주어, 목적어, 보어는 서술어가 요구하는 문장 성분이지만 관형어는 서술어가 요구하는 문장 성분이 아니기 때문이다.

관형어는 보통 수의적으로 나타나므로 생략되어도 문장의 문법성에 문제가 없다. 그러나 의존 명사 앞에는 반드시 관형어가 있어야 한다.

철수가 친구를 만났다.

철수가 <u>옆집에 사는</u> 이를 만났다.

*철수가 이를 만났다.

자립 명사인 '친구' 앞에는 관형어가 있거나 없거나 문장의 문법성에 아무런 영향을 주지 않지만, 의존 명사인 '이'는 반드시 관형어의 수식을 받아야 한다.

(2) 부사어

부사어는 주로 서술어인 용언이나 문장 전체를 수식한다. 서술어를 비롯하여 특정한 문장 성분을 수식하는 부사어를 '성분 부사어'라고 하고, 문장 전체를 수식하는 부사어는 '문장 부사어'라고 한다. 부사어는 부사, 부사어에 보조사를 붙인 형태, 체언에 부사격 조사를 붙인 형태, 용언의 활용형 등으로 나타난다. 그리고 모든 유형의 부사어에는 보조사가 덧붙을 수 있다.

먼저 서술어를 수식하는 성분 부사어는 다음과 같다.

봄꽃이 <u>활짝</u> 피었다.　　　　　　[부사]

봄꽃이 <u>활짝도</u> 피었다.　　　　　　[부사+보조사]

봄꽃이 <u>들판에</u> 피었다.　　　　　　[체언+격 조사]

봄꽃이 <u>산에도</u> 피었다.　　　　　　[체언+격 조사+보조사]

봄꽃이 <u>흐드러지게</u> 피었다.　　　　　[용언의 활용형]

봄꽃이 <u>흐드러지게도</u> 피었다.　　　　[용언의 활용형+보조사]

밑줄 친 문장 성분은 모두 서술어 '피었다'를 수식하여 장소나 양상 등 서술 내용을 더욱 구체적으로 나타낸다. 성분 부사어 중에는 관형사형과 의존 명사의 결합 형식으로 나타나는 것도 있다.

철수는 틈이 나는 대로 도서관에 갔다.
철수는 집에 도착하는 대로 영희에게 전화를 했다.

이와 달리 문장 전체를 수식하는 문장 부사어는 뒤에 오는 문장의 내용에 대한 화자의 태도를 나타낸다.

아마 봄꽃이 피었을 것이다.　　　　　[부사]
이상하게 봄꽃이 겨울에 피었다.　　　[용언의 활용형]

'아마'는 뒤에 오는 "봄꽃이 피었다."라는 명제에 대하여 화자가 추측하고 있다는 것을 나타낸다. 이때 서술어에는 '-ㄹ 것-'이나 '-겠-'과 같은 추측 양태의 표현이 나타나야 한다. '이상하게'도 "봄꽃이 겨울에 피었다."라는 명제에 대하여 화자가 어떤 판단을 하고 있는지를 나타낸다. 이 문장은 "봄꽃이 겨울에 핀 것은 이상하다."와 같이 환언할 수 있다.

부사어는 통사적으로 필수적인 성분이 아닌 것이 일반적이나 어떤 서술어는 특정 부사어를 필수적으로 요구하기도 한다.

포르투갈어는 프랑스어와 비슷하다.
어머니가 서울에 사는 아들에게 소포를 보냈다.
영희가 가방에 책을 넣었다.
김 선생님은 철수를 제자로 삼았다.
철수는 똘똘하게 생겼다.

'비슷하다'는 어떤 대상을 다른 대상과 비교하여 비슷한 정도를 평가한 결과를 나타내므로 비교의 대상이 되는 부사어가 반드시 필요하다. '보내다'와 '넣다'도 이동 대상이 도달하는 도착점을 나타내는 부사어가 반드시 필요하다. '삼다'는 어떤 대상을 특별한 관계의 존재로 만든다는 의미를 지니므로 특별한 관계로 만들 대상뿐만 아니라 특별한 관계에 해당하는 자격을 나타내는 문장 성분이 반드시 필요하다. '생기다'의 경우에는 주어의 상태를 기술하는 부사어를 반드시 필요로 한다. 이러한 부사어를 '필수적 부사어'라고 한다.

3) 독립 성분

독립 성분은 문장 구조와 별도로 존재하는 문장 성분을 말한다. 감탄사나 부르는 말, 제시어 등이 여기에 속한다.

<u>네</u>, 저는 어제 집에 왔습니다.   [감탄사]

<u>아</u>, 드디어 그 문제가 해결됐군요.   [감탄사]

<u>철수야</u>, 어서 와서 밥 먹어라.   [부르는 말]

<u>선생님</u>, 언제 찾아뵐까요?   [부르는 말]

<u>인생</u>, 그것은 풀 수 없는 수수께끼이다.   [제시어]

부르는 말은 체언에 호격 조사 '아/야'나 '이여', '이시여'를 붙인 형태로 나타난다. 그런데 일상적인 대화에서 호격 조사를 붙이는 경우는 상대를 높이지 않을 때 사용되며, 보통은 직함이나 호칭을 부르는 말로 사용한다. '이여'나 '이시여'는 일상적인 대화에서 사용되는 것이 아니라 보통 기도문이나 시 등에서 제한적으로 나타난다.

<u>신이시여</u>, 부디 보살펴 주소서.

<u>님이여</u>, 당신은 백 번이나 단련한 금(金)결입니다. (한용운, 「찬송」)

독립어 중 감탄사와 부르는 말은 다른 문장 성분에 비해 어순이 자유롭다.

　드디어 그 문제가, <u>아</u>, 해결됐군요.
　어서 와서 밥 먹어라, <u>철수야</u>.

독립어의 범주에서 논란이 되는 것이 접속 부사이다. 학문 문법에서는 접속 부사를 독립어로 취급하지만 제7차 교육과정 이후로 학교 문법에서는 부사어로 취급하고 있다.

　<u>그러나</u> 아무도 오지 않았다.

접속 부사의 범주에 대한 문제는 접속의 기능을 수식으로 보느냐 마느냐에 대한 관점의 차이로 보인다. 이는 접속 부사의 품사로서의 지위와도 관련이 있다. 현재 학교 문법에서는 접속의 기능을 넓은 의미의 수식으로 파악하는 것으로 보이나 논란의 여지는 여전히 남아 있다.

문장의 구조

1──문장 구조의 유형

문장은 주어와 서술어가 한 번만 나타나거나 두 번 이상 나타날 수도 있다. 다음 문장을 살펴보자.

지난여름 철수는 부산에 갔다.

이 문장은 주어인 '철수는'과 서술어인 '갔다'가 한 번 나타나는 '홑문장'이다. 그런데 이 문장에 다른 문장이 병렬적으로 이어져서 하나의 문장을 이룰 수 있는데, 이러한 문장을 '이어진문장'이라고 한다.

지난여름 철수는 부산에 <u>가고</u> 영희는 목포에 갔다.

"지난여름 철수는 부산에 갔다."라는 문장(선행절)과 "지난여름 영희는 목포에 갔다."라는 문장(후행절)을 '-고'라는 연결 어미로 연결한 문장이다. 이러한 문장뿐만 아니라 홑문장에 수식하는 기능을 가진 다른 문장을 넣어서 또 다른 문장을 만들 수도 있다.

지난여름 철수는 <u>할머니가 사시는</u> 부산에 갔다.

"지난여름 철수는 부산에 갔다."라는 문장과 "할머니가 부산에 사신다."라는 문장을 하나의 문장으로 묶은 것이다. "할머니가 부산에 사신다."라는 문장이 '부산'을 수식하는 역할을 하는 절 '할머니가 사시는'으로 전환되어 관형어의 구실을 하고 있다. 이와 같이 문장 형식의 성분절을 가진 문장을 '안은문장'이라고 한다.

이어진문장과 안은문장처럼 문장 안에 홑문장의 형식이 두 번 이상 나타나는 문장을 '겹문장'이라고 한다. 겹문장의 구조를 통해 인간은 무한한 길이의 문장이나 무한한 수의 문장을 산출해 낼 수 있다. 이러한 특징은 언어의 창조성과 관련이 있는데, 인간의 사고가 얼마나 복합적으로 실현될 수 있는지를 보여 준다. 따라서 문장의 구조에 대한 논의는 단순한 구조의 홑문장보다는 복합적인 구조를 보이는 겹문장에 집중될 수밖에 없다.

2──── 이어진문장

이어진문장은 선행절과 후행절 사이의 관계에 따라 대등하게 연결된 이어진문장과 종속적으로 연결된 이어진문장으로 나뉜다. 대등하게 연결된 이어진문장은 두 문장이 대등한 자격으로 연결된 문장을 말하고, 종속적으로 연결된 이어진문장은 선행절이 후행절에 대하여 종속적인 문장을 말한다.

1) 대등하게 연결된 이어진문장

대등하게 연결된 이어진문장은 대등한 자격을 갖는 선행절과 후행절을 연결하는 대등적 연결 어미에 따라 다시 '나열, 대조, 선택' 세 가지 유형으로 나뉜다.

지난여름 철수는 부산에 가고 영희는 목포에 갔다.   [나열]

지난여름 철수는 부산에 갔지만 올여름에는 전주에 갔다.   [대조]

부산에 가든지 목포에 가든지 즐거운 휴가를 보내라.   [선택]

'나열'은 선행절과 후행절의 내용이 서로 대립되지 않아 '순접'이라고도 하며, '-고, -으며' 등이 이러한 관계를 나타내는 대등적 연결 어미이다. '대조'는 선행절과 후행절의 내용이 서로 맞서는 관계로 '역접'이라고도 하며, 대등적 연결 어미 '-나, -지만' 등이 이러한 접속 관계를 나타낸다. '선택'은 선행절과 후행절의 내용이 선택적 의미를 지닌 방식으로 연결되는 것인데, 연결 어미가 중첩되어 실현된다. 이에 속하는 대등적 연결 어미에는 '-든지 -든지', '-거나 -거나', '-느니 -느니' 등이 있다.

접속 조사로 이어진 명사구를 가진 문장도 대등하게 연결된 이어진문장으로 볼 수 있다.

철수와 영희가 부산에 갔다.

이 문장은 '철수와 영희가'라는 명사구가 어떻게 해석되느냐에 따라 중의성을 갖는다. "철수가 부산에 가고 영희가 부산에 갔다."라는 의미라면 대등하게 연결된 이어진문장이 되지만, "영희가 철수와 함께 부산에 갔다."로 해석된다면 홑문장이 된다. 다시 말해, '철수와 영희가'를 선행절과 후행절의 주어가 접속 조사로 연결된 구로 파악한다면 대등하게 연결된 이어진문장이 되지만, '철수와'를 동반의 부사어로 해석한다면 홑문장이 되는 것이다.

그러나 다음과 같이 대칭 동사가 서술어인 경우에는 이러한 중의성이 발생하지 않고 항상 홑문장으로 해석된다.

철수와 영희가 부산에서 만났다.

이 문장은 두 가지 방식으로 설명할 수 있다. 먼저 '만나다'는 주어 이외에 함께 하는 대상이 반드시 필요한 대칭 동사이므로 '철수와'는 필수적 부사어로 '동반'의 의미를 갖는 것으로 볼 수 있다. 또 다른 방식으로 설명하면, 대칭 동사 '만나다'는 행동의 주체가 반드시 둘 이상이어야 하므로 철수와 영희는 하나의 사건에 참여하는 복수의 행동주가 될 수 있다. 이 경우에 접속 조사 '와'로 두 개의 명사가 연결된 주어 명사구는 복수의 주어를 나타낸다.

이러한 두 가지 해석을 바탕으로 판단해 보면 다음과 같은 문장은 비문이 된다.

*철수가 부산에서 <u>만났고</u> 영희가 부산에서 만났다.

각각의 주체가 만나는 행위를 홀로 하는 두 사건을 나타내는 홑문장을 결합하여 대등적으로 연결된 이어진문장을 만들 수 없다. 결국 위 문장 "철수와 영희가 부산에서 만났다."는 겹문장이 될 수 없다는 것이다.

2) 종속적으로 연결된 이어진문장

종속적으로 연결된 이어진문장에서는 후행절에 대한 선행절의 의미 기능이 매우 다양하다. 종속적으로 연결된 이어진문장의 선행절은 '시간, 원인/이유, 양보, 조건, 목적/의도, 결과, 정도' 등의 기능을 가지는데 이 기능은 선행절의 종속적 연결 어미에 따라 결정된다.

종속적으로 연결된 이어진문장의 선행절이 '시간'과 관련된 기능을 할 때에는 선행절의 사건과 후행절의 사건이 동시에 일어나거나 순서대로 일어남을 나타낸다. 전자를 '동시적' 관계라고 하고, 후자를 '계기적' 관계라고 한다.

나는 친구와 이야기를 <u>하면서</u> 산책을 했다.　　　[동시]

철수가 <u>떠나자</u> 영희가 도착했다.　　　[계기]

'-면서'와 같은 어미는 선행절의 사건이 후행절의 사건과 동시에 일어남을 의미하며, '-자'는 선행절의 사건이 끝나고 바로 후행절의 사건이 이어서 일어남을 의미한다. 이외에도 동시적 관계를 나타내는 종속적 연결 어미에는 '-며' 등이 있으며, 계기적 관계를 나타내는 종속적 연결 어미에는 '-어서, -고서, -자마자' 등이 있다. 이 가운데 '-자마자'는 '-자'와 마찬가지로 선행절의 사건과 후행절의 사건이 연달아 발생함을 나타내는데, '-자마자'의 경우에는 두 사건의 시간적 간격이 더 좁다.

종속적으로 연결된 이어진문장에서 선행절이 후행절의 '원인'이나 '이유'를 나타내는 경우가 있는데, 이때 종속적으로 연결된 이어진문장은 인과 관계를 나타낸다.

어젯밤에 비가 <u>와서</u> 땅이 젖었다.　　　[원인]

영희가 <u>오니까</u> 철수가 아주 좋아했다.　　　[이유]

일반적으로 '원인'은 객관적이고 필연적인 인과 관계의 근거를 나타내며, 이때 주로 사용되는 종속적 연결 어미는 '-어서, -어'이다. '-어서'의 경우는 선행절이 원인, 후행절이 결과를 나타내는데, 시간 순서로는 계기적 관계도 나타낸다. 반면에 '이유'는 주관적인 근거를 나타내며, 주로 종속적 연결 어미 '-니까, -니'가 사용된다. 원인과 이유를 나타내는 어미들은 대체로 교체될 수 있으나 다음과 같은 경우에는 교체되어 사용될 수 없다.

땅이 젖은 것을 <u>보니까</u> 비가 온 모양이야.

*땅이 젖은 것을 <u>봐서</u> 비가 온 모양이야.

종속적으로 연결된 이어진문장의 선행절은 후행절의 사건이 일어나는 '조건'을 제시하기도 한다. 조건을 나타내는 종속적 연결 어미에는 '-으면, -거든, -어야, -던들' 등이 있다.

　　그는 시내에 <u>가면</u> 항상 그 카페에 들른다.

종속적으로 연결된 이어진문장의 선행절이 주절인 후행절의 결과를 전혀 기대할 수 없는 조건을 제시하기도 하는데, 이를 '양보'라고 한다. '양보'는 가장 가능성이 낮은 조건을 제시하여 후행절의 의미를 강조한다. '양보'를 나타내는 어미로는 '-어도, -더라도, -은들, -을지라도, -을망정, -을지언정' 등이 있다.

　　우리가 절실하게 <u>원해도</u> 가질 수 없는 것이 많다.

종속적으로 연결된 이어진문장의 선행절이 후행절에 대하여 '목적'을 나타낼 경우도 있다.

　　나는 책을 <u>빌리러</u> 도서관에 갔다.

보통 종속적 연결 어미 '-러'가 사용되는데, 이때 후행절의 내용은 반드시 이동의 사건이어야 한다. 이와 유사하게 선행절이 어떤 행위의 '의도'를 나타낼 경우에는 '-으려, -고자, -게, -도록' 등이 종속적 연결 어미로 사용된다.

　　나는 친구와 식사를 <u>하려</u> 시내 식당을 예약했다.
　　바깥이 잘 <u>보이도록</u> 나는 새집에 창문을 크게 냈다.

종속적 연결 어미 '-게, -도록'은 '정도'나 '양상'을 나타내는 종속절을 이끌기도 한다.

철수는 발바닥이 불이 <u>나게</u> 이쪽으로 달려왔다.
밤이 <u>늦도록</u> 뭐 하다 이제 왔니?

'발바닥이 불이 나게'는 달려오는 정도나 양상을 나타내고, '밤이 늦도록'은 '밤이 늦을 정도로까지'라는 의미로 정도를 나타낸다.

3) 대등하게 연결된 이어진문장과 종속적으로 연결된 이어진문장의 통사적 특징

앞에서 살펴본 바와 같이 대등하게 연결된 이어진문장과 달리 종속적으로 연결된 이어진문장의 선행절과 후행절은 다양한 의미 관계를 나타낸다. 그러나 대등하게 연결된 이어진문장과 종속적으로 연결된 이어진문장은 의미적인 속성 이외에도 통사적인 측면에서 차이가 있다.

첫째, 선행절과 후행절의 위치를 바꿀 경우에 대등하게 연결된 이어진문장은 문법성에 문제가 발생하지 않고 의미도 거의 동일하게 유지되지만, 종속적으로 연결된 이어진문장은 비문법적인 문장이 되거나 문법적 문장이 되더라도 의미 차이가 발생한다.

지난여름 철수는 부산에 <u>가고</u> 영희는 목포에 갔다.
지난여름 영희는 목포에 <u>가고</u> 철수는 부산에 갔다.

이 두 문장은 초점적 의미는 차이가 있으나 실제로 참·거짓의 차원에서 논하는 진리 조건적 의미는 동일하다. 즉, 화자가 중점을 두어 강조하는 바는 다르지만 동일한 상황을 나타내는 것이다. 그러나 종속적으로 연결된 이어진문장은 그렇지 않다. 다음과 같이 원인을 나타내는 선행절이 후행절과 위치를 바꾸면 비문법적인 문장이 된다.

어젯밤에 비가 <u>와서</u> 땅이 젖었다.
*땅이 <u>젖어서</u> 어젯밤에 비가 왔다.

둘째, 대등하게 연결된 이어진문장에서는 선행절을 후행절 속으로 이동할 수 없으나, 종속적으로 연결된 이어진문장에서는 선행절을 후행절 속으로 이동할 수 있다.

*지난여름 영희는 <u>철수는 부산에 가고</u> 목포에 갔다.
땅이 <u>어젯밤에 비가 와서</u> 젖었다.

이렇게 되면 종속적으로 연결된 이어진문장의 선행절은 서술어를 수식하는 기능을 하는 것으로 볼 수도 있는데, 이러한 관점이 제7차 교육과정에 따른 『문법』교과서에 반영되어 종속적으로 연결된 이어진문장의 선행절을 부사절로 볼 수 있다고 언급하고 있다(임지룡 외, 2010: 261면).

셋째, 종속적으로 연결된 이어진문장의 선행절은 주어와 시제 표현에서 제약이 있다. 즉, 선행절이 목적, 의도 등을 나타낼 경우 선행절과 후행절의 주어가 일치해야 한다.

*나는 책을 <u>빌리러</u> 철수가 도서관에 갔다.

목적이나 의도를 가진 사람과 그것을 성취하기 위한 행위를 하는 사람은 동일해야 하므로 주어의 일치에 제약이 생긴다. 또한 시간적 순서를 분명히 나타내는 어미를 가진 종속적으로 연결된 이어진문장의 선행절에는 시제를 나타내는 선어말 어미가 쓰일 수 없다.

*어젯밤에 비가 <u>왔어서</u> 땅이 젖었다.

3── 안은문장

안은문장은 안긴문장의 종류에 따라 명사절을 가진 안은문장, 관형사절을
가진 안은문장, 부사절을 가진 안은문장, 인용절을 가진 안은문장, 서술절을
가진 안은문장으로 나뉜다. 각 유형의 안은문장을 살펴보도록 하자.

1) 명사절을 가진 안은문장

명사절을 가진 안은문장은 명사형 어미 '-음, -기'를 붙여서 만든 명사절을
안긴문장으로 포함한다. 명사절은 명사와 마찬가지로 주어, 목적어, 보어, 부
사어 등의 문장 성분으로 실현된다.

<u>철수가 이미 집에 돌아갔음</u>이 분명하다.　　　　　[주어]

나는 <u>철수가 이미 집에 돌아갔음</u>을 알았다.　　　　[목적어]

나는 <u>철수가 이미 집에 돌아갔음</u>에 놀랐다.　　　　[부사어]

이런 상황에서는 <u>빨리 퇴근하기</u>가 불가능하다.　　　[주어]

이런 상황에서 <u>빨리 퇴근하기</u>를 바라니?　　　　　[목적어]

<u>빨리 퇴근하기</u>에는 상황이 좋지 않다.　　　　　　[부사어]

'-음' 명사절과 '-기' 명사절은 주어, 목적어, 부사어 등 명사가 하는 모든
역할을 할 수 있다. 그런데 '-음' 명사절과 '-기' 명사절은 의미 차이가 있다.
"철수가 이미 집에 돌아갔음이 분명하다."에서 보듯이 '-음' 명사절은 사실
로 확정된 내용을 나타내는 반면, '-기' 명사절은 "이런 상황에서는 빨리 퇴근

하기가 불가능하다."에서 보듯이 아직 사실로 확정되지 않은 내용을 나타내는 경향이 있다. '-음' 명사절은 서술어가 '보다, 느끼다' 등의 지각 동사, '알다, 모르다' 등의 인식 동사, '분명하다, 확실하다, 당연하다' 등의 형용사와 결합하는 반면, '-기' 명사절은 '바라다, 기다리다, 기대하다' 등의 원망 동사나 '좋다, 나쁘다, 불가능하다, 쉽다, 어렵다' 등의 형용사와 함께 나타난다는 특징에서 이러한 경향이 분명해진다(고영근·구본관, 2008: 500~501면; 임지룡 외, 2005: 253면). '-음' 명사절과 결합하는 서술어는 분명한 사실을 지각하거나 인식하고 또 그에 대한 평가를 하는 것인 반면, '-기' 명사절과 결합하는 서술어는 일어나지 않은 일에 대한 원망과 평가를 나타낸다.

이러한 명사절은 다음과 같은 과정으로 도출된다.

([철수가 이미 집에 돌아갔다.]S₁+[그것이 분명하다.]S₂)

⇓ S₁의 종결 어미와 선어말 어미 생략, 명사형 어미 '-음'을 도입

([철수가 이미 집에 돌아갔음이 분명하다.]S)

'-음' 명사절과 '-기' 명사절은 주로 문어체에서 많이 쓰이고, 구어체에서는 '-은/는/을 것'의 형식을 명사절로 사용하는 경향이 있다.

나는 철수가 승진한 것을 알고 있다.
나는 철수가 승진했다는 것을 알고 있다.

'철수가 승진한 것을'과 '철수가 승진했다는 것을'은 모두 서술어 '알고 있다'의 목적어이다. 이는 명사절의 용법과 동일하다. 다만 '철수가 승진한 것'은 사실 그 자체를 언급한 것이고, '철수가 승진했다는 것'은 '철수가 승진했다고 하는 것'과 유사한 의미로 인용의 태도가 포함되어 있다.

'-은/는/을 것' 구성

이 구성에 대해서는 크게 두 가지 관점이 있다. 하나는 관형사형 어미 '-은/는/을'
이 이끄는 관형사절과 의존 명사 '것'이 결합된 형태로 보는 것으로, 이때는 명사절이
아니라 관형사절을 가진 안은문장이 된다. 다른 하나는 '-은/는/을 것' 자체를 명사
절을 만드는 보문소로 파악하여 이 구성 자체를 명사절로 보는 것이다. '보문소'란 보
문절을 이끄는 문법 형태소를 말한다. 형식적 구조를 엄밀하게 다루는 쪽에서는 전자
의 관점을 따를 것이나, 실제 사용의 측면을 강조하는 쪽에서는 후자의 관점을 지지
할 것이다. 이러한 관점의 차이는 교육과정에도 반영되어 제6차 교육과정에서는 명
사절을 가진 안은문장으로 취급하였고, 제7차 교육과정에서는 관형사절을 가진 안은
문장으로 보았다.

이외에도 의문과 관련된 어미 '-을지, -은지, -은가, -느냐' 등을 붙인 절을
명사절로 취하는 경우도 있다.

지금 문제는 언제 선발대가 출발하는가이다.
그가 다시 올지 의문이다.

2) 관형사절을 가진 안은문장

관형사절을 가진 안은문장은 관형사형 어미 '-은, -는, -을, -던'을 붙여서
만든 관형사절을 안긴문장으로 포함한다. 관형사절은 관형사와 같이 피수식
어인 체언을 수식하는 관형어의 역할을 한다.

관형사절을 이끄는 용언의 관형사형 어미는 관형사절의 시제에 따라 달
리 실현된다. 동사의 경우 과거 시제는 '-은', 현재 시제는 '-는', 미래 시제는
'-을'과 결합한다. '-던'은 회상의 양태가 포함된다.

내가 어제 만난 친구는 초등학교 동창생이다.
　내가 지금 만나는 친구는 초등학교 동창생이다.
　내가 내일 만날 친구는 초등학교 동창생이다.
　내가 전에 만나던 친구는 초등학교 동창생이다.

　회상의 양태가 표현되는 '-던'으로 이어진 문장은 과거 상황과의 단절을 나타낸다. '내가 전에 만나던 친구'는 현재는 만나지 않는다는 것을 의미한다.
　동사와 달리 형용사는 현재 시제를 나타낼 때 관형사형 어미 '-는'과 결합할 수 없고 '-은'과 결합한다.

　공기가 맑은 산골에 오니 기분이 상쾌하다.
　*공기가 맑는 산골에 오니 기분이 상쾌하다.

　형용사의 경우에는 '-은'이 현재 시제의 관형사형을 나타내므로 과거 시제를 나타낼 때에는 회상의 '-던'을 사용한다.

　이제 이곳은 공기가 맑던 산골이 아니다.

　미래 시제는 동사와 마찬가지로 '-을'을 사용하여 미래의 상태를 추측하는 양태를 나타낸다.

　이제는 공기가 맑을 우리 고장을 기대해 보자.

　이와 같이 관형사형 어미에 의해서 실현되는 관형사절은 수식어인 관형사절과 피수식어의 관계에 따라 관계 관형사절과 동격 관형사절로 나뉜다. 피수식어가 관형사절 안에서 특정한 문장 성분의 기능을 하는 경우에는 그 관형사절을 관계 관형사절이라고 한다.

철수는 <u>어제 동생이 사 놓은</u> 과일을 먹었다.

'어제 동생이 사 놓은'이라는 관형사절은 이 문장의 목적어인 명사 '과일'을 수식한다. 이 문장은 다음과 같이 풀어 쓸 수 있다.

어제 동생이 <u>과일</u>을 사 놓았다.
철수는 그 <u>과일</u>을 먹었다.

동생이 사 놓은 과일과 철수가 먹은 과일은 같은 것이고, 결국 "어제 동생이 과일을 사 놓았다."라는 문장이 관계 관형사절로 나타나는 안은문장에서 피수식어인 '과일'은 관계 관형사절이 되는 문장의 목적어가 되는 것이다. 이때 피수식어와 동일한, 관계 관형사절 내의 문장 성분을 삭제하여 "철수는 어제 동생이 사 놓은 과일을 먹었다."와 같은 관계 관형사절을 가진 안은문장을 도출한다. 그 과정을 다음과 같이 나타낼 수 있다.

([어제 동생이 <u>과일</u>을 사 놓았다.]S₁+[철수는 그 <u>과일</u>을 먹었다.]S₂)

⇓ S₁의 종결 어미와 선어말 어미 생략, 관형사형 어미 '-은'을 도입

([철수는 [어제 동생이 <u>과일</u>을 사 놓은]S₁ 과일을 먹었다.]S₂)

⇓ S₁과 S₂의 동일 명사구 삭제

([철수는 [어제 동생이 사 놓은]S₁ <u>과일</u>을 먹었다.]S₂)

그런데 다음과 같은 용언의 관형사형의 경우에는 단순 관형사형이냐 관형사절을 이끄느냐에 대해서 다른 관점이 있다.

정원에 <u>붉은</u> 장미가 많이 피었다.
정원에 <u>색이 붉은</u> 장미가 많이 피었다.

'붉은'은 '장미'의 속성을 나타내는 관형어로 쓰이나 온전한 문장의 형식을 갖추지 않은 것으로 파악하여 관형사형으로 설명하고, '색이 붉은'은 주어와 서술어 관계를 나타내므로 관형사절로 파악할 수 있다. 이러한 관점은 표면적인 형식의 차이를 직관적으로 설명하는 것이나 동일한 활용형을 다른 방식으로 설명한다는 문제가 있다.

반면에 '붉은'의 주어를 피수식어와 동일한 '장미'로 설정하면 관계 관형사절이 도출되는 과정에서 동일 명사구를 삭제하는 규칙에 의하여 생략되어 '붉은'의 주어가 표면적으로 드러나지 않은 것이라고 생각할 수 있다.

([장미가 붉다.]S₁+[정원에 그 장미가 많이 피었다.]S₂)

⇓ S₁의 종결 어미와 선어말 어미 생략, 관형사형 어미 '–은'을 도입

([정원에 [장미가 붉은]S₁ 장미가 많이 피었다.]S₂)

⇓ S₁과 S₂의 동일 명사구 삭제

([정원에 [붉은]S₁ 장미가 많이 피었다.]S₂)

이와 같이 분석한다면 동일한 유형의 용언 활용형을 동일한 방식으로 설명할 수 있으므로 '붉은 장미'의 경우에도 관형사절을 포함하는 것으로 보는 견해가 설명적 타당성을 갖는다고 할 수 있다. 그러나 1부 2장에서 밝힌 바와 같이 보이지 않는 기저 구조를 상정해야 하는 문제가 있다.

결국 용언의 관형사형만이 관형어로 나타나는 문장을 관형사형으로 파악하는 경우 그 문장은 홑문장이 되며, 관계 관형사절로 보는 경우에는 겹문장인 안은문장이 된다. 형태의 차이에 중점을 둔 설명은 관형사형인 관형어로 설명하는 것이며, 설명의 타당성에 중점을 둔 설명은 관계 관형사절로 파악하는 경우이다. 이러한 차이는 부사절의 경우에도 나타난다.

반면 피수식어가 수식을 받는 관형사절과는 별개의 것으로 관형사절 안에서 어떤 문장 성분의 기능을 하지 못하는 경우에는 동격 관형사절이라고 한다. 동격 관형사절의 피수식어는 사실, 소문 등 정보와 관련된 특정 부류의 명

사가 많이 나타나는 경향이 있다.

  그가 서울로 돌아온 사실을 아무도 몰랐다.

  '그가 서울로 돌아온'은 피수식어인 '사실'의 내용이다. 그러나 "그가 서울로 돌아왔다."라는 문장 안에서 '사실'은 문장 성분으로서의 역할이 없다. 이러한 동격 관형사절의 도출 과정은 다음과 같다.

  ([그가 서울로 돌아왔다.]S₁+[그 사실을 아무도 몰랐다.]S₂)

                    ⇓ S₁의 종결 어미와 선어말 어미 생략, 관형사형 어미 '-ㄴ'을 도입

  ([[그가 서울로 돌아온]S₁ 사실을 아무도 몰랐다.]S₂)

  이와 같이 동격 관형사절은 관계 관형사절과 달리 피수식어가 관형사절 내의 문장 성분으로 기능하지 않으며, 동일 명사구 삭제 현상도 나타나지 않는다.
  동격 관형사절은 "그가 서울로 돌아온 사실을 아무도 몰랐다."와 같이 관형사절에 종결 어미가 나타나지 않는 형태 이외에도 온전한 문장의 종결 형식에 관형사형 어미 '-는'을 붙여 실현되기도 한다.

  그가 서울로 돌아왔다는 사실을 아무도 몰랐다.

  "그가 서울로 돌아왔다."라는 문장에 관형사형 어미 '-는'을 붙여 피수식어인 '사실'을 수식하고 있다. 일반적으로 '-다는'의 형식은 '-다고 하는'을 줄인 것으로 보아 인용절이 포함된 것으로 볼 수 있다. 따라서 이러한 형식의 관형사절은 사실성을 담보하기 어렵다.

  그가 서울로 돌아왔다는 소문을 나는 듣지 못했다.
  *그가 서울로 돌아온 소문을 나는 듣지 못했다.

온전한 문장의 종결 형식을 갖춘 동격 관형사절은 '소문'과 같은 피수식 명사를 수식할 수 있지만 그렇지 않은 동격 관형사절은 그러한 수식이 불가능하다. '소문'은 사실이 아닐 수도 있어서 사실성을 담보하지 않는 '-다는' 형식의 동격 관형사절이 수식하여도 의미상 모순이 발생하지 않는다. 그러나 과거를 나타내는 관형사형 어미 '-은'이 붙은 말은 이미 일어난 일을 의미하므로 사실이 아닐 수도 있는 '소문'의 내용이 되기 어렵다.

관계 관형사절과 동격 관형사절은 생략 가능성에서도 차이가 난다. 관계 관형사절은 생략할 수 있지만 동격 관형사절은 생략할 수 없다.

철수는 어제 동생이 사 놓은 과일을 먹었다.
철수는 과일을 먹었다.

그가 서울로 돌아온 사실을 아무도 몰랐다.
*사실을 아무도 몰랐다.

3) 부사절을 가진 안은문장

부사절은 부사어의 역할을 하는 성분절이다. 현재 학교 문법에서는 부사형 어미 '-게'나 부사 파생 접미사 '-이'가 결합하여 형성되는 부사절을 인정하고 있다.[1]

철수가 숨이 차게 달려왔다.
철수가 말도 없이 떠나 버렸다.

'숨이 차게'와 '말도 없이'는 모두 주어와 서술어 구조의 성분절로 각각 '달

---

1 학교 문법에서 부사절로 인정하고 있는 것을 모두 종속적으로 연결된 이어진문장의 선행절로 처리하는 견해가 있다. 이익섭·채완(1999)이 대표적이다.

려왔다'와 '떠나 버렸다'를 수식하고 있다. 즉, 서술어를 수식하는 부사어의 역할을 하는 부사절이 된다. '-게' 부사절은 어미가 결합하여 이루어진 반면 '-이' 부사절은 어미가 아닌 부사 파생 접미사와 결합하여 형성되는데, 이때 '-이' 부사절의 서술어는 '없다, 다르다, 같다' 등의 용언으로 제한되는 경향을 보인다. 따라서 '-이' 부사절에서의 접미사 '-이'는 매우 예외적으로 부사절을 이끈다고 할 수 있다.

부사절의 경우에는 시제 선어말 어미가 부사절 안에 나타날 수 없다는 제약이 있다.

*철수가 <u>숨이 찼게</u> 달렸다.

명사절을 가진 안은문장의 명사절 안에는 시제 선어말 어미가 나타나고, 관형사절을 가진 안은문장의 관형사절에서는 관형사절을 이끄는 관형사형 어미가 시제를 반영한다. 이러한 점에서 부사절을 가진 안은문장은 다른 안은문장들과 다르다.

안은문장의 부사절은 명사절이나 관형사절과 유사한 방식으로 도출된다. 종결 어미와 선어말 어미가 생략되고 부사절을 이끄는 형태소인 부사형 어미 '-게'나 부사 파생 접미사 '-이'가 그 자리를 대신하게 된다. 또한 부사절의 문장 성분이 안은문장의 문장 성분과 동일한 경우에는 생략된다.

([철수가 숨이 찼다.]S_1+[철수가 <u>그렇게</u> 달려왔다.]S_2)

⇓ S_1의 종결 어미와 선어말 어미 생략, 부사형 어미 '-게'를 도입

([철수가 [<u>철수가</u> 숨이 차게]S_1 달려왔다.]S_2)

⇓ S_1과 S_2의 동일 명사구 삭제

([철수가 [<u>숨이 차게</u>]S_1 달려왔다.]S_2)

그런데 관형사절과 마찬가지로 용언의 '-게' 활용형만으로 부사어의 기능

을 하는 경우에 단순 부사형으로 보느냐 부사절을 이끄는 것으로 보느냐에 대해서 이견이 있을 수 있다.

철수가 <u>빠르게</u> 달려왔다.

이 문장에서 용언의 활용형인 '빠르게'가 용언을 수식하고 절의 구조가 표면적으로 드러나지 않으므로 단순 부사형으로 보고자 하는 견해가 있다. 그런데 다음과 같이 부사절로 분석할 수도 있다.

([철수가 빠르다.]S_1+[철수가 <u>그렇게</u> 달려왔다.]S_2)

⇓ S_1의 종결 어미와 선어말 어미 생략, 부사형 어미 '-게'를 도입

([철수가 [<u>철수가</u> 빠르게]S_1 달려왔다.]S_2)

⇓ S_1과 S_2의 동일 명사구 삭제

([철수가 [빠르게]S_1 달려왔다.]S_2)

이러한 설명은 '-게'형의 용언 활용형에 대해서 동일한 분석 방식을 적용한다는 점에서 설명적 타당성이 있으나 한편으로는 관계 관형사절과 마찬가지로 보이지 않는 기저 구조의 설정이라는 약점이 있다.

부사절은 종속적으로 연결된 이어진문장의 선행절인 종속절과 많은 특징을 공유하여 잘 구별되지 않는 경우가 많다. 그래서 동일한 형태의 어미가 종속적으로 연결된 이어진문장을 구성하기도 한다. '-게'는 부사절을 이끌기도 하지만 종속절을 이끌기도 하고, '-듯이, -도록, -ㄹ수록, -다시피' 등의 어미가 이끄는 종속절은 부사절과 대동소이한 역할을 한다고 볼 수도 있다. 이러한 이유로 부사절과 종속절의 경계는 매우 모호하지만 필수적 부사어를 이끄는 경우에는 분명히 부사절로 보아야 한다.

<u>그 소년은 머리가 매우 좋게</u> 생겼다.

*그 소년은 생겼다.

이러한 측면을 고려하면 '-게' 부사절이 후행하는 용언을 수식하는 기능이 분명할 경우에는 이를 부사절로 처리하고 그 외의 경우에는 종속절로 처리하는 것도 타당성이 있다.

4) 인용절을 가진 안은문장

문장에서 다른 사람의 말이나 생각을 옮겨 전달할 때 인용절을 사용한다. 인용절을 가진 안은문장의 서술어는 주로 '말하다, 언급하다' 등의 정보 전달 동사, '생각하다'와 같은 사유 동사, '듣다'와 같은 지각 동사가 사용된다. 인용절은 인용절의 내용이 되는 문장에 인용 표지인 조사 '라고'나 '고'가 붙어서 구성된다.

철수는 "장마철이라 날씨가 습하다."라고 말했다.
철수는 장마철이라 날씨가 습하다고 말했다.

발화자의 발화를 그대로 전달하는 것을 '직접 인용'이라고 하고, 화자가 발화자의 발화를 바꾸어 전달하는 것을 '간접 인용'이라고 한다. 글로 쓸 경우에는 직접 인용의 인용절은 마침표 등을 모두 표시하고 큰따옴표로 묶은 뒤 조사 '라고'를 붙인다. 간접 인용의 인용절은 조사 '고'를 붙여 나타낸다. '라고'와 '고' 이외에 '하고'도 인용 표지로 사용된다.

직접 인용의 경우에는 실제 발화를 그대로 옮기는 것이므로 실제 발화와 인용절이 동일하지만 간접 인용의 인용절은 실제 발화와 차이가 있다. 우선 화자의 위치에서 발화자의 발화를 옮겨 전달하므로 대명사의 인칭, 시간 표현, 지시 표현 등이 달라진다.

철수는 "내가 내일 한 시에 그곳에 갈 거야."라고 말했다.
철수는 자기가 그 다음 날 한 시에 이곳에 올 거라고 말했다.

직접 인용절의 1인칭 주어인 '내가'는 간접 인용절에서는 3인칭인 발화자와 동일한 인물이므로 3인칭 재귀 대명사인 '자기가'로 표현해야 한다. 그리고 직접 인용절의 '내일'이라는 시간 표현은 간접 인용절에서 '그 다음 날'로, 직접 인용절의 '그곳에'와 '갈 거야'라는 지시 표현은 간접 인용절에서는 '이곳에'와 '올 거라'로 나타내야 한다.

또한 직접 인용절에 나타나는 문장 종결법이 간접 인용절에서는 중화되어 동일한 형태로 나타난다.

철수는 "봄에 꽃가루가 많이 날린다."라고 말했다.
철수는 봄에 꽃가루가 많이 날린다고 말했다.

직접 인용절이 평서문인 경우에는 간접 인용절에서 종결 어미 '-다'에 '고'를 붙여 실현된다. 그런데 직접 인용절이 감탄문인 경우에도 동일한 종결 어미로 나타난다.

철수는 "무대의 조명이 너무 세구나."라고 말했다.
철수는 무대의 조명이 너무 세다고 말했다.

이뿐만 아니라 허락문과 명령문 모두 동일한 종결 어미 종결 어미 '-(으)라'로 실현된다.

영희는 아이들에게 "밥 많이 먹어라."라고 말했다.
영희는 아이들에게 밥 많이 먹으라고 말했다.

영희는 아이들에게 "밖에 나가서 놀려무나."라고 말했다.

영희는 아이들에게 밖에 나가서 놀라고 말했다.

이와 같이 평서문, 감탄문, 명령문 등은 간접 인용절에서 모두 동일한 문장 종결법으로 나타난다.

문장 종결법뿐만 아니라 상대 높임법도 간접 인용절에서 중화되어 직접 인용절에 나타나는 차이가 드러나지 않는다.

철수는 친구에게 "집에 바로 돌아가야 해."라고 말했다.

철수는 친구에게 집으로 바로 돌아가야 한다고 말했다.

철수는 부하 직원에게 "집으로 바로 돌아가야 하네."라고 말했다.

철수는 부하 직원에게 집으로 바로 돌아가야 한다고 말했다.

철수는 선생님께 "집에 바로 돌아가야 합니다."라고 말했다.

철수는 선생님께 집으로 바로 돌아가야 한다고 말했다.

직접 인용절은 각각 해체, 하게체, 하십시오체(합쇼체) 등으로 다양하게 나타나지만 간접 인용절은 해라체로 모두 동일하게 나타난다. 직접 인용절은 발화자의 발화를 그대로 전달하므로 상대 높임법도 그대로 옮겨 적지만, 간접 인용절은 화자의 위치에서 발화자의 발화 내용을 옮겨 적으므로 상대 높임의 차이가 사라지게 되는 것이다.

5) 서술절을 가진 안은문장

서술절은 앞에서 언급한 이중 주어 구문과 관련이 있다. 첫 번째 주어는 전체 문장의 주어로 기능하고, 두 번째 주어는 서술절의 주어로 뒤따르는 서술어와 함께 전체 문장의 서술어로 기능하는 성분절인 서술절을 구성한다. 서술절 이외의 성분절은 모두 절을 표시하는 표지가 나타나는 반면, 서술절은 서술절을 표시하는 표지가 없이 종결 어미로만 표시될 뿐이다.

이 건물은 지붕이 <u>파랗다</u>.

그렇다면 학교 문법에서 이와 같은 서술절을 제시하는 근거를 살펴보자. 먼저 서술절의 주체 높임 선어말 어미 '-시-'가 전체 문장인 안은문장의 주어와 일치한다.

김 선생님은 <u>책이 많이 있으시다</u>.
*김 선생님은 <u>책이 많이 계시다</u>.

흔히 간접 높임으로 설명하기도 하지만, '있으시다'의 '-시-'는 서술절의 주어인 '책'과 호응하는 높임의 선어말 어미가 아니라 안은문장의 주어인 '김 선생님'과 호응하는 것이다. 만약 서술절의 '책'과 호응하여 높여야 한다면 '있다'의 높임말인 '계시다'를 써야 하는데, 이 경우 '계시다'를 쓰면 비문이 된다. 이 문장의 내부 구조를 살펴보면 서술절 전체가 안은문장의 주어에 대한 서술어가 된다.

[[김 선생님은] [<u>책이 많이 있</u>]-으시-다]].
*[[김 선생님은] [[<u>책이</u>] [많이 계시다]]].

또한 서술절은 고유의 구조적 특징이 있다.

이 건물은 지붕이 파랗다.
??지붕이 이 건물은 파랗다.

전체 안은문장의 주어가 서술절 안으로 이동하면 비문법적인 문장이 되거나 부자연스러운 문장이 된다(고영근·구본관, 2008: 515면). 이것은 다른 안은문장의 경우도 마찬가지이며, 안은문장의 주어와 서술절의 주어 사이에는 일정한 절 경계가 있다는 증거가 될 수 있다. 만약에 "어디가 이 건물은 파랗지요?"라는 질문에 대한 대답으로 "지붕이 이 건물은 파랗다."는 어색하지 않지만 그러한 맥락이 없는 경우에는 적절하지 않다.

서술절을 가진 안은문장의 경우에는 안은문장의 주어와 서술절의 주어가 다른 형태로 실현되는 경향이 있다. 위의 예에서 보듯이 안은문장의 주어는 주제 보조사인 '은'이 붙는 경우가 많은 반면, 서술절의 주어는 주격 조사인 '이/가'가 붙는다. 물론 맥락에 따라 안은문장의 주어에 주격 조사가 붙을 수도 있다.

피동 표현과 사동 표현

언어로 어떤 사태를 표현할 때 항상 같은 표현만을 사용하지 않는다. 특히 화자가 주목하는 바와 관련된 특별한 표현 효과를 나타내고자 할 때에는 다른 표현들을 사용할 수 있다. 이때 특별한 효과를 극대화하는 문법 요소가 피동과 사동이다.

어떤 일에 관해서 이야기할 때 화자의 관점에 따라 달리 표현할 수 있다. 사건과 관련된 대상 중 어느 것에 주목하여 이야기하느냐에 따라 서술어가 달라지고 그에 따라 문장의 형식도 달라진다.

피동과 사동은 엄연히 다른 문법 요소이고 각각의 문법 요소가 도입하는 효과도 다르지만 형식과 내용은 밀접하게 관련되어 있다. 이러한 연관성은 인과 관계를 갖는 사태와 관련된 것이라는 것으로부터 기인한다. 그러므로 이 문법 요소들의 특성을 잘 살펴보고 둘 사이의 연관성을 파악하는 것이 두 문법 요소를 정확하게 이해하고 적절하게 사용할 수 있는 기초가 될 것이다.

그런데 피동과 사동은 엄밀하게 문법 요소가 갖는 애초의 기능과는 달리 좀 더 확장된 의미 기능을 수행하는 경우가 있다. 따라서 여기에서 다루는 피동 범주와 사동 범주는 전형적인 피동과 사동의 경우와 비전형적이지만 피동이나 사동과 관련된 표현들까지 포함하여 다루기로 한다. 이러한 취지에서 피동과 사동이라는 문법 범주 대신 '피동 표현'과 '사동 표현'이라는 용어를 사용한다. 다만 전형적인 피동과 사동의 개념을 먼저 살펴보고 이를 기준으로 확장된 개념으로서의 피동 표현과 사동 표현을 살펴보도록 하겠다.

1──피동 표현

1) 피동의 개념

피동은 문장의 주어가 동사가 나타내는 행위나 동작을 스스로 하는 것이 아니라 외부의 힘에 의해 일어난 어떤 일의 영향을 입게 되는 상황을 나타낸다. 반면에 피동과 대응하는 개념인 능동은 문장의 주어가 동사가 나타내는 행위나 동작을 스스로 하는 상황을 나타낸다.

사냥꾼이 사슴을 쫓았다.
사슴이 사냥꾼에게 쫓겼다.

위 두 문장이 나타내는 상황은 동일한 그림으로 표현될 수 있다. 그러나 화자가 의도하는 바에 따라 다른 형식의 문장으로 실현된 것이다. 만약 화자가 사슴을 쫓는 주체인 '사냥꾼'에 초점을 맞추어 말할 경우에는 '사냥꾼'을 주어로 표현할 것이며, 쫓김의 대상이 되는 '사슴'에 초점을 맞추어 말할 경우에는 '사슴'을 주어로 표현하게 된다. 이때 사슴을 쫓는 주체인 '사냥꾼'은 '쫓다'가 나타내는 움직임을 스스로 수행하는 행동주가 되며, 쫓김의 대상인 '사슴'은 '쫓기다'가 나타내는 움직임의 영향을 받는 대상이 된다. 따라서 행동주인 '사냥꾼'이 주어가 되는 문장은 능동문이고, 대상인 '사슴'이 주어가 되는 문장은 피동문이 된다.

이 두 문장 사이의 관계를 보면 능동문의 주어와 피동문의 부사어, 능동문의 목적어와 피동문의 주어가 각각 동일한 대상이며 각 문장에서의 역할도 동일하다. 피동문에서는 행위를 하는 행동주가 부사어로 나타나는데, 이는 피동문에서는 행동주의 역할이 덜 부각됨을 나타내는 것이다.

사슴이 사냥꾼에게 <u>잡혔다</u>.
사슴이 <u>잡혔다</u>.

피동문인 "사슴이 사냥꾼에게 잡혔다."에서 행동주를 나타내는 '사냥꾼'은 조사 '에게'를 붙여서 부사어로 실현된다. 그리고 능동문의 필수적 성분인 주어가 피동문에서는 수의적 성분인 부사어로 나타나면서 필수성이 사라져 생략이 가능하게 된다.

피동문에 나타나는 행동주 부사어가 취하는 조사는 행동주인 명사의 종류에 따라 달리 나타난다. 일반적으로 행동주 부사어인 명사가 유정물인 경우에는 '에게'를 사용하지만, 다음 문장과 같이 능동문의 주어에 해당하는 명사가 무정물인 경우에는 '에'를 사용하게 된다.

(교통사고 상황에서)
저 차가 내 차를 <u>들이받았어요</u>.
내 차가 저 차에 <u>들이받혔어요</u>.

(눈이 소복이 내린 상황에서)
흰 눈이 온 세상을 <u>덮고</u> 있었다.
온 세상이 흰 눈에 <u>덮여</u> 있었다.

위에 제시된 두 상황을 나타낼 경우 능동문의 주어 '저 차'와 '흰 눈'은 실제로 어떤 행동을 의도할 수 있는 주체가 아니므로 앞에서 제시한 능동문의 주어 '사냥꾼'과 달리 행동주가 될 수 없다. 이때 '저 차'나 '흰 눈'과 같은 문장 성분은 교통사고나 눈이 덮여 세상이 하얗게 되는 일의 '원인'이다. 물론 '저 차'의 경우에는 운전자의 통제에 의해 동작을 실행하는 존재가 될 수 있다.

이렇게 되면 위에 제시한 능동문과 피동문에는 서로 다른 화자의 의도가 반영된다. 동일한 교통사고의 상황을 가해자와 피해자 중 누구의 처지에서 말하느냐에 따라 서로 다른 화자의 의도가 나타나는 것이다. 즉, 피해자가 가해자를 초점화하여 말하는 담화 상황에서는 능동문이 사용되며, 피해자가 자신이 피해 입었음을 초점화하여 말하는 담화 상황에서는 피동문이 사용된다.

또한 눈이 소복이 내린 상황을 나타낼 경우에도 세상을 덮고 있는 것이 무엇인지가 중요한 담화 상황에서는 원인이 되는 '눈'에 초점을 맞추어 '눈'을 주어로 하는 능동문을 사용하고, 온 세상의 상황에 대한 언급이 필요한 담화 상황에서는 대상인 '온 세상'을 주어로 하는 피동문을 사용하게 된다.

2) 피동 표현의 형식

그러면 피동문과 같은 피동 표현을 구성하는 방법을 살펴보자. 앞에서 언급한 대로 피동 표현의 문장, 즉 피동문은 피동을 나타내는 동사가 대상의 의미역할을 갖는 주어와 행동주의 의미 역할을 갖는 부사어를 취하여 구성된다. 피동문의 동사는 일반적으로 세 가지 방식으로 표현된다. 능동사 어근에 피동 접미사 '-이-, -히-, -리-, -기-'를 붙여 파생된 피동사를 사용하는 경우, 능동사에 '-어지다'를 붙인 보조 용언 구성을 사용하는 경우, 어근에 접미사 '-되다', '-받다', '-당하다' 등을 붙인 동사를 사용하는 경우가 있다. 각각의 경우를 살펴보자.

(1) 접미사 피동 표현

접미사를 붙인 피동사에 의한 피동문은 가장 전형적인 형태로 대체로 타동사인 능동사에서 파생된다. 피동 접미사 '-이-, -히-, -리-, -기-'는 다음과 같이 동사 어근에 따라 오로지 하나의 형태가 선택되는데, 그 선택에 특별한 규칙이나 원리가 있는 것은 아니다.

놓다: 놓이다, *놓히다, *놓리다, *놓기다
잡다: *잡이다, 잡히다, *잡리다, *잡기다

듣다: *듣이다, *듣히다, <u>들리다</u>, *듣기다

쫓다: *쫓이다, *쫓히다, *쫓리다, <u>쫓기다</u>

그리고 피동 접미사에 의한 파생이 모든 능동사 어근에서 일어나는 것은 아니다. 이것은 파생의 전형적인 특징이다. 다음의 예에서 보듯이 타동사 '짓다'는 피동 접미사에 의해 피동사가 파생되지 않는다.

우리 할아버지께서 나무로 이 집을 <u>지으셨다</u>.

*이 집은 나무로 우리 할아버지에 의해 <u>지이셨다</u>.

더 알아보기

피동사의 어근이 되지 못하는 능동사

피동사를 파생시키지 못하는 능동사와 이 동사들의 특징을 살펴보면 다음과 같다 (고영근·구본관, 2008: 349면; 김윤신 2001나: 106~108면).

가. 어간이 '이'로 끝나는 동사: 던지다, 지키다, 만지다 등

나. '-하다'가 결합하는 동사: 공부하다, 말하다, 증명하다 등

다. 추상적 심리 작용과 관련된 동사: 알다, 모르다, 배우다, 바라다, 느끼다 등

라. 수여 동사: 주다, 받다 등

마. 수혜 동사: 얻다, 잃다, 찾다, 돕다 등

바. 대칭 동사(상호 동사): 만나다, 닮다, 싸우다 등

사. 제작 동사: 만들다, 짓다 등

피동사를 파생시키지 못하는 능동사로 언급된 동사들은 대체로 목적어인 문장 성분의 대상에 대하여 적극적인 상태 변화를 유도하지 못하는 행위나 움직임을 나타낸다. 이 동사들 가운데 '만들다', '짓다' 등의 제작 동사는 분명히 목적어를 취하는 타

동사이다. 그러나 이 동사들은 다음과 같이 동작의 결과로 생겨나는 대상을 목적어로 취하고 있어서 실제 동사가 나타내는 행위나 움직임은 목적어인 대상에 직접적인 영향을 주지 못한다.

철수는 커다란 나무 상자를 <u>만들었다</u>.
내가 어렸을 때, 아버지는 언덕 위에 <u>집</u>을 지으셨다.

(2) '-어지다' 피동 표현

또 다른 피동의 형식은 '-어지다' 구성에 의한 피동이다. '-어지다'는 원래 보조적 연결 어미 '-어'와 보조 용언인 '지다'로 이루어진 보조 용언 구성이지만, 오늘날 국어 사용자들의 의식 속에서는 접미사와 유사한 형태로 굳어진 듯하다.[1] '-어지다'는 매우 생산적인 형태로서 동사, 형용사 등의 용언의 어간에 거의 대부분 결합할 수 있다. 물론 자동사나 타동사와의 결합에서도 차이가 없다.

형용사 + '-어지다': 없어지다, 높아지다 ……
자동사 + '-어지다': 굳어지다, 나아지다 ……
타동사 + '-어지다': 만들어지다, 주어지다 ……

'-어지다'류의 동사는 타동사 어근에 피동 접미사가 붙어 파생되는 피동사와는 동일하지 않으며, '-어지다' 구성의 동사를 모두 피동으로 취급하는 것은 무리일 수 있다. 특히 형용사나 자동사에 '-어지다'가 붙은 '-어지다'류의 동사는 피동이라고 말하기 어렵다. 그렇다면 '-어지다'류의 동사는 어떤 의미

---

1 이에 대한 중요한 증거를 다음과 같이 제시할 수 있다.
(1) 띄어쓰기를 하지 않는다.
(2) 사전의 표제어로 등재된 '-어지다' 형태가 많다.
(3) 『표준 국어 대사전』에도 '-어지다' 구성이 형용사와 동사 뒤에 사용되는 경우를 언급하고 있다.

를 갖는 것인가?

먼저 형용사나 자동사에 '-어지다' 구성이 붙은 동사부터 살펴보자.

> 기온이 조금씩 <u>높아지고</u> 있다.
> 요즘에는 기침이 좀 <u>나아지셨는지요</u>?

'높아지다'는 형용사 '높다'와 '-어지다'가 결합한 경우이고, '나아지다'는 자동사 '낫다'와 '-어지다'가 결합한 경우이다. 각각 기온의 상태와 기침의 상태가 변화하는 것과 관련이 있다. 본용언인 '지다'의 기본 의미는 "어떤 현상이나 상태가 이루어지다."로 "옷에 얼룩이 졌다."와 같은 문장에서 사용된다. 보조 용언으로서의 '지다'는 이 기본 의미의 본용언과 관련되므로 어떤 대상의 변화를 의미하는 것임을 짐작할 수 있다. 따라서 '-어지다' 구성의 동사는 타동사가 아닌 자동사나 형용사와 결합한 경우 근본적인 피동이 아니라 상태 변화로부터 피동적 의미가 부차적으로 부여된 것으로 생각할 수 있다. 이 부차적인 피동의 의미는 피동이 기본적으로 변화가 이미 존재하였음을 전제하기 때문에 나타나는 것이다.

그러면 타동사에 '-어지다' 구성이 붙은 경우를 알아보자.

> 그 아이는 작은 상자를 만들었다.
> 작은 상자가 그 아이에 의해 <u>만들어졌다</u>.

상자를 만드는 주체에 초점이 맞추어졌을 경우에는 능동사인 '만들다'가 동사가 되고 행동주인 '그 아이'가 주어가 된다. 반면에 만드는 동작의 대상이 되는 '작은 상자'가 주어가 되는 경우에는 능동사의 어간인 '만들-'에 '-어지다'가 붙은 형태가 동사로 사용된다. 이처럼 '만들다', '짓다' 등과 같은 제작 동사의 경우 앞에서 살펴본 바와 같이 접미사에 의한 피동사 파생이 불가능하다.

‘-어지다’류의 동사를 포함하는 문장들에 이러한 해석을 적용해 보면 이 문장들은 모두 이전의 상태에서 이후의 다른 상태로의 변화를 전제하고 있다. 이 변화는 주어가 의도적으로 주도하는 것이 아니기 때문에 피동적 의미가 도출된다고 할 수 있다. 그러나 위의 피동문들 중에서 형용사나 자동사와 ‘-어지다’가 결합한 경우에는 대응하는 능동문을 설정할 수 없으므로 전형적인 피동문이라고 보기 어렵다.

[?]기온이 조금씩 높았다.

요즘에는 기침이 좀 <u>나으셨는지요?</u>

“기온이 조금씩 높았다.”는 어색한 문장이 되고, “요즘에는 기침이 좀 나으셨는지요?”에서 주어인 ‘기침’은 ‘나아지다’를 동사로 하는 문장의 주어인 ‘기침’과 동일한 의미 역할을 갖지만 스스로 낫는 변화를 주도하지는 못한다. 결국 ‘-어지다’ 구성의 동사들 가운데 전형적인 피동의 의미를 갖는 것은 ‘만들어지다’와 같이 타동사에 ‘-어지다’가 결합한 경우라고 할 수 있다.

(3) ‘되다, 받다, 당하다’류의 피동 표현

마지막으로 ‘-되다’, ‘-받다’, ‘-당하다’를 붙인 동사에 의한 피동을 알아보자. 이 형태들은 ‘-하다’와 같이 어근과 결합하여 동사를 파생시킨다.

나는 많은 자료로부터 필요한 정보를 추출했다.
필요한 정보가 많은 자료로부터 <u>추출되었다.</u>

마을 사람들은 부임한 지 얼마 안 된 그 젊은 여선생님을 존경하였다.
부임한 지 얼마 안 된 그 젊은 여선생님은 마을 사람들에게 <u>존경받았다.</u>

그 사람은 항상 친구들을 무시한다.

친구들은 그 사람에게 항상 <u>무시당한다</u>.

이 세 쌍의 문장을 살펴보면 쌍마다 동일한 명사 어근을 가진 동사를 서술어로 하는 두 문장이 서로 능동문과 피동문의 관계를 이루고 있다.

그러나 '-되다', '-받다', '-당하다'를 붙인 동사가 모두 '-하다' 동사와 능동-피동 대응 관계를 이루는 것은 아니다.

갑자기 그 사고가 <u>발생하였다</u>.
갑자기 그 사고가 <u>발생되었다</u>.

'발생하다'와 '발생되다'는 모두 자동사이며 의미가 비슷하다. '발생하다'는 사건에 대한 중립적인 진술에 속하지만, '발생되다'는 피할 수 없는 어떤 사건이 일어나는 상황을 맞게 되었음을 언급하는 것으로 '어쩔 수 없음' 등의 의미를 갖는다. 물론 '발생되다'는 적절한 국어 사용이 아니라는 비판을 받을 수도 있다. 그러나 '-되다'류 동사를 포함한 문장이 '-하다'류 동사를 포함한 문장과 반드시 능동과 피동의 관계를 이루는 것은 아니다. 이러한 유형에 속하는 동사로는 '관련하다-관련되다, 개막하다-개막되다' 등이 있다. 따라서 '-되다', '-받다', '-당하다'류의 동사가 피동문을 구성할 경우에는 그 의미를 잘 살펴야 한다. 이는 '-어지다' 구성의 경우와 유사하다.

3) 피동 표현의 통사적·의미적 특징

피동 형식의 문장이 항상 동일한 사태를 나타내는 능동문에 대응하는 것은 아니다. 전형적인 피동문과 능동문은 기본적으로 같은 사태를 나타내지만 말하는 사람이 초점을 두고 있는 대상이 다름을 표시하는 것이다. 어떤 능동문은 대응하는 피동문이 없고, 어떤 피동문은 대응하는 능동문이 없을 수 있다.

먼저 능동문과 피동문이 형식적으로는 대응하나 의미가 일치하지 않는 경우가 있다.

친구 세 명이 잠자리 다섯 마리를 잡았다.
잠자리 다섯 마리가 친구 세 명에게 잡혔다.

이 두 문장은 형식상으로 능동문과 피동문의 전형적인 대응 관계를 보이나 능동문과 피동문의 의미가 다르다. 능동문은 친구 세 사람이 각각 잠자리 다섯 마리씩을 잡은 경우이거나 아니면 그 세 명의 친구가 잡은 잠자리가 모두 합하여 다섯 마리라는 두 가지 의미로 해석될 수 있다. 하지만 피동문은 친구들이 잡은 잠자리의 총수가 다섯 마리일 뿐이라는 한 가지 뜻밖에 없다. 따라서 수량 표현이 나타나는 경우에는 능동문과 피동문이 동일한 의미가 아닐 수 있다.

수량 표현이 나타나지 않지만 성분 부사가 나타나는 능동문과 그에 대응하는 피동문이 다른 의미를 가질 수도 있다.

엄마가 아이를 얼른 안았다.
아이가 엄마에게 얼른 안겼다.

부사 '얼른'이 수식하는 내용이 능동문과 피동문에서 서로 다르다. 능동문에서 부사 '얼른'이 수식하는 것은 아이를 안는 엄마의 행동이고, 피동문에서는 아이가 엄마에게 안기는 상태 변화의 과정이라고 할 수 있다. 이런 측면에서 보자면 "아이가 엄마에게 얼른 안겼다."라는 피동문은 피동주인 주어가 일종의 의도성을 가질 수 있다는 점에서 일반적인 피동문과 다르다.

이러한 문장뿐만 아니라 다음과 같이 분명히 타동사이지만 대응하는 피동문을 찾기가 어려운 경우도 있다.

철수가 사과를 <u>먹었다</u>.
^{??}사과가 철수에게 <u>먹힌다</u>.

소가 풀을 <u>뜯는다</u>.
^{??}풀이 소에게 <u>뜯긴다</u>.

"철수가 사과를 먹었다."와 "소가 풀을 뜯는다."는 대응하는 행동주인 주어의 행위에 영향을 받는 대상을 목적어로 취하는 전형적인 타동문이므로 대응하는 피동문이 있어야 한다. 그러나 위의 예에서 보듯이 이러한 타동사 문장의 피동문은 매우 어색하다.

대응하는 능동문이 없는 피동문도 있다. 이러한 경우에는 피동 접미사나 '-어지다' 등의 피동 문법 형태를 제외한 능동사 형태의 동사가 사용된 문장은 결코 피동문에 대응하는 능동문이 될 수가 없다.

감기가 심하게 <u>걸렸다</u>.
*(   ) 감기를 심하게 걸었다.

이제 날씨가 좀 <u>풀리려나</u>.
*(   ) 이제 날씨를 좀 풀려나.

그런데 "감기가 심하게 걸렸다."와 "이제는 날씨가 좀 풀리려나."가 피동적인 의미가 전혀 없다고 할 수는 없다. '감기가 걸리는 것'이나 '날씨가 풀리는 것'이 해당 주어의 의지에 의해서 일어나는 것은 아니다. 피동문의 형태인 이 문장들은 각각의 사태를 초래하는 행동주나 원인을 문장 성분으로 설정할 수 없다. 즉, "감기가 심하게 걸렸다."는 전형적인 피동문은 아니나 '감기 걸리는 것'이 저절로 이루어지는 상황을 나타내므로 피동적인 의미를 갖는 피동 표현이라고 할 수 있다. 그런데 "감기가 심하게 걸렸다."와 "이제는 날씨가 좀 풀리려나."의 주어가 각각 질병과 날씨로 한정된다는 제약을 가지므로 원래의 피

동사의 의미를 그대로 유지하는 것으로 보기는 어렵다.[2]

또한 다음과 같이 의미상 대응하는 능동문이 있을 것으로 예상되지만 그에 대응하는 능동문이 없는 경우도 있다.

[??]바람이 유리창을 <u>깼다</u>.

바람에 유리창이 깨졌다.

(무엇이/누가) 혈관을 <u>막았다</u>.

혈관이 막혔다.

피동문의 형식인 "바람에 유리창이 깨졌다."와 "혈관이 막혔다."는 행동주가 구체적으로 나타난다고 보기 어렵다. 이에 대응하는 능동문은 "바람이 유리창을 깼다."와 같이 어색하거나 "(무엇이/누가) 혈관을 막았다."와 같이 문장의 주어를 굳이 밝히기 어려운 경우에 속한다.

이러한 피동사들은 '상태 변화'를 나타내는 자동사이며, 주어의 의지가 작용하는 변화가 아니라 외부의 힘이나 영향에 의한 상태 변화를 표현하게 된다. 다음과 같은 문장으로 이러한 사실을 확인할 수 있다.

문이 갑자기 <u>열렸다</u>.

눈이 <u>녹아서</u> 길이 질다.

문이 열리는 상황이 갑자기 벌어진 경우에 누가 문을 열었는지 무엇 때문에 문이 열렸는지를 밝히지 않는다면 "문이 갑자기 열렸다."와 같은 전형적인 자동문으로 나타날 것이다. 실제로 '열리다, 닫히다' 등은 행동주나 원인을 밝히지 않고 쓰이는 경우가 많다. 다만 주어로 나타난 '문'이 행동주가 아니고 어

---

2 이 경우에는 일종의 관용화 과정에 있다고 볼 수도 있다.

떤 행위의 영향을 받는 대상인데, 이것은 자동사문인 "눈이 녹아서"의 '눈'과 마찬가지로 주어가 아닌 대상의 의미 역할을 수행한다. 이러한 자동사를 흔히 '비대격 동사'라고 한다.[3] 이때 이 자동사의 주어는 스스로 행위를 주도해 나가거나 그 행위에 대하여 의지를 갖지 못하며, 이는 피동적 의미와 상통한다. 접미사 피동사의 경우에는 파생에 의해 형성되는데, 파생의 과정을 거치면서 피동에서 더 나아간 의미를 갖는 것으로 보인다.

이와 같이 피동의 형태를 갖는 동사들은 순수하고 전형적인 피동의 의미에서 확장된 피동의 의미까지 다양한 범위의 의미를 나타낸다. 그러면 확장된 피동의 의미를 살펴보자.

먼저 피동의 형태로 상태 변화를 나타내는 자동사가 있다. 이러한 자동사는 주로 형용사나 자동사 어간에 '-어지다'를 붙여 만들어지는데 이 동사가 들어간 문장은 형식적으로나 의미적으로 전형적인 피동문이라고 보기 어렵다. 주어의 의도와 관련 없이, 또는 주어가 의지를 발휘하지 못하고 어떤 외적 이유로 그러한 상태에 이르게 되었음을 나타내는 상태 변화 동사라고 볼 수 있다.

갑자기 배가 <u>고파졌다</u>.
오히려 눈에 띌까 다시 걸어도 되오면 그 자리에 <u>서졌습니다</u>.

'고프다'에서 나온 '고파졌다'는 배가 고프지 않은 상태에서 저절로 배가 고픈 상태로 바뀌었다는 것을 나타낸다. 가곡 「그 집 앞」의 가사에 나오는 "그 자리에 서졌습니다."도 생략된 1인칭 주어 '나'의 의지와 무관한 행위를 나타낸다고 할 수 있다. '서다'는 자동사로 대응하는 피동문을 만들 수 없는데, '서지다'가 되면 주어인 '나'의 의지와 상관없이 그 집 앞에 저절로 서게 되었다는 것을 말하는 것이다. 따라서 무의지적인 자동사인 비대격 동사로 실현되는데, 이러한 비대격성은 앞에서 말한 바와 같이 피동적 의미와 관련이 있다.

---

3 비대격 동사는 행동주를 주어로 취하여 주어인 행동주가 능동적으로 사건을 이끌어가는 사태를 나타내는 '비능격 동사'와 구분된다.

'-어지다'와 유사한 '-게 되다'의 경우를 살펴보자. 이 구성도 피동으로 자주 언급되지만, 주로 '-게 되다'가 사용되는 다음과 같은 문장은 전형적인 피동으로 보기 어렵다.

> 그 가난한 학생은 많은 고생 끝에 대학에서 공부했다.
> 그 가난한 학생은 많은 고생 끝에 대학에서 공부하게 되었다.

전형적인 피동이라면 목적어가 주어가 되고 '-게 되다'가 동사에 붙어야겠지만 이 문장은 능동문 형식의 문장과 형식이 동일하다. 다만 이 두 문장의 차이점은 '공부하는 것'은 주어가 의지를 가지고 실행하는 것을 나타내지만, '공부하게 되는 것'은 주어의 의지와 관련 없이 상황이 그렇게 변해 간 것을 의미한다는 것이다. 또한 '-게 되다'를 사용한 문장은 가난한 학생이 아직 공부를 시작하지 않은 상태를 언급하는 것으로, 지금은 일어나지 않았지만 가까운 미래에 일어날 일을 나타낸다. 이는 '예정상'이라고 하여 상이나 양태로 취급하기도 한다.

상태 변화에 대한 주어의 무의지성에 의해 발생하는 피동적 의미에서 더 나아가 피동의 형태가 가능성을 나타내는 경우도 있다.

> 오늘은 밥이 잘 안 먹힌다.
> → 오늘은 내가 밥이 잘 안 먹힌다.
> → 오늘은 내가 밥을 잘 먹을 수 없다.

> 방이 어두워서 책이 잘 안 보인다.
> → 방이 어두워서 내가 책이 잘 안 보인다.
> → 방이 어두워서 내가 책을 잘 볼 수 없다.

이 문장들은 모두 화자가 가진 감각적 능력의 가능성에 대한 언급이다. 이 경우 문장의 화자이자 주체인 '나'의 의지가 거의 작용하지 않으므로 피동적 의미를 나타낸다고 볼 수 있다. 이러한 가능성의 의미는 영어 번역문을 통해서도 확인된다.

> 거기 잘 들려요?
> Can you hear me?

분명히 한국어에서는 피동형인 '들리다'를 사용하였는데 영어 번역문에서는 가능성을 나타내는 조동사 'can'을 사용해야 한다.

이보다 더 나아가 가능성의 속성을 나타내는 경우가 있다. 이러한 피동 형태의 동사를 사용한 문장의 주어는 대체로 영향을 받는 대상이 아니며, 문장이 나타내는 의미는 주어가 어떠한 상태 변화를 가능하게 하는 속성을 가졌다는 것이다.

> 이 칼은 잘 잘린다.

이 문장은 칼의 성능이 우수하여 그 칼로는 무엇이든 잘 잘리는 것을 나타낸다. 칼이 약해서 어떤 행동주의 동작이나 원인의 영향으로 칼 자체가 잘 잘리는 것을 의미하는 것이 아니다. 피동 표현의 의미가 가능성을 나타내는 것에서 확장되어 주어와 관련된 속성을 나타내는 것이다. 이와 같이 가능성과 관련된 피동 표현들은 형태상 공통점이 있다. 앞에서 보았듯이 피동형 동사 앞에 '잘', '안'과 같은 부사어가 나타나게 된다.

더 알아보기

이중 피동

접미사 피동사에 '-어지다'나 '-게 되다'가 결합하여 나타나는 '이중 피동'은 피동 표현과 관련하여 주목해야 하는 문법 현상이다.

잊혀진 계절   [상태 변화의 강조]

그 노래는 오랫동안 널리 불려졌다.   [상태 변화의 강조]

그 범인이 결국 붙잡히게 되었다.   [상태 변화의 강조, 예정상]

'잊혀진, 불려졌다, 붙잡히게 되었다'와 같은 표현은 피동 접미사에 의한 피동사에 '-어지다'나 '-게 되다'가 붙은 형태로, 피동과 관련된 형태가 이중으로 결합된 것이다. '잊혀진 계절'에서 관형사형으로 실현된 '잊혀진'의 주어도 '계절'이고, 잊힘을 당하는 대상도 '계절'이다. 즉, '계절'이 주어이면서 대상인 셈이다. '불려졌다'나 '붙잡히게 되었다'도 같은 방식으로 설명되어 피동적 의미를 갖는 것이 분명하다.

그렇다면 이중 피동이 사용되는 이유는 무엇인가? 규범적인 문법 의식을 가진 사람들은 이러한 이중 피동 표현을 피동의 의미가 중복된 오류로 취급하고 있다. 그러나 규범적으로 바른 표현에 해당하는 '잊힌 계절'보다 오류에 해당하는 '잊혀진 계절'이 훨씬 자연스럽게 인식되어 더 많이 쓰인다. 따라서 피동을 중첩하여 사용하는 것은 그 나름대로 이유가 있다고 판단된다. 피동적 의미가 도입되는 것은 접사에 의해서이며, '-어지다'나 '-게 되다'는 피동적 의미의 상태 변화적 측면을 강조하는 것으로 보인다. 더욱이 '-게 되다'는 앞에서 본 바와 같이 '예정상'의 의미도 포함한다.

2──사동 표현

1) 사동의 개념

사동은 일반적으로 어떤 행동주가 다른 대상에게 영향을 주어 어떤 행위나 결과를 초래하는 것을 말한다. 그러나 사동의 개념은 의외로 복잡하다. 좁은 의미에서는 '시킴'의 개념이 중요하므로 행동주(사동주)가 대상(피사동주)에게 어떤 행동을 하도록 시키는 것을 말한다. 즉, 사동의 행위를 유발하는 사동주가 다른 사람인 피사동주에게 영향을 주는 행위를 하여 피사동주가 어떤 행위를 하거나 상태에 이르게 되는 것이다. 이때 사동주가 피사동주에게 영향을 주는 행위는 주로 '시킴'을 나타내는 사동의 행위이며, 피사동주가 하는 행위는 피사동 행위가 된다.

철수는 동생에게 옷을 <u>입혔다</u>.

이 문장은 철수가 동생이 옷을 입는 행동을 하도록 시키거나 철수가 동생에게 직접 영향을 주어서 옷을 입은 상태로 만드는 경우를 나타낼 수 있다. 이러한 좁은 의미의 사동은 다른 말로 '사역'이라고도 한다.

반면에 넓은 의미의 사동은 원인과 그로 인한 결과로 이루어진 인과 관계를 말하므로 주어인 행동주가 목적어인 대상에게 영향을 주는 경우도 포함한다. 이 경우는 '시킴'을 나타내는 좁은 의미의 사동을 포함하여 '시킴'의 의미가 없이 대상에 '영향을 미침'을 나타내는 타동까지 포함시킬 수 있다.

철수는 종이를 <u>찢었다</u>.

행동주인 철수는 대상인 종이에 찢는 동작으로 영향을 주어 종이가 찢긴 상태가 되도록 한다. 따라서 원인은 철수가 종이에 가하는 행위가 되고, 그 행위의 결과는 종이가 찢긴 상태가 되는 것이다. 그러나 사동의 의미가 여기까지 확장된다면 사동과 타동의 구분이 어려워지며, 타동은 거의 대부분 사동이 되어야 할 것이다.

이제 오븐의 온도를 <u>낮추어야</u> 한다.
오븐의 온도가 낮다.

이 문장도 "철수는 종이를 찢었다."와 같이 오븐의 온도를 어떤 일정한 상태에 이르도록 영향을 주지만 좁은 의미의 사동과 같은 '시킴'의 의미가 있는 것은 아니다. 따라서 인과 관계로서의 사동은 좁은 의미의 사동인 사역이 아닌 경우에 사동 여부를 판정하기 어렵다는 문제가 있다.

이처럼 국어의 문법 요소로서의 사동은 이러한 두 개념 중 어느 하나에 기대고 있다고 보기가 어렵다. 이에 대한 논란은 통상적으로 사동이라고 하는 문법 요소를 이해하는 데 어려움이 된다. 실제로 국어의 사동은 시킴에서 인과 관계까지를 모두 포괄하고 있고, 사실상 사동은 개념적인 측면보다는 형식적인 측면에서 사동사나 사동과 관련된 형태를 통해 구분하고 있다. 따라서 '사동'이라는 추상적 개념보다는 '사동 표현'이라는 형태로부터 사동에 접근하는 것이 포괄적 개념의 사동에 대하여 훨씬 타당한 설명을 제공할 것이다.

2) 사동 표현의 형식

사동을 나타내는 동사는 피동의 경우와 마찬가지로 세 가지 정도의 방식으로 형성된다. 주동사의 어근에 사동 파생 접미사 '-이-, -히,-, -리-, -기-, -우-, -구-, -추-'를 붙여 파생 사동사를 사용하는 경우, 주동사에 '-게 하다'나 '-게 시키다' 등을 붙인 보조 용언 구성을 사용하는 경우, 어근에 '-시키다' 등을 붙인 경우 등이다. 일반적으로 파생 사동사를 사용하는 경우를 '단형 사동'이라고 하고, 보조 용언 구성을 사용하는 경우를 '장형 사동'이라고 한다.[4]

(1) 단형 사동

단형 사동은 파생 사동사에 의해 실현되며, 단형 사동이 나타나는 문장을 단형 사동문이라고 한다. 단형 사동문은 파생 피동사에 의한 피동문과 마찬가지로 모든 주동사 어근에서 파생되는 것이 아니다. 일곱 가지 사동 파생 접미사가 다 모든 용언의 어근과 결합하는 것도 아니며, 결합하는 접미사를 규칙화할 수도 없다. 이러한 양상은 파생 피동사의 경우와 마찬가지로 '파생'이라는 형

---

4 손호민(1978)을 참고하라.

태론적 과정의 전형적인 특징을 반영하는 것이다.

> 높다: 높이다, *높히다, *높리다, *높기다, *높우다, *높구다, *높추다
> 입다: *입이다, 입히다, *입리다, *입기다, *입우다, *입구다, *입추다
> 돌다: *돌이다, *돌히다, 돌리다, *돌기다, *돌우다, *돌구다, *돌추다
> 감다: *감이다, *감히다, *감리다, 감기다, *감우다, *감구다, *감추다
> 피다: *피이다, *피히다, *피리다, *피기다, 피우다, *피구다, *피추다
> 달다: *달이다, *달히다, *달리다, *달기다, *달우다, 달구다, *달추다
> 늦다: *늦이다, *늦히다, *늦리다, *늦기다, *늦우다, *늦구다, 늦추다

사동사의 파생에서 형태상 특별한 것은 다음과 같이 사동 접미사가 둘 이상 결합한 것으로 보이는 경우이다. 이 동사들은 어근에 사동 접미사 '-이-'와 '-우-'가 결합한 형태이다.

> 세우다, 재우다, 태우다, 채우다, 띄우다, 틔우다

(2) 장형 사동

장형 사동은 보조 용언 구성에 의해 실현되며, 장형 사동을 반영한 사동문을 장형 사동문이라고 한다. 피동의 경우와 마찬가지로 장형 사동문은 단형 사동문보다 제약이 적다. 피동의 경우도 보조 용언 구성에 의한 피동문은 실제로 결합하는 동사가 제한되지 않는 경향을 보인다. 다만 형용사와 결합한 보조 용언 구성의 장형 사동문은 국어의 직관상 부적절한 표현으로 보는 경향이 있다.

> *시 당국에서 이 도로를 넓게 하기로 했다.
> 시 당국에서 이 도로를 넓히기로 했다.

'도로를 넓게 하는 것'은 그 종결점을 확정하기 어렵고 상대적인 정도의 심

화라는 의미로 해석되지 않기 때문에 '도로를 넓히는 것'이 더 적절하다. 즉, 형용사문의 경우에는 장형 사동문보다 단형 사동문이 더 적절하다.

(3) '시키다'류의 사동 표현

어근에 '-시키다'를 붙이는 경우는 해당 어근에 '-하다'를 붙인 동사와 대응하는 사동사가 되는 경우가 많다.

철수가 밤늦게까지 <u>공부한다</u>.
엄마가 철수를 밤늦게까지 <u>공부시킨다</u>.

'공부시키다'를 동사로 취하는 사동문은 사동주인 엄마가 피사동주인 철수에게 공부를 하게 하는 행위를 하는 상황을 나타낸다.

그러나 '-시키다'류의 동사가 항상 사동의 의미를 갖는 것은 아니다. 다음과 같은 경우에는 '-하다'가 붙은 동사와 '-시키다'가 붙은 동사가 거의 유사한 의미를 나타낸다.

김 선생은 이 선생에게 나를 <u>소개했다</u>.
김 선생은 이 선생에게 나를 <u>소개시켰다</u>.

위의 두 문장은 모두 동일한 상황을 가리킨다. 물론 미묘한 의미 차이는 있지만 '소개하다'와 '소개시키다'는 동일한 문장 성분이면서 동일한 상황을 나타낸다. '소개하다'가 주동을 의미하고 '소개시키다'가 그에 대응하는 사동을 의미하는 것이 아니다. 규범의 측면에서 엄격하게 따지자면 '소개시키다'는 '소개하다'의 오용으로 파악하기도 하지만 실제 언어생활에서는 빈번하게 사용되는 형태이다.

3) 사동 표현의 통사적 특징

사동의 의미를 나타내는 사동 표현의 문장, 즉 사동문은 사동을 나타내는 동사가 주어인 사동주와, 부사어나 목적어인 피사동주를 문장 성분으로 취하여 구성된다. 주동사의 종류에 따라서는 또 다른 목적어를 취하기도 한다. 이에 대응하는 주동 표현의 문장은 피사동주와 동일한 의미 역할을 하는 주어를 취하게 된다.

철수가 얼음을 <u>녹이고</u> 있다.
얼음이 <u>녹고</u> 있다.

주동문이 자동문인 경우 이에 대응하는 사동문에는 사동주 '철수'가 나타나고, 주동문의 주어인 '얼음'은 사동문에서 목적어로 나타난다. 그런데 만약 주동문이 타동문인 경우에는 또 다른 양상이 나타난다.

할머니가 손자에게 물을 <u>마시게 했다.</u>
손자가 물을 <u>마셨다.</u>

타동문인 주동문에 대응하는 사동문에는 사동주 '할머니'가 나타나고, 주동문의 주어인 '손자'가 사동문에서는 부사어로 나타난다. 주동문의 목적어인 '물'은 사동문에서도 역시 목적어로 나타난다.

앞에서 말한 바와 같이 사동 표현에는 접미사에 의한 단형 사동과 보조 용언 구성에 의한 장형 사동이 있다.[5] 그런데 사동 표현의 형식에 따라 문장의 통사적 특징이 다르게 나타난다.

첫째, 피사동주의 형태가 사동사의 어근 동사의 유형, 사동의 장형·단형 형

---

5 사실 '–시키다'류의 동사도 접미사에 의한 사동과 유사한 부류로 취급할 수 있다. 어근에 사동을 나타내는 요소를 첨가하여 생성된 별도의 단어이기 때문이다.

식 등에 따라 다르게 나타난다. 먼저 단형 사동문에서 어근 동사의 유형에 따라 피사동주의 형태가 다르게 나타나는 경우부터 살펴보자.

형이 <u>동생을</u> 울렸다.

이 문장의 서술어인 사동사 '울리다'는 자동사 '울다'에서 파생된 것으로, 피사동주에 목적격 조사 '을'이 붙는다. 그러나 다음 문장과 같이 사동사의 어근 동사가 타동사인 경우 피사동주에는 두 가지 격 조사가 결합할 수 있다.

형이 <u>동생에게</u> 밥을 먹였다.
형이 <u>동생을</u> 밥을 먹였다.

사동사 '먹이다'는 어근 동사인 타동사 '먹다'에서 파생된 것으로, 피사동주에 부사격 조사 '에게'나 목적격 조사 '을'이 붙는다.

계속해서 보조 용언 구성에 의해 실현되는 장형 사동문의 피사동주에 대해서 알아보자.

형이 <u>동생을</u> 울게 했다.
*형이 <u>동생에게</u> 울게 했다.
(?)형이 <u>동생이</u> 울게 했다.[6]
형이 <u>동생으로 하여금</u> 울게 했다.

'울게 하다'와 같이 자동사에 '-게 하다'를 붙여 실현되는 장형 사동문의 경

---

6 실제로 이 문장의 주어에 주제를 나타내는 보조사를 붙인다면 "형은 동생이 울게 했다."와 같이 조금 나은 문장이 된다. 순전히 문장의 층위에서 문법성을 다루는 것이 실제로 쉽지 않음을 알 수 있다. 이것은 결국 문법을 문법성의 차원에서 다루느냐 수용 가능성의 차원에서 다루느냐의 문제이다. 문법성과 수용 가능성에 관련된 문제는 문법론 연구의 출발점이자 가장 어려운 과제라고 할 수 있다.

우 피사동주에는 목적격 조사 '을'이 자연스럽게 나타나고 주격 조사 '이'도 나타날 수 있으며 '-로 하여금'[7]의 형식이 붙기도 한다. 그러나 부사격 조사 '에게'는 나타날 수 없다.

> 형이 <u>동생을</u> 밥을 먹게 했다.
> 형이 <u>동생에게</u> 밥을 먹게 했다.
> 형이 <u>동생이</u> 밥을 먹게 했다.
> 형이 <u>동생으로 하여금</u> 밥을 먹게 했다.

타동사 '먹다'에 '-게 하다'가 붙은 '먹게 하다'의 경우에는 피사동주에 목적격 조사 '을', 부사격 조사 '에게', 주격 조사 '이'가 붙을 수 있다.

둘째, 단형 사동문과 장형 사동문에서는 성분 부사의 수식 범위가 다르다.

> 엄마는 아기를 <u>조용히</u> 재웠다.
> 엄마는 아기를 <u>조용히</u> 자게 했다.

단형 사동인 '재우다'가 사용된 문장에서 부사 '조용히'는 사동주인 '엄마'가 피사동주인 '아기'에게 영향을 미치는 사동의 행위를 한정하는 반면, 장형 사동인 '자게 하다'가 사용된 문장에서는 부사 '조용히'가 피사동주인 '아기'가 자는 행위를 한정한다. 즉, 단형 사동문에 사용된 부사는 사동주의 행위를 수식하고, 장형 사동문에 사용된 부사는 피사동주의 행위를 수식한다.

셋째, '조용히'와 같은 성분 부사처럼 부정 부사도 장형 사동문과 단형 사동문에서 부정의 범위가 다르게 나타난다.

> 선생님은 학생들에게 그 책을 <u>안</u> 읽혔다.

---

7 '-로 하여금'은 번역 투로 다루어지기도 하나 최근에는 자연스러운 표현으로 사용되는 경우가 많다.

선생님은 학생들에게 그 책을 <u>안</u> 읽게 하였다.

단형 사동문에서는 사동주인 '선생님'이 피사동주인 '학생들'에게 책을 읽도록 강제하는 사동의 행위를 하지 않은 것을 나타내는 반면, 장형 사동문에서는 사동주인 '선생님'이 피사동주인 '학생들'이 책을 읽는 행위를 하지 않도록 강제하는 사동의 행위를 한 것, 즉 학생들이 책을 읽는 행위를 금지한 것을 나타낸다.

넷째, 주체 높임 선어말 어미 '-시-'도 성분 부사나 부정과 유사한 양상을 보인다.

선생님은 학생들에게 그 책을 <u>읽히셨다</u>.
선생님은 학생들에게 그 책을 <u>읽게</u> 하셨다.

단형 사동문에서 주체 높임 선어말 어미 '-시-'가 나타날 수 있는 동사는 '읽히다'뿐이다. 따라서 사동주인 '선생님'의 사동 행위를 높이는 것이다. 장형 사동문에서도 '-게 하다'에 '-시-'가 나타나면 단형 사동문과 마찬가지로 사동주의 사동 행위를 높이게 된다. 그런데 만약 주체 높임 선어말 어미 '-시-'가 다음과 같은 방식으로 나타나게 되면 어색한 문장이 된다.

*선생님은 학생들에게 그 책을 <u>읽으시게</u> 하였다.

이렇게 되면 사동주인 '선생님'을 높이는 것이 아니라 피사동주인 '학생들'을 높이는 것이 되므로 주체 높임이 부적절하게 표현되었다. '학생들'에게 높임을 표현해야 하는 화자라면 당연히 '선생님'에게도 높임을 표현해야 하는 것이기 때문이다.

이러한 차이점은 장형 사동과 단형 사동의 문장 구조상의 특징에서 기인한다. 단형 사동은 사동사 하나로 실현되기 때문에 부사의 수식 범위나 부정의 영향권에 들어가는 것은 사동주이어야만 한다. 또한 주체 높임 선어말 어미와 호응하는 것도 역시 사동사와 직접 관련된 사동주이어야 한다. 반면에 보조 용언 구성으로 실현되는 장형 사동에서는 본용언은 피사동주의 행위와, 보조 용언은 사동주의 행위와 관련되므로 부사나 부정소, 주체 높임 선어말 어미 등의 위치에 따라 사동주의 행위에 대한 진술이 되기도 하고 피사동주의 행위에 대한 진술이 되기도 한다.

재귀 대명사 '자기'는 앞에서 언급한 문법 요소와 다른 모습을 보인다.

> 선생님$_i$은 학생들$_j$에게 자기$_{i/j}$ 책을 읽히셨다.
> 선생님$_i$은 학생들$_j$에게 자기$_{i/j}$ 책을 읽게 하셨다.

사동주인 '선생님'과 피사동주인 '학생들'이 재귀 대명사 '자기'의 선행사가 될 수 있으므로 위의 두 문장은 모두 중의적이다. 이러한 해석이 가능한 것은 사동이 개념적으로 원인과 결과라는 두 개의 사건으로 구성되어 있고, 단형 사동이나 장형 사동 모두 의미상 복합적인 사건을 나타내기 때문이다. 따라서 의미상의 겹문장 구조, 다시 말해 기저의 문장 구조가 겹문장으로 인식되기 때문에 재귀 대명사 '자기'의 선행사가 이와 같이 해석되는 것이다. 그 기저의 구조를 설정해 보면 다음과 같다.

> [선생님$_i$은 [학생들$_j$에게 자기$_{i/j}$ 책을 읽]히셨다.]
> [선생님$_i$은 [학생들$_j$에게 자기$_{i/j}$ 책을 읽게] 하셨다.]

단형 사동문과 장형 사동문에서 전체 주어인 '선생님'은 당연히 '자기'의 선행사가 될 수 있다. 장형 사동문에서는 '학생들에게 자기 책을 읽게'가 문장 구조를 가지는 절이므로 '학생들'도 '자기'의 선행사가 될 수 있다. 반면에 단형 사동문에서는 표면상 이러한 절의 형태가 보이지 않는다. 그러나 '학생들에게 자기 책을 읽'이라는 부분이 의미상 주어와 서술어 관계를 갖는 것으로 보이므로 의미상의 절을 형성한다고 볼 수 있다. 따라서 이 경우에도 장형 사동문과 마찬가지로 '학생들'이 '자기'의 선행사가 될 수 있다. 이러한 기저의 구조를 근거로도 앞에서 언급한 부사의 수식 범위, 부정의 영향권, 주체 높임 선어말 어미의 호응 등을 설명할 수 있다.

4) 사동 표현의 의미적 특징

의미적 측면에서 사동은 일반적으로 직접 사동과 간접 사동으로 나뉜다. 이러한 분류는 사동주의 행위가 피사동주의 행위에 영향을 미치는 방식에 근거한다. 직접 사동은 사동주의 행위가 피사동주의 행위에 직접 관여하여 영향을 미치는 것이고, 간접 사동은 간접적으로 관여하여 영향을 주는 것이다. 단형 사동과 장형 사동의 형식이 각각 직접 사동과 간접 사동에 대응된다는 가정이 있기는 하나 단형 사동이 반드시 직접 사동을 나타내는 것은 아니다.

다음 문장들을 살펴보자.

형이 동생에게 밥을 <u>먹였다</u>.
형이 동생에게 밥을 <u>먹게 했다</u>.

단형 사동문의 경우에는 형이 숟가락을 들고 직접 동생에게 밥을 떠먹이는 상황과 말로 지시하거나 다른 사람을 시켜 동생이 밥을 먹도록 유도하는 상황을 모두 나타낼 수 있다. 즉, 단형 사동문은 직접 사동과 간접 사동을 모두 나타낼 수 있다. 그렇지만 장형 사동문은 간접 사동의 의미만을 나타낸다.

그러나 사동의 형식과 의미의 관계가 반드시 이와 같지는 않다. 실제로 사동사의 어근 동사가 무엇이냐에 따라, 또 보조 용언 구성과 결합하는 동사가 어떤 동사이냐에 따라 직접 사동과 간접 사동이 결정된다.

브루투스가 시저를 <u>죽였다</u>.

브루투스가 시저를 <u>죽게 했다</u>.

단형 사동인 '죽이다'의 경우에는 사동주가 피사동주에게 직접 영향을 주어 결과 상태에 도달하도록 하는 직접 사동을 의미하고, 장형 사동인 '죽게 하다'의 경우에는 사동주가 피사동주에 직접 영향을 주는 것이 아니라 다른 사람의 힘을 빌리는 등의 간접적인 방식으로 피사동주에 영향을 주는 간접 사동을 의미한다.

다음과 같은 경우는 또 다른 해석의 양상을 보인다.

그 남자는 그 여자를 <u>웃겼다</u>.
그 남자는 그 여자를 <u>웃게 했다</u>.

이 두 문장은 장형 사동이거나 단형 사동이거나 모두 피사동주인 '그 여자'의 웃는 행위에 사동주인 '그 남자'가 직접 영향을 미칠 수가 없다. 이것은 '읽히다'와 '읽게 하다'도 마찬가지이다.

그런데 다음과 같이 비전형적인 형태로 사동이 사용되는 경우가 있다.

저 집은 소를 열 마리나 <u>먹인다네</u>.

이 문장은 사동주인 '저 집'이 피사동주인 '소'에게 무엇인가를 먹게 한다는 전형적인 사동의 의미보다는 '저 집'의 사람들이 소에게 먹이를 먹여서 사육한다는 의미로 해석된다. 이러한 문장은 전형적인 사동은 아니지만 사동적 의미와 관련이 있는 것으로 볼 수 있다.

부정

1──부정의 개념과 형식

'부정(否定)'은 문장이 나타내는 명제의 내용을 그와 대립되는 것으로 바꾸는 언어 현상이다. 부정을 실현시키는 문법 요소를 '부정소'라고 하며, '안, 못' 등의 부정 부사나 '-지 않다, -지 못하다, -지 말다' 등의 부정의 보조 용언 구성 등이 부정소에 속한다.

> 오늘 철수가 학교에 <u>안</u> 왔다.
> 오늘 철수가 학교에 <u>못</u> 왔다.
> 오늘 철수가 학교에 오<u>지 않았다</u>.
> 오늘 철수가 학교에 오<u>지 못했다</u>.
> 오늘 학교에 오<u>지 마라</u>.

문장의 문법 요소로서 부정을 정의하는 범위가 논란이 되기도 한다. 부정 부사나 부정의 보조 용언 구성 등의 부정소는 문법 형식의 차원에서 부정을 실현하지만 부정소 없이 의미상 반의 관계를 이루는 단어를 사용하여 의미상의 부정을 실현시킬 수도 있다.

> 영희는 그 사실을 <u>알았다</u>.
> 영희는 그 사실을 <u>몰랐다</u>.

'모르다'는 '알지 못하다'로 분석될 수 있으므로 의미상 부정의 요소를 포함한다고 생각할 수 있다. 따라서 표면적으로는 부정소가 드러나지 않지만 '모르다'는 '알다'의 의미상 부정이 될 수 있다. 그렇다면 다음과 같은 '모르다'의 부정은 무엇이 되어야 할 것인가 하는 의문이 생긴다.

> 영희는 그 사실을 <u>모르지 않았다</u>.

'모르지 않다'는 '알다'의 의미상 부정인 '모르다'의 부정이므로 반의어인 긍정의 '알다'가 된다. 그러나 '모르지 않다'는 형식적인 측면, 즉 통사적 측면에서는 분명한 부정이다. 이러한 사실에 비추어 반의 관계라는 어휘 의미 관계에 의한 의미상의 부정은 형식이 고정되어 있지 않아 이에 근거를 두고 부정을 정의하면 그 범위가 모호하게 된다는 것을 알 수 있다. 따라서 부정소가 드러나는 통사적 부정을 문장 구조와 관련된 문법 요소로서의 부정이라고 할 수 있으며, 이러한 부정이 실현된 문장을 부정문이라고 하는 것이 문법 요소인 부정의 개념에 더욱 적합하다고 할 수 있다.

2——부정의 유형

1) 형식에 따른 유형

앞에서 살펴본 바와 같이 부정은 부정 부사와 부정의 보조 용언 구성으로 실현된다. 이러한 부정의 형식을 기준으로 부정의 유형을 나눌 수 있다.

다음과 같이 부정 부사 '안, 못'을 붙여 실현되는 부정을 '짧은 부정' 또는 '단형 부정'이라고 한다.

영희가 그 책을 <u>안</u> 읽었다.
영희가 그 책을 <u>못</u> 읽었다.

단형 부정은 서술어가 복합어인 경우에는 잘 나타나지 않는 분포상의 제약이 있다.

*이 집은 담장이 <u>안</u> 높다랗다.
*이 학교는 <u>안</u> 자유롭다.
*이 시장은 물건이 <u>안</u> 값싸다.

파생어인 '높다랗다, 자유롭다'나 합성어인 '값싸다' 등은 단형 부정으로 나타날 수 없다. 그러나 '사랑하다'와 같은 '-하다' 동사나 접미사에 의한 피동사나 사동사, '-어지다'에 의한 피동 등은 단형 부정이 허용되는 경향이 있다. 중세 국어에서는 이러한 제약이 없었고, 현대 국어의 구어체에서도 단형 부정이 종종 제약 없이 쓰이는 경향이 있다.

영희는 철수를 <u>안</u> 사랑한다.
여기서는 칠판이 잘 <u>안</u> 보인다.

부정의 보조 용언 구성인 '-지 않다, -지 못하다, -지 말다'의 형식으로 실현되는 부정은 '긴 부정' 또는 '장형 부정'이라고 한다.

영희가 그 책을 읽지 않았다.

영희가 그 책을 읽지 못했다.

영희야, 그 책을 읽지 말아라.

장형 부정은 문장 종결법의 영향을 받는다. '-지 않다'나 '-지 못하다'는 명령문이나 청유문에서 사용되지 못하고 그 대신 '-지 말다'가 사용된다.[1]

*영희야, 그 책을 읽지 않아라.

*영희야, 그 책을 읽지 못해라.

*영희야, 그 책을 읽지 않자.

*영희야, 그 책을 읽지 못하자.

이와 대조적으로 '-지 말다'는 명령문과 청유문이 아닌 문장에서는 나타나지 않는다.

*영희가 그 책을 읽지 말았다.

*영희야, 그 책을 읽지 말았니?

*영희야, 그 책을 읽지 말았구나.

그런데 '-지 말다'는 안긴문장에서 나타날 수 있다. 이 경우 전체 안은문장의 서술어는 희망이나 바람을 나타내는 동사 '바라다, 원하다' 등이 사용된다.

영희는 철수가 오지 말기를 바랐다.

---

1 고영근·구본관(2008: 333~334면)은 이러한 양상을 일종의 보충법으로 처리한다. 보충법은 활용이나 파생의 양상이 규칙적인 계열을 이룰 때 그 활용이나 파생에 참여하는 형태가 불규칙적인 양상을 보이는 경우를 말한다. '-지 말다' 부정의 경우도 다른 문장 종결법과 달리 명령문과 청유문에서만 유독 다른 장형 부정의 형식을 취하므로 보충법의 한 예로 볼 수 있다.

2) 의미에 따른 부정의 유형

부정의 형식뿐만 아니라 부정의 의미에 따라서도 부정을 두 가지 유형으로 나눌 수 있다. 부정을 나타내는 부정소에 따라 문장이 나타내는 명제 사실 자체를 부정하거나 그 명제 사실이 이루어질 가능성에 대하여 부정하는 경우가 있다.

다음과 같이 '안'이나 '-지 않다'라는 부정소를 사용하는 경우에는 명제가 나타내는 사실 자체를 부정하거나 주어의 의지로 그러한 사건이 일어나지 않음을 나타낸다. 이러한 부정을 '사실 부정' 또는 '의지 부정'이라고 한다.

철수가 집에 <u>안</u> 갔다.
철수가 집에 가<u>지 않았다</u>.

이 두 문장은 모두 철수가 자신의 의지로 집에 가지 않았거나 철수가 집에 간 사실이 없음을 나타낸다. 이처럼 주어가 의지를 가질 수 있는 존재일 경우에는 주어의 의지에 의한 부정인지 사실의 부정인지를 문장만을 근거로 판단할 수 있는 것이 아니라 맥락을 고려하여 판단할 수도 있다. 그러나 다음과 같이 형용사에 의한 상태 기술이거나 주어가 의지를 갖지 못할 때에는 사실 부정의 의미를 갖는다.

어제 비가 오지 <u>않았다</u>.
이 강아지는 사납지 <u>않다</u>.

반면에 '못'이나 '-지 못하다'라는 부정소에 의한 부정은 주어의 의지에 상관없이, 또는 의지에 반하여 명제가 나타내는 사건을 이룰 수 없었음을 나타낸다. 이를 '능력 부정'이라고 한다.

철수가 집에 <u>못</u> 갔다.

철수가 집에 가<u>지 못했</u>다.

철수가 집에 가려고 했으나 그렇게 할 능력이 부족하거나 외적 환경이 허용하지 않아 그럴 수 없었음을 나타낸다.

능력 부정의 부정소 '못'이나 '-지 못하다'는 일반적으로 형용사에 잘 쓰이지 않는다. 간혹 '-지 못하다'가 형용사에 쓰일 경우가 있는데, 이때는 기대나 기준에 미치지 못함을 의미하게 된다. 이러한 부정을 '불급(不及) 부정'이라고 한다(고영근·구본관, 2008: 370면).

그 녀석은 그다지 똑똑하<u>지 못하</u>다.

이 문장은 주어에 대하여 일정한 수준의 똑똑함을 기대하였거나 똑똑함의 기준에 부합하리라고 생각하였으나 그러지 못했음을 의미한다.

3) 부정의 영역과 중의성

부정문은 부정소가 부정하는 문장 안의 요소에 따라, 즉 부정의 영역이나 범위에 따라 다양한 의미를 나타낸다.

영희가 거실에서 책을 자주 읽지 않았다.

[의미 1] 거실에서 책을 자주 읽은 사람은 영희가 아니었다.

[의미 2] 영희가 책을 자주 읽은 장소는 거실이 아니었다.

[의미 3] 영희가 거실에서 자주 읽은 것은 책이 아니었다.

[의미 4] 영희가 거실에서 책을 읽은 것은 자주가 아니었다.

[의미 5] 영희가 거실에서 책을 가지고 자주 한 일은 읽은 것이 아니었다.

"영희가 거실에서 책을 자주 읽지 않았다."라는 문장에서 부정의 영역이 주어일 경우, 부사어일 경우, 목적어일 경우, 서술어일 경우 각각 다른 의미로 해석될 수 있다. 이러한 부정의 영역 차이로 발생하는 중의성은 보조사나 강세를 통해 해소할 수 있다.

> 영희는 거실에서 책을 자주 읽지 않았다.
> 영희가 거실에서는 책을 자주 읽지 않았다.
> 영희가 거실에서 책은 자주 읽지 않았다.
> 영희가 거실에서 책을 자주는 읽지 않았다.
> 영희가 거실에서 책을 자주 읽지는 않았다.

그러나 문장 부사어가 사용된 문장에 대해서는 의미 해석의 양상이 다르다.

> 다행히 철수가 사고 장소를 지나가지 않았다.
> 아마 철수는 지금 집에 가지 않을 것이다.

"다행히 철수가 사고 장소를 지나가지 않았다."는 철수가 사고 장소를 지나가지 않은 것이 다행이라는 의미를 나타내지만, 철수가 사고 장소를 지나간 것은 다행이 아니라는 의미로 해석되지는 않는다. "아마 철수는 지금 집에 가지 않을 것이다."는 화자가 추측하건대 철수가 집에 가지 않을 것이라는 것이므로 화자의 추측을 나타내는 문장 부사어 '아마'가 부정되는 것이 아니다. 즉, '다행히'나 '아마'와 같은 문장 부사어는 부정의 영역에 포함되지 않는다.

부정의 영역이 수량 표현의 영역과 충돌하여 중의성을 발생시키는 경우도 있다.

> 학생들이 다 학교에 오지 않았다.
> [의미 1] 일부 학생들만 학교에 왔다.

[의미 2] 학교에 온 학생이 한 명도 없다.

[의미 1]과 같은 해석은 수량 표현 '다'의 의미만 부정된 경우에 가능한 부분 부정의 의미이고, [의미 2]와 같은 해석은 부정의 영역이 수량 표현의 영역보다 작을 경우에 가능한 전체 부정의 의미이다.

3──부정 극어

부정문에만 쓰여서 부정의 의미를 강조하는 단어나 표현이 있는데, 이를 '부정 극어(否定極語)'라고 한다. 부정 극어는 서술어와 관련하여 가장 실현될 가능성이 높은 극단을 나타내는 표현인데, 이를 부정하여 전체 부정의 의미를 갖게 된다. 부정 극어는 독립된 어휘로 표현되기도 하고, 체언에 보조사 '도, 조차, 마저' 등이 결합하여 형성되기도 한다. 이때 결합하는 체언으로는 적은 수량을 나타내거나 임의의 대상을 나타내는 부정칭이나 미지칭의 '누구, 아무, 무엇' 등이 대표적이다. 부정 극어가 되는 단어나 표현으로는 '결코, 전혀, 조금도, 도저히, 한 명도, 하나도, 아무도, 누구도' 등이 있다.

철수는 여기에 <u>한 번도</u> 오<u>지 않았다</u>.
*철수는 여기에 <u>한 번도</u> 왔다.

'한 번도'는 긍정의 맥락에서는 쓸 수 없는 분명한 부정 극어이다. '한 번'은 '철수가 여기 온' 횟수가 될 것으로는 가장 가능성이 높은 횟수이다. 따라서 가장 가능성이 높은 횟수를 부정하면 한 번을 비롯하여 두 번, 세 번, 네 번을 모두 부정하게 되어 강조된 부정의 의미를 나타낸다. 결국 이 문장은 철수가 여기에 온 적이 없음을 나타낸다.

시제·상·양태

국어에서 시제(時制), 상(相), 양태(樣態)는 문장이 나타내는 사건에 대한 언어 사용자의 인식에 관련된 것으로, 동일하거나 서로 관련된 형태로 실현되는 문법 범주이다. 따라서 형식과 내용의 측면에서 이들은 서로 긴밀하게 연관되어 있다. 그러나 이 세 문법 범주를 긴밀하게 연관된 각각 다른 문법 범주로 파악하는 것과 구별되지 않는 모호한 경계의 범주로 파악하는 것은 엄연히 다르다. 여기서는 시제와 상, 그리고 양태를 살펴보고 그 연관성에 대해서 알아보도록 하자.

1──시제

1) 시제의 개념

문장이 나타내는 사건은 특정한 시간에 발생하는 것일 수 있다. 시제는 문장이 나타내는 사건의 시간적 위치를 나타내는 문법 요소이다. 일반적으로 발화 시점이 기준 시점이 되고 그 기준 시점을 참조하여 사건의 시간적 위치가 결정된다. 문장이 나타내는 사건이 기준 시점보다 먼저 일어나면 과거 시제이고, 기준 시점과 동일한 시점에 일어나면 현재 시제이며, 기준 시점 이후에 일어나게 되면 미래 시제가 된다.[1]

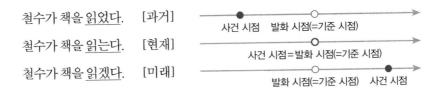

시제를 나누는 기준 시점이 항상 발화 시점인 것은 아니다. 발화 시점을 기준 시점으로 삼아 시제를 정할 경우 그 시제를 '절대 시제'라고 하고, 발화 시점이 아닌 문장과 관련된 다른 사건 시점을 기준 시점으로 삼아 시제를 정할 경우 그 시제를 '상대 시제'라고 한다. 홑문장은 서술어가 한 번만 나타나지만 겹문장은 서술어가 둘 이상 나타나게 된다. 그렇게 되면 발화 시점 이외에도 기준 시점으로 삼을 시점이 나타날 수 있으므로 기준 시점을 바꾸어 생각할 수 있다. 이때 절대 시제는 이어진문장의 후행절이나 안은문장 전체의 시제가 된다.

관형사절을 가진 안은문장에서 절대 시제와 상대 시제를 살펴보자.

영희는 철수가 연주하는 피아노 소나타를 들었다.

이 문장의 시제는 발화 시점을 기준으로 볼 때 과거이다. 그런데 관형사절의 '철수가 연주하는' 사건은 안은문장의 '피아노 소나타를 듣는' 사건과 동시에 일어난 것이다. 따라서 관형사절의 절대 시제는 과거이나, 안은문장의 다른 사건의 시점인 '피아노 소나타를 듣는' 시점을 기준으로 파악할 때 관형사절

---

1 이와 같이 시제를 과거, 현재, 미래, 셋으로 나누는 삼원 체계가 일반적이다. 그러나 미래 시제는 발화 시점에서 아직 일어나지 않은 사건에 해당하는 것이므로 화자가 그 사건을 발화 시점 이후에 일어날 것으로 추측하는 것으로 보아 시제라기보다는 양태로서 파악하는 것이 더 적절하다는 견해도 있다. 이러한 견해에서는 시제를 과거와 반과거라는 이원 체계로 파악한다. 이뿐만 아니라 한국어에는 시제가 없이 양태와 상만 존재한다는 무시제론도 제기되고 있다.

의 상대 시제는 현재이다.

절대 시제와 상대 시제의 개념은 절대 시제로는 과거인 안긴문장인 관형사절의 어미가 과거를 나타내는 '-은'이 아니라 '-는'이 사용되는 현상을 설명할 수 있다. 관형사절의 어미를 결정하는 것이 절대 시제가 아니라 상대 시제이므로 현재 시제를 사용하는 것이다. 그러므로 상대 시제의 개념을 도입하는 것은 시제 형태소를 더욱 체계적으로 이해할 수 있게 해 준다(이익섭·채완, 1999: 274면).

2) 현재 시제

현재 시제는 기준 시점과 사건 시점이 동일한 경우를 나타낸다. 문장 종결형에서 현재 시제를 나타내기 위해서는 보통 동사의 어간에 현재 시제 선어말 어미 '-는-/-ㄴ-'을 결합한다. 그러나 실제로 동사의 어간에 현재 시제 선어말 어미 '-는-/-ㄴ-'이 나타나는 것이 규칙적이지 않고 변형된 형태로 사용되는 경우가 많다. 종결 어미에서는 해라체의 평서형(-는다/-ㄴ다), 의문형(-느냐), 감탄형(-는구나), 하게체의 의문형(-는가), 감탄형(-는구먼), 하오체의 감탄형(-는구려) 등에서 나타난다.

> 철수는 지금 책을 <u>읽는다</u>.
> 지금 영희가 <u>온다</u>.
> 동수가 지금 집에 <u>가는구나</u>.
> 자네는 어디에 <u>있는가</u>?

이와 같은 불규칙성으로 인해 현재 시제 선어말 어미 '-는-/-ㄴ-'은 현재 시제를 나타냄에도 별도의 형태소로 분석하지 않고 종결 어미에 통합하여 파악한다.

이외의 동사의 활용형이나 형용사의 활용형, 또는 서술격 조사의 활용형에서는 현재 시제를 나타내는 선어말 어미가 특별히 없다. 위의 문장들이 해체, 해요체, 하십시오체(합쇼체) 등으로 실현된 문장을 살펴보면 다음과 같다.

철수가 지금 책을 <u>읽어</u>.

지금 영희가 <u>와</u>.

동수가 지금 집에 <u>가요</u>?

지금 어디에 <u>있습니까</u>?

이 문장들에서는 동사의 어간에 바로 어말 어미가 결합한 형태로 현재 시제를 나타낸다. 또한 형용사나 서술격 조사의 경우에는 상대 높임법에 관계없이 현재 시제 선어말 어미가 없이 활용한다.

이 꽃이 참 <u>예쁘다</u>.

이 바다는 아주 <u>깊어요</u>.

철수는 아주 성실한 <u>학생입니다</u>.

연결 어미의 경우에도 대체로 동사와 형용사에 관련 없이 현재 시제 선어말 어미 '-는-/-ㄴ-'이 잘 나타나지 않는다.

나는 점심을 <u>먹고</u> 산책을 한다.

전성 어미 가운데 관형사형 어미는 시제에 따라 형태가 달리 나타난다. 관형사절에서 현재 시제를 나타낼 경우 동사 어간에는 '-는'이 결합하고, 형용사 어간이나 서술격 조사에는 '-은/-ㄴ'이 결합한다.

영희는 카페에 앉아 길을 <u>가는</u> 사람들을 바라본다.

영희는 창이 <u>큰</u> 방을 좋아한다.

이 사람이 바로 이 회사의 <u>사장인</u> 내 동창생이야.

관형사형 어미도 종결 어미의 경우와 마찬가지로 동사 어간이냐 형용사 어간이냐 서술격 조사이냐에 따라 형태가 달라진다.

앞에서 언급한 대로 현재 시제는 발화 시점에 발생한 사건을 나타내는 데 사용된다. 현재 시제임을 더욱 명확하게 나타내기 위해서 '지금'과 같은 시간 부사를 사용하기도 한다.

너는 <u>지금</u> 무엇을 하고 있어?

그런데 현재 시제의 형태이지만 현재를 나타내지 않는 경우가 있다.

지구는 태양의 주위를 <u>돈다</u>.
치타는 가장 빨리 <u>달린다</u>.

이러한 문장들은 보편적인 사실을 언급하고 있으므로 문장이 나타내는 사건이 어떤 특정 시간에 일어나는 일이 아니다. 시간과 관련 없이 어떠한 움직임이나 상태가 계속되는 것을 나타낸다. 이러한 문장을 보편적 사실을 진술하는 '총칭문'이라고 한다.

또한 현재 시제의 서술어를 가진 문장이 가까운 미래를 나타내는 시간 부사어를 동반하게 되면 가까운 미래를 나타낸다.

철수는 <u>내일</u> 부산에 간다.
영희는 <u>곧</u> 돌아옵니다.

'철수가 부산에 가는 일'이 '내일' 일어날 것이고, '영희가 돌아오는 일'이 '곧' 일어날 것임을 나타낸다. 다시 말해, 이 사건들이 현재 발화 시점에서 일어나는 것이 아니라 부사로 표현된 미래의 어느 시점에 발생할 것이다. 따라서 이 문장은 현재 시제의 형식으로 미래 시제를 나타내는 것이다.

3) 과거 시제

과거 시제는 기준 시점 이전에 사건 시점이 존재하는 경우를 말한다. 문장 종결형에서 용언의 어간이나 서술격 조사에 과거 시제 선어말 어미 '-었-'을 붙여 과거 시제를 나타낸다.

> 철수가 어제 한국을 떠났다.
> 영희는 학교 다닐 때 매우 예뻤다.
> 그곳은 전에 우리 가족이 살던 곳이었다.

이와 같은 과거 시제의 문장에는 보통 '어제, 전에'와 같은 과거의 시간 부사가 사용된다.

시제 선어말 어미의 제약이 없는 연결형의 경우에는 과거 시제 선어말 어미가 나타날 수 있다. 그러나 '-어서'와 같이 시간 순서가 분명한 연결 어미 앞에는 과거 시제 선어말 어미가 나타날 수 없다.

> 어젯밤에 비가 왔으니까 길이 질퍽하겠다.
> *어젯밤에 비가 왔어서 길이 질퍽하다.

관형사절의 경우에는 동사 어간에는 '-은'을 붙여 과거 시제를 나타내고, 형용사 어간이나 서술격 조사에는 '-은' 대신에 회상의 양태 선어말 어미를 포함하는 어미 '-던'을 붙인다.

> 어제 공원에서 우연히 마주친 사람이 초등학교 동창이었다.

강도 사건으로 한창 시끄럽던 동네가 이제는 조금 진정되었다.

어린 시절 장난꾸러기이던 녀석이 저렇게 의젓해지다니.

형태상 과거 시제인 문장은 일반적으로 발화 시점 이전에 일어난 사건을 나타내지만 반드시 과거 시제만을 의미하지는 않는다.

나는 지금 철수의 합격 소식을 들었다.

네, 알았습니다.

이 문장들은 모두 과거 시제 선어말 어미가 사용되었지만 발화 시점에 일어난 일을 나타낸다. "지금 합격 소식을 들었다."는 합격 소식을 들은 일이 발화 시점을 포함하는 현재에 일어났지만 완료[2]된 일임을 나타낸다. "알았습니다."도 어떤 일을 인지하는 일이 끝났고 그래서 현재 알고 있음을 나타낸다.

다음과 같은 문장에서는 밑줄 친 선어말 어미 '-었-'이 분명히 어떤 사건이 완료되었음을 의미한다.

학교에 가다가 집으로 되돌아왔다.

학교에 갔다가 집으로 되돌아왔다.

연결 어미 '-다가'는 동작 중단과 동작 전환의 의미가 있다. 첫 번째 문장은 학교에 가는 도중에 집에 되돌아온 것을 말한다. 즉, 학교에 가는 일이 끝나지 않았음을 나타내므로 종속절은 동작의 중단을 의미하고, 과거 시제가 표시되어 있지 않지만 과거의 사건이다. 반면에 두 번째 문장은 학교에 가 있다가 집

---

2 상을 다루는 이론에서는 어떤 사건이 끝난 것과 관련된 상을 완결, 종결, 완료, 완망 등으로 표현한다. 엄밀하게 말해서는 각각의 경우가 다른 의미이지만 사실상 구분하기가 쉽지 않다. 이런 이유로 국어 문법 개론에서는 '완료상'으로 통칭하여 기술하는 경향이 있다(구본관 외, 2015: 320면). 이 책에서도 통상적인 경우를 따라 '완료'나 '완료상'을 사용하기로 한다.

에 되돌아온 것을 말한다. 즉, 학교에 가는 일이 완료되었음을 나타내므로 종속절은 동작의 전환을 의미하고, 이때의 '-었-'은 과거 시제를 표시하는 것이 아니라 완료의 의미를 나타낸다.

특별한 용언의 어간에 고정된 형태의 선어말 어미 '-었-'이 나타나서 완료의 의미를 나타내는 경우도 있다.

영희는 엄마를 <u>닮았다</u>.
딸은 엄마를 <u>닮는다</u>.

이 두 문장에서 과거 시제인 첫 번째 문장은 엄마와 닮은 영희의 현재 상태에 대한 기술이다. 반면에 현재 시제인 두 번째 문장은 시간이 지나면서 딸이 엄마를 닮아 간다는 과정의 의미를 나타낸다. 따라서 첫 번째 문장에서 과거 시제 형태소 '-었-'은 순수한 시제 형태소로 보기가 어렵다. 오히려 이 형태소는 닮는 과정이 완료된 상태의 지속을 의미한다. 과거 시제 형태소 '-었-'과 결합하여 이러한 의미로 해석되는 동사로는 '늙다, 익다' 등이 있다.

또한 과거 시제 선어말 어미 '-었-'이 결합하여 과거의 사건에 대한 진술이나 과거 사건으로부터 발생한 상태 변화의 결과 상태가 지속되는 것으로 해석되는 경우도 있다.

철수는 작년에 <u>결혼했다</u>.
철수는 이미 <u>결혼했다</u>.

첫 번째 문장은 '작년에'라는 과거 시제의 부사어가 사용되어서 철수가 결혼한 사건이 과거 시점에 일어났음을 의미한다. 반면에 두 번째 문장은 철수가 과거에 결혼하여 현재 결혼한 상태임을 나타낸다. 따라서 전자의 과거 시제 선어말 어미 '-었-'은 분명한 과거를 나타내지만, 후자의 과거 시제 선어말 어미 '-었-'은 완료의 의미를 나타낸다고 볼 수 있다. '입다, 벗다' 등과 같은 동사들이 '-었-'과 결합하여 이러한 의미를 나타낼 수 있다.

이와 같이 과거 시제 선어말 어미 '-었-'은 과거 시제의 의미뿐만 아니라 완료라는 상의 의미를 나타낸다. 이것은 과거 시제 선어말 어미가 중세 국어의 '-어 잇-'에서 발달한 것과 관련이 있다.

과거 시제 형태의 문장은 완료의 의미뿐만 아니라 양태의 의미를 나타내기도 한다.

> 너는 내일 선생님한테 엄청 <u>혼났다</u>.
> 나는 다음 주에 시험은 다 <u>봤네</u>.

이 두 문장에는 과거 시제 선어말 어미와 '내일, 다음 주에' 등과 같은 미래의 시간 부사어가 함께 사용되었다. 따라서 결코 과거를 나타낼 수 없다. 이 문장들은 각각 다음과 같은 의미를 나타낸다.

> 너는 <u>틀림없이</u> 내일 선생님한테 엄청 혼날 것이다.
> 나는 <u>틀림없이</u> 다음 주 시험은 보나 마나일 것이다.
> ＝ 다음 주의 시험 결과는 이미 다 나온 것과 같이 명확하다. 그다지 시험을 잘
>   보지 못할 것이 분명하다.

위의 '혼났다'와 '봤네'에서 사용된 '-었-'은 부사 '틀림없이'와 대응하여 화자가 미래에 일어날 일에 대하여 확신하고 있음을 나타낸다. 이는 과거의 사건은 이미 일어난 일이라서 사건의 발생이 명백하므로 확신의 양태와 연결되는 것이라고 추론할 수 있다. 이와 같은 과거 시제 선어말 어미 '-었-'의 양태적 용법은 완료의 의미의 상적 용법과 마찬가지로 시제와 상, 그리고 양태의 관련성을 보여 준다.

과거 시제 선어말 어미 '-었-'이 두 번 나타나는 경우가 있다. 흔히 이를 '대과거'라고 부르거나 오용이나 변형된 형태로 설명하는 경우가 많다. 그러나

분명한 것은 '-었었-'이 단순하게 과거 시점에서 사건이 발생하는 것을 나타내지 않는다는 점이다.

작년에는 여기에 오래된 초가집이 <u>있었었다</u>.
어렸을 때는 우리 집 정원에 온통 장미꽃이 <u>피었었다</u>.

이 문장들은 '작년'이나 '어렸을 때'에 일어난 상황이 이제는 지속되지 못하는 것을 의미한다. 즉, 과거 사태와의 단절을 의미하는 표현 효과를 나타낸다.

과거 시제와 관련된 또 다른 형태소로는 '-더-'가 있다. '-더-'는 양태의 측면에서는 회상을 나타내지만, 시제의 측면에서는 분명히 발화 시점 이전의 과거 사건임을 나타낸다.

어젯밤에 비가 <u>오더라</u>.
철수가 아까 집에 <u>가더라</u>.

'어젯밤에 비가 오는' 것과 '철수가 아까 집에 가는' 것은 화자가 직접적으로 지각하여 인지한 것이다. 직접적 지각을 통해 인지한 사건은 이미 화자의 발화 시점 이전에 일어난 과거의 사건이다. 따라서 시제로는 분명히 과거가 된다.

그런데 '-더-'는 직접 경험하지 않고 간접적인 증거에서 추론한 사실을 언급할 경우에도 사용된다.

어젯밤에 비가 <u>왔더라</u>.

이 경우에는 '어젯밤에 비가 온' 것을 화자가 그 시점에 직접 지각하여 인지한 것이 아니라 젖은 땅과 같은 증거를 지각하고 그것을 통해 그런 일이 있었음을 추론한 것이다. 이 경우에 선어말 어미 '-더-'는 과거 시제 선어말 어미와 함께 쓰였으므로 회상의 양태임이 분명하다.

선어말 어미 '-었-'과 달리 선어말 어미 '-더-'는 인칭 제약이 있다. '-더-'는 화자가 직접 또는 간접적으로 지각하여 인지한 내용을 과거의 경험으로 떠올려 언급하는 것이다.[3] 그러므로 상대방의 외적인 행동이나 화자 자신의 내적 경험 등과 같이 외적으로 관찰이 가능하거나 내적으로 지각이 가능한 사건을 언급하는 것이 아니면 '-더-'를 붙일 수 없다.

    *내가 집에 <u>가더라</u>.

내가 집에 가는 것을 내가 외적으로 관찰할 수 없다. 만약 다음과 같이 특별한 맥락이 주어진다면 가능하다.

    꿈에 내가 길을 가고 <u>있더라</u>.

이 문장에서의 '나'는 꿈속의 '나'이고 화자인 내가 관찰할 수 있는 대상이 된다. 또한 다음과 같이 감정 등의 내적 경험을 나타낼 경우에는 주어가 1인칭이더라도 '-더-'가 쓰일 수 있다.

    친구랑 싸우고 나서 정말 나는 <u>슬프더라</u>.

이와 같은 내적 감정의 변화는 화자 자신이 직접 지각할 수 있는 것이기 때문에 1인칭 주어가 가능하다. 그런데 이러한 인칭 제약은 관형사형에서는 지켜지지 않는다.

    어제 내가 <u>읽던</u> 책이 바로 이 책이다.
    *어제 내가 책을 <u>읽더라</u>.

---

3 이러한 측면에서 '회상'의 양태라고 한다.

4) 미래 시제

  미래 시제는 기준 시점 이후에 사건 시점이 존재하는 경우를 나타낸다. 문장 종결형에서 동사나 형용사의 어간과 서술격 조사에 미래 시제 선어말 어미 '-겠-'이 붙어 미래 시제를 표시한다. 이것은 연결형의 경우에도 마찬가지이다.

> 내일 비가 <u>오겠다</u>.
> 내년에는 참여하는 학생들이 더 <u>많겠다</u>.
> 다음 달에는 철수가 <u>대학생이겠다</u>.

  이 문장들은 모두 미래에 일어날 사건에 대한 진술이다. '내일, 내년에는, 다음달에는'과 같은 미래 시간 부사어와 미래 시제 선어말 어미 '-겠-'이 함께 사용되었다. 이러한 문장들은 '-을 것'과 같은 구성으로 바꾸어 쓸 수 있는데, 이 또한 미래 시제를 나타낸다.

> 내일 비가 <u>올 것이다</u>.
> 내년에는 참여하는 학생들이 더 <u>많을 것이다</u>.
> 다음 달에는 철수가 <u>대학생일 것이다</u>.

  미래 시제는 관형사절에서 관형사형 어미 '-을'에 의해서 나타난다.

> 졸업 후에 <u>취업할</u> 학생들은 많은 준비를 해야 한다.
> 내일 사람들이 <u>많을</u> 공원에는 안 가는 것이 좋겠다.
> 곧 <u>중학생일</u> 녀석이 그렇게 아이처럼 굴면 어쩌니?

  그러나 미래 시제의 관형사형 어미가 사용되었는데도 과거의 일이거나 시제가 반영되지 않는 일을 나타내기도 한다.

내가 어릴 적에는 친구들과 몰려다니면서 놀았다.   [과거 시제]

그는 늘 해가 질 때마다 바닷가에 나간다.   [부정 시제]

　미래의 사건은 발생한 사건이 아니므로 미래 시제가 양태적으로 추측, 의지, 가능성 등과 연관되는 것은 예측 가능하다. 미래 시제 선어말 어미 '-겠-'이 동사와 결합할 경우에는 추측, 의지, 가능성의 양태가 실현될 수 있다.

　　내일은 눈이 오겠다.   [추측]

　　제가 그 일을 한번 맡아 보겠습니다.   [의지]

　　그 정도 노래면 나도 부르겠다.   [가능]

　위의 세 문장은 모두 시제는 미래이지만 첫 번째 문장은 앞으로 일어날 일에 대한 추측의 양태를 나타내고, 두 번째 문장은 어떤 일을 책임지겠다는 1인칭 주어의 의지를 표명하며, 마지막 문장은 어떤 범위 안에서 자신의 능력이 미치는 정도를 언급하고 있다. 만약 서술어가 다음과 같이 형용사이거나 서술격 조사인 경우에는 추측으로 해석된다.

　　다음 달부터는 새로운 일을 맡아 매우 바쁘겠구나.

　　이번 여름이 기상 관측 이래로 가장 더운 여름이겠다.

　이 문장들은 주어가 의지를 가질 만한 존재가 아니고 그 내용도 의지나 가능성에 대한 것이 아니라 미래의 상태에 대한 예측에 불과하다. 따라서 형용사나 서술격 조사의 미래 시제는 추측의 양태를 나타낸다.

　이러한 추측의 양태는 미래 시제 선어말 어미 '-겠-'이 과거 시제 선어말 어미 '-었-'과 중첩되었을 때에도 나타난다.

　　졸업할 때 우등상을 받았으니 네가 정말 감격스러웠겠구나.

이 문장은 상대방의 과거 상황을 화자가 추측하여 언급하는 경우이다. 이 경우에는 과거에 있었을 법한 상황에 대한 추측을 나타낸다.

사실상 시제는 문장이 나타내는 사건의 시간적 위치를 나타내는 것인데, 그 시간적 위치로부터 양태적 의미나 상적 의미가 파생되는 것으로 생각해 볼 수 있다. 그러므로 시제와 양태, 상을 뒤섞어 파악하는 것보다는 각각의 층위에서 달리 파악되는 것으로 보는 것이 타당할 것이다.

2——상

1) 상의 개념

사건을 나타내는 문장은 그 사건의 시간적 위치를 나타낼 뿐만 아니라 사건이 진행되는 양상을 나타내기도 한다. 사건이 진행되는 양상을 나타내는 문법 요소를 '상'이라고 한다. 즉, 상은 문장이 나타내는 사건의 내적 구조를 나타낸다고 할 수 있다.

그런데 상은 시제와 마찬가지로 사건과 관련되어 있는 데다가 사건이라는 것이 시간의 흐름에 따라 진행되므로 시제와 혼동하기 쉽다. 더욱이 앞에서 말한 바와 같이 국어에서는 시제를 나타내는 형태소들이 상이나 양태의 의미를 띠기 때문에 구분이 쉽지 않다. 그러나 기준 시점을 참조하여 파악하는 사건 자체의 시간적 위치는 사건의 내적 구조와 매우 다르다.

시제와 상에 대한 이러한 혼동은 문법 요소에서 출발하여 그 문법 요소를 실현하는 형태소를 파악하느냐와 형태소에서 출발하여 문법 요소를 파악하느냐의 차이에서 비롯된다. 그러나 시제와 상, 양태의 문제는 하나의 형태소가 여러 문법 요소에 대응하기 때문에 형태소로부터 문법 요소를 파악하기는 어렵다. 따라서 시제나 상, 양태의 문제는 문법 요소에서 출발하여 관련 형태소를 살펴보는 것이 타당하다.

상에 관련하여서는 시제와의 문제뿐만 아니라 상을 바라보는 여러 가지 관점이 존재한다는 사실이다. 이러한 관점으로부터 여러 가지 유형의 상을 제안하고 있다. 그중에서 가장 대표적인 것은 '문법상'과 '어휘상'이다.[4]

문법상[5]은 동사의 활용형이나 보조 용언 구성 등을 통해 나타나는 진행이나 완료와 같은 동작의 양상을 말한다. 이러한 상은 시간적인 위치와 관련 없이 문법적 장치를 통해 실현된다. 문법상을 실현하는 주요한 문법적 장치는 선어말 어미나 보조 용언 구성이다. 문법상이 시제와 별개의 문법 요소라는 것은 다음과 같은 문장에서 확인할 수 있다.

철수는 공원을 걷고 있다.
철수는 공원을 걷고 있었다.

이 두 문장은 모두 사건의 진행을 나타내지만 첫 번째 문장은 현재 시제이고, 두 번째 문장은 과거이다. 따라서 문법상은 시제와 관계없이 정의될 수 있는 것이다.

이와 달리 어휘상은 개별 동사의 어휘적 의미로 실현되는 사건의 양상을 말한다. 따라서 어휘상은 서술어인 동사와 형용사의 어휘 의미로 인식되는 것이다. 어휘상에 대한 최초의 연구는 벤들러(Z. Vendler)의 상적 부류(aspectual class)[6]이다. 벤들러는 서술어의 상태성(stativity), 완결성(telicity), 순간성(punctuality), 동질성(homogeneity)을 기준으로 상태 동사(state), 행위 동사(activity), 달성 동사(achievement), 완성 동사(accomplishment)라는 네 가지 상적 부류, 즉 어휘상으로 나누었다(Vendler, 1957/1967). 상태성은 정적인 상태를 나타내는 서술어의 특징이고, 완결성은 최종적인 종결점을 갖는 사건을 나타내는 서술어의 특징이다. 순간성은 한 시점에 순간적으로 일어나는 변화의 사건을 나타내는 서술어의

4　이외에 화자가 바라보는 관점에서 동사가 나타내는 동작의 양상을 기술하는 '관점상'도 있다.
5　고영근·구본관(2008: 409면)은 '문법상'을 '동작상'으로 언급한다.
6　이를 '동작류'라고도 하는데, 이것은 독일어 'Aktionsart'를 옮긴 말이다.

특징이고, 동질성은 사건의 처음과 끝이 동일한 유형의 동작이나 상태를 나타내는 서술어의 특징이다. 이 기준에 따라 서술어의 어휘상을 구분하면 다음과 같다.

가. 상태 동사[7]: 정적, 지속적, 동질적

　　㉎ 좋다, 나쁘다, 크다, 작다 등 (형용사)

나. 행위 동사: 동적, 지속적, 미완결, 동질적

　　㉎ 뛰다, 걷다, 읽다 등

다. 완성 동사: 동적, 지속적, 완결, 이질적

　　㉎ 만들다, 짓다 등

라. 달성 동사: 동적, 순간적, 완결, 이질적

　　㉎ 죽다, 도착하다 등

　이러한 어휘상의 분류는 기본적으로 '-동안'과 같은 시간 폭을 나타내는 시간 부사어, '-만에'와 같은 종결점을 의미하는 시간 부사어, '-고 있다'와 같은 진행 표현과 함께 나타날 수 있느냐에 따라 구분하게 된다. '-동안'과 같은 시간 폭 부사어는 정적이거나 순간적으로 일어나는 사건을 나타내는 경우에는 결합할 수 없고, 동적이고 지속적인 사건을 나타내는 문장에 쓰일 수 있다.

*장미는 <u>한 달 동안</u> 붉었다.

　철수는 <u>한 시간 동안</u> 운동장에서 뛰었다.

　영희는 가방을 <u>일주일 동안</u> 만들었다.

*우리 집 강아지가 <u>두 달 동안</u> 죽었다.

7　국어의 형용사는 매우 특이하게도 동사와 유사하게 서술어로 사용되고 활용을 하는 문법적 속성을 갖는다. 이것은 영어의 형용사가 수식의 기능과 계사 'be'의 논항으로 사용되는 것과 대비된다(예를 들면, She is beautiful.). 따라서 서술어인 국어의 형용사는 나타내는 사태가 상태이므로 이를 근거로 서술어를 분류할 경우 상태 동사로 분류될 수 있다. 이때 '동사'는 움직임을 나타내는 동사가 아닌 '서술어'를 지칭하는 것으로 볼 수 있다.

종결점을 나타내는 부사어 '-만에'는 완결점이 보장된 사건을 나타내는 문장에서 사용될 수 있다.

*장미는 <u>한 달 만에</u> 붉었다.
*철수는 <u>한 시간 만에</u> 운동장에서 뛰었다.
영희는 가방을 <u>일주일 만에</u> 만들었다.
우리 집 강아지가 <u>두 달 만에</u> 죽었다.

진행의 의미를 나타내는 '-고 있다'는 동적이면서 지속성을 갖는 사건을 나타내는 문장에서 사용된다.

*장미는 <u>붉고 있다</u>.
철수는 운동장에서 <u>뛰고 있다</u>.
영희는 가방을 <u>만들고 있다</u>.
*우리 집 강아지가 <u>죽고 있다</u>.

그러나 벤들러 식의 어휘상 분류가 모든 서술어의 어휘상을 충분히 설명하기 어렵다는 점이 지적되면서 어휘상에 대한 다양한 견해[8]가 제시되고 있다. 그렇지만 어휘상이 문법상을 결정하는 바탕이 되는 것은 분명하다. 서술어의 특징에 따라 진행상이나 완료상이 불가능한 경우가 나타나기 때문이다.

국어의 상에 대한 논의에서는 어휘상보다는 문법상에 대한 접근이 우선시되고 있다. 이러한 연구의 경향은 어휘상의 개념에 대해서 문장의 의미 해석이나 문법성 판단에 다양한 의견이 제시되고 있다는 것에서 비롯되었다. 더 나아가 어휘상이 어휘만의 문제가 아니라 서술어가 주어나 목적어, 부사어 등과 결합하여 이루는 문장이나 동사구의 문제라고 할 수 있다는 것에서 또 다른 동기

---

8   이에 속하는 대표적인 논의들로 Smith(1992)의 상황 유형(situation type)과 Dowty(1979)의 정도 달성 동사(degree acheivement)가 있다.

를 찾을 수 있다.

　여기에서는 문법상의 측면에서 어휘상을 참조하여 국어의 상에 접근하고
자 한다. 문법상으로 진행상, 완료상, 반복상, 예정상 등이 제시되는데, 예정상
은 양태의 성격이 두드러지고 반복상은 상으로서의 의미가 약하므로 진행상
과 완료상만을 다루기로 한다.

2) 진행상

　진행상은 문장이 나타내는 사건이 계속하여 진행되고 있음을 나타내는 문
법상이다. 이때 진행되는 사건은 동작, 즉 사건의 동적 과정이다. 진행상을 나
타내는 문법적 장치는 현재형의 종결 어미 '-는다, -는가' 등에 나타나는 선어
말 어미 '-는-/-ㄴ-'과 보조 용언 구성 '-고 있다'이다.

　　철수는 지금 신문을 <u>읽는다</u>.
　　철수는 지금 신문을 <u>읽고 있다</u>.

　'읽다'는 동작의 과정을 나타내는 행위 동사이므로 '-는-/-ㄴ-'이나 '-고
있다'와 결합하여 동작의 과정이 진행되고 있음을 나타낸다.
　'-고 있다' 이외에도 '-어 가다', '-어 오다'도 진행을 나타내는 보조 용언
구성이다.

　　영희가 그때까지 그 책을 <u>읽어 왔다</u>.
　　영희가 이제 그 책을 거의 다 <u>읽어 간다</u>.

　'-어 오다'와 '-어 가다'는 '-고 있다'와 달리 종결점을 가정하고 진행되는
사건을 나타낸다. '-어 오다'는 사건 시점까지의 사건 진행을 의미하는 동시
에 그 이후의 사건의 진행도 암묵적으로 나타낸다. 반면에 '-어 가다'는 미래

의 특정 종결점을 가정하고 그 지점까지 사건이 진행됨을 의미한다.

특히 '-고 있다'가 진행을 의미할 경우 '-는 중이다'나 '-는 중에 있다'로 환언할 수 있다.

철수는 지금 신문을 <u>읽는 중이다.</u>
철수는 지금 신문을 <u>읽는 중에 있다.</u>

'-는 중이다'와 '-는 중에 있다'는 과정이 진행 중임을 더욱 구체적으로 나타내는 구성이다.

그런데 '-고 있다'는 반드시 사건 과정의 진행을 의미하는 것이 아니라 결과 상태의 지속을 의미하는 경우도 있다. 이 경우에는 진행상으로만 보기 어렵다. '-고 있다'가 사용된 문장은 중의적이어서 사건 과정의 진행을 의미하기도 하고 그 사건의 결과 상태의 지속을 의미하기도 한다.

영희가 모자를 <u>쓰고 있다.</u>
[의미 1] 영희가 모자를 쓰는 중이다.　　(진행상)
[의미 2] 영희가 모자를 쓴 상태로 있다. (완료상)

[의미 1]은 과정의 진행인 진행상을 나타내며, [의미 2]는 결과 상태의 지속인 완료상을 나타낸다. '입다, 벗다' 등의 탈착 동사나 '안다' 등과 같이 재귀성을 가진 동사가 이러한 상적 의미를 나타낸다. 동일한 동사인 경우 재귀성에 따라 다음과 같이 '-고 있다' 문장의 해석이 달라질 수 있다.

철수는 벽에 액자를 <u>달고 있다.</u>
철수는 가슴에 이름표를 <u>달고 있다.</u>

액자를 다는 행위는 주어인 '철수'에게 아무런 영향을 주지 못하는 행위인

데 이러한 사건을 나타내는 문장에 '-고 있다'가 쓰이면 과정의 진행을 나타낸다. 그러나 가슴에 이름표를 다는 행위는 주어인 '철수' 자신에게 영향을 주는 재귀적인 행위이므로 이러한 사건에 '-고 있다'가 쓰이면 과정의 진행이나 상태의 지속을 모두 의미하는 중의성을 갖는다.

'믿다, 알다' 등 인식 또는 지각을 나타내는 동사도 '-고 있다'와 결합할 수 있으나, 이것은 과정의 진행이 아니라 상태의 지속으로 볼 수 있다.

나는 철수가 한 일을 잘 알고 있다.
*나는 철수가 한 일을 잘 아는 중이다.

'-는 중이다'는 동작의 진행 과정을 나타내므로 이 구성으로의 환언이 불가능하다면 동작의 진행이 아닌 상태의 지속이라고 볼 수 있다.

진행상을 나타내는 보조 용언 구성 '-고 있다'는 일차적으로 동작 과정의 진행을 나타낸다. 동작 과정의 진행을 의미하는 진행상은 결합하는 본용언이 동작을 나타내는 동사일 때이다. 그러나 결합하는 본용언의 특징에 따라 결과 상태의 지속을 나타내는 완료상을 의미할 수 있다. 따라서 보조 용언 구성의 형태만으로 진행상인지 완료상인지 단정 지을 수는 없다.

3) 완료상

완료상은 문장이 나타내는 사건이 끝났거나 끝난 후의 결과 상태가 지속되는 것을 나타낸다(구본관 외, 2015: 319면). 완료상을 나타내는 문법 장치로는 선어말어미 '-었-'과 보조 용언 구성 '-어 있다'가 대표적이다.

영희가 집에 돌아갔다.
영희가 의자에 앉아 있다.

이 두 문장은 모두 영희가 집에 돌아가는 일과 영희가 의자에 앉는 일이 완료되어 그 상태가 지속되고 있음을 나타낸다. 즉, 사건이 완료되고 그 사건의 결과 상태가 지속되는 것이다. 다만 '돌아갔다'는 시제가 과거인 반면, '-어 있다'는 시제가 현재이다. 여기서 '-었-'은 시제로는 과거를, 상적인 측면에서는 완료를 의미하는 것이다. 앞에서 말한 대로 '-고 있다'의 경우에도 탈착 동사 등의 재귀성을 가진 동사와 결합할 경우 결과 상태의 지속을 나타낼 수 있다.

'-었-'과 '-어 있다'는 양태적인 측면에서 중립적인 반면, 다음과 같은 완료상의 보조 용언은 화자의 태도를 반영하는 양태적 의미도 함께 갖는다.

> 철수가 폐지를 다 없애 버렸다.
> 드디어 귀찮은 숙제를 다 하고 말았다.

보조 용언 구성 '-어 버리다'는 완전히 그 일을 해서 그에 대한 부담을 완전히 덜었다는 양태적 의미를 나타내고, 보조 용언 구성 '-고 말다'는 어려운 일을 드디어 극복하였다는 양태적 의미를 나타낸다.

3──양태

화자는 자신이 말하고 있는 문장이 나타내는 명제에 대하여 확신이나 추측 등의 태도를 가지게 된다. 문장의 명제에 대한 화자의 주관적인 태도를 나타내는 문법 범주를 '양태'라고 한다(구본관 외, 2015: 323면). 그런데 앞에서 언급한 대로 양태는 시제나 상과 밀접하게 관련된 문법 요소이다.

> 달무리가 낀 것을 보니 내일은 비가 오겠다.   [추측]
> 너는 내일 엄마한테 혼났다.   [확신]

이 문장들을 발화한 화자는 현재의 상황을 보고 내일의 상황을 추측하거나 현재의 상황에 대한 파악을 근거로 미래의 일이 분명히 일어날 것을 확신하고 있다. 즉, 첫 번째 문장의 선어말 어미 '-겠-'은 추측의 양태를, 두 번째 문장의 선어말 어미 '-았-'은 확신의 양태를 나타낸다.

이렇게 양태를 통해 추측이나 확신과 같은 인지적 부분에 대한 화자의 태도를 나타낼 수 있다. 그뿐만 아니라 화자가 상대방이 미래에 할 행동이 반드시 이루어져야 하는 의무라고 생각하고 있음을 나타내기도 하는데, 이러한 기능을 하는 문법 형태는 일반적으로 보조 용언 구성이다.

내일 반드시 돌아가야 한다.

이와 같이 양태는 문장이 나타내는 명제의 내용을 어떻게 파악하느냐에 따라 '의무 양태'와 '인식 양태'로 나뉜다. 의무 양태는 문장이 나타내는 행위 실현의 가능성과 당위성에 대한 화자의 태도를 나타내며, 인식 양태는 문장이 나타내는 명제 내용 인식의 가능성과 당위성에 대한 화자의 태도를 나타낸다. 이와 달리 문장이 나타내는 명제의 내용을 현실과 관련지어 파악하는 것에 따라 양태를 나누기도 하지만 국어에는 직설법과 가정법, 또는 조건법 등이 문법적으로 발달하지 않았다.

시제와 상에서 살펴보았듯이 국어의 양태는 고유한 문법 형태소로 실현되지 않으며, 선어말 어미를 비롯하여 피동 표현이나 보조 용언, 부사어 등을 사용하여 다양한 형식으로 표현된다. 이외에도 화자는 종결 어미나 보조사 등으로 자신의 발화에 대한 태도를 나타낼 수 있다. 이처럼 국어의 양태는 말하는 내용에 대한 화자의 주관적 태도인 '추측, 확신, 의무, 능력, 허가, 희망, 의도' 등을 여러 가지 표현으로 나타내는 경우라고 볼 수 있다.

감탄 종결 어미의 사용은 화자의 주관적 태도를 잘 드러낸다. 동일한 상황에 대하여 서로 다른 종결 어미를 사용하여 다양하게 표현할 수 있다.

철수가 <u>왔네</u>.

철수가 <u>왔구나</u>.

철수가 <u>왔지</u>.

"철수가 왔네."와 "철수가 왔구나."는 모두 화자가 철수가 온 사실을 몰랐다가 그 사실을 알게 되었음을 나타낸다. 이러한 문장의 화자는 이미 아는 사실을 발화하는 "철수가 왔지."와 같은 문장의 화자와 다른 태도를 지닌다. 이러한 차이는 종결 어미 '-네'와 '-구나'에서 발생한다.

종결 어미뿐만 아니라 보조사도 화자의 주관적 태도를 나타낼 수 있다.

<u>영희도</u> 졸업 시험에 합격했다.

보조사 '도'를 사용한 이 문장은 화자가 영희가 졸업 시험에 합격한 것을 기대하지 않았음을 나타낸다. 의외의 결과에 대한 놀라움 정도로 화자의 태도를 정리할 수 있다.

문장 종결법

1──문장 종결법의 개념

　문장 종결법은 용언의 종결형, 즉 종결 어미로 문장을 종결짓는 방식을 말한다. 권재일(2012: 271면)은 문장 종결법을 언어 내용 전달 과정에서 청자에 대한 화자의 태도나 의향을 실현하는 문법 범주로 정의하고 있다.

　학교 문법에서는 문장 종결법의 기능과 그 기능을 실현하는 문법 형태소의 존재 여부 등을 기준으로 문장 종결법의 유형을 '평서법, 의문법, 명령법, 청유법, 감탄법'으로 나눈다. 학계에서는 더 세분하여 '약속법, 허락법, 경계법'을 추가하거나 감탄법을 평서법에 포함시켜 설명하기도 한다. 약속법, 허락법, 경계법을 추가하는 것은 '-(으)ㄹ게, -(으)마'와 같은 약속의 종결 어미, '-(으)렴, -(으)려무나'와 같은 허락의 종결 어미, '-(으)리라'와 같은 경계의 종결 어미가 따로 존재한다는 것에 근거한다. 감탄법을 평서법에 포함시키는 것은 감탄법을 단순 진술로 보아도 무방하다는 견해로 볼 수 있다. 그러나 감탄법은 감탄형 어미가 발달해 있고 이 어미가 약속, 허락, 경계와는 달리 상대 높임법에 따라 다양하게 실현되기 때문에 학교 문법에서는 별도의 문장 종결법으로 처리하고 있다(구본관 외, 2015: 284면).

문장 종결법은 문장을 끝맺는 방식으로 그 기능이 청자에 대한 화자의 태도나 의향을 나타내는 것이므로 상대 높임법이 반드시 나타나게 되어 있다. 상대 높임법은 문장 종결법에 필수적인 형태적 특징이다. 따라서 기능, 문법 형태소, 상대 높임법 등이 문장 종결법을 분류하는 기준이 될 수 있다.

문장 종결법은 기능 면에서 화자가 청자에게 어떠한 요구가 있느냐, 구체적인 행위의 수행이 있느냐, 그리고 화자가 행위에 참여하느냐에 따라 다음과 같이 나눌 수 있다.[1]

	청자에 대한 요구	구체적인 행위 수행	화자의 참여
평서법, 감탄법	×	—	—
의문법	○	×	—
명령법	○	○	×
청유법	○	○	○

2──문장 종결법의 유형

1) 평서법

평서법은 화자가 청자에게 자신의 생각이나 어떤 정보를 전달하기 위해 진술하는 문장 종결법이고, 평서법이 실현된 문장이 평서문이다.

---

1 권재일(2012: 273면)은 허웅(1995)의 견해를 수정하여 문장 종결법을 청자에 대한 화자의 요구와 행동 수행의 요구가 있느냐 없느냐에 따라 다음과 같은 하위 범주로 나누고 있다.

    요구함(−) ·· 서술법
                                                   (평서법, 감탄법, 약속법)
    요구함(+)
    행동 수행성(−) ····································· 의문법
    행동 수행성(+) ··········· [청자] ··········· 명령법
                              ······································· 청유법

철수가 저녁을 <u>먹는다</u>.　　　　　　[해라체]

영희가 책을 <u>읽어</u>.　　　　　　　　[해체]

철수가 집에 <u>있네</u>.　　　　　　　　[하게체]

영희가 지금 학교에 <u>가오</u>.　　　　　[하오체]

철수가 시장에서 과일을 <u>샀어요</u>.　　[해요체]

영희가 지금 <u>외출했습니다</u>.　　　　[하십시오체]

이 문장들은 화자가 어떤 사건의 내용을 진술하는 문장으로, 상대 높임법에 따라 해라체, 해체, 하게체, 하오체, 해요체, 하십시오체(합쇼체)로 각각 다른 종결 어미가 실현되었다. 이와 같이 평서법은 모든 상대 높임법에서 나타난다.

그런데 평서법은 진술의 기능 이외에 약속의 기능을 나타내기도 한다.

내가 내일 네가 부탁한 책 가져다<u>줄게</u>.

이번 시험 잘 보면 다음 주에 영화를 보여 주<u>마</u>.

내가 도서관에 가서 그 책을 찾아<u>봄세</u>.

여기에 쓰인 '-(으)ㄹ게, -(으)마, -(으)ㅁ세'는 화자가 자신의 행동을 미래에 수행할 것임을 청자에게 진술하여 그 행위의 수행이 화자 스스로의 의무가 되도록 하는 기능을 가진다. 이러한 약속의 기능을 가진 평서법의 종결 어미와 결합하는 용언은 동사이어야만 하나 부정적인 행위를 나타내는 동사는 쓰일 수 없다. 또한 시제도 현재 시제만 사용하여야 한다.

^{??}내가 너를 때려 주마.

*내가 너를 도와주<u>겠</u>마.

약속은 화자의 행위가 청자에게 긍정적인 영향을 줄 것이라고 믿어야 성립하므로 청자에게 부정적인 행위를 약속하는 것은 부적절하다. 또한 약속은 그 자체가 미래의 행위이므로 미래 시제 선어말 어미를 사용하는 것은 비문법적이다.

약속의 기능 이외에도 경계의 기능을 나타내는 평서법도 있다.

어머, 그러다가 넘어<u>질라</u>.
어머, 그러다가 넘어질 <u>것 같아요</u>.

이 문장은 상대방에게 위험을 미리 알리는 기능을 갖는다. 이 경계법은 다른 형태의 평서법으로 바꾸어도 전달하는 내용은 같다. 따라서 평서법의 범주에 넣을 수 있다. 경계의 기능을 갖는 종결 어미 '-(으)ㄹ라'는 부정적인 의미의 동사와만 결합한다. 이 경우에도 미래 시제의 어미를 사용할 수 없다.

^{??}어머, 그러다가 잘 걸<u>을라</u>.
*어머 그러다가 넘어지<u>겠을라</u>.

경계는 부정적인 결과를 염려하여 미리 알려 주는 것이므로 긍정적이거나 중립적인 동사를 사용하면 부적절한 문장이 된다. 또한 약속과 마찬가지로 앞으로의 일에 대한 언급이므로 미래 시제를 덧붙이는 것은 적절하지 않다.

평서법의 문장 중에는 어간에 종결 어미 '-다'만 붙이고 시제나 양태 등을 전혀 표현하지 않는 것이 있다. 이 경우에는 문장에서 서술하는 내용 자체만 객관적으로 전달하는 진술이 된다. 이러한 평서법은 사전에서 용언의 표제어나 용언의 뜻풀이에 사용되거나 책, 영화, 기사 등의 제목에 주로 사용된다.

걷다02 [걷:따] (걸어, 걸으니, 걷는[건:-])
「동사」
  [1] 다리를 움직여 바닥에서 발을 번갈아 떼어 옮기다.
  [2] […을]
    「1」 어떤 곳을 다리를 번갈아 움직여 위치를 옮기다.
    「2」 어떠한 방향으로 나아가다.
    「3」 전문직에 종사하다.

[표준 국어 대사전]

바람과 함께 사라지다   [책/영화 제목]

고상돈, 한국인 최초로 에베레스트를 정복하다   [기사 제목]

위와 같은 경우 외에 시제나 양태가 표시되지 않는 평서법은 메모나 일기 등에 사용된다.

오늘 날씨가 흐리다. 학교에 가서 책을 보다가 친구를 만나다. 즐거운 시간을 보내고 집으로 돌아오다. ……

2) 의문법

의문법은 화자가 청자에게 어떤 정보를 요구하는 문장 종결법이고, 의문법이 실현된 문장이 의문문이다. 의문문은 질문의 목적에 따라 세 가지 유형으로 나눌 수 있다.

어제 영희가 미국에서 <u>돌아왔니</u>?

그는 지금 무슨 일을 하고 <u>있니</u>?

어떻게 그 사람이 나한테 그럴 수 <u>있니</u>?

청자에게 긍정이나 부정의 답, 즉 '예' 또는 '아니요'의 답을 요구하는 의문문은 '판정 의문문'이라고 하고, 의문사를 사용하여 청자에게 설명을 요구하는 의문문은 '설명 의문문'이라고 한다. 또한 형태는 의문문이나 실제로는 자신의 주장을 강하게 전달하는 의문문을 '수사 의문문'이라고 한다. 첫 번째 문장은 판정 의문문으로, 어제 영희가 미국에서 돌아왔는지를 청자가 아는지 화자가 묻는 것이다. 두 번째 문장은 설명 의문문으로, 화자가 청자에게 지금 그 사람이 하고 있는 일에 대한 정보를 구하고 있다. 마지막 문장은 수사 의문문으로, "그 사람이 나한테 결코 그럴 수 없다."라는 화자의 주장을 강하게 전달하고자 의문의 형태를 사용한 것이다. 이러한 수사 의문문은 청자에게 대답을 요구하지 않는다.

중세 국어의 판정 의문문과 설명 의문문

중세 국어에서는 판정 의문문과 설명 의문문이 구별되는 형태의 의문형 어미가 있었다.

功德이 하녀 져그녀 (『석보상절』 19:4)
比丘ㅣ 어드러셔 오뇨 (『석보상절』 19:30)

첫 번째 문장은 의문사가 없는 판정 의문문으로 의문 종결 어미 '-녀'가 나타나고, 두 번째 문장은 의문사가 있는 설명 의문문으로 의문 종결 어미 '-뇨'가 나타난다. 현대 국어에서는 이러한 구별이 없고 영남 방언에서만 유사한 형태가 나타난다.

지금 어디 가노?
지금 집에 가나?

영남 방언에서 설명 의문문의 의문형 어미는 '-노'가 나타나고, 판정 의문문의 의문형 어미는 '-나'가 나타난다. 이것은 중세 국어의 흔적으로 보인다.

그런데 이러한 어미는 주어가 1인칭이거나 3인칭의 경우이고, 2인칭 주어일 경우에는 중세 국어에서도 의문문의 종류에 상관없이 의문형 어미가 '-ㄴ다' 하나의 형태만 나타난다.

네 엇뎨 안다 (『월인석보』 23:74)

의문형 어미도 평서형 어미와 마찬가지로 모든 상대 높임법의 형태를 취한다.

철수가 저녁을 <u>먹느냐</u>?	[해라체]
영희가 책을 <u>읽어</u>?	[해체]
철수가 집에 <u>있는가</u>?	[하게체]
영희가 지금 학교에 <u>가오</u>?	[하오체]
철수가 시장에서 과일을 <u>샀어요</u>?	[해요체]
영희가 지금 <u>외출했습니까</u>?	[하십시오체]

그런데 해체, 하오체, 해요체는 의문법의 어미가 평서법의 어미와 동일하다. 이 경우에는 맥락이나 억양²에 따라 구별해야 한다.

의문문에는 다른 문장에 덧붙어서 나타나는 것이 있다. 평서문의 내용을 확인하는 기능을 하는 '부가 의문문'이 바로 그것이다.

너 어제 집에 <u>있었지 않니</u>?

"너 어제 집에 있었다."라는 평서문의 뒤에 덧붙어서 문장의 진위를 확인하고자 하는 의문문이다. 이런 이유로 '확인 의문문'이라고도 한다. 부가 의문문은 연결 어미 '-지'를 붙인 다음에 부정의 보조 용언 '않다'를 붙인다. 그런데 시제 선어말 어미가 보조 용언에 나타나지 않고 본용언에 나타난다는 점이 일반적인 보조 용언 구성과 다르다.

3) 명령법

명령법은 화자가 청자에게 어떤 행위의 수행을 요구하는 문장 종결법이고,

---

2 고영근·구본관(2008: 428, 433면)은 평서법 어미의 억양은 낮은 수평조이고, 의문법 어미의 억양은 판정 의문문에서는 높은 수평조, 설명 의문문에서는 낮은 수평조로 설명하고 있다. 그러므로 평서문과 설명 의문문은 억양으로도 구별되지 않는다. 억양의 문제는 구체적인 연구 결과가 제시되지 않아 이것만으로 설명 의문문과 평서문을 구별하기가 쉽지 않다. 의문사의 유무가 결정적인 단서가 될 것이다.

명령법이 실현된 문장이 명령문이다. 명령문의 주어는 대개 2인칭이며, 표면적으로 드러나지 않는 것이 일반적이다. 그리고 호격어가 사용되면 그 호격어는 주어와 동일한 대상을 가리킨다.

철수야, 밥 먹어라.	[해라체]
잡지 말고 신문을 읽어.	[해체]
자네는 어서 이 일을 해결하게.	[하게체]
이리 오오.	[하오체]
꼭 병원에 가세요.	[해요체]
이쪽으로 나가십시오.	[하십시오체]

명령법이 나타내는 사건은 미래에 일어날 일이므로 미래 시제 선어말 어미 '-겠-' 등은 사용할 수 없다. 명령법도 모든 상대 높임법으로 실현되며, 해체, 하오체, 해요체는 평서법이나 의문법과 종결 어미의 형태가 동일하다. 이 경우 역시 맥락이나 억양으로 구별해야 한다.

명령법에 나타나는 서술어에는 일정한 제약이 있다. 일반적으로 명령문의 내용은 청자가 할 미래의 행위이므로 서술어는 동사로 제한된다.

이제 집에 가거라.

*갑작스러운 소식에 놀라라.

동사인 '가다'는 명령문에 나타나지만 형용사인 '놀라다'는 '-어라'를 붙여 명령문에 쓸 수 없다. 만약 "놀라라."가 명령문이 아니라면 감탄문이 될 수는 있다. 그런데 '-하다'류의 형용사는 명령문의 서술어가 되는 경우가 있다.

아프지 말고 건강해라.

*언제나 이상해라.

명령문이 가능한 '-하다'류의 형용사는 형용사가 나타내는 상태에 도달하기 위해 주어의 자발적인 노력이 필요한 경우에 해당한다. 이러한 이유로 '건강하다'는 명령문이 가능하지만 '이상하다'는 불가능하다. 만약 비문법적이지 않다면 이는 기원을 의미하는 감탄문이 될 것이다.

하십시오체(합쇼체)에서는 청자에 대하여 명령문을 사용하기가 어렵다. 실제로 상대방을 가장 존중하고 공손하게 표현해야 하는데 명령이라는 것 자체가 상대방에게 어떤 행위를 하도록 강제하는 것이므로 공손한 표현이 되지 못할 뿐만 아니라 상대방을 존중하는 높임법의 기능을 수행하기가 어렵다. 이러한 공손성의 문제를 해결하기 위해 직접적인 명령형 어미를 사용하지 않고 다음과 같이 완곡한 표현을 사용하기도 한다.

선생님, 이쪽으로 나가시겠어요?
선생님, 이쪽으로 나가시면 됩니다.

첫 번째 문장은 의문문으로 완곡한 요청을 하는 간접 화행이며, 두 번째 문장은 평서문의 형태로 요청의 간접 화행[3]을 나타낸다.

상대 높임법이 반영된 명령법을 사용할 때 화자는 특정한 상대를 분명히 의식하고 그와의 일정한 관계를 인지한다. 그런데 종종 불특정 다수를 상대로 명령을 하거나 청자와의 공식적 거리를 두기 위해 다른 형태의 명령법을 사용하기도 한다. 어간에 바로 '-(으)라'를 붙여 명령문을 만드는 방식이다. 이는 어간에 종결 어미 '-다'를 붙이는 평서법과 유사하다.

다음에서 알맞은 답을 고르라.
당국은 환경 문제를 해결하라.

3 원래 수행하고자 하는 행위가 아닌 다른 행위를 수행하는 표현을 사용하여 어떤 발화 행위를 수행할 때 이를 '간접 화행'이라고 한다. 예를 들어, "이름이 무엇입니까?"라는 의문문 대신 "이름을 좀 알려 주세요."와 같이 평서문으로 상대방에게 응답을 요청할 수 있다. 이와 같은 간접 화행은 직접 화행보다 공손한 표현이 된다.

이와 같은 명령법을 '간접 명령법'이라고 하는데, 주로 시험지의 지시문, 신문 기사의 제목, 시위대의 구호, 신문 사설의 제목 등에 사용된다.

화자가 청자의 행동을 허락하는 허락의 기능을 하는 문장도 명령문과 유사하다. 허락도 상대방에게 어떤 행위를 하게 하거나 상태에 이르게 하는 것이므로 아주 약한 명령이라고 할 수 있다. 다만 명령문은 화자가 어떤 일을 청자가 하게 하지만, 허락은 청자가 원하는 일을 청자 자신이 하게 한다. 허락의 기능은 '-(으)려무나, -(으)렴' 등의 특별한 종결 어미를 통해 실현되기도 한다.

밖에 나가서 <u>놀려무나</u>.
오늘은 <u>외출하렴</u>.

4) 청유법

청유법은 화자가 청자에게 함께 어떤 행위를 수행할 것을 제안하는 문장 종결법이고, 청유법이 실현된 문장이 청유문이다. 청유문의 주어는 복수의 1인칭 '우리'이지만 명령문의 주어와 마찬가지로 보통 문장에 잘 드러나지 않는다. 상대 높임법에 따른 청유법의 형태는 다음과 같다.

학교에 <u>가자</u>.   [해라체]
학교에 <u>가</u>.   [해체]
학교에 <u>가세</u>.   [하게체]
학교에 <u>갑시다</u>.   [하오체]
학교에 <u>가요</u>.   [해요체]
학교에 <u>가시지요</u>.   [하십시오체]

해라체의 청유형 어미는 '-자'이고, 하게체는 '-세'이다. 해체와 해요체는 평서법, 의문법, 명령법과 동일한 형태이다. 주목할 만한 것은 하오체에서는

'-ㅂ시다'를 사용하고, 하십시오체(합쇼체)에서는 '-시지요'를 사용한다는 것이다. '-ㅂ시다'는 형태상 하십시오체(합쇼체)와 매우 유사하나 가장 존중해야 하는 대상에게 사용하는 것이 어렵기 때문에 하오체에 사용한다. '-시지요'는 해요체와 관련된 형태이지만 우회적으로 공손성을 실현하여 하십시오체(합쇼체)의 청유형을 대신하는 것이다.

명령법과 마찬가지로 청유법에서도 화자가 청자에게 함께 할 행위를 제안하므로 동사만 서술어가 되지만, 주어의 자발적 노력이 필요한 상태에 도달함을 의미하는 '-하다'류의 형용사도 청유형으로 실현되기도 한다.

배가 고프니 빨리 <u>먹자</u>.
*우리 이제는 <u>예쁘자</u>.
너무 당황하지 말고 일단 <u>침착하자</u>.
*우리 이제는 <u>이상하자</u>.

동사 '먹다'와 형용사 '침착하다'는 청유문에 사용할 수 있다. '침착하자'의 경우에는 주어가 침착한 상태를 유지하기 위해서 의도적인 노력을 해야 하므로 청유문과 명령문에서 모두 사용할 수 있다. 그러나 '예쁘다'와 '이상하다'는 그러한 형용사가 아니므로 청유문에 사용하기에는 부적절하다. 최근 어느 광고에서 "이상하자."를 카피로 사용하고 있는데 그것은 전체 광고의 콘셉트가 '이상해지는 것'이므로 일부러 문법적으로 이상한 형태를 쓴 것으로 볼 수 있다. 그런데 간혹 청유법의 의미가 확장되어 화자나 청자의 행위를 제안하는 경우가 있다(고영근·구본관, 2008: 440면).

이제 나 밥 좀 <u>먹자</u>.
좀 <u>내립시다</u>.

이 두 문장은 모두 화자인 '나'의 행위를 제안하는 것이다. 그렇지만 화자의 행위를 하기 위해서 청자의 협조를 요청하는 경우로 청유법을 사용하고 있다. 청자에게 협조를 요청하는 것을 화자가 하는 행위를 같이 하는 것으로 표현함으로써 더 자연스럽게 상대방의 반응을 얻어 낼 수 있을 것으로 기대된다.

표 좀 빨리 <u>팝시다</u>.

이 문장도 역시 화자가 원하는 일이 이루어지기 위해서는 청자가 일정한 행위를 해 주어야 하므로 화자가 요구하는 일에 청자가 함께 참여한다는 측면에서 청유법을 사용한 것으로 보인다. 따라서 이 문장도 상대방에게 표를 빨리 팔라고 요청하는 것이 된다. 이처럼 원래의 요청이 청유법으로 실현되는 양상을 보이기도 한다.

5) 감탄법[4]

화자가 자신의 감정이나 느낌 등을 나타내기 위해 사용하는 문장 종결법이 감탄법이다. 감탄법이 나타내는 감탄문은 '-구려, -구먼, -군요, -구나, -군, -어라' 등의 감탄형 종결 어미로 실현된다.

참 친절한 <u>청년이구려</u>.	[하오체]
용케도 잘 <u>찾아왔구먼</u>.	[하게체]
이 자동차가 참 <u>멋지군요</u>.	[해요체]
정원에 핀 꽃이 정말 <u>예쁘구나</u>.	[해라체]
어머나, <u>놀라라</u>.	[해라체]

---

4 감탄문이 감정이나 느낌을 나타내는 것과 평서문이 감정이나 느낌을 나타내는 것을 동일시하느냐 그렇지 않느냐에 따라 이 두 문장 종결법을 하나로 보기도 하고 둘로 보기도 한다. 학교 문법에서는 별도의 문장 종결 어미가 존재하는 것을 중시하여 다른 종결법으로 보고, 구본관 외(2015: 294~295면)는 화자가 청자를 별로 의식하지 않거나 거의 독백하는 자기의 느낌을 표현하는 문장으로 보고 감탄을 나타내는 평서문과 구별한다.

감탄법의 종결 어미가 동사와 결합할 때에는 현재 시제 선어말 어미인 '-는-/-ㄴ-'이 함께 나타나서 형용사나 서술격 조사가 결합할 때와 구별된다.

철수가 참 잘 달리는구나.
*철수가 참 잘 달리구나.
*철수가 참 착하는구나.
철수가 참 착하구나.

높임법

1──높임법의 개념

국어에서는 화자가 청자나 말하는 내용에 참여하는 주체나 대상과 어떠한 관계에 있느냐에 따라 다른 표현을 사용한다.

우리 할머니<u>께서는</u> 늘 이때쯤 산책을 하신다.
교장 선생님, 출장 잘 <u>다녀오셨습니까?</u>

첫 번째 문장에서 화자는 할머니의 행위에 대해 언급하고 있기 때문에 화자보다 사회적 지위가 높은 할머니에게 존중의 태도를 표현하기 위해 높임의 주격 조사 '께서'와 높임의 선어말 어미 '-시-'를 사용하고 있다. 또한 해라체의 종결 어미를 사용한 것으로 보아 이 문장의 청자는 화자와 동급이거나 아랫사람임을 추측할 수 있다. 반면에 두 번째 문장에서 화자는 대화 상대, 즉 청자인 교장 선생님을 높이기 위해 하십시오체(합쇼체)의 종결 어미 '-습니다'를 사용하고 있으며, 서술하는 내용의 주체도 교장 선생님이므로 역시 높임의 선어말 어미 '-시-'를 사용하고 있다. 이와 같이 화자가 청자 또는 문장에 나타난 관련 대상(주체나 객체)들을 높이거나 낮추어 언어적으로 표현하는 문법 범주를 '높임법'[1]이라고 한다.

그런데 국어에서는 화자가 상대방을 존중하기 위해 상대방을 높일 뿐만 아니라 자신을 낮추기도 한다.

그 가방은 제게 주십시오.

이 문장에서는 청자가 화자보다 사회적 지위가 높은 사람으로 파악된다. 그래서 청자는 자신을 낮추면서 화자를 높이고 있다. '제'는 자신을 낮추는 말이고, '-십시오'는 상대방인 청자를 높이는 말이다. 이렇게 되면 상대방은 높이고 자기는 낮춤으로써 상대방을 더욱 높이게 된다. 이와 같이 자신을 낮추는 문법 범주를 '겸양법'[2]이라고 한다.

이러한 맥락에서 높임법이라는 용어는 대상을 높이는 것을 의미하므로 높임법과 별도로 겸양법을 따로 설정해야 한다는 의견이 있지만, 자신을 낮추는 것은 결국 상대방을 높이기 위한 것으로 이해할 수 있으므로 겸양법도 높임법의 범주에 통합하여 다룰 수 있다고 생각한다. 즉, 높임의 정도가 일종의 척도로 이루어져 있어서 화자와 청자, 그리고 주체나 객체의 상대적 위치에 따라 높고 낮음이 정해진다고 한다면 높임법이라는 용어는 포괄적으로 사용할 수 있는 것이다.

높임법은 높임의 대상에 따라 '주체 높임법, 객체 높임법, 상대 높임법'으로 나뉜다. 주체 높임법은 문장이 나타내는 사건의 주체인 주어를 높이는 것이고, 객체 높임법은 문장이 나타내는 사건의 객체인 목적어나 부사어를 높이는 것이다. 상대 높임법은 대화의 상대인 청자를 높이는 방법이다. 높임의 대상과 별도로 자신을 낮추어서 상대방을 높이는 겸양법도 상대 높임법의 범주에 포함될 수 있다.

---

1 '높임법'이라는 용어 대신에 '경어법'이라는 용어를 사용하기도 하는데, 이는 한자 대역어로 볼 수 있다.
2 겸양법은 '겸손법'이라고도 한다.

2——주체 높임법

문장이 나타내는 사건의 행위 주체인 주어를 높이는 주체 높임법은 주어에 격 조사 '께서'를 붙이거나 용언에 주체 높임의 선어말 어미 '-시-'를 붙여 나타낸다.

할아버지께서 과일을 많이 사 오셨다.

주어인 '할아버지'를 높이기 위해 주어에는 높임의 격 조사 '께서', 동사에는 높임의 선어말 어미 '-시-'를 사용하였다. 격 조사와 선어말 어미 이외에 주어 명사에 높임의 접미사 '-님'을 붙여 나타낼 수도 있다.

김 선생이 출장에서 돌아왔다.
김 선생님께서 출장에서 돌아오셨다.

높임의 접미사 '-님'은 주체만을 높이는 것이 아니라 객체인 목적어나 부사어에도 사용될 수 있다. 즉, 지칭하는 대상을 높일 때 모두 사용할 수 있다.

주체 높임법에 격 조사, 선어말 어미 등과 같은 문법 형태소를 사용하는 대신에 높임을 나타내는 특수 어휘를 사용할 수도 있다.

아버지께서 지금 주무신다.
이분이 새로 오신 선생님이시다.

첫 번째 문장은 서술어인 용언이 '주무시다'와 같이 특수한 형태로 사용되어 주체를 높이고 있다. 이러한 기능을 하는 용언으로는 '주무시다, 잡수시다, 드시다, 계시다' 등이 있다. 두 번째 문장처럼 주체를 나타내는 체언에 높임의 의미를 가지는 특수 어휘를 사용할 수도 있다. 주로 '이분, 저분, 그분' 등과 같은 대명사들이 이러한 어휘에 속한다.

높여야 하는 주체와 관련된 특수 어휘를 사용하여 높이는 방법도 있다.

할아버지께서 오늘 <u>약주</u>를 많이 하셨다.

아버지께서는 다시 가 볼 수 없는, <u>당신</u>의 고향을 그리워하셨다.

할머니, <u>춘추</u>가 얼마나 되시나요?

이와 같이 '약주, 춘추, 당신' 등과 같은 특수 어휘를 사용하여 주어를 높일 수 있다. 물론 청자와 주어가 일치할 경우에는 상대방을 높이는 효과도 있다.

국어에서는 주체와 관련된 대상을 높이는 경우가 있다. 이러한 높임법을 '간접 높임법'이라고 하는데, 주체와 관련된 대상을 높임으로써 주체를 높이는 방법이다.

우리 할머니는 머리가 하얗게 <u>세셨다</u>.

김 사장님은 집이 굉장히 <u>머시다</u>.

'우리 할머니'의 머리에 대한 언급이므로 머리를 높임으로써 결국 '우리 할머니'를 높이는 것이고, '김 사장님'의 집을 높임으로써 '김 사장님'을 높이는 것이다. 그러나 화자가 '김 사장님의 집'을 군이 높이려는 의도가 없다면 간접 높임을 사용할 필요가 없다. 이는 주체에 대한 화자의 태도를 반영하는 것이다.

그런데 간접 높임법에 사용되는 높임의 형식이 일반적인 주체 높임법과 다른 경우가 있다.

박 선생님은 아들이 <u>있으시다</u>.

*박 선생님은 아들이 <u>계시다</u>.

"박 선생님은 아들이 있으시다."는 간접 높임법을 적절하게 반영하고 있다.

그러나 '있으시다' 대신에 '계시다'를 사용하면 박 선생님을 간접적으로 높이는 것이 아니라 아들을 직접 높이는 것이므로 적절하지 않다.

3 —— 객체 높임법

객체 높임법은 문장의 객체인 목적어와 부사어를 높이는 것으로, 주로 특수한 높임의 어휘로 실현된다.[3]

> 철수는 <u>선생님께</u> 꽃다발을 <u>드렸다</u>.
> 철수는 영희에게 꽃다발을 주었다.

첫 번째 문장의 '드리다'는 철수가 꽃다발을 전해 주는 사람을 높인다. 이 경우에는 낙착점인 부사어를 높이는 것이며, 이때 부사어에는 '께'와 같은 높임의 격 조사가 붙는다. 부사어의 경우에는 격 조사를 통해 객체 높임법을 실현할 수 있다. 두 번째 문장처럼 객체인 부사어를 높일 필요가 없을 때에는 부사격 조사 '에게'가 사용되고 서술어인 용언도 '주다'가 사용된다. '드리다'처럼 부사어인 객체를 높이는 용언으로는 '여쭙다' 등이 있다.

부사어가 아닌 목적어를 높이는 객체 높임법도 살펴보자.

> 영희는 할머니를 <u>모시고</u> 집으로 돌아갔다.
> 영희는 동생을 <u>데리고</u> 집으로 돌아갔다.

---

3 고영근·구본관(2008: 465~468면)은 객체 높임법에 사용되는 특수한 어휘들을 모두 겸손법에 사용되는 것으로 처리하고 있다. 여기서는 국어의 높임법을 높임의 대상을 기준으로 나누고 있으므로 이는 객체 높임법으로 설명하기로 한다. 또한 앞에서 밝힌 바와 같이 나를 낮추어 객체를 높이는 것이라면 객체 높임으로 보는 것이 논리적 타당성을 갖는 것으로 볼 수 있다.

첫 번째 문장에서는 목적어인 객체 '할머니'를 높이기 위해서 용언을 '모시다'를 사용하였지만, 두 번째 문장에서는 목적어인 객체 '동생'을 높일 필요가 없으므로 용언은 '데리다'를 사용한다. '모시다'처럼 목적어인 객체를 높이는 어휘로는 '뵙다' 등이 있다.

4──상대 높임법

상대 높임법은 화자가 청자를 높이거나 낮추는 방법으로, 청자가 대화의 상대방이라는 측면에서 정의한 것이다. 청자를 높인다는 측면에서는 '청자 높임법'이라고도 한다. 상대 높임법은 화자와 청자의 사회적 관계에 의해 결정되며 주로 문장 종결법과 함께 실현되므로 모든 문장에 나타나는데, 높임법 가운데 출현 빈도가 가장 높다.

상대 높임법의 체계에 대해서는 다양한 의견이 있으나 학교 문법에서는 다음과 같이 6등급의 상대 높임 체계를 채택하고 있다. 각 등급의 명칭은 명령형 어미의 형식을 따서 붙인 것이다.

격식체		비격식체	
아주 높임	하십시오체(합쇼체)	해요체	두루 높임
예사 높임	하오체		
예사 낮춤	하게체	해체	두루 낮춤
아주 낮춤	해라체		

상대 높임의 등급을 결정하는 요인은 화자와 청자의 관계, 격식과 비격식의 상황 등이 기본적으로 작용한다. 격식의 상황은 공적이고 형식적인 상황이며, 비격식의 상황은 사적이고 일상적인 상황이다. 격식의 상황에서는 하십시오

체(합쇼체), 하오체, 하게체, 해라체가 쓰이고, 비격식의 상황에서는 해요체와 해체가 사용된다.

하십시오체(합쇼체)는 격식의 상황에서 아랫사람인 화자가 윗사람인 청자를 높이는 상대 높임법으로, 가장 정중하고 공손하게 상대방을 대우하는 '아주 높임'에 해당한다. 하오체도 격식의 상황에서 사용되는데, 아랫사람이 윗사람을 어느 정도 높이거나 아랫사람이나 친구를 존중하여 높여 대하는 '예사 높임'이다. 하십시오체(합쇼체)나 하오체와 달리 하게체와 해라체는 낮춤을 나타낸다. 하게체는 격식의 상황에서 아랫사람이나 친구를 어느 정도 존중하여 대우하는 '예사 낮춤'이며, 해라체는 청자를 매우 낮추어 대하는 '아주 낮춤'에 해당한다. 대체로 격식의 상황에서 상대 높임법을 사용하는 것은 딱딱한 인상을 주며 거리감을 나타낸다. 격식의 상황에서 상대 높임법은 다음과 같이 사용된다.

아버지께서 신문을 읽고 <u>계십니다</u>.   [하십시오체]
아버지께서 신문을 읽고 <u>계시오</u>.   [하오체]
아버지께서 신문을 읽고 <u>계시네</u>.   [하게체]
아버지께서 신문을 읽고 <u>계신다</u>.   [해라체]

해요체는 현대 국어에서 일상적으로 많이 사용되는 상대 높임법이다. 비격식의 상황에서 상대방을 존중하여 표현하는 방법으로, 격식의 상황에서 사용하는 하십시오체(합쇼체)와 하오체를 대신하여 두루 사용되어 '두루 높임'이라고 한다. 해요체는 어미 '–어'에 종결 보조사 '요'를 붙인 형태로 실현된다. 반면에 해체는 비격식의 상황에서 상대방을 높이지 않는 방법으로, 격식의 상황에서 사용하는 하게체와 해라체를 대신하여 두루 사용되어 '두루 낮춤'이라고 한다. 해체는 원래 상대방이 낮은 지위의 사람이나 낮출 수 없는 관계일 경우 중립적인 위치에서 높임법을 나타내기 위해 사용하는 반말로 발달하였으나 현재는 친밀한 사이에서 두루 사용되고 있다. 해요체와 해체는 모두 비격식의 상황에서 사용되므로 상대방에 대한 친밀감을 나타낼 수 있다. 비격식의 상황에서 해요체와 해체는 다음과 같이 사용된다.

아버지께서 신문을 읽고 <u>계세요</u>.   [해요체]

아버지께서 신문을 읽고 <u>계셔</u>.   [해체]

    이러한 6등급의 상대 높임 체계는 20세기 후반에 들어와 하오체와 하게체가 사라지는 경향을 보이면서 '하십시오체(합쇼체), 해요체, 해체, 해라체'의 4등급 체계로 변화하고 있다. 이러한 변화로 인해 인칭 대명사의 체계에서도 하게체와 어울리는 '자네'는 점점 잘 쓰이지 않는 경향을 보인다. 하게체는 장인이나 장모가 사위에게 말을 할 때 가장 많이 사용되며 동년배 사이에서는 잘 사용되지 않으며, 연령이 높은 세대에서 상대적으로 더 많이 사용되는 경향이 있다.

    상대방을 높이기 위해 자신을 낮추는 경우도 있는데, 이때는 특수한 어휘가 사용된다.

<u>제</u>가 할 수 있는 일은 다 하겠습니다.

<u>제</u>가 드릴 <u>말씀</u>이 없습니다.

    '저'는 화자를 낮추는 표현이고, '말씀'은 자기의 '말'을 낮추어 이르는 말이다. 이와 같은 말은 자신을 낮추어 상대방을 존중하는 표현의 효과를 가져온다. 그런데 다음과 같이 동일한 형태가 상대방을 높이는 표현으로 사용되기도 한다.

선생님 <u>말씀</u> 잘 들었습니다.

중세 국어의 높임법

현대 국어에서는 객체 높임법이 특수한 어휘로 제한된 범위 내에서만 실현되지만 중세 국어에서는 객체 높임의 선어말 어미 '-습-, -습-, -즙-'을 사용하여 보편적이고 규칙적으로 사용하였던 것으로 보인다.

世尊하 摩耶夫人이 엇던 功德을 닷ᄀ시며 엇던 因緣으로 如來를 나쓰ᄫ시니잇고 (『석보상절』11 : 24)

이 구절에서 '닷ᄀ시며'와 '나쓰ᄫ시니잇고'에는 주어인 '마야부인'을 높이기 위해서 주체 높임의 선어말 어미 '-시-'가 사용되었으며, '나쓰ᄫ시니잇고'에는 목적어인 객체 '여래'를 높이기 위해서 서술어인 용언 '낳다'에 객체 높임의 선어말 어미 '-습-'을 사용하고 있다. 여기에 덧붙여 청자인 '세존'을 높이기 위해서 높임의 호격 조사 '하'와 종결 어미로 상대 높임의 '-니잇고'를 사용하고 있다. 따라서 중세 국어에서 높임법의 사용은 현대 국어보다 훨씬 규칙적인 현상이었다고 할 수 있다.

5──높임법의 사용

높임법은 사회적 규범의 문제이나 국어에서는 문법적 판단의 문제가 되는 특수성이 있다. 주체 높임법이나 객체 높임법은 문장에 드러나는 요소와 화자와의 관계에 의해 사용되지만, 상대 높임법의 경우에는 높임의 대상이 문장에 드러나지 않으므로 과연 높임법이 문법적인 문제인가라는 논란이 생길 만하다. 그러므로 높임법은 규칙으로서의 문법과 행위로서의 사용의 경계에 놓여 있어 사용의 문제를 다시 살펴볼 필요가 있다.

높임법의 사용은 화자와 청자, 그리고 화자와 문장 내에 참여하는 대상들과의 관계에 의해 결정된다. 첫째, 가장 일반적으로 높임법의 사용을 결정하는 것은 나이나 사회적 지위와 같은 계층적인 서열 관계이다. 흔히 아랫사람은 윗사람을 존중하여 대하여야 하며 이것이 언어생활에 반드시 반영되어야 하는 것이 국어의 규범이다. 둘째, 화자와 높임의 대상들 사이의 친밀도에 따라 높임법의 사용이 결정된다. 친밀한 사이라면 비격식의 해체나 해요체가 사용될 수 있고 주체 높임법을 생략하는 경우도 있다. 셋째, 화자가 격식의 상황에서 말하느냐 비격식의 상황에서 말하느냐에 따라 높임법의 등급이 달라진다. 즉, 격식의 상황이면 아무리 친밀한 아랫사람이라고 해도 낮추어 말할 수 없는 것이다. 넷째, 화자의 의도에 따라 높임법이 달리 나타난다.

그런데 높임법의 사용을 결정하는 요인들은 개별적으로 영향을 주기보다는 복합적으로 결합하여 영향을 주는 경우가 많다. 또한 계층적 서열 관계에 친밀도나 상황, 의도 등이 작용하여 높임법의 사용이 달라지는 경우도 많다.

먼저 화자와 문장 주체와의 관계나 화자의 의도에 따라 높임법이 사용되는 양상을 알아보자.

세종대왕은 민족의 스승이다.
세종대왕께서는 민족의 스승이시다.

동일한 내용의 진술이나 화자의 의도는 매우 다르다. 주체 높임법이 실현되지 않은 경우는 객관적 사실을 언급하는 것이고, 주체 높임법이 실현된 경우는 문장의 주체인 '세종대왕'에 대한 화자의 존경 등 주관적 태도를 반영하는 것이다. 전자는 신문의 보도문이나 역사책의 기술과 같은 객관적 기술에 자주 나타나고, 후자는 수필 등과 같은 주관적 기술에 나타난다.

높임법의 사용은 화자와 청자, 그리고 문장의 주체, 삼자 간의 관계에 의해 결정되기도 한다.

할아버지, <u>아버지가</u> 지금 방에 <u>있습니다.</u>

화자는 청자인 할아버지와 문장의 주체인 아버지를 모두 높여야 하지만 청자인 할아버지는 문장의 주체인 아버지보다 윗사람이다. 따라서 화자는 청자인 할아버지에게 아버지에 대한 언급을 하면서 아버지를 높이지 못하는 것이다. 이와 같이 청자가 화자가 높여서 언급해야 할 대상보다 윗사람일 때 그 대상에 대해 높임법을 사용하지 못하는 것을 '압존법'이라고 한다. 압존법과 관련하여 다른 예를 살펴보자.

철수야, 네 형이 지금 방에 <u>있니?</u>

이와 같은 문장은 화자가 부모님과 같은 등급이거나 그보다 더 높은 등급의 사람일 경우에만 성립된다. 즉, 화자가 아버지인 경우라면 청자인 철수와 문장의 주체인 철수의 형에 대해 모두 낮추어 말할 수 있다. 하지만 문장의 주체가 화자와 청자에게 모두 높여야 할 대상이라면 다음과 같이 표현해야 한다.

누나, <u>아버지가</u> 지금 방에 <u>계셔.</u>

그러나 이러한 압존법이 항상 사용되는 것은 아니다. 가족의 범위를 벗어난 사회적 관계에서는 사용하기 어렵다.

^{???}교장 선생님, 교감이 왔습니다.
교장 선생님, 교감 선생님이 오셨습니다.

화자가 신임 교사라면 청자인 교장 선생님과 문장의 주체인 교감 선생님의 관계를 고려할 때 "교장 선생님, 교감이 왔습니다."가 압존법이 바르게 적용된 것이다. 하지만 실제로는 결코 사용될 수 없는 표현이며, 교장 선생님과 교감 선생님을 모두 높여 표현하는 것이 적절하다. 따라서 압존법에 대해서는 사용 범위에 대한 재고가 필요해 보이며, 실제로 국립국어원의 『표준 언어 예절』에서는 이러한 양상을 반영하고 있다.[4]

상대 높임법은 상대방과의 친밀도에 따라 높임법 사용의 양상이 다르게 나타나기도 한다.

> 영희: 오늘 저녁 일곱 시에 거기서 만나는 거지?
> 철수: 어쩌지? 오늘 저녁 약속 취소해야겠어. 갑자기 중요한 일이 생겨서.
> 영희: 그러세요? 그렇게 바쁘시면 저녁에 약속을 하면 안 되지요.

영희와 철수는 친구 관계인데 철수가 이유를 밝히지 않고 갑자기 약속을 취소한 상황이다. 영희는 마지막 대화에서 두루 높임을 사용하면서 거리를 두고 있는데, 이 거리 두기를 통해 영희는 철수에게 화가 났다는 자신의 감정 변화를 나타내고자 하는 것이다.

이와 같이 의도를 나타내는 것 이외에도 친밀감을 나타내기 위해 원칙에 어긋난 상대 높임법을 사용하기도 한다.

> 아빠, 보고 싶었어.

청자인 아빠에게 적어도 해요체는 사용해야 하지만 화자는 아버지와의 친밀감을 나타내기 위해 호칭도 '아빠'로 사용하면서 해요체 대신에 해체를 사용하고 있다.

---

4 국립국어원의 『표준 언어 예절』(2011: 154, 158면)에서는 변화하는 언어 현실을 반영하여 "할아버지, 어머니가 진지 잡수시라고 하셨습니다."와 같은 높임법을 사용할 수 있으며, 압존법의 사용은 가정이나 사제지 간과 같은 사적 관계에서 적용되지만 직장에서 사용하는 것은 어색하다고 밝히고 있다.

상대 높임법에서는 한 사람의 청자에 대하여 한 등급의 상대 높임법만 사용되지 않는다. 매우 높여야 할 대상에 대해서도 하십시오체(합쇼체)와 해요체를 혼용하는 경우가 많다.

선생님, <u>안녕하셨습니까</u>? 오랜만에 연락을 <u>드립니다</u>. 하시던 일은 <u>잘되셨는지요</u>? 저도 잘 지내고 <u>있습니다</u>.

하십시오체(합쇼체)와 해요체의 혼용은 상대방에 대한 존경과 친밀감을 함께 표현할 수 있다. 따라서 현재 하십시오체(합쇼체)와 해요체는 상대방을 높이는 상황에서 함께 사용되는 경우가 많다.

그런데 높임법의 사용과 공손성이 항상 일치하는가에 의문을 제기할 수 있다. 하십시오체(합쇼체)는 청자를 매우 존중하는 높임법이기는 하지만 공손하지 못한 경우가 많다.

성함이 <u>무엇입니까</u>?
성함을 말씀해 <u>주시겠어요</u>?
성함을 말씀해 <u>주시면 좋겠어요</u>.

"성함이 무엇입니까?"는 청자에게 직접적으로 이름이라는 정보를 요구하는 것이다. 직접적인 질문은 반드시 대답을 하도록 요구하는 암묵적 강제성을 띠므로 청자를 배려하는 것이 아니다. 따라서 상대방에 대한 배려인 공손성이 떨어지는 것이라고 할 수 있다. 이에 비해 같은 표현이라도 직접적으로 정보를 묻는 것이 아니라 "성함을 말씀해 주시겠어요?"와 같이 요청을 통해 청자에게 선택권을 주는 간접 화행으로 질문을 하거나 "성함을 말씀해 주시면 좋겠어요."와 같이 평서문으로 청자의 행위가 화자에게 이로움을 진술하는 간접 화행을 사용하면 상대방에 대한 배려를 드러내게 된다.

이와 같은 공손성의 문제가 있기 때문에 하십시오체(합쇼체)의 명령형

'-십시오'나 형태상 하십시오체(합쇼체)인 '-십시다'는 화용적으로 다른 형태로 바뀌어 사용된다. 윗사람에게 명령을 한다거나 어떤 행위를 함께 하자고 제안하는 것이 사회적 위계상 가능한 일은 아니다.

???선생님, 두 시에 연구실에서 <u>만납시다</u>.
　할아버지, 여기에 <u>앉으십시오</u>.

'-십시다'의 경우는 하오체의 청유형으로 처리되어 부적절한 것으로 보인다. 청유형은 화자와 청자가 함께 참여하는 행위를 제안하는 것이므로 높임 표현을 쓰면 자신도 높이게 되는 문제가 생기고 역시 암묵적 강제성이 드러난다. 외국인 한국어 학습자의 경우에는 형태에 이끌려 윗사람에게 '-십시다'의 형태를 사용하는 오류를 보이기도 한다. 또한 윗사람에게 '-십시오'를 사용하는 것은 상대방을 존대하고 있기는 하나 진정한 공손성을 반영하는 것은 아니다. 따라서 이러한 내용의 명령이나 청유는 다음과 같이 간접적인 표현으로 바꾸어 해요체를 사용하는 것이 더욱 공손한 표현이 된다.

　선생님, 두 시에 연구실에서 <u>만날 수 있을까요</u>?
　할아버지, 여기에 <u>앉으시겠어요</u>?

그런데 현대 국어에서는 높임법이 과도하게 사용되거나 잘못 사용되는 경우가 많다. 특히 사물 높임이라고 하는 오용이 두드러지게 나타나는데, 다음과 같이 주체 높임의 선어말 어미 '-시-'가 부적절하게 사용되는 경우가 있다.

　???카페라테에는 생크림이 <u>올라가시는데</u> 괜찮으시겠어요?

이 문장에서는 주어인 생크림을 높이고 있는데 사물은 높임의 대상이 아니다. 보통 이러한 사물 높임은 청자에 대한 과도한 배려로 나타나는데, 이것은 간접 높임법이 잘못 적용된 것이다. 이와 관련하여 다음과 같은 문장은 오용이냐 아니냐에 이견이 있다.

모두 <u>오만 원이십니다</u>.

계산원이 손님에게 이렇게 말하는 경우가 종종 있다. 이것은 다음과 같은 기저의 문장으로 재해석할 수 있다.

<u>손님은</u> 액수가 모두 <u>오만 원이십니다</u>.

손님이 계산할 액수가 오만 원이라는 뜻인데, 손님은 이 문장의 주체이자 주어이고 또 액수는 손님과 관련된 것이므로 주체 높임의 선어말 어미 '-시-'가 나타날 수 있다는 것이다. 이는 간접 높임법의 예로 이해할 수 있다. 그러나 이러한 기저의 문장으로 재해석되지 않는다고 생각한다면 기저의 주어를 설정할 수 없다. 그렇게 되면 이 문장은 높임의 오용으로 볼 수밖에 없는 것이다. "모두 오만 원이십니다."는 온전한 문장의 형태가 아니므로 기저의 구조로 환언해서 생각하는 것이 문장을 정확히 이해하는 데 필요하다. 그러나 "카페라테에는 생크림이 올라가시는데 괜찮으시겠어요?"는 결코 이러한 간접 높임법으로 해석될 수가 없다. 이 문장에 대하여 기저의 문장을 다음과 같이 설정할 수 있다.

^{???}카페라테에는 생크림이 <u>올라가시는데</u> 손님은 <u>괜찮으시겠어요?</u>

이 문장은 종속적으로 연결된 이어진문장이고 선행절에는 '손님'을 주체로 설정할 수가 없다. 앞의 종속절에서 일반적인 설명을 하고 나서 그래도 손님이 괜찮겠느냐고 묻는 것이다.

사물 높임이 광범위하게 쓰는 것은 모두 오류로만 처리할 수 있는 문제는 아닐 것으로 보인다. 결국 주체 높임의 선어말 어미가 주어와 호응한다는 사실과 기저의 주어 설정을 통한 간접 높임법의 가능성이 확인되어야 오류 여부를 판단할 수 있을 것이다.

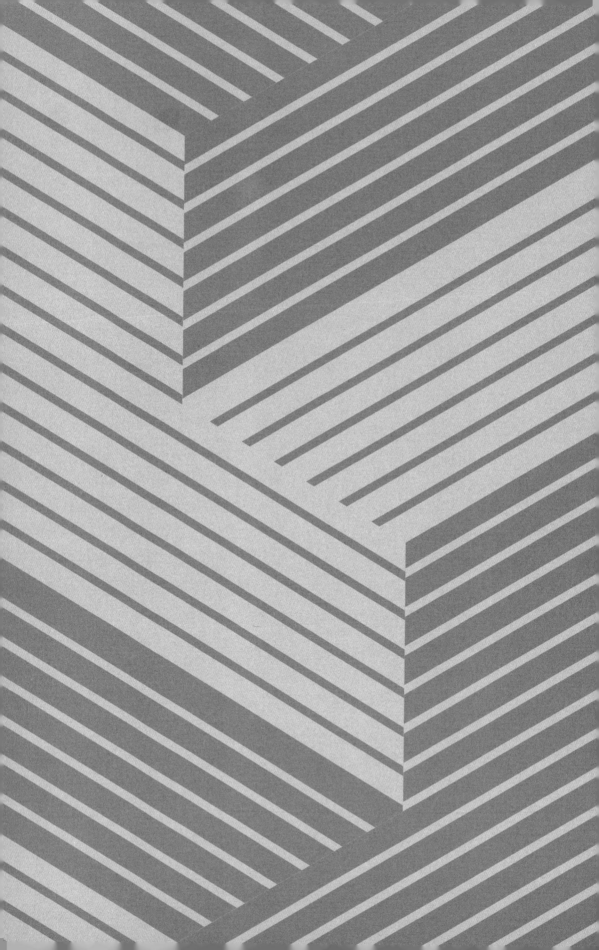

4부
어휘

의사소통은 말하는 이가 자신의 생각을 정확하고 설득력 있게 표현할 수 있는 단어를 선택하는 데에서 시작한다. 그리고 말하는 이는 선택한 단어들을 머릿속에서 적절히 배열한다. '단어들을 적절히 배열한다'는 것은 '말하는 이의 생각을 완결된 내용으로 표현할 수 있는 언어 형식 곧 문장을 만든다'는 것이다. 그렇게 만든 문장을 말소리에 실어 듣는 이에게 전달하고, 듣는 이가 그것을 제대로 이해하면 비로소 의사소통이 성공적으로 이루어졌다고 말할 수 있다.

이를 보면 의사소통에는 적절한 단어를 선택하고 이해하는 과정에 관여하는 어휘 지식과 단어들을 배열하여 문장을 구조화하고 이를 이해하는 과정에 관여하는 문법 지식이 관련된다고 볼 수 있다.

어휘 지식의 질적·양적 수준이 표현과 이해의 능력을 가늠하는 잣대가 된다고 본다면 어휘 지식은 어휘력과 같은 말로 이해할 수 있다. 우리는 어휘력이 풍부하다거나 향상되었다는 말을 들을 때도 있지만, 경우에 따라서는 어휘력이 부족하다거나 약해졌다는 말을 들을 때도 있다. 이런 말에는 대개 의사소통 과정에서 표현과 이해를 제대로 하는지를 평가하는 의미가 담겨 있다.

그렇다면 어휘력을 높이기 위해서는 어떻게 해야 할까? 여러 가지 방법이 있겠지만, 문법가들은 단어와 관련한 규칙과 원리 그리고 질서를 보여 줌으로써 어휘력을 높이고자 하는 이들에게 도움을 주고 싶어 한다.

문법가들이 제시하는 방법은 오랜 시간 많은 사람들에 의해 검증된 방법이어서 믿을 만하다. 역사 시대로 접어들면서부터 언어 교육이 활성화됨과 동시에 문법가들이 생겨났고, 그들은 어휘력을 높이는 방안을 찾기 위해 단어가 만들어지는 과정과 그렇게 만들어진 단어들이 맺는 관계의 질서를 탐구하였다.

학생들에게 어휘에 대한 문법적 설명을 할 때에는 어휘력을 키우는 데 문법이 어떤 역할을 해 왔고 할 수 있는지를 보여 주는 것이 중요하다. 그리고 실제 문장을 만들어 보고 글을 써 보면서 어휘에 대한 문법적 지식이 의사소통 과정에서 어떻게 작동하는지를 스스로 깨닫도록 유도하는 것이 필요하다.

단어의 형성

어휘력이 풍부하다는 것은 대부분 어휘를 많이 알고 있다는 것을 가리키는 말이다. 그런데 새로운 단어를 만들어 쓸 수 있고, 처음 보는 단어의 의미를 유추할 수 있는 능력도 어휘력의 중요한 부분이다. 사람들은 새로운 사물이 등장하거나 새로운 감정을 느꼈을 때 이를 어떻게 지시할까? 방법은 세 가지이다. 첫째, 기존 단어 중 근접한 의미를 지닌 단어로 표현한다. 둘째, 기존에 없던 새로운 단어를 만들어 표현한다. 셋째, 기존 단어를 구성하는 언어 단위들을 결합하여 새로운 단어를 만든다. 이 중 사람들이 가장 선호하는 방식은 세 번째 방식이다. 표현하기도 쉽고 이해하기도 쉽기 때문이다. 여기에서는 단어가 어떻게 만들어지고, 이렇게 만들어진 단어가 어떤 표현 효과를 갖게 되는지 설명할 것이다.

1──단어 형성의 원리

먼 옛날, 사람들이 의사소통이라는 것을 처음 시작할 땐 적지 않은 오해와 혼란이 있었을 것입니다. 별을 따 달라고 했는데 꽃을 따 온다거나, 물 마시고 싶다는 사람에게 밥을 차려 준다거나.

이런 오해와 혼란을 막고자 사물이나 현상에 이름을 붙이기 시작했을 것입니다. 그때 가장 먼저 이름을 얻은 것은 어떤 것들이었을까요? 사람에게 가장 소중한 것, 가장 가까운 것들이었을 것입니다. 그리고 그 이름은 대부분 한 글자였을 것입니다.

꿈, 별, 꽃, 밥, 물, 봄, 집, 나, 힘…….

한 글자 이름이 동난 후에 두 글자, 그다음에 세 글자 이름을 붙였겠지요. 그러니 한 글자로 된 말의 의미만 잘 살펴도 인생에서 가장 먼저 알아야 할 가치나 가르침을 알 수 있지 않을까요?

— 정철, 「글자 하나 생각 하나 마음 하나」

가장 기본적인 말은 한 글자로 되어 있을 것이라는 말은 정확하다고는 할 수 없지만, 기존의 말에 어떤 형태를 덧붙여 새로운 단어를 만든다는 점을 생각하면 어느 정도는 맞는 말이다. 그런 점을 생각하면 위 글에서 유의해야 할 대목은 "한 글자 이름이 동난 후에 두 글자, 그다음에 세 글자 이름을 붙였"다는 말이다. 두 글자나 세 글자의 이름을 만들 때 사람들이 어떤 방식을 쓰는지를 살펴보면서 '단어의 형성'이란 문제에 접근해 보자.

가장 단순한 방식은 한 글자 말을 만들 때처럼 새로운 말을 생각하여 만드는 것이다. '꿈, 별, 꽃, 밥, 물' 등을 만들듯이 '구름, 소리, 토끼, 오리, 바람' 등을 만드는 것이다. 그런데 세상의 사물 혹은 세상만사가 얼마나 다양한지를 생각해 보면, 이렇게 따로따로 말을 만드는 일이 불가능함을 알게 될 것이다. 만드는 것은 그렇다 하더라도 그 단어들을 모두 기억할 수는 있을까? 언어 기호의 중요한 특성이 자의성(恣意性)이라지만 기억과 조작의 한계 때문에 모든 어휘가 완전히 자의적으로 만들어질 수는 없다.

그래서 사람들은 기존의 말을 재료로 하여 새로운 말을 만드는 방식을 생각하였다. 이때 새로운 말의 재료가 되는 기존의 말은 실질적 의미를 지닌 '어근'과 그 어근에 덧붙는 '접사'로 구분되는데, 사람들은 둘 이상의 '어근'을 합하거나 '어근'에 '접사'를 덧붙이는 방식으로 새로운 말을 만들었다. 이처럼 기존의 말을 재료로 하여 새로운 말을 만들게 되면, 이 말들은 '상대적인 자의성'을 띠게 된다. 새로 만든 말의 의미를 이미 있는 말의 의미를 근거로 유추할 수 있게 되는 것이다.

| 기존의 말[어근] | 꽃, 구름, 물, 오리 |
| 새로운 말[어근+어근] | 꽃+구름=꽃구름, 물+오리=물오리 |

기존의 말[어근]	물, 바람
기존의 말[접사]	-기(氣)
새로운 말[어근+접사]	물+기=물기, 바람+기=바람기

위의 설명에서 단어의 재료가 되는 기본 단위는 '어근'과 '접사'라는 문법 용어로 표현되었다. 기본 단위라는 말은 곧 의미를 지닌 최소의 언어 형태라는 뜻인데, '어근'과 '접사'는 '의미를 지닌 최소의 언어 형태'라는 점에서 '형태소'라 불리기도 한다. '의미를 지닌 최소의 언어 형태'라는 것은 더는 쪼갤 수 없는 형태라는 뜻이다. 예를 들어, 형태소 '바람'을 '바'와 '람'으로 분리할 경우 아무 의미가 없는 음절 형태만 남게 되므로 '바람'은 의미를 지닌 최소의 언어 형태가 되는 것이다.

형태소와 이형태

하나의 형태소는 쓰이는 환경에 따라 형태를 달리할 수 있는데, 이때 한 형태소의 다른 형태를 '이형태(異形態)'라고 한다.

주격 조사 '이'와 '가'는 주격을 나타낸다는 점에서 하나의 형태소이지만, 선행하는 단어가 받침이 있느냐 없느냐에 따라 형태가 결정되므로 '이'와 '가'는 이형태이다. 마찬가지로 모음 앞에서는 '듣- + -어 → 들어'가 되고 자음 앞에서는 '듣- + -고 → 듣고'가 되는 경우도 음운 환경의 제약에 따라 형태소 '듣-(聽)'의 형태가 변하므로 '듣-'과 '들-'도 이형태이다. 이처럼 음운론적 조건에 따른 이형태가 있는가 하면, 형태론적 조건에 따른 이형태도 있다.

'먹었다'와 '하였다'를 보면 과거 시제를 나타내는 형태소는 '먹-'에 붙느냐 '하-'에 붙느냐에 따라 형태가 결정되므로 '-었-'과 '-였-'은 이형태이다. 마찬가지로 '가지 않다, 가지 않느냐?, 가지 않는구나!'와 '가지 말아라, 가지 말자'를 보면 부정 보조 동사는 어떤 어미와 붙느냐에 따라 형태가 결정되므로, '않-'과 '말-'도 이형태이다.

'어근'은 구체적인 대상을 가리키는 실질적 의미를 띤다는 점에서 '실질 형태소'라 할 수 있고, '접사'는 어휘적 의미는 없이 특정한 형태로 의미를 파생시키는 기능을 한다는 점에서 '형식 형태소'라 할 수 있다.

어근＝실질 형태소
접사＝형식 형태소

그런데 '형식 형태소'는 단어를 형성하는 데 기여할 뿐만 아니라 문장의 문법적 기능이나 문장 성분 간의 문법적 관계를 나타내기도 한다. 예를 들어, "물을 먹다."라는 말은 대화 상황에 따라 "물을 먹어라."로 쓰일 때도 있고, "물을 먹느냐?"로 쓰일 때도 있다. 이때 '을'은 '물'과 '먹-'의 문법적 관계를, '-어라, -느냐'는 '명령'과 '의문'이라는 문법적 기능을 나타낸다. 즉, '물을'에서 '을'은 명사 '물'과 독립된 조사로서 문법적 기능을 하고, '먹어라, 먹느냐'에서 '-어라, -느냐'는 동사 어근 '먹-'에 붙어 문법적 기능을 한다. 그런데 '-어라, -느냐'는 새로운 의미를 지닌 단어를 파생하는 기능을 하지는 않는다는 점에서 '물기'의 '-기'와는 다르다. 새로운 단어를 형성하는 데 역할을 하는 것이 아니라 단어의 형태를 변화시켜 문법적 기능을 나타내는 역할을 하는 것이다. 형태를 변화시켜 문법적 기능을 나타낸다고 하여 '-어라, -느냐'를 '굴절 접사'라고 하고, 새로운 의미의 단어를 만드는 기능을 한다고 하여 '-기'를 '파생 접사'라고 한다.

> 형식 형태소＝조사: 을
>
> 접사＝굴절 접사: -어라, -느냐
>
> 파생 접사: -기

위에서는 접사의 보편적 체계를 보이기 위해 파생 접사와 굴절 접사를 함께 설명하였지만, 학교 문법의 설명에서는 굴절 접사와 관련한 내용을 '단어 형성론'이 아닌 '용언의 활용론'에서 다룬다. 한 단어의 형태가 달라지는 용언 활용의 특성상 굴절 접사가 붙은 단어는 '어근+접사'가 아닌 '어간+어미'로 분석된다.

> 먹보＝먹-(어근)+보(접사＝파생 접사)
>
> 먹어라＝먹-(어간)+어라(어미＝굴절 접사)

굴절 접사 즉 어미는 문장의 유형, 문장의 구조 등을 설명하는 데 중요한 문법 형태소이다. 어미의 역할과 관련한 내용은 3부에서 자세히 설명한 바 있다.

'단어의 형성'에 대한 문법적 설명에서는 일반적으로 어휘가 확장하는 양상을 보여 주면서 '합성'과 '파생'이라는 단어 형성 원리를 설명한다. 그런데 문법이 표현력을 높이는 데 기여한다는 것을 보이려면 단어 형성의 원리를 설명하기에 앞서 어휘를 확장하게 된 동기, 즉 합성과 파생이 일어나는 동기를 설명할 필요가 있다. 어휘를 확장하게 된 동기는 결국 표현에 대한 욕구 때문이라고 할 수 있는데, 글쓰기 과정에서 학생 스스로 합성어와 파생어를 사용하여 얻을 수 있는 표현 효과를 깨닫도록 유도할 필요가 있다.

▼ 더 생각해 보기

1. 다음 밑줄 친 단어들을 형태소 단위로 분석한 후 형태소 목록을 만들어 보자. 형태소 목록을 만든 후에는 형태소들을 일정한 기준으로 분류하고, 분류 기준에 대해 이야기해 보자.

   ① 집에 <u>가니</u> 좋다
   ② 집에서 밥을 <u>먹으니</u> 배가 부르다.
   ③ <u>동생이</u> <u>과자를</u> 주어서 맛있게 먹었다.

   형태소 목록: _____

2. 국어사전에서 다음 단어들을 어떻게 분석하고 있는지 찾아보자. 그리고 국어사전 간 차이를 비교해 보면서, 국어사전 편찬자의 의도에 대해 이야기해 보자.

   줄넘기, 해돋이, 돋보기, 뛰놀다, 돈벌이, 돈치기

   > **예** **줄넘기**
   > 줄-넘기(『표준 국어 대사전』)
   > +줄+넘-기(『고려대 한국어 대사전』)
   >
   > ※ 현재 『표준 국어 대사전』은 '네이버'에서, 『고려대 한국어 대사전』은 '다음'에서 서비스하고 있다.

3. 다음 밑줄 친 단어들을 형태소 단위로 분석한 결과를 토대로 제시된 단어를 분석해 보자.

   ① 그가 밥을 <u>먹으니까</u> 나도 먹고 싶다.

② <u>믿음직한</u> 그가 만든 음식은 언제나 믿고 먹었다.
③ 그는 나의 <u>자랑스러운</u> 친구였다.
④ 그런데 언제부턴지 그가 <u>의심스러워졌다</u>.
⑤ 그러나 그의 본성이 <u>착하니까</u> 곧 나아질 거라 생각했다.

제시 단어: 먹음직스러웠으니까

2─합성어

세상을 볼 수 있게 해 주는 사람의 신체 기관을 가리키는 '눈'이라는 말이 있었다. 그리고 '마을 앞 개울에 흐르는 것'을 가리키는 '물'이라는 말이 있었다. 그 '물'의 움직임을 가리킬 때 사람들은 '물이 흐른다'고 하였다. 어느 날 슬픈 일을 당한 이웃의 '눈'에서 '물'이 비쳤다. 그 물이 뺨을 타고 움직인다. 누군가 이 상황을 "눈물이 흐른다."라고 표현하였다. 어떤 과정을 거쳐 이런 표현이 나오게 되었을까?

먼저 '눈'과 '물'을 합쳐 '눈에서 나온 물'이라는 의미의 '눈물'을 만들었을 것이다. 그리고 '눈에서 물이 나오는 상황'을 '개울에 물이 흐르는 상황'과 관련지어 생각하였을 것이다. 새로운 단어, 새로운 표현은 이처럼 기존의 단어와 표현을 근거로 만들어지는 것이다. 따라서 기존의 단어를 활용하여 새로운 단어를 만드는 원리를 알면 그렇게 만들어진 단어를 좀 더 쉽게 기억할 수 있고, 적절하면서도 참신한 어휘를 만들어 쓸 수 있는 능력도 향상될 것이다. 이런 점을 고려하면 어휘력은 기존의 단어를 기억하는 능력인 동시에 기존의 단어('눈', '물')를 이용하여 새로운 단어('눈물')를 만들 수 있는 능력이라고 해야 할 것이다. 아래의 단어들이 만들어지는 계기를 상상해 보며 단어 형성의 원리를 알아보자.

제주도의 해변에서 친구와 '돌'을 가지고 놀았다. 등을 보이고 돌아선 친구가 윗면에 뭐가 묻어 있는 돌을 만지고 있었다. 친구에게 물었다. "돌의 윗면에 묻어 있는 게 뭐야?" 그런데 말을 하고 보니 말이 너무 구구했다. '돌의 윗면'을 가리키는 말이 없을까? 친구의 '등'을 쳐다보며 잠시 생각했다.

돌등: "돌등에 묻어 있는 게 뭐야?"

제주도에서 본 돌들은 신기했다. 구멍이 송송 뚫린 돌의 표면이 물의 '거품'처럼 보였다. 어떤 돌은 물에 둥둥 뜨기도 했다. 메모지에 기록했다. "제주도에는 구멍이 송송 뚫린 돌이 있다. 그 돌은 자갈과 달리 단단하지 않고 물에 둥둥 뜨기도 한다. 화산 폭발 때 분출된 용암이 갑자기 식으면서 작은 구멍들이 난 돌이 만들어졌다고 한다." 이렇게 쓰고 보니, '자갈'과 대응할 만한 단어로 제주도의 돌을 표현할 수 있으면 좋을 것 같았다. 이러한 돌을 가리키는 단어가 없을까?

거품돌: "제주도에는 구멍이 송송 뚫린 거품돌이 있다. 거품돌은 자갈과 달리 단단하지 않고 물에 둥둥 뜨기도 한다. 화산 폭발 때 분출된 용암이 갑자기 식으면서 거품돌이 만들어졌다고 한다."

제주도 해변에서 하늘을 쳐다보았다. 구름 한 점 없는 푸른 하늘. 하늘이 그처럼 높아 보인 적도 없었다. 하늘을 나는 행글라이더를 쳐다보며 썼다. "행글라이더가 높고 푸른 하늘을 날고 있었다." 운율에 맞춰 간결하게 쓸 수 없을까?

높푸르다: "행글라이더가 높푸른 하늘을 날고 있었다."

그리고 다음 문장을 덧붙였다. "이 하늘 아래에서 자연을 벗으로 삼아 시름이 없이 살고 싶다." 문장이 너무 늘어진다. 좀 더 압축하여 쓸 수 없을까?

벗삼다, 시름없다: "이 하늘 아래에서 자연을 벗삼아 시름없이 살고 싶다."

위의 상황에서 만들어진 단어들은 기존의 단어들을 합하여 만든 '합성어'이다. 기존의 단어들은 어근으로서 합성어를 구성하는 데 참여한다.

돌+등=돌등
거품+돌=거품돌
높-+푸르다=높푸르다
벗+삼다=벗삼다
시름+없다=시름없다

그런데 합성어를 구성하는 어근은 기존의 단어에서 실질적인 의미를 나타내는 중심 부분이므로, 형식적인 부분이 생략되기도 한다. 일반적인 통사 구성은 '높고 푸르다'이지만 어미 '-고'를 생략하여 통사 구성에서 벗어나는 합성어 '높푸르다'를 만드는 것이다.[1] '늦더위'나 '높바람'도 '늦은 더위'와 '높은 바람'에서 관형형 어미 '-은'이 생략된 합성어로, '높푸르다'와 같은 구성 방식을 보인다. 통사적 구성 그대로 합성어가 만들어진 뒤에도 형식적인 부분이 생략되어 더 긴밀하고 간명한 합성어가 되기도 한다. '뛰어놀다'가 '뛰놀다'로, '먹을거리'가 '먹거리'로 바뀌듯이 말이다.

이처럼 일반적인 통사 구성에서 벗어나면 합성어를 구성하는 두 어근의 관계는 더욱 긴밀해진다. 그래서 이러한 합성어의 수식 부분은 접두사와 혼동될 수 있다. 이 경우에는 합성어의 수식 부분이 동사나 형용사의 어간으로 나타나느냐에 따라 합성어의 어근으로 쓰였는지 파생어의 접두사로 쓰였는지를 구별할 수 있다. 즉, 합성어 '늦더위', '높바람', '뛰놀다', '먹거리' 등에서 '늦-', '높-', '뛰-', '먹-'은 동사나 형용사의 어간으로 나타나지만, 파생어 '맞바

---

1 통사적인 구성을 벗어났다는 점에서 이러한 합성어를 '비통사적 합성어'라고 한다.

람', '덧칠', '들볶다' 등에서 '맞-', '덧-', '들-'은 동사나 형용사의 어간으로 나타나지 않는다.[2]

통사적인 성분을 생략하여 합성어를 구성하는 또 다른 예는 '벗삼다, 시름없다' 등이다. 이 단어들은 '벗으로 삼다', '시름이 없다'의 통사 구성에서 '으로, 이'가 생략되어 형성된 합성어이다. 그런데 한국어의 격 조사는 일반적인 통사 구성에서 생략될 수 있으므로 이러한 합성어는 통사적 구성을 벗어나는 것이 아니다. 다만 이러한 합성어는 해당 통사 구성이 자주 쓰이면서 형성된 것이기 때문에 합성어 여부에 대한 판단은 국어사전에 따라 다를 수 있다.[3]

어떤 대상이나 사태를 이처럼 하나의 합성어로 표현하면 치렁치렁하거나 맨송맨송하던 표현이 간결하면서도 풍부해지는 걸 느낄 수 있다. 게다가 합성어를 만드는 데 사용되는 어근에 잠재한 풍부한 연상까지 덧붙일 수 있다. 다음을 보자.

차가운 바람이 불었다.
찬바람이 불었다.

'차가운 바람'이라는 표현에서 '차갑다'와 '차다'의 유의 관계를 포착하여 '찬바람'이라는 합성어를 만들어 썼다. 의미는 그대로 담으면서 간결해졌다. 더욱이 어미를 생략한 합성어인 '높푸르다'와 달리 어미를 그대로 살려 만든 합성어라 자연스럽게 느껴지기도 한다. 그런데 '찬바람'은 상황에 따라 다양한 단어로 대체될 수 있다. 어떤 합성어들이 있을까?

---

2 이런 기준으로 구분을 하더라도 합성어의 수식 부분이 생산적으로 쓰일 경우 비통사적 합성어의 수식 부분과 접두사는 혼동하기 쉽다. 이러한 판단의 차이는 국어사전의 기술에서도 확인할 수 있다. '늦더위'의 경우 『표준 국어 대사전』에서는 '늦-'을 접두사로 기술한 반면, 『고려대 한국어 대사전』에서는 형용사의 어간으로만 기술하였다.

3 '벗삼다'의 경우 『표준 국어 대사전』에서는 합성어로 보지 않지만 『고려대 한국어 대사전』에서는 이를 합성어로 등재하였다. '시름없다'는 두 사전에서 모두 합성어로 등재하였다.

겨울바람이 불었다.

칼바람이 불었다.

'겨울바람'은 '겨울'의 추위를 환기하고, '칼바람'은 '칼'의 날카로움을 환기한다. '겨울바람'에는 '겨울(에 부는) 바람'이라는 의미가, '칼바람'에는 '칼(처럼 날카로운) 바람'이라는 의미가 내포되어 있다. 이처럼 합성어에서는 구성 어근에 잠재한 연상적 의미까지 활성화됨으로써 그 의미가 더욱 풍부해진다.

칼바람 부는 새벽

살점을 도려낼 듯 날카롭고 매서운 바람이 느껴지지 않는가? 그래서 '칼바람'을 사용한 비유 표현 '구조 조정의 칼바람'을 접한 사람은 이 짧은 표현에서도 겨울 벌판으로 내몰리듯 직장에서 쫓겨난 이들의 혹독한 시련을 절실하게 느낄 수 있는 것이다. '칼바람 부는 새벽'을 살려 한 문장을 만들어 보았다.

칼바람 부는 새벽, 나는 홑이불을 덮고 잠이 들었다.

'칼바람'과 '홑이불'의 대비가 극적이다. '이불'이라거나 '얇은 이불'이라고 했으면 극적인 대비가 이루어질 수 있었겠는가! 위 문장을 아래 문장과 비교해 보면 느낌이 확실히 다를 것이다.

차가운 바람이 부는 새벽, 나는 얇은 이불을 덮고 잠이 들었다.

그런데 '홑이불'의 '홑'은 단어로 쓰이지 않는다. '홑'에 문법 형태소가 붙어 단어의 역할을 하는 것도 아니니 이 '홑'을 어근이라 할 수 없다. '홑'은 문법 형태소로 어근에 붙는 접사이다. 그렇다면 '홑이불'은 '칼바람'과 다른 구성의 단어이다. '홑이불'은 어근('이불') 앞에 그 어근의 뜻을 제한하는 접사('홑')가 붙은 구성으로 '파생어'이고, '칼바람'은 어근('바람')에 그 어근의 뜻을 꾸미는 어근('칼')이 붙은 구성으로 '합성어'이다.

▼ 더 생각해 보기

1. 어근의 잠재적 의미를 고려하여 다음 합성어가 나타낼 수 있는 의미에 대해 생각해 보자. 그리고 합성어의 의미가 이루어지거나 이해되는 과정에 대해 이야기해 보자.

  ① 꽃집 / 벽돌집
  ② 돈세탁 / 손세탁
  ② 긴팔 / 반팔
  ④ 꽃그릇 / 꽃병
  ⑤ 배꼽티 / 목티

2. 다음 합성어의 의미를 비교하면서, 합성어 형성 시 어근의 위치에 따라 의미가 변화하는 양상을 알아보자.

  ① 애어른 / 어른아이
  ② 밥집 / 집밥

3. 북한에서는 '드라이아이스(dry ice)'를 '마른얼음'으로 부른다. 그렇다면 '마른얼음'은 영어를 직역한 표현이라고 해야 할까? 그런데 우리말에서는 '마른'을 이용하여 다양한 어휘를 합성하여 사용해 왔고, 이런 방식의 표현은 계속 만들어질 수 있다. 아래 단어의 의미를 찾아보고, '마른'을 이용하여 만들 수 있는 새로운 표현을 생각해 보자.

  • 마른침
  • 마른눈(雪)
  • 마른땀
  • 마른장마
  • 마른빨래
  • 마른세수

4. 국제 표준화 기구(ISO)의 전문 용어 형성의 원칙 중 가장 중요한 원칙은 '동기화(투명성)'인데, 동기화되었다는 것은 전문 용어가 가리키는 개념을 해당 용어의 구성 단어를 통해 유추할 수 있다는 것이다. 이 원칙과 관련지을 때 다음 용어의 문제점은 무엇인지 말하고, 이를 순화한 말을 만들어 보자.

- 경구 투여(經口投與)
- 활성 슬러지(活性 sludge)
- 수의 시담(隨意示談)

3──파생어

말하는 이는 접사가 붙은 파생어로 자신의 뜻을 더 세밀하게 표현할 수 있다. 앞의 문장을 이렇게 바꿔 보았다.

칼바람 부는 새벽, 나는 홑이불을 덮고 선잠이 들었다.

추운 날 홑이불을 덮었으니 잠을 제대로 잘 수 있었을까? 그런 상황을 표현하고자 할 때 '잠이 들었다'라는 표현만으로는 뭔가가 부족하다. 그런 상황에서는 '잠'의 의미를 제한하는 표현으로, '어떤 상태가 덜 이루어진' 또는 '어떤 상태가 충분하지 못한'의 뜻의 접사 '선-'을 붙여 '선잠'이란 단어를 만들어 쓸 수 있을 것이다.

그런데 '선잠'의 '잠'도 따지고 보면 단순한 어근이라고 볼 수는 없다. '잠'은 '자다'에서 온 것으로, '자(다)+-ㅁ'의 구성을 보인다. 그렇다면 '자(다)'는 어근이고 '-ㅁ'은 접사임을 알 수 있다. 다만 '-ㅁ'은 어근 뒤에 붙는다는 점에서 어근 앞에 붙는 '홑-, 선-'과는 다르다. 어근 앞에 붙는 경우(접두사)와 어근 뒤에 붙는 경우(접미사)는 어근과 관계하는 방식이 다르다. 접두사는 모두 수식어처럼 어근의 의미를 한정하는 기능을 하는 반면, 접미사는 의미를 한정하는 기능을 하기도 하지만 어근의 품사를 바꾸거나 통사 구조에 영향을 미치는 기능을 하기도 한다.

그는 나를 <u>밀고</u> 앞으로 나갔다.
그는 나를 <u>밀치고</u> 앞으로 나갔다.

두 번째 문장은 첫 번째 문장의 동사 '밀다' 대신 '밀치다'를 씀으로써 그의 행동이 무척 거칠다는 뜻을 강조한다. 이는 '-치-'라는 접미사가 '밀다'의 의미를 한정하는 기능을 하기 때문이다. 이 밖에도 접미사는 품사를 바꾸거나 통사 구조에 영향을 미치면서 문장의 느낌을 바꿀 때 사용된다.

그는 <u>게을러서</u> 성공하지 못할 거야.
그의 <u>게으름이</u> 성공의 걸림돌이 될 거야.

첫 번째 문장의 '게으르다'라는 단어를 어근으로 하여 '게으름'이라는 파생어를 만들었다. 그리고 '게으르다' 대신 '게으름'이라는 단어를 사용하여 첫 번째 문장을 다시 쓰면 새로운 형식과 느낌의 문장이 만들어진다. 명사를 만드는 접미사 '-ㅁ'이 붙어 파생한 단어를 선택하였기 때문이다. 파생어의 선택은 이처럼 문장의 표현을 새롭게 만드는 계기가 된다. 동사나 형용사에 명사형 접미사를 붙이는 방식으로 단어를 만들면 '가르침(가르치다), 믿음(믿다), 슬픔(슬프다), 외로움(외롭다)'처럼 많은 명사를 만들 수 있다.
명사에 접미사가 붙어 형용사가 될 수도 있다.

공원에 있는 시민들의 표정에서 평화를 느낄 수 있었다.
공원에 있는 시민들의 표정은 <u>평화로웠다.</u>

명예를 지키면서 물러날 수 있는 길을 찾았다.

명예롭게 물러날 수 있는 길을 찾았다.

그는 슬기를 발휘하여 난관을 극복했다.
그는 슬기롭게 난관을 극복했다.

'평화', '명예', '슬기' 등 모음으로 끝나는 명사 어근 뒤에 '그러함' 또는 '그럴 만함'의 뜻을 더하는 접미사 '-롭다'가 붙어 형용사 '평화롭다', '명예롭다', '슬기롭다' 등이 만들어진다. '-롭다' 대신 '-스럽다'를 써도 비슷한 의미를 띨 수 있다.

공원에 있는 시민들의 표정은 평화스러웠다.
명예스럽게 물러날 수 있는 길을 찾았다.

이처럼 '평화'와 '명예'에 접미사 '-스럽다'가 붙어 위와 비슷한 뜻의 문장을 만들 수 있다. 그렇지만 '-롭다'와 '-스럽다'가 같은 뜻의 접미사는 아니다. '슬기롭다'는 '슬기스럽다'로 대체할 수가 없다.

*그는 슬기스럽게 난관을 극복했다.

의미를 더하는 접미사로 새로운 단어를 만들었으면 접미사의 뜻을 정확히 알아야 적절한 표현을 할 수 있다. 그렇다면 '-스럽다'와 '-롭다'의 의미를 구별하여 쓰는 것에 대해 생각해 보아야 할 것이다.

그는 굶어서 픽픽 쓰러지는 사람들을 볼 때마다 그것이 자기의 죄이기나 한 것처럼 미안했고 죄스러웠다. (이무영, 『농민』)
과분한 칭찬이 오히려 그에게는 짐스러웠다.
사랑스러운 아이들의 얼굴이 떠오른다.

위 문장에서 '-스럽다'가 붙은 단어들은 '-롭다'로 대체할 수 없다. 모든 명사에 두 접미사가 붙을 수 있는 것이 아니기 때문이다. 그러나 앞에 오는 명사의 성격을 유형화하여 접사와 어근의 결합 규칙을 일반화하기는 어렵다. 단어 형성 과정에는 규칙성과 우연성이 공존하기 때문이다. 이 때문에 국어사전에서는 어근에 해당하는 표제어와 접사에 해당하는 표제어를 자세히 풀이하면서도 파생어를 별도의 표제어로 등재하여 풀이하는 것이다. 피동이나 사동 현상도 피동 접미사와 사동 접미사의 형태가 다양한 데다가 결합 조건을 규칙화하기 어렵기 때문에 피동사와 사동사로 사전에 등재한다. 따라서 모어 화자의 경우 파생어의 구조를 분석하여 의미를 유추하기보다 파생어의 형태와 의미를 통째로 기억하여 사용하는 것이 일반적이다.

▼ 더 생각해 보기

1. 다음 밑줄 친 부분을 접두사가 포함된 파생어로 만들어 바꾸어 써 보자.

   ① 나는 기둥 뒤에 숨어 그들이 나누는 이야기를 <u>몰래</u> 듣고 있었다.
   ② 산사태가 <u>모조리 쓸고</u> 간 밭엔 아무것도 남지 않았다.
   ③ 소나기가 양동이로 물을 <u>마구 붓듯이</u> 쏟아졌다.

2. 다음은 '어떤 특성을 지닌 사람'의 뜻을 더하는 접미사 '-내기'가 붙어 만들어진 단어들이다. 각각의 의미를 유추해 본 후 이를 국어사전의 뜻풀이와 비교해 보자.

   • 새내기   • 풋내기
   • 생내기   • 보통내기
   • 서울내기   • 이북내기
   • 시골내기   • 수월내기

3. 다음 단어를 사전에서 찾아보고, 파생어와 합성어의 의미가 형성되는 과정의 차이를 알아보자.

   • 젖먹이   • 젖아기

단어의 유형화, 품사

형용사가 사물의 성질, 감각, 색깔, 시간, 수량 등 정지 상태를 표현하는 데 반해서 동사는 사람이나 사물의 움직임을 표현하는 역동적인 어휘다. 동사가 움직이는 선이라면 형용사는 고정되어 있는 하나의 점에 불과한 것이다. 그러니 당신은 가능하면 형용사를 미워하고 동사를 사랑하라. "동사는 경험과 실질의 세계다. 동사는 감각의 세계다. 동사는 우리가 사는 얘기다. 자고, 먹고, 누고, 낳고, 좋아하고, 미워하고, 울고, 웃고 하는 게 다 동사로 표현된다. 그래서 일상생활에서는 동사가 많이 쓰일 수밖에 없다. 잘 자, 많이 먹어, 이리 와, 빨리 가, 울지 마, 웃어 봐, 때리지 마, 안아 줘…."

— 안도현, 「형용사를 멀리하고 동사를 가까이하라」

안도현 시인은 시에 입문하는 사람들에게 "형용사를 미워하고 동사를 사랑하라."라고 하였다. 그렇지만 어찌 시인이 형용사를 특별히 미워하겠는가. 시인이 말하고 싶었던 것은 형용사와 동사의 역할이 다르다는 것이 아니었을까? 시인은 동사의 역동성으로 시를 살아 꿈틀거리게 했으면 하는 바람으로 이러한 말을 하였을 것이다.

시인의 의도를 글쓰기의 일반론으로 단순화하면 "좋은 글을 쓰려면 맥락에 적절한 단어를 써야 한다."라고 말할 수 있을 것이다. 이때 '맥락에 적절한 단어'라는 것은 여러 경우의 수를 생각해서 선택하는 것이기 때문에 그 방법을 가르치기란 쉽지 않다. 그래서 문법가들은 구체적인 맥락마다 적절한 단어를 선택하는 방식을 가르치기보다 단어의 일반적인 유형을 제시하면서 단어의 성격을 가르치는 데 주력하였다. 문법가들이 단어의 성격에 따라 제시한 단어의 유형이 '품사'이다.

따라서 품사에 대한 문법적 설명은 문장에서 단어의 역할과 그 단어를 사용함으로써 얻을 수 있는 표현 효과 등에 대한 설명과 연관 지을 필요가 있다. 이때 학생들이 품사에 대한 지식을 익히는 것이 단어의 사용법을 익혀 표현력을 키우는 것과 관련된다는 것을 자연스럽게 깨달을 수 있도록 하는 것이 중요하다. 이를 위해 다음 세 가지 사항에 유의하며 학생들을 지도할 필요가 있다.

첫째, 기능과 의미에 따라 단어들을 분류하고, 분류한 단어를 사용하여 짧은 문장을 만든 다음 이를 연결하여 한 단락 정도의 짧은 글을 지어 보는 훈련이 필요하다. 둘째, 품사에 대한 지식이 맞춤법에 따라 글을 쓰는 데 유용하다는 점을 보이면서 정확한 글쓰기와의 관련성을 일깨울 필요가 있다. 이에 대해서는 '단어를 형태에 따라 분류하여 활용하기'에서 자세히 설명하겠다. 셋째, 표현 효과와 관련하여 단어의 사용 시 염두에 두어야 할 점을 품사의 특성과 관련지어 설명하고, 이에 유의하여 글을 써 보는 훈련을 할 필요가 있다. 이에 대해서는 '단어 선택의 제약: 덧붙이기의 딜레마'에서 설명하겠다.

1── 품사의 분류 원리와 방법

품사는 수많은 단어를 기능, 형태, 의미에 따라 몇 가지 유형으로 나눈 것이다. 문법가들은 단어를 유형화하는 방식과 틀, 즉 품사의 분류 기준과 실제를 문법책을 통해 보여 주었고, 그렇게 유형화한 단어들을 사전에 일일이 표시하였다. 우리는 사전에 표시된 품사를 보면서 단어의 성격을 유추하고 이를 근거로 적절한 문장을 구성할 수 있다.

현재 학교 문법에서 채택하고 있는 품사는 '명사, 대명사, 수사, 조사, 동사, 형용사, 관형사, 부사, 감탄사'이다. 그러나 문법가마다 품사의 분류 체계는 다르다. 품사의 분류는 단어의 기능, 형태, 의미상의 특징을 근거로 하는 것이지만, 어떤 기준을 우선적으로 적용하느냐에 따라 실제 분류는 달라질 수 있는 것이다. 학교 문법에서 제시하는 품사 분류 체계를 분류 기준별로 정리하면 다음과 같다.

품사 분류의 기준 1: 기능
체언, 관계언, 용언, 수식언, 독립언

품사 분류의 기준 2: 형태
불변어, 가변어

품사 분류의 기준 3: 의미
명사, 대명사, 수사, 조사, 동사, 형용사, 관형사, 부사, 감탄사

1) 단어를 기능에 따라 분류하여 활용하기

품사는 단어를 일정한 기준에 따라 나눈 것이다. 그렇지만 품사는 단어의 문제에 머물지 않는다. 단어를 나누는 기준 중 하나가 문장 내에서 단어가 행하는 기능이기 때문이다. 그래서 품사를 분류할 때에는 자연히 단어를 활용하여 문장을 만드는 문제까지 고려하게 된다. 따라서 단어를 기능에 따라 분류하여 활용하는 방식을 이해하기 위해서는 먼저 문장의 구성을 이해할 필요가 있다.

문장은 우리가 생각이나 감정을 완결된 내용으로 표현하는 최소의 언어 형식이다. 여기에서 '완결된 내용'을 갖춘다는 것은 무슨 뜻인가? 우리가 생각을 하거나 감정을 느낄 때는 항상 그와 관련한 사건이나 상황 즉 사태(事態)가 있

고, 그 사태에 관여하는 주체와 대상이 있기 마련이다. 따라서 최소한 사태와 그 사태에 관여하는 주체와 대상이 나타날 때 완결된 내용을 갖추었다고 말할 수 있는 것이다. 예를 들어보면 문장의 정의를 이해하는 데 도움이 될 것이다. 먼저 사태를 나타내는 단어에는 어떤 것들이 있는지 보자.

> 날아가다, 가다, 바라보다, 예쁘다, 좋아하다, 생각하다, 인사하다, 떠나다, 잡다, 말하다, 챙기다

위에 열거한 단어들은 사태를 나타내는 단어로 앞서 제시한 품사의 분류 체계에서 '용언'에 해당한다. 용언은 의미상 '형용사'와 '동사'로 나뉘지만, 기능상으로는 서술어의 역할을 한다.

그러면 위의 사태에 관여하는 주체와 대상으로 무엇이 있을까? 이를 알기 위해서는 사태를 나타내는 단어들을 활용하여 한 편의 글을 써 보는 것이 좋을 것이다. 위에 열거한 단어들을 활용하여 아래와 같이 문장을 만들고 이를 흐름에 맞게 이어 보았다.

> 새가 날아간다. 나는 길을 가다가 새를 바라보았다. 새가 예쁘다. 나는 새를 좋아한다. 새를 바라보며, 나는 어머니를 생각한다. 어머니께 인사하고 길을 떠날 때에, 어머니는 내 손을 잡고 말했었다. 옷은 챙겼니?

사태를 나타내는 단어들을 놓고 문장을 생각할 때 주체와 대상으로 떠오르는 단어는 다를 수 있지만, 어떤 문장을 쓰든 그 단어의 역할은 같다. 가령 사태가 '날아가다, 좋아하다, 인사하다, 떠나다, 생각하다, 말하다, 챙기다'처럼 어떤 행동이면 그 행동을 한 주체가 누구인지, 그리고 경우에 따라서는 그 행동과 관련된 대상이 무엇인지를 생각하였을 것이다. 사태가 '예쁘다'처럼 어떤 상태를 뜻한다면, 그 상태에 있는 대상이 무엇인지를 생각하였을 것이다. 이때 사태를 나타내는 말은 문장에서 서술어로 쓰이기 때문에, 이 단어가 포함될

문장을 만들 때 떠올린 주체와 대상은 문장에서 주어나 목적어의 역할을 하게 된다. 그 단어들을 정리하면 아래와 같다.

새, 나, 길, 어머니, 인사, 손, 옷

위의 단어들처럼 문장에서 주어나 목적어의 역할을 하는 것을 품사 분류 체계에서는 '체언'에 포함하였다. 그런데 체언, 즉 주체나 대상을 나타내는 단어에는 조사가 붙어 특정 사태와 관련한 체언의 역할을 나타낸다.

'이/가, 은/는'은 체언이 주어의 역할을 함을, '을/를, 은/는'은 체언이 목적어의 역할을 함을 나타낸다. 이런 조사는 문장에서 체언과 용언을 관계 지어 주기 때문에 품사의 분류 체계에서 '관계언'에 포함하였다. 그리고 보니 조사가 붙은 말이 또 있다. '길을 떠날 때에'를 보면 '때'라는 명사에 '에'라는 조사가 붙었다. 이를 보면 다양한 조사가 명사의 다양한 기능을 나타냄을 알 수 있다. 조사의 기능에 대해서는 뒤에서 자세하게 설명할 것이다.

그런데 이와 같이 글을 끝맺기에는 좀 밋밋해서 몇 마디 추가해 보았다.

새가 날아간다. 나는 길을 가다가 멍하니 그 새를 바라보았다. 새가 참 예쁘다. 나는 새를 좋아한다. 하늘을 나는 새를 바라보며, 나는 고향에 계신 어머니를 생각한다. 어머니께 인사하고 길을 떠날 때에, 어머니는 내 손을 꼭 잡고 말했었다. 따뜻한 옷은 넉넉히 챙겼니?

용언을 꾸미기 위해 '멍하니, 참, 꼭, 넉넉히'를 추가하였고, 체언을 꾸미기 위해 '그, 하늘을 나는, 고향에 계신, 따뜻한'을 추가하였다. 이러한 단어들을 추가하고 나니 글의 느낌이 더욱 풍부해지고 부드러워졌다. 이 단어는 다른 단어를 꾸미는 수식어의 역할을 한다. 그런데 수식어는 단어가 아닌 절인 경우('하늘을 나는, 고향에 계신')도 있고, 단어의 속성상 수식어 이외의 역할을 하는 경우('따뜻한[따뜻하다]')도 있다. 품사 분류 체계에서 '수식언'은 수식어의 역할만 하는 단어로 제한된다. 따라서 수식언에 포함할 수 있는 것은 '멍하니, 그, 참, 꼭, 넉넉히'이다. 수식언은 기능상 다시 부사('멍하니, 참, 꼭, 넉넉히')와 관형사('그')로 나눌 수 있다.

부사와 관형사는 문장에서 그 뒤에 나타나는 말을 수식하여 뜻을 제한하거나 명확히 하는 기능을 한다는 점에서 공통적이다. 그러나 부사는 용언을 꾸미고 관형사[1]는 체언을 꾸미는 것처럼 수식 대상이 다르다. 또한 부사는 관형사와 달리 문장 전체를 수식할 수 있고 문장에서의 위치도 상대적으로 자유롭다.

이렇게 수식어를 추가했어도 뭔가 약간 부족한 느낌을 지울 수 없다. 마무리로 한 마디를 더 추가하고 싶어 감탄을 나타내는 말을 덧붙였다.

새가 날아간다. 나는 길을 가다가 멍하니 그 새를 바라보았다. 새가 참 예쁘다. 나는 새를 좋아한다. 하늘을 나는 새를 바라보며, 나는 고향에 계신 어머니를 생각한다. 어머니께 인사하고 길을 떠날 때에, 어머니는 내 손을 꼭 잡고 말했었다. 따뜻한 옷은 **넉넉히** 챙겼니? 아! 어머니![2]

감탄사는 다른 문장 성분과 관련성이 없이 독립적으로 쓰이기 때문에 품사 분류 체계에서 '독립언'에 포함한다. 즉, 감탄사는 말하는 이의 감정과 의지를 다른 단어에 의지하지 않고 직접적으로 나타내기 때문에 독립적인 문장의 기능을 할 수 있다.

---

1 관형사는 명사를 수식하는 구성에 쓰이기 때문에 명사 어근과 결합하는 접두사와 유사하게 보일 수 있다. 그러나 '첫 (우리) 책, 첫 (고대) 올림픽, 첫 (겨울) 방학' 등에서 보듯이, 관형사 '첫'은 수식하는 명사에 특별한 제한이 없으며, 구 구성을 이룰 때에는 그 사이에 다른 단어가 끼어들 수도 있다. 이에 반해 접두사는 일부 제한된 명사와 결합하며, 단어를 구성하기 때문에 그 사이에 다른 단어가 끼어들 수 없다. 예를 들어, 접두사 '선-'은 '잠, 웃음' 등 일부 제한된 명사 어근과만 결합하여 단어를 구성할 수 있다.

2 이 문장에서 사용된 '어머니'는 감탄의 기능을 하는 독립언이라 할 수 있지만, 품사는 감탄사가 아니라 명사이다. 감탄사는 그 자체로 말하는 이의 감정과 의지를 나타내는 단어로, '하하, 아이고, 이크, 아뿔사, 암, 응, 글쎄' 등이 있다.

▼ 더 생각해 보기

1. 괄호 안에 제시된 품사에 맞는 단어를 보기에서 골라 적절한 형태로 바꿔 써 보자.

> (대명사)는 있는 (명사)을 다해서 무릎을 (동사)려 했다. (접속 부사) 오금은 뜨는 (의존 명사) 마는 둥 하다가 그대로 (부사) 꺾인다. 안 되겠느니 (관형사) 사람이 지라느니 이론이 (형용사). 그래도 그는 아버지의 명령(조사) (동사)기까지는 버티었다. 이를 (부사) 갈며 기를 썼다. 힘(조사) 북 주었다, 오금이 떨어졌다. 그러나 다리가 허청하며 모여 선 사람들의 '저것, 저것' 소리를 귓결에 들으며 그대로 (부사) 한쪽으로 넘어가고 말았다.
>
> — 이무영, 「제1과 제1장」

〈보기〉

그, 픽, 힘, 세우다, 을, 둥, 똑, 다른, 분분하다, 이, 그러나, 떨어지다, 북북

2. 다음 시에서 감탄사를 찾아보자. 그리고 이 시에서 감탄사의 역할을 생각해 보자.

응 그럴 걸세, 얘기하게
응 그럴 걸세
응 그럴 걸세
응, 응,
응 그럴 수도 있을 걸세.
응 그럴 수도 있을 걸세.
응, 아무렴
그렇기도 할 걸세
그녁이나, 암, 그녁이나
응, 그래, 그럴 걸세
응 그럼, 그렇기도 할 걸세.
허,
더 하게!

— 신동엽, 「응」 전문

2) 단어를 형태에 따라 분류하여 활용하기

체언에 포함되는 명사, 대명사, 수사, 수식언에 포함되는 부사, 관형사, 관계언에 포함되는 조사는 형태가 변하지 않는 불변어이고, 용언에 해당하는 동사와 형용사는 형태가 변하는 가변어이다. 용언의 중요한 특징 중 하나가 문장에서의 역할에 따라 형태가 변한다는 것이다. 이와 같이 단어의 형태가 변하는 것을 '활용'이라고 한다.

그런데 동사냐 형용사냐에 따라 활용의 방식이 다르다. 그러므로 어떤 용언이 동사인지 형용사인지를 알아야 형태를 정확히 밝혀 문장을 쓸 수가 있다.

내가 어제 한 행동은 나이에 <u>걸맞는</u> 행동이라고 볼 수 없다.

디자인은 마음에 드는데 치수가 내 몸에 <u>맞는</u> 것이 없어서 사지 못했다.

위 문장에서 틀린 문장을 찾아보자. 틀린 문장을 찾는 데 도움이 될 만한 정보로 '걸맞다'와 '맞다'에 대한 사전의 풀이 내용을 제시한다.

걸-맞다 [걸:맏따] 〔-맞아, -맞으니〕

「형용사」

[…에/에게][-기에][(…과)] ('…과'가 나타나지 않을 때는 여럿임을 뜻하는 말이 주어로 온다) 두 편을 견주어 볼 때 서로 어울릴 만큼 비슷하다. ¶ 분위기에 걸맞은 옷차림 / 나는 어느 면으로 보나 그녀에게 걸맞은 신랑감이 못 됐다.

맞다01 [맏따] 〔맞아, 맞으니, 맞는[만-]〕

「동사」

1. 문제에 대한 답이 틀리지 아니하다. ¶ 네 답이 맞는다. / 과연 그 답이 맞는지는 더 생각해 보기로 하자.

2. 말, 육감, 사실 따위가 틀림이 없다. ¶ 엄마는 항상 맞는 말씀만 하신다. / 내 육감은 잘 맞는 편이다.

사전의 풀이를 보면 첫 번째 문장은 "내가 어제 한 행동은 나이에 걸맞은 행동이라고 볼 수 없다."와 같이 고쳐야 할 것이다. 이는 동사와 형용사의 활용 방식이 다르다는 것을 말해 준다. 즉, 용언이 관형형으로 쓰일 경우 형용사는 '-은/-ㄴ'으로, 동사는 '-는/-ㄴ'으로 활용한다. 명령형과 감탄형으로 쓰이는 경우에도 달라진다. 형용사는 명령형으로 쓰일 수 없고, 감탄형의 경우 형용사는 '밝구나'처럼 어간에 '-구나'가 붙고, 동사는 '가는구나'처럼 어간에 '-는구나'가 붙는다.

그러나 동사와 형용사의 구분이 모호한 단어의 경우에는 이러한 구분이 명료하게 이루어지지 않아 비문법적인 표현이 만들어지곤 한다. 위의 예처럼 규범 문법에서는 '걸맞다'를 형용사로, '맞다'를 동사로 보지만, 실제 사용에서는 의미적 유사성 때문에 두 단어의 활용 방식이 헷갈리는 경우가 있다. 이 때문에 비문법적인 것과 문법적인 것을 명확하게 구분 짓기 어려울 때도 있다.

네 말이 맞는다.
네 말이 맞다.

사전의 풀이에 따른다면 동사 '맞다'는 "네 말이 맞는다."로만 쓰여야 할 것이다. 그러나 "네 말이 맞다."가 광범위하게, 그리고 더 자연스럽게 쓰이는 현실을 고려한다면 이를 비문법적 표현이라고 말하기는 어렵다. 이러한 혼란은 동사 '맞다'가 형용사 '옳다'와 유의 관계인 데에서 발생한 것이다. "네 말이 옳다."와 같은 활용 방식이 '맞다'의 활용에 영향을 미친 것이다.[3]

---

3 '맞다'처럼 형용사의 속성을 띠는 동사를 '형용성 동사'로 보기도 한다. '형용성 동사'의 설정은 품사의 구분이 단어의 속성을 완전하게 반영하지 못하기 때문에 설득력이 있다. '형용성 동사'와 관련한 논의로는 도원영(2008)을 참고하라.

3) 단어를 의미에 따라 분류하여 활용하기

새가 날아간다. 나는 길을 가다가 새를 바라보았다. 새가 예쁘다. 나는 새를 좋아한다. 새를 바라보며, 나는 어머니를 생각한다. 어머니께 인사하고 길을 떠날 때에, 어머니는 내 손을 잡고 말했었다. 옷은 챙겼니?

위 글에서 '날아가다, 가다, 바라보다, 예쁘다, 좋아하다, 생각하다, 인사하다, 떠나다, 잡다, 말하다, 챙기다' 등은 문장에서 서술어의 역할을 한다는 점에서 기능이 동일하였다. 그래서 기능상 이들을 용언으로 묶을 수 있었다. 그러나 이들은 앞서 살펴보았듯이 활용을 할 때 단어의 형태 변화 양상이 다르다. 이러한 변화 양상을 기준으로 하면 이 단어들을 형용사와 동사로 나눌 수 있을 것이다.

그런데 형용사와 동사는 형태 변화 양상뿐만 아니라 의미상으로도 차이를 보인다. '예쁘다'가 어떤 대상의 상태를 뜻한다면, '날아가다'는 어떤 대상이 행하는 동작을 나타내기 때문이다. 이처럼 동사와 형용사의 의미를 파악하는 것은 하나의 품사로 묶이는 단어의 의미적 특성을 포착하는 것이다. 그렇다면 앞에서 분류한 9품사 각각에는 그 나름대로의 의미적 특성을 부여할 수 있을 것이다.

의미적 기준은 기능과 형태를 기준으로 한 품사 체계를 세분하는 데 활용될 때 문법적 의의를 인정할 수 있을 것이다. 체언을 명사, 대명사, 수사 등으로 분류한 것은 의미를 기준으로 한 분류 결과이다.

대명사와 수사는 사물에 일정한 이름을 붙이지 않고 그것을 가리키기만 한다는 점에서 명사와 구분된다. "너는 여기에 서서 기다려라."와 "나는 사과 하나를 샀다."에서 대명사 '너, 여기, 나'와 수사 '하나'는 사물의 이름을 나타내는 것이 아니라 그 사물을 대신 가리키는 의미로 쓰였다.

그런데 같은 대상이라도 상황에 따라 다른 대명사로 표현될 수 있다는 점은 대명사의 중요한 특성이다. '너, 나'는 화자에 따라 가리키는 대상이 달라질 수 있으며, '여기'는 화자와 대상의 거리에 따라 가리키는 대상이 달라질 수 있는 것이다. 반면에 수사는 대화 상황의 변화와 관계없이 그것이 가리키는 수량은 일정하다. 즉, '하나'는 어떤 대화 상황에서든지 '하나'의 수량을 가리킨다는 점은 변하지 않는다.

4) 품사의 하위 부류

지금까지 살펴본 바에 따르면 국어의 품사는 9품사로 나뉜다. 그런데 각 품사는 국어의 문법적 특성을 고려하여 하위 부류를 설정할 수 있다.

명사는 보통 명사와 고유 명사, 자립 명사와 의존 명사 등으로 나눌 수 있다. 이렇게 나눌 수 있는 것은 명사를 보통 명사와 고유 명사로 나누거나 자립 명사와 의존명사로 나누는 것이 문법적 의미가 있기 때문이다. 즉, 고유 명사에는 복수 접미사 '들'이 붙을 수 없고, '한, 두' 등과 같은 수 관형사나 '이, 그, 저'와 같은 지시 관형사와 어울릴 수 없다는 점에서 보통 명사와 구별된다. 또한 '것, 수, 뿐, 줄, 마리, 개'와 같은 의존 명사는 이를 수식하는 관형어와 반드시 어울려야 한다는 점에서 자립 명사와 구별된다. 특히 의존 명사는

'수(주어), 뿐(서술어), 만큼(부사어)'처럼 특정한 성분으로만 쓰여야 한다거나 '마리, 개'처럼 수 관형사와 어울려 쓰여야 한다는 등의 제약이 있기도 하다.

이에 반해 국어 문법에서는 명사를 가산 명사와 비가산 명사로 나누지 않는데, 이는 그러한 구분이 문법적 의미가 없기 때문이다. 즉, 국어는 영어와 달리 복수와 단수를 구별하지 않고 쓰는 경우가 많기 때문에 명사의 가산성 여부가 문법적 의미를 띠기가 어렵다.

대명사는 대용하는 명사의 성격에 따라 인칭 대명사와 지시 대명사로, 수사는 수량을 나타내느냐 순서를 나타내느냐에 따라 양수사와 서수사로 나눈다. 대명사는 화자를 기점으로 얼마나 멀고 가까운 데 있느냐에 따라 나눌 수 있다. 인칭 대명사 중 '이분, 그분, 저분'이나 지시 대명사 중 '이것, 그것, 저것'은 화자로부터의 거리에 따라 대명사가 달라짐을 보여 준다. 인칭 대명사는 화자와의 관계에 따라 1인칭, 2인칭, 3인칭으로 나눌 수 있다.

동사는 목적어를 취하느냐에 따라 자동사와 타동사로 나눌 수 있는데, 자동사와 타동사의 성격을 동시에 지니는 동사를 능격 동사라고 한다. 이에 대해서는 3부 1장의 '문장 성분의 유형'에서 자세하게 설명한 바 있다. 동사의 어휘 의미 중 상적 의미에 따라 동사를 분류한 결과는 문법 현상을 설명하는 데 활용되기도 한다. 이런 점에서 어휘상에 따른 분류도 동사의 하위류에 포함할 수 있겠지만, 일반적으로 품사의 하위 부류를 구분하는 데 어휘 의미를 적용하지는 않는다. 어휘상에 따른 용언의 분류에 대해서는 3부 5장의 '상'에서 자세하게 설명하였다.

명사의 자립성 여부에 따라 자립 명사와 의존 명사로 나누었듯이, 용언도 자립성 여부에 따라 본용언과 보조 용언으로 나눌 수 있다.

나는 남은 밥을 다 먹어 버렸다.
그는 앞으로 잘 살까 싶다.

위의 예에서 '버렸다'는 동사 '먹다'에 완료의 의미를, '싶다'는 동사 '살다'에 추측의 의미를 덧붙이는 기능을 한다. 이를 보면 보조 용언은 상이나 양태를 나타내는 기능을 한다고 할 수 있는데, 이에 대해서는 2부 2장의 '시제와 상'과 3부 5장 '시제·상·양태'에서 자세히 설명하였다.

수식언 중 관형사는 사물의 성질이나 상태를 나타내는 성상 관형사, 어떤 대상을 가리키는 지시 관형사, 수량을 나타내는 수 관형사로 나뉜다. 부사는 수식의 위치나 범위에 따라 성분 부사와 문장 부사로 나눌 수 있다. 성분 부사는 문장 안의 동사, 형용사, 부사 등을 수식하며, 문장 부사는 문장 앞부분에서 문장 전체를 수식한다.

문장 부사는 문장 전체에 관여한다는 점에서 텍스트 구성에서 중요한 역할을 한다. '만일, 설령, 설마, 아마, 하여튼' 등의 문장 부사는 말하는 이가 특정 사태에 대해 가지는 태도를 나타내는 역할을 하며, '그리고, 그러나, 그런데' 등의 문장 부사는 문장을 연결하여 텍스트의 응집성을 높이는 역할을 한다. 이 중 문장을 연결해 주는 부사는 성격상 접속사로 볼 수도 있다. 그러나 학교 문법에서는 접속사라는 품사를 별도로 설정하지 않고, 접속사에 포함할 수 있는 단어들을 접속 조사('와, 과, 이며, 이랑' 등)와 접속 부사('그리고, 그러나' 등)로 처리하고 있다.

5) 둘 이상의 품사적 기능을 갖는 단어

단어는 대부분 하나의 품사적 기능을 갖지만, 일부 단어는 둘 이상의 품사적 기능을 갖기도 한다. 모어 화자라면 동일한 형태의 단어가 둘 이상의 품사적 기능을 갖는다는 사실을 자연스럽게 알고 있다. 그러나 이를 국어 지식으로 이해하는 과정에서는 혼선을 빚기도 하여 품사를 잘못 분류하거나 서사 규범을 지키지 못하는 일이 발생하기도 한다.

오늘이 바로 내가 태어난 날이다.

오늘 해야 할 일을 내일로 미루지 말자.

나는 네가 하라는 대로 다 했다.

나는 네 말대로 다 했다.

앞서 살펴본 바와 같이 문장 내에서 단어의 기능에 따라 품사를 분류할 수 있다. 문장 내에서의 기능에 비춰 보면, '오늘'은 첫 번째 문장에서는 주어로, 두 번째 문장에서는 서술어 '하다'를 수식하는 부사어로 쓰였다. 형태적으로 변화하지 않는 특성을 고려하면 첫 번째 문장의 '오늘'은 명사, 두 번째 문장의 '오늘'은 부사로 분류할 수 있다. '대로'의 경우도 첫 번째 문장에서는 관형어의 수식을 받는 체언(의존 명사)으로, 두 번째 문장에서는 명사 뒤에 붙는 관계언(조사)으로 쓰였다. 이 경우 두 가지 품사적 기능을 정확히 이해하지 못하면 체언은 관형어와 띄어 쓰고, 조사는 앞 단어에 붙여 쓴다는 서사 규범을 어길 수 있다.

▼ 더 생각해 보기

밑줄 친 단어의 기능과 의미를 고려하여 품사를 구분해 보자.

① 그는 낭만적 성향을 지닌 사람이다.
   그는 낭만적인 사람이다.
② 네가 나보다 낫다.
   사람들은 보다 나은 삶을 위한 노력을 아끼지 않았다.
③ 저희 회사는 지난 20년 동안 고객의 사랑으로 커 왔습니다.
   모자가 커서 다른 것으로 바꾸었다.

2───단어 선택의 제약: 덧붙이기의 딜레마

1) 수식의 문제

　　오랫동안 마음에 두었던 여자에게 사랑을 고백하는 남자도 이 절대적 표현에 의지한다. 그는 '당신을 누구보다도 더 사랑한다'고 말하지 않는다. 그는 다만 '당신을 사랑한다'고 말하여 자기 마음을 온전하게 전한다. 다른 말이 필요 없는 이 사랑은 어디에도 비교할 수 없는 절대적 사랑이다. (중략)

　　"대한민국은 민주주의 국가다"라는 말에 대해서도 필경 같은 이야기를 하게 된다. 민주주의는 우리 삶의 환경이고, 우리가 저마다 자신의 능력을 개발하고 저와 이웃의 행복을 가꾸어가는 터전이다. (중략) 민주주의에 다른 수식어를 붙일 수 없는 이유가 그와 같다.

　　지금 어떤 사람들이 학생들의 교과서에서 민주주의 대신 자유민주주의라는 말을 써서 민주주의에 선을 그으려 한다. 자유는 좋은 것이다. 그러나 민주주의라는 말이 이 땅에서 자유를 억압한 적은 없지만, 민주주의 앞에 붙었던 말은 민주주의도 자유도 억압했다. 이를테면 '한국적 민주주의'가 그렇다.

— 황현산,「민주주의 앞에 붙었던 말」

　　단어가 문장에서 행하는 기능에 주목해 보면 문장을 구성하는 데 꼭 필요한 단어와 그렇지 않은 단어로 구분할 수 있다. 명사, 대명사, 수사는 문장에서 주어나 목적어의 역할을 하고, 동사나 형용사는 서술어의 역할을 하므로 문장을 구성하는 데 필수적인 성분이 될 수 있다. 반면에 부사, 관형사는 수식어의 역할을 하므로 문장을 구성하는 데 필수적인 성분은 아니다. 그래서 글쓰기 수업에서는 맥락상 필요한 경우가 아니면 되도록 수식어 사용을 자제해야 한다는 점을 강조한다. 사실 자신이 전하려는 말에 담긴 진심이 빈약할 때 그것을 감추고자 수식어를 덧붙이는 경우가 많다. 그런 경우 수식어를 덧붙이는 것은 무의미하다. "당신을 정말 죽을 만큼 몹시 사랑하니 내 마음을 받아 주세요."라는 고백이 상대방의 마음을 움직일 수 없을 테니 말이다. 다음은 어느 책의 저자를 소개하는 글이다.

> 1962년생으로 고려대학교 심리학과를 졸업했다. 독일 베를린 자유대학에서 석·박사 학위를 취득한 후, 독일 베를린 자유대학의 전임 강사로 초빙되어 강의와 더불어 발달 심리학, 문화 심리학과 관련된 여러 연구 프로젝트에 참여했다. 이때 문화 심리학의 세계적 석학들과 함께『문화 심리학 Kultur in der Psychologie』이라는 책을 책임 집필하기도 했다. (중략) 현재 명지대학교 여가문화연구센터 소장으로 여가 산업과 관련된 다양한 프로젝트를 수행하면서,『동아 일보』『중앙 일보』등의 고정 칼럼 기고를 비롯해 각종 언론 매체와 방송에서 휴테크의 중요성을 역설하고 있다.
>
> ─ 김정운,『휴테크 성공학』

위의 소개글에서 과잉이라고 여겨지는 수식어를 찾아보자. 그런데 흥미롭게도 저자는 자신의 다른 책에서 위 글의 문제점을 날카롭게 지적하였다. 이를 보면 수식어의 사용에서 유의해야 할 점을 알 수 있을 것이다.

> 2003년 내가 처음 낸『휴테크 성공학』이란 책에 소개된 내 이력이다. 대부분의 대학 교수들이 자신을 소개하는 방식이다. 별로 특별할 것도 없는 이력을 폼 나게 보이려고 애쓴 흔적이 역력하다. '세계적 석학'은 뭐고, '다양한 프로젝트', '각종 언론 매체와 방송'은 또 뭔가. 얼굴이 다 화끈거린다.
>
> ─ 김정운,「'나'는 내 기억이 편집된 결과다!」

저자의 얼굴을 화끈거리게 만든 "폼 나게 보이려고 애쓴 흔적"은 자신을 포장하려는 표현들이다. 저자가 고백한 부분에서 주목할 것은 '세계적, 다양한, 각종'과 같은 관형어들이다. 사실 이러한 관형어들만 없었더라도 '저자 소개'는 좀 더 담백해졌을 것이다.

그러나 수식어가 아예 의미 없다거나 역효과만 낸다고 볼 수는 없다. 세상에 의미 없는 말은 없다. 다만 어디에 쓰느냐에 따라 가치가 달라질 뿐이다. 다음 글에는 부사가 많이 사용되었다. 그런데 이때 부사를 사용하지 않았다면 어떻게 될까? 소설에서 묘사하고자 하였던 상황을 구체적으로 전달하지 못하였을 것이다. 부사 하나하나가 아찔한 상황을 실감 나게 나타내고 있는 것이다.

봉구 아저씨가 소리를 질렀다. 사공이 손을 흔들었다. 배는 <u>천천히</u> 이쪽으로 건너왔다. 봉구 아저씨가 <u>먼저 훌쩍</u> 뛰어 타고는 손짓을 했다.

"으아앗!"

장운이 발을 내딛자 배가 기우뚱했다. <u>겨우</u> 균형을 잡고는 <u>얼른</u> 배 바닥에 주저앉았다. 오복은 <u>가볍게</u> 배에 뛰어올랐다. 사공이 <u>곧장</u> 긴 삿대로 냇바닥을 밀어냈다. 장운은 흐르는 물살을 보자 어질어질하였다.

— 배유안, 『초정리 편지』

관형어는 수식하는 명사의 의미를 제한함으로써 자신의 표현 의도를 정확하게 드러내는 데 기여하기도 한다.

그들은 이 앨범을 통해 '<u>어른의 음악</u>'을 들려주고 싶었다는 소회를 밝힌 바 있다. 그런데 여기에는 중요한 수식이 하나 빠져 있다. 이것은 어른이 아닌 '<u>솔직한</u> <u>어른의 음악</u>'이다. 예를 들어 그들은 젊은이들을 향해 위선의 표정을 지은 채 섣불리 훈계하지 않는다. 다만 현실이라는 게 언젠가는 먹먹해질 것임을 알고 있기에, 내 노래가 부디 가서 닿기를 노래할 뿐이다.

— 배순탁, 「이것이야말로 어른의 음악」

글쓴이는 '어른'의 의미가 잘못 전달될까 봐 우려하며 '어른' 앞에 '솔직한'이란 수식어를 붙였다. 다음 문장을 읽어 보면 이러한 수식어를 굳이 붙인 이유는 분명해진다. 글쓴이는 '어른'이라는 말에 '훈계', '위선', '고리타분함' 등의 연상 의미가 내포되어 있다고 보고 이러한 연상을 차단하려 한 것이다.

2) 조사의 사용 문제

조사를 사용할 때에도 의미와 효과를 생각해야 할 때가 많다. 흔히 한국어 조사는 생략이 가능하다고 말한다. "나 책 읽는다."라는 문장이 "내가 책을 읽는다."라는 문장과 의미가 같다면 이 말이 맞는다고 할 수 있다. 그러나 모든 경우에 조사를 생략할 수 있는 것도 아니고, 조사를 사용하는 경우와 그렇지 않은 경우의 의미가 같다고 하기도 어렵다. 더구나 조사를 사용하였을 때 특별한 표현 효과가 나타나는 경우도 있다. 조사의 이러한 표현 효과는 외국인에게 더 도드라져 보일 수 있다.

"Give that man the book."이라는 영문을 한국어로 번역하라고 하면 아마 "그 사람에게 그 책을 주어라."라고 옮기는 분이 많을 것입니다. (중략) 그런데 지금으로부터 약 120년 전에 조선에서 영한사전을 만들고 한국어 문법서까지 쓴 언더우드 목사는 the를 조금 다르게 해석했습니다.

언더우드는 '그 책'의 '그'는 필요 없다고 생각했습니다. 한국어 조사 '을'이 영어 정관사 the의 역할을 한다고 보았기 때문입니다. 따라서 언더우드의 논리에 따르자면 "Give that man a book." 같은 영문은 "그 사람에게 책 주어라."라는 한국어 문장으로 옮기는 것이 자연스럽습니다. (중략) 언더우드는 같은 맥락에서 "병사 왔소."가 "A soldier has come."에 해당한다고 보았고 "병사가 왔소."는 "The soldier has come."에 해당한다고 보았습니다.

— 이희재, 「살 빼기: 군살은 뺄수록 아름답다」

언더우드의 의견이 전적으로 옳다고 말하기는 어렵다고 해도 그가 조사의 유무에 따라 문장 표현이 어떻게 달라질 수 있는지를 설명한 맥락에는 주의할 필요가 있다. 이는 곧 조사를 잘 사용하면 문장의 표현 효과를 극대화할 수 있다는 점을 말해 주기 때문이다.

국어 문법에서는 조사를 단순히 관계만을 나타내는 조사(격 조사)와 관계에 더해 특별한 의미를 나타내는 조사(보조사)로 분류한다. 이때 표현 효과와 관련하여 주목을 끄는 것은 보조사인데, 이 보조사는 격을 나타내는 위치에서 특별한 의미를 나타낸다.

"나는 새를 좋아한다."와 "따뜻한 옷은 넉넉히 챙겼니?"에 쓰인 '는/은'을 보자. 앞 문장에서는 주어의 위치에 '는'이 쓰였고, 뒤 문장에서는 목적어의 위치에 '은'이 쓰였다. 서로 다른 격에 동일한 조사 '는/은'이 쓰인 것이다. 이처럼 '는/은'은 여러 격을 두루 나타내면서 특정한 의미를 더해 주므로 '격 조사'라고 하지 않고 '보조사'라고 한다. 그렇다면 '보조사'가 더해 준다는 특정한 의미는 무엇일까? 그 의미를 알기 위해서는 보조사에 따라 글의 표현 효과가 어떻게 달라지는지를 살펴볼 필요가 있다.

옛날 어느 마을에 욕심쟁이 할아버지[가, 는] 살고 있었습니다. 그 할아버지[가, 는] 아들이 하나 있었습니다. 어느 날 할아버지[가, 는] 장에 가는데, 아들[이, 은] 할아버지에게 과자를 사다 달라고 말했습니다. 욕심쟁이 할아버지[가, 는] 다른 사람 부탁[을, 은] 안 들어주는데 아들 얘기[를, 는] 다 들어주었습니다. 오늘은 과연 어떤 과자를 사 올까요?

우선 눈에 띄는 것은 첫 문장에 나오는 '할아버지'에는 '는'이 붙지 않고 '가'만 붙으며, 두 번째 문장에 나오는 '할아버지'에는 '가'가 붙지 않고 '는'만 붙는다는 사실이다. 미지의 정보가 아닌 경우에 '는'을 붙인다는 점에서 '는'은 앞서 보았던 영어 정관사 the의 용법과 유사함을 알 수 있다. 그런데 세 번째 문장부터는 조사의 선택이 알고 있는 정보냐 미지의 정보냐에 따라서만 갈리는 것은 아니다. 여기에서는 화제의 전환, 비교와 대조 등과 같은 표현 효과를 위해 조사가 선택적으로 사용된다고 볼 수 있다.

이처럼 조사를 사용할 때의 의미적 효과는 격 조사와 보조사에서 모두 찾을 수 있으나, 문법 교육에서는 보조사를 중심으로 조사 사용의 의미적 효과를 설명한다. 조사의 쓰임에 유의하며 다음 문장들의 의미를 비교해 보면 보조사의 의미적 효과를 더욱 분명하게 이해할 수 있을 것이다.

ㄱ. 어린이들마저 전쟁에 동원되고 있다.
　어린이들이 전쟁에 동원되고 있다.

ㄴ. 그는 내 말마저 듣지 않았다.
　그는 내 말을 듣지 않았다.

ㄷ. 찬밥도 좋으니 빨리만 먹게 해 주세요.
　찬밥이 좋으니 빨리 먹게 해 주세요.

ㄹ. 시간이 없어서 세수도 못 하고 왔다.
　시간이 없어서 세수를 못 하고 왔다.

'어린이들마저 전쟁에 동원되고 있다'고 말하는 것은 '어린이들이 전쟁에 동원되는 것'은 있을 수 없는 일이라는 점을 강조하는 것이고, '그가 내 말마저 듣지 않는다'고 말하는 것은 '그를 설득할 수 있는 여지가 전혀 없게 되었다'는 점을 강조하는 것이다. '찬밥도 좋다'고 말하는 것은 '찬밥을 특별히 원하기보다는 어떤 음식이든 괜찮다'는 의사를 표하는 것이고, '세수는 외출할 때 기본적으로 해야 하는 것'이 상식인 사회에서 '세수도 못 하고 왔다'고 말하는 것은 '시간이 정말 없었다'는 것을 강조하는 것이다. 이처럼 격 조사 대신 보조사 '마저, 도'를 사용함으로써 말하는 사람은 자신의 의도를 특별하게 전달할 수 있다.

▼ 더 생각해 보기

다음 시를 읽으면서 조사에 밑줄을 쳐 보고, 조사가 생략되었다고 볼 수 있는 부분에 적당한 조사를 넣어 보자. 원래의 시와 조사를 넣은 시를 비교해 보며 느낌의 차이를 이야기해 보자.

> 나 돌아가는 날
> 너는 와서 살아라
>
> 두고 가진 못할
> 차마 소중한 사람
>
> 나 돌아가는 날
> 너는 와서 살아라
>
> 묵은 순 터
> 새순 돋듯
>
> 허구많은 자연 중
> 너는 이 근처 와 살아라.
>
> ― 신동엽, 「너에게」 전문

어휘의 의미 관계

단어 형성의 원리를 안다는 것은 새로운 단어를 만들 수 있고, 이렇게 만들어진 단어를 이해할 수 있다는 말이다. 단어들 사이의 관계를 아는 것은 어휘의 체계를 파악하는 것을 뜻한다. 어휘의 체계를 파악함으로써 의미의 차이를 체계적으로 파악할 수 있고, 이러한 지식을 근거로 적절한 어휘를 선택할 수 있는 것이다.

1──유의 관계

그 틀사진은 주민등록증에 붙어 있던 흑백 증명사진을 부랴사랴 확대하여 마련한지라 전체적으로 우중충한 기분을 줄 뿐 아니라 윤곽마저 희미하게 어룽거려 마치 급조된 몽타주 속의 인물을 연상시켰다. 조붓한 공간 속에 갇혀 경성드뭇한 대머리를 인 채 움펑 꺼져 대꾼한 눈자위로 방 안을 내려다보고 있는 아버지는 무엇에 놀랐는지 잔뜩 겁에 질린 표정이었다. 어깨까지 한껏 곱송그리고 있어 방금 열병을 앓고 난 이 같았다.

― 김소진, 「쥐잡기」

위 글의 밑줄 친 단어들은 무슨 뜻인지 바로 알기 어렵다. 소설가는 왜 이런 단어를 사용하였을까? 이런 단어들을 사용함으로써 어떤 표현 효과를 얻었을까? 밑줄 친 단어들의 의미를 유추하고 이와 비슷한 의미의 단어로 대체하여 글을 다시 써 보면 이러한 단어를 사용함으로써 얻게 되는 표현 효과를 알 수 있을 것이다.

그 틀사진은 주민등록증에 붙어 있던 흑백 증명사진을 <u>부랴부랴</u> 확대하여 마련한지라 전체적으로 우중충한 기분을 줄 뿐 아니라 윤곽마저 희미하게 <u>어른거려</u> 마치 급조된 몽타주 속의 인물을 연상시켰다. <u>좁은 듯한</u> 공간 속에 갇혀 <u>듬성듬성한</u> 대머리를 인 채 <u>움푹</u> 꺼져 <u>쏙 들어간</u> 눈자위로 방 안을 내려다보고 있는 아버지는 무엇에 놀랐는지 잔뜩 겁에 질린 표정이었다. 어깨까지 한껏 <u>구부리고</u> 있어 방금 열병을 앓고 난 이 같았다.

원래의 글보다 의미를 파악하기는 더 쉬워졌지만, 이 글이 원래의 글과 같은 뜻이라고 말할 수 있을까? 단어가 달라지면서 문체가 달라졌고, 문체가 달라지면서 글맛이 달라졌다. 이처럼 어떤 단어를 선택하여 글을 쓰느냐에 따라 같은 내용이라도 표현 효과가 달라지는 것이다. 그런데 선택한 단어가 특유의 감정을 동반하는 단어일 경우 이를 바꾸면 글의 색깔이 완전히 뒤바뀔 수도 있다.

임기가 아직 4년 남은 대통령이 입만 열면 '법치'를 <u>부르댈</u> 때, 이미 한자리씩 꿰차고 앉은 출세주의자들이 무슨 일을 꾀할지 충분히 짐작할 수 있다. 더 높은 감투를 쓰려는 <u>부라퀴</u>들의 과잉 충성도 눈에 선하다. 대통령 눈에 들면 언제든 장관에 발탁될 상황에서 한나라당 국회 의원들이 잔혹한 '공권력'을 어떻게 <u>두남두며 언구럭 부릴까</u>도 미루어 알 수 있다.
기실 국민을 <u>시들방귀</u>로 여기는 대한민국 '공권력'의 문제점은 뿌리가 '친일'까지 닿아 있다. 심지어 노무현 정권에서도 비정규직 노동자와 농민을 대낮에 때려죽인 전과가 있지 않은가. 그들에게 이명박 정권의 등장은 무엇이었을까? 그나마 눈치 살필 수고 없이 마구 휘둘러도 된다는 보증 아니었을까?

— 손석춘, 「저 긴 '죽음의 행렬'을 보라」

위 글은 신문의 칼럼임에도 독특한 단어들을 사용하여 글쓴이의 색깔을 분명히 드러내고 있다. 그런데 이 단어들이 지닌 비판적 감정 때문에 이 글을 일반적인 단어나 구로 대체하면 칼럼의 날카로움이 많이 퇴색된다.

임기가 아직 4년 남은 대통령이 입만 열면 '법치'를 <u>떠들어 댈</u> 때, 이미 한자리씩 꿰차고 앉은 출세주의자들이 무슨 일을 꾀할지 충분히 짐작할 수 있다. 더 높은 감투를 쓰려는 <u>출세주의자</u>들의 과잉 충성도 눈에 선하다. 대통령 눈에 들면 언제든 장관에 발탁될 상황에서 한나라당 국회 의원들이 잔혹한 '공권력'을 어떻게 <u>두둔하며 엄살 부릴까</u>도 미루어 알 수 있다.

기실 국민을 <u>하찮게</u> 여기는 대한민국 '공권력'의 문제점은 뿌리가 '친일'까지 닿아 있다. 심지어 노무현 정권에서도 비정규직 노동자와 농민을 대낮에 때려죽인 전과가 있지 않은가. 그들에게 이명박 정권의 등장은 무엇이었을까? 그나마 눈치 살필 수고 없이 마구 휘둘러도 된다는 보증 아니었을까?

유의 관계는 개념적으로 비슷한 말들인데, 매력적인 글을 쓰기 위해서는 이들의 문체적 효과를 생각하며 선택할 수 있는 능력을 길러야 할 것이다. 문체적인 효과는 이외에도 방언이나 외래어를 사용하는 데에서 올 수도 있고, 속어나 관용어, 속담 등을 사용하는 데에서 올 수도 있다.

"한 다랭이 받는 디 시간이 월마나 걸리다?"

맨 윗배미가 두렁을 적실 만해서 처음 와 보고 남이 물었다.

"낸들 재 봤간디. 워낙 짚히 타 들어가서 한두 시간 대 가지구는 제우 먼지나 젤랑 말랑 허겄데…."

김은 배부른 흥정 하듯 시부정찮은 내색을 하며 남의 일처럼 건성으로 중얼거렸다.

— 이문구, 「우리 동네 김씨」

이 소설에 사용된 방언들을 모두 표준어로 바꾼다면 어떻게 될까? 전혀 다른 소설이 되어 버릴 것이다. 유의 관계란 대체할 수 있는 관계이지만, 대체하기 전과 후의 의미가 동일한 것이 아님을 알 필요가 있다.

"한 다랑이 받는 데 시간이 얼마나 걸리나?"
맨 윗배미가 두렁을 적실 만해서 처음 와 보고 남이 물었다.
"난들 재 봤나. 워낙 깊이 타 들어가서 한두 시간 대 가지고는 겨우 먼지나 재울락 말락 하겠데….."
김은 배부른 흥정 하듯 만족스럽지 않은 내색을 하며 남의 일처럼 건성으로 중얼거렸다.

외래어도 마찬가지이다. 다음 시를 보자.

시 쓰다가
날 선 흰 종이에 손 벤 날
뒤져 봐도
아까징끼 보이지 않는 날

— 안도현, 「외로움」 전문

시인은 왜 '아까징끼'라는 외래어를, 그것도 일본말의 잔재라고 하는 그 말을 굳이 써야만 했을까? 시인의 말을 들어보자.

어렸을 적에 손을 베거나 넘어져 무릎에 상처가 났을 때 어머니는 아까징끼를 발라주셨다. "어머니가 머큐로크롬을 발라주셨다"는 문장을 나는 쓸 수 없는 것이다. 지금 3, 40대에게는 '옥도정기'나 '빨간약'이라는 용어가 더 친근할지 모른다. 하지만 50대 이상에게는 '아까징끼' 이외에 달리 더 적확한 용어가 없다.

— 안도현, 「아까징끼」

비슷한 말도 어떤 말을 쓰느냐에 따라 표현하고자 하는 의도를 적확히 전달할 수도 있고 그 맛을 살리지 못할 수도 있다. 유의 관계에 있는 단어들은 그 의미 차이를 정확히 알아야 문장을 올바르게 쓸 수 있다. 즉, 그 차이가 문장의 옳고 그름을 결정할 수도 있다는 점에서 유의어의 의미를 구별하여 쓰는 훈련을 해야 한다. 유의어의 의미 차이를 구별할 수 있는 가장 효율적인 방법은 유의 관계에 있는 단어들을 서로 교체해 보는 것이다.

즐겁다 / 기쁘다

웅보는 할아버지와 함께 쪽배를 타고 있는 것이 너무 즐거워 온종일 해가 떠오르지 않았으면 하고 마음속으로 빌었다.(문순태, 『타오르는 강』)

어머니는 아들의 귀환이 너무 기쁜 나머지 버선발로 뛰어나갔다.

맑다 / 깨끗하다

맑은 공기를 마시다

방 안이 깨끗하다.

비평(批評) / 비판(批判) / 비난(非難)

그녀는 평론가들로부터 문장이 간결하고 내용이 참신하다는 비평을 들었다.

세월이 좋았을 때 설 형이 신문사를 떠났다면, 아무도 설 형에게 불만이나 비평을 가하지 않소.(홍성원, 『육이오』)

김 총장을 비판만 하지 말고 좋은 점도 얘기를 해 주면 좋겠다.

나는 그의 작품에 대한 비판이 공정하게 이루어졌다고 보지 않는다.

공영 기업인 토지 개발 공사가 땅장사를 했다면 <u>비난</u>을 받아 마땅하다.

그는 주변 사람들을 만날 때마다 회사 상사에 대한 <u>비난</u>과 험담을 늘어놓았다.

'즐겁다/기쁘다'처럼 단어를 교체해 보는 방법 이외에 '비평/비판/비난'과 같이 세 개의 단어를 한 자리에 배열해 놓고 유의성의 정도를 비교할 수도 있으며, '맑다'와 '깨끗하다'의 반의어인 '흐리다'와 '더럽다'의 비교를 통해 의미 차이를 확인할 수도 있다.

이처럼 작은 의미 차이에 주목하다 보면 그 의미 차이를 통해 새로운 깨달음을 얻게 되며, 그 깨달음이 글로 표현되었을 때에 읽는 사람을 사로잡을 수 있을 것이다. 다음 글을 읽어 보면서 작가가 주목한 의미의 차이가 무엇인지 생각해 보자.

> <u>소중한</u> 존재는 그 자체가 궁극이지만, <u>중요한</u> 존재는 궁극에 도달하기 위한 방편이다. 돈은 전혀 <u>소중하지</u> 않은 채 가장 <u>중요한</u> 자리에 놓여 있다. 너무 <u>중요한</u> 나머지 <u>소중하다는</u> 착각을 일으키게 한다. 어느샌가 <u>소중했던</u> 당신이 <u>중요한</u> 당신으로 변해가고 있다. 조금씩 덜 <u>소중해지면서</u> 아주 많이 <u>중요해지고</u> 있다. 반드시 필요하기 때문에 <u>중요한</u> 존재가 아니라, <u>소중하기</u> 때문에 필요한 존재가 되고 싶은 게 당신과 나의 소망이었다.
>
> — 김소연, 「중요하다: 소중하다」

더 알아보기

유의 관계의 변화

표현을 다양하게 하는 과정에서 자연스럽게 유의어가 만들어진다. 그러나 유의어로 인해 동일한 의미를 나타내는 어휘가 많아지면 언어 사용에서의 경제성이 떨어질 수 있다. 이 때문에 유의 관계에 있는 단어들끼리 경쟁하는 과정에서 어느 한 단어가 소멸하거나 의미가 바뀌면서 유의 관계에 변화가 생기게 된다. 그렇다면 주로 어떤 유형의 단어가 유의어 경쟁에서 살아남을까?

첫째, 짧은 단어가 유리하다. '물, 불, 술, 줄' 등 기본 단어이면서 1음절인 경우 대부분 생존할 수 있다. 1음절 고유어가 오랜 세월 생존할 수 있었던 것도 이 때문이라 볼 수 있다.

둘째, 동음 이의어가 없는 단어가 유리하다. '남에게 돈을 빌려 쓴 대가로 치르는 일정한 비율의 돈'이라는 뜻의 고유어 '길'은 1음절 단어임에도 한자어 '이자(利子)'와 경쟁하다가 사라졌다. 이는 '길(道)'이라는 동음 이의어 때문일 가능성이 높다. '옷감이나 재목 따위의 재료를 치수에 맞게 자르다'라는 뜻의 고유어 'ᄆᆞ르다'가 한자어 '재단(裁斷)하다'와 경쟁하다가 사라진 것도 'ᄆᆞ르다(물기가 다 날아가 없어지다)'라는 동음 이의어 때문이라고 할 수 있다.

셋째, 문화적으로 우위에 있는 단어가 유리하다. 이는 언어 외적인 이유인데, 한자어가 고유어를 압도하거나, 외래어가 한자어와 고유어를 압도하는 현상이 일어나는 것은 이러한 이유 때문이다.

2──반의 관계

하나의 상의어를 공유하면서 대립하는 어휘들은 의미적으로 반의 관계를 이룬다. 예를 들어, '남자'와 '여자'는 '사람'이라는 상의어를 갖는 어휘인데, 둘은 '성별'에서의 차이로 대립적이다. 즉, '사람'이라는 단어를 상의어로 갖는다는 점에서 공통적이지만 '성적 차이'에서만 대립적이다. 이러한 점을 볼 때 반의 관계에 있는 두 단어는 오직 하나의 의미에서만 대립적이고 나머지 의미에서는 공통적이라고 말할 수 있다. 이때 유의할 점은 대립의 유형이 동일하지 않다는 것이다.

다음 단어들의 대립은 'A가 아니면 B이다'처럼 대립의 중간 지점이 없는 경우이다. 이러한 관계에 있는 어휘를 '상보 반의어'라고 한다.

살다	죽다
열다	닫다

반면에 다음 단어들의 대립은 'A도 아니고 B도 아닌 중간 지점'을 가정할 수 있는 대립이다. 이러한 관계에 있는 어휘를 '정도 반의어'라고 한다.

길다	짧다
좋다	나쁘다
춥다	덥다

반의 관계의 유형 중 흥미로운 것은 대립의 차원이 무엇이냐에 따라 이루어지는 대립이다.

앞/뒤	오른쪽/왼쪽	[역방향]
천장/바닥	시작/끝	[대척]
천당/지옥	음지/양지	[대응]
묶다/풀다	전진/후퇴	[반대 동작]
명령/복종	주다/받다	[상호 작용]
뒤지다/찾다	시도하다/실패하다	[수행과 결과]
부모/자식	스승/제자	[관계]

위와 같이 반의 관계를 유형화하는 것은 반의 관계의 체계성을 드러낸다. 그러나 반의 관계가 체계적이라고 해서 반의 관계를 맺는 어휘들이 항상 고정적인 것은 아니다. 사람들은 어휘의 체계에서 대립의 차원에 주목하

며, 문맥에 따라 달라지는 대립의 차원을 포착하여 대립 관계를 이해한다. 대립의 차원에 따라 '아버지'와 반의 관계에 있는 말이 '아들'일 수도 있지만, '어머니'가 될 수도 있는 것이다. 또한 "오늘은 아버지 아닌 선생님으로 네게 말할 것이 있다."라는 문장에서처럼, 문맥에 따라 대립의 차원이 가족 관계를 벗어날 수도 있다. 따라서 관점에 따라 반의 관계의 폭이 넓어질 수 있다.

　이처럼 반의 관계를 이루는 단어들은 대립의 차원을 드러내므로 이러한 단어들을 적절하게 배치하여 사용함으로써 글의 주제를 명료하게 나타낼 수 있다. 또한 대립의 차원을 생각하며 글을 읽다 보면 내용을 좀 더 깊이 이해할 수 있을 것이다. 『논어』에서는 다음과 같이 공자를 묘사하였다.

　　공자께서는 따뜻하면서도 엄격하였고, 위엄이 있으면서도 무섭지는 않았고, 공손하시면서도 태연자약하셨다(子溫而厲 威而不猛 恭而安).

　서로 반대되는 단어를 대응시키면서 공자를 묘사한 이유는 무엇일까? 이에 대한 다음 설명은 대립의 차원을 활용하여 어떤 효과를 얻을 수 있는지 잘 말해 준다.

　　서로 반대되는 것이 한 초점에 수렴되는 순간에 빚어내는 것은 필시 역설일 것이다. 공자라는 한 사람 속에서 '따뜻함과 엄격함', '위엄과 친절', '공손과 태연'이라는 상반된 가치가 더불어 깃들어 있음을 지적한 것이다. 그만큼 제자들이 공자 인격의 깊이를 알기 어렵기 때문이기도 하겠지만, 역시나 심오한 중용이 평면 위에 현상적으로 드러날 적에는 이런 역설적인 말로밖엔 표현할 도리가 없었으리라.
　　공자의 진면목인 역설로 드러나는 이 중용은, 지나치지도 모자라지도 않은, 실하지도 비어 있지도 않은 제3의 차원에 존재하는 것이리라.
　　　　　　　　　　　　　　　　　　　　　　　　— 배병삼, 「공자의 사생활 — 자한편」

이처럼 어휘를 대립하여 배치하는 것은 글쓴이의 관점과 의도를 드러내는 데 활용될 수 있다. 어휘 대립의 차원은 글쓴이의 관점에 따라 다양하게 나타난다.

나는 이것을 예술로서 감상한 적도 없고, 예술적으로 감동받은 바도 없지만 문화적 현상으로서 깊이 고찰할 만한 대상이라고 생각한다. 왜 이런 현상이 일어났을까? 그것은 일본이 서양 문화를 받아들이면서 근 300년 동안 이곳 나가사키에 묶어 두고 밖으로 빠져나가지 못하게 했기 때문이라고 생각한다. 미처 소화할 시간도 없는데 또 새로운 서양 문물이 계속 밀려 들어오니 어쩌겠는가. 그냥 섞일 수밖에 없었다.

— 유홍준, 「그때 그런 일이 다 있었단 말인가」

위 글에서 '예술'과 '문화적 현상', '감상하다'와 '고찰하다', '묶어 두다'와 '빠져나가다', '소화하다'와 '그냥 섞이다'는 대립적으로 쓰였다. 이 대립의 차원을 생각하면서 글을 읽으면 글의 소재인 '이것'에 대한 저자의 관점뿐만 아니라, '현상의 원인'을 분석하는 저자의 관점을 좀 더 깊이 이해할 수 있을 것이다.

더 알아보기

유표성

반의 관계에 있는 어휘쌍이 의미 비중에서 반드시 대칭적인 것은 아니다. '왕'과 '여왕'의 관계를 보자. '왕'과 '여왕'은 반의 관계를 이루지만, 의미적으로 '왕'은 '여왕'의 상의어가 될 수 있다. 또한 형태적으로 '여왕'은 '왕'에 '여자'의 뜻을 더하는 접두사 '여-'가 덧붙은 꼴이다. 이런 점을 보면 '왕'이 '여왕'에 비해 일반성을 띤다고 할 수 있다. 덜 일반적인 것에는 그 특징을 드러내는 말이 덧붙기 마련이다.

다른 예로 '길다'와 '짧다'의 관계를 보자. '길다'와 '짧다'도 반의 관계이지만, '길다'에서 파생된 '길이'는 '길이가 길다'나 '길이가 짧다'에서처럼 '길다/짧다'에 모두 대응한다. 또 "그 줄은 얼마나 길어?"라는 문장은 가능하지만, "그 줄은 얼마나 짧아?"라는 문장은 불가능하다. 이런 점을 볼 때 '길다'는 '길다'와 '짧다'의 대립에서 중립성을 띠는 단어라고 할 수 있다.

언어학 이론에서는 이러한 특성을 유표성(有標性) 개념으로 설명한다. 이 설명에 따르면 '왕'과 '길다'처럼 일반적이고 중립적인 단어는 '무표성'을, 그에 대립되는 '여왕'과 '짧다'는 '유표성'을 띤다.

3──상하의 관계와 부분 전체 관계

어휘 체계에서 개념의 계층적 체계인 상하 관계를 의미 관계로 설명할 때에는 '상하의 관계'라고 한다. 따라서 상하의 관계를 파악하는 것은 한 단어의 함의를 파악하는 것과 같다. '장미'가 '꽃'의 하의어이고, '꽃'이 '식물'의 하의어임을 파악한다는 것은 '장미'라는 단어가 '꽃'과 '식물'의 의미를 함의함을 아는 것이다. 그런 의미 관계를 알기에 우리는 다음 문장을 자연스럽게 이해할 수 있는 것이다.

그는 장미를 볼 때마다 설렌다고 했다. 나는 그에게 호감이 갔다. 꽃을 좋아하는 사람치고 악한 사람이 있겠는가?

상하의 관계와 더불어 관심을 두어야 할 관계는 '부분 전체 관계'이다. 부분 전체 관계를 파악하는 것 또한 한 단어의 함의를 파악하는 것으로 볼 수 있기 때문이다. '엔진'은 '자동차'의 한 부분이지만, '엔진이 고장 난 것'을

'자동차가 고장 난 것'으로 표현할 수 있는 것은 '엔진'이 '자동차'를, '자동차'가 '엔진'을 함의하기 때문이다. '부분'을 통해 전체를 표현하거나 '전체'를 통해 '부분'을 표현하는 '환유(換喩)'는 이러한 특징을 활용한 수사법이다.

우리가 글쓰기에서 상하의 관계와 부분 전체 관계를 활용하는 것은 대부분 표현을 구체화할 때이다. 상의어보다 하의어를 사용할 때 더 구체성을 띠며, 전체를 나타내는 단어보다 부분을 나타내는 단어를 사용할 때 표현을 더 정교화할 수 있다.

ㄱ. 몸이 아파서 학교에 가지 못했다.
ㄴ. 머리가 아파서 학교에 가지 못했다.

'머리가 아픈' 학생은 자신이 결석한 이유를 위의 두 문장으로 표현할 수 있다. 굳이 아픈 부위를 말할 필요가 없거나 이를 감추고 싶을 때에는 'ㄱ' 문장으로 표현할 수 있을 것이고, 아픈 부위를 정확히 이야기할 필요가 있을 때에는 'ㄴ' 문장으로 표현할 수 있다. 그러나 부분 전체 관계의 단어들이 나타내는 표현 효과가 이처럼 일관된 것은 아니다.

ㄱ. 컴퓨터가 고장 나서 일을 처리하지 못했다.
ㄴ. 밀린 원고를 쓰느라 밤새 컴퓨터를 두드렸다.

위의 예에서 'ㄴ' 문장의 '컴퓨터'는 '자판'으로 이해할 수 있다. "컴퓨터 자판을 두드렸다."라는 표현을 전체를 나타내는 단어 '컴퓨터'를 사용하여 나타낸 것이다. 그런데 이러한 방식을 'ㄱ' 문장에 적용하면 문제가 발생할 수 있다. 즉, '자판'이 고장 난 경우에 'ㄱ' 문장으로 말했다면 이러한 표현은 부적절하다. 대부분의 사람들은 컴퓨터의 '본체'에 문제가 생겼다고 생각할 가능성이 높기 때문이다.

상하의 관계에 있는 단어들을 사용할 때에도 이러한 표현 전략을 세울 필요가 있다. '견과(堅果)'를 예로 들면, '견과'라는 상의어와 '도토리, 밤, 은행, 호두' 등과 같은 하의어는 상하의 관계로 묶여 있다.

　　ㄱ. 매일 견과를 먹으면 건강에 좋다.
　　ㄴ. 매일 호두를 먹으면 혈액 순환에 좋다.

'견과'는 '호두'를 포함하고, '건강에 좋다'는 '혈액 순환에 좋다'를 포함할 수 있으므로 두 문장은 같은 뜻으로 쓰였을 가능성도 있다. 그러나 '혈액 순환에 좋은 것'이 '호두'에 국한된다면 두 문장은 별개의 목적으로 쓰인 문장이라 할 수 있다.

그런데 'ㄱ' 문장에서 '견과'의 의미가 독자들에게 어렵다고 판단한 작가는 이를 "매일 호두, 은행, 밤 등을 먹으면 건강에 좋다."나 "매일 호두, 은행, 밤 등과 같은 견과를 먹으면 건강에 좋다."와 같이 쓸 수 있다. 구체성을 띠는 하의어를 나열하거나 하의어와 상의어를 함께 씀으로써 이해를 돕는 것이다.

이처럼 상의어는 표현을 구체화하는 데에는 긍정적인 역할을 하지 못하지만, 새로운 사물을 소개할 때에는 상의어를 함께 사용함으로써 새로운 사물의 특성을 자연스럽게 설명할 수 있다.

　　ㄱ. 매일 캐슈너트를 먹으면 건강에 좋다.
　　ㄴ. 매일 캐슈너트와 같은 견과를 먹으면 건강에 좋다.

'캐슈너트'라는 과일 이름을 접해 본 적이 없는 독자에게 '견과'라는 상의어를 제시하는 것은 '캐슈너트'의 특성을 이해하는 데 도움을 준다.

다음 연설문의 문맥에서 특별한 의미 관계에 있는 단어들을 찾아보고, 이러한 단어를 배치함으로써 거둘 수 있는 효과에 대해 생각해 보자.

우리의 역사는 도전과 극복의 연속이었습니다. 열강의 틈에 놓인 한반도에서 숱한 고난을 이겨내고, 반만년 동안 민족의 자존과 독자적 문화를 지켜왔습니다. 해방 이후에는 분단과 전쟁과 가난을 딛고, 반세기만에 세계 열두 번째의 경제 강국을 건설했습니다.

우리는 농경시대에서 산업화를 거쳐 지식정보화 시대에 성공적으로 진입했습니다. 그러나 지금 우리는 다시 세계사적 전환점에 직면했습니다. 도약이냐 후퇴냐, 평화냐 긴장이냐의 갈림길에 서 있습니다.

— 노무현 대통령 취임 연설문

4──선택 제약

'책을 읽는다'라는 말은 할 수 있지만, '사전을 읽는다'라는 말은 하기 힘들다. 혹시 이런 말을 할 수 있는 상황이 있을 수는 있겠지만, 일상생활에서 '사전을 읽는다'라고 말하는 사람을 찾기는 쉽지 않을 것이다. 대신 사전은 '보다'나 '찾다'라는 말과 어울려 쓰인다. "사전을 봤는데 그 말은 안 나와"라든가, "사전을 찾아봤는데 그 말은 찾을 수가 없어"라는 말은 가끔 하기도 하고 듣기도 할 것이다. 언어 사용에서 왜 이런 현상이 나타나는 것일까? 그건 사전을 '책이지만 책과 다른 것'으로 취급해 온 관습 때문이다. 사전을 집어 든 사람은 첫 페이지부터 읽어 가는 것이 아니라 자신이 원하는 사항을 찾아 그 부분만을 읽는다. 그러나 그런 사람에게 진득하지 못하다고 핀잔을 주는 사람은 없다. 사전은 원하는 바를 찾기 위한 책이기 때문이다.

— 최경봉, 「세상 속 지식을 모두 모아라」

단어는 다른 단어와 어울려 구를 이루고 절을 이루고 문장을 이룬다. 그런데 아무 단어나 서로 어울리는 것은 아니다. 단어마다 잘 어울리는 단어가 따로 있다. 서로 잘 어울리는 단어는 서로의 의미를 밝혀 주는 등대 역할을 하기도 한다. 단어의 바다에서 단어는 서로 다른 단어를 비춰 주며 의미를 찾아가는 것이다.

①(　　　)을 벌다

②(　　　)을 먹다

③(　　　)을 뜨다/감다

(　) 안에 올 수 있는 말은 무엇일까? ①에는 '돈'이나 '돈'과 같은 성질의 것이 올 수 있을 것이고, ②에는 '밥'이나 '밥'과 같은 성질의 것이 올 수 있을 것이다. ③에는 오로지 '눈'이란 단어만 올 수 있다.

이러한 선택 관계는 부사의 쓰임에서 두드러지게 나타난다. 따라서 부사를 안다는 것은 곧 그것과 호응하는 서술어를 안다는 뜻이기도 하다. 특히 의성·의태 부사는 서술어와의 호응이 긴밀한 예에 속한다.

무럭무럭, 도란도란, 데굴데굴, 깜짝, 텅

위의 부사와 함께 쓰일 수 있는 서술어는 제한되어 있다. '도란도란'은 '이야기하다', '데굴데굴'은 '구르다', '깜짝'은 '놀라다', '텅'은 '비다'와 호응한다. 그런데 이러한 호응 양상이 의성·의태 부사에 한정된 것은 아니다. 부사와 서술어의 호응 양상을 제대로 이해하면 우리말 표현을 좀 더 다양하게 할 수 있을 것이다.

그가 <u>갑자기</u> 고개를 돌렸다.

검은 연기가 <u>갑자기</u> 치솟았다.

한동안 소식이 없던 친구가 <u>갑자기</u> 나타났다.

기온이 <u>갑자기</u> 떨어졌다.

그가 갑자기 울음을 터뜨렸다.

위 문장들에서는 공통적으로 '갑자기'가 사용되었는데, 이러한 문장은 문법적으로 바르다고 할 수 있어도 한국어의 맛을 제대로 살린 문장은 아니다. 이 문장들에서 사용된 '갑자기'를 뒤에 나오는 서술어와의 관계를 고려하여 다음과 같은 부사로 바꿔 쓰면 어떤 변화가 일어날까?

그가 <u>홱</u> 고개를 돌렸다.

검은 연기가 <u>확</u> 치솟았다.

한동안 소식이 없던 친구가 <u>불쑥</u> 나타났다.

기온이 <u>뚝</u> 떨어졌다.

그가 <u>왈칵</u> 울음을 터뜨렸다.

이처럼 특정 서술어와 제한적으로 호응하는 부사를 선택해서 쓰면 '갑자기'와 같이 일반적으로 호응하는 부사를 선택하였을 때보다 더 생동감 있는 표현을 할 수 있다. 그런데 서술어를 선택하는 데 제약을 가하지는 않아도 서술어의 양태나 문법적 형식이 부사에 따라 달라지는 경우가 있다. 예를 들어, '과연'은 그 문장 전체의 의미에 대해 화자의 태도 등을 덧붙여 드러내는 데 주로 쓰인다. 이때 화자의 태도는 문장 내용에 대한 확신 또는 부정과 의심 등으로 나타난다.

[확신]

작품을 보니 소문에 듣던 대로 이 사람은 <u>과연</u> 훌륭한 예술가로구나.

<u>과연</u> 그러했다.

<u>과연</u> 당신다운 생각이군.

[부정, 의심]

그 실력으로 <u>과연</u> 취직 시험에 합격할 수 있을까?

<u>과연</u> 이 일은 앞으로 어떻게 될 것인가?

<u>과연</u> 그게 사실일까?

이처럼 '과연'과 같은 문장 부사가 쓰이는 문장에서는 부사의 의미에 상응하여 문장 종결 어미가 결정되기도 한다. 위에서 '확신'의 의미를 띠는 문장 부사일 경우에는 평서형 종결 어미가 쓰이고, '부정, 의심'의 의미를 띠는 문장 부사일 경우에는 의문형 종결 어미가 사용됨을 알 수 있다.

▼ 더 생각해 보기

1. 밑줄 친 부사를 대체할 수 있는 부사(어)를 찾아보고, 표현의 차이에 대해 이야기해 보자.

   ㄱ. 그는 온몸이 <u>완전히</u> 비에 젖었다.
   ㄴ. 그는 약속을 <u>완전히</u> 잊어버렸다.

2. 아래 제시한 부사가 포함된 문장을 만들어 보고, 이와 함께 호응하는 서술어의 표현 형식의 특징을 설명해 보자.

   ㄱ. 반드시, 모름지기
   ㄴ. 만약, 만일, 가령
   ㄷ. 설마, 하물며
   ㄹ. 비록, 설사, 아무리, 설령

단어의 의미 해석

독서는 모름지기 자신을 열고, 자신을 확장하고, 그리고 자신을 뛰어넘는 비약
이어야 합니다. 그렇기 때문에 독서는 삼독입니다. 먼저 텍스트를 읽고, 다음으로
그 텍스트를 집필한 필자를 읽어야 합니다. 그 텍스트가 제기하고 있는 문제뿐만
아니라 필자가 어떤 시대, 어떤 사회에 발 딛고 있는지를 읽어야 합니다. 그리고
최종적으로 그것을 읽고 있는 독자 자신을 읽어야 합니다. 그렇게 함으로써 자신
의 처지와 우리 시대의 문맥을 깨달아야 합니다.

— 신영복, 「책은 먼 곳에서 찾아온 벗입니다」

독서를 통해 자신의 처지와 우리 시대의 문맥을 깨달아야 한다는 내용의 글
이다. 이는 독서의 의미와 능동적인 독서의 필요성을 이야기하는 것이지만,
독서 과정에서 문장과 단어를 이해하는 과정에도 적용될 수 있는 말이다.

하나의 단어에는 수많은 세월 동안 그 단어를 사용해 왔을 사람들의 경험이
켜켜이 쌓여 있을 것이고, 동시대에 함께 살아가고 있는 사람들의 생각이 모
여 있을 것이며, 그 단어에 대한 자신만의 느낌도 담겨 있을 것이다. 그것을 우
리는 거칠게 '단어의 의미'라고 한다. 그렇다면 단어의 의미는 고정되어 있는
무엇이 아니라 지속적으로 축적되고 퍼져 나가는 무엇이라고 말할 수 있다. 위

글에서만 보더라도 '열다, 확장하다, 뛰어넘다'라는 단어는 폭넓게 이해될 수 있고, 핵심어라 할 수 있는 '읽다' 또한 다양한 의미로 이해될 수 있다. 이렇게 퍼져 나간 단어의 의미를 파악하는 일이 곧 이 글에서 이야기하는 '독서의 의미와 능동적인 독서의 필요성'을 이해하는 과정이다.

그런데 단어의 의미는 무한정으로 퍼져 나가는 것이 아니라 단어가 담고 있는 핵심 생각을 중심으로 확장되어 간다. 따라서 단어의 핵심적인 생각을 이해하고, 그 핵심적인 생각을 바탕으로 문맥에 맞춰 생각을 확장해 나가는 능력을 갖추어야만 제대로 된 독서를 할 수 있다.

1──단어 의미의 유형

은수: 대화를 원한다고요? 대화의 사전적 의미가 뭔지 아십니까? '마주 대하여 이야기를 주고받는다'는 뜻입니다. 그런데 그 사람은 '대화'를 '지시'나 '전달'로 생각하는 것 같아요.

상대의 문제를 지적하거나 자신의 뜻을 분명히 하기 위해 우리는 "그것의 사전적 의미는······"이라는 말을 관습적으로 사용한다.

은희: 그 말을 사전적 의미로만 받아들이면 안 되지요. 그가 한 말의 맥락을 생각해 봐야 하지 않겠어요?

또 상대가 말의 맥락을 놓쳐 본뜻을 제대로 이해하지 못한다고 생각할 때 우리는 "그것은 사전적 의미일 뿐이고······"라는 표현을 내세울 때가 많다.

은수와 은희 모두 '정확한 의사소통'을 강조하는데, 왜 말뜻을 이해하는 문제에서 의견이 달라졌을까? 은수는 '진리로서의 의미'를 찾고자 하였고, 은희는 '맥락에 맞는 의미'를 찾고자 하였기 때문이다. 여기에서 사전적 의미, 즉 진리로서의 의미는 개념적 의미에 해당하고, 맥락에 맞는 의미는 연상적 의미에 해당한다고 할 수 있다.

의미를 개념적 의미와 연상적 의미로 구분하는 것은 문법 교육에서 어떤 의미가 있을까? 텍스트의 이해와 관련하여 단어 의미를 탐구할 때에는 단어의 개념적 의미를 먼저 파악한 뒤에 개념적 의미를 토대로 문맥에 따라 달라지는 연상적 의미를 파악할 필요가 있다. 한 단어의 연상적 의미를 아는 것은 작가(혹은 화자)가 그 단어를 어떤 의도로 사용하였는지를 파악하는 데 유리하다. 이때 연상적 의미는 대개 관습성을 띠는 경우가 많기 때문에 사회·문화적 맥락에서 해당 단어가 어떻게 이해되는지를 파악하는 것이 중요하다. 이러한 탐구는 궁극적으로 언어 공동체 구성원의 연상 프레임을 파악하는 일이라 할 수 있는데, 연상 프레임은 은유적 표현을 이해하는 데 도움을 줄 수 있다.

1) 개념적 의미

단어가 지니고 있는 기본적이고 객관적인 의미를 '개념적 의미'라고 한다. 국어사전의 뜻풀이가 이러한 기본적이고 객관적인 의미로 이루어진다는 점에서 개념적 의미를 '사전적 의미'라고도 한다. 그러나 기본적이고 객관적인 의미가 아니더라도 그 의미가 관습적으로 쓰이면 국어사전의 뜻풀이에 포함될 수 있으므로 '사전적 의미'는 학술적으로 정확한 말은 아니다.

개념적 의미는 기본적이고 객관적인 의미이기 때문에 우리가 어떤 글을 읽거나 어떤 말을 들을 때에는 일차적으로 개념적 의미를 토대로 글과 말의 의미를 파악해야 한다. 정보 전달이 주가 되는 설명문이 개념적 의미로 소통이 이루어지는 대표적인 양식이라 할 수 있다. 따라서 설명하는 글이나 말을 대상으로 한 학습 과정에서 개념적 의미를 파악하여 글을 정확하게 이해하는 활동이 집중적으로 이루어질 필요가 있다. 이러한 활동이 성공적으로 이루어지기 위해서는 기본적으로 어휘 습득의 양, 즉 어휘량이 일정한 수준에 올라야 한다.

다음은 대한민국 헌법 제1조의 내용이다.

제1조

① 대한민국은 민주 공화국이다.

② 대한민국의 주권은 국민에게 있고, 모든 <u>권력</u>은 국민으로부터 나온다.

위에서 밑줄 친 '권력'은 개념적 의미, 즉 '국가나 정부가 국민에 대하여 가지고 있는 강제력'의 의미로만 해석되어야 한다. '권력과 결탁하다'나 '권력과 돈이 판치는 부조리한 사회'와 같은 예에는 '권력'에 부정적인 연상 의미가 덧붙여질 수도 있지만, 위와 같은 법률문에서는 해당 단어의 의미를 객관적이고 기본적인 의미로 제한하여 해석해야만 한다.

이처럼 단어의 의미는 관점에 따라 다양하게 해석될 수 있으므로 학술 논문처럼 정확성과 엄밀성이 중시되는 글에서는 중요한 용어의 개념을 명확히 규정하고 논의를 시작하는 경우가 많다.

본래적인 의미에서 말할 때 친일 문학이란 일본과 친화적 관계를 가지는 문학이라는 의미가 될 것이다. 따라서 그것은 일본의 역사 풍토 생활 관습 사고방식 등에 대한 호의적 표현 호의적 해석 등을 내용으로 하는 문학이라고 생각할 수 있을 것이다. 그리고 이러한 입장에서 말하는 친일 문학이란 어디까지나 한국이라는 주체적 조건 밑에서 이루어져야 하는 것이다. (중략)

그러나 사실에 있어서 우리는 친일이라는 어휘를 이러한 의미로 사용하여 오지 않았다. 일반 사회 통념은 물론 학술적인 입장에 이르기까지, 친일이란 어휘는 주체적 조건을 상실한 맹목적 사대주의적 추종이라는 의미로 사용된 일이 허다했으니 (중략) 따라서, 이러한 의미에서 친일 문학이라는 개념을 추구할 때 그것은 주체적 조건을 몰각한 맹목적 사대주의적 일본의 예찬 추종을 내용으로 하는 문학일 것이요, 나아가서는 매국적 문학이라는 의미도 포함될 수 있을 것이다. 그리고 이 경우에 있어서 그것은 주체적 조건의 상실을 요건으로 하게 되는 것이다.

— 임종국, 「친일문학론」

위 글에서는 친일 문학에 대한 논의를 시작하기 전에 '친일'과 '친일 문학'의 의미를 규정하고 있다. 이러한 규정이 필요한 이유는 위 글에서 사용할 '친일 문학'이란 용어의 개념이 '친일 문학(親日文學)'의 문자적 의미, 곧 "일본과 친화적 관계를 가지는 문학"이 아니기 때문이다. 위의 예를 보면 사람의 머릿속에 형성된 어떤 개념이라는 것은 문자적 의미와 관습적으로 구축된 의미가 뒤섞여 형성된 것일 가능성이 높다.

2) 연상적 의미

'동무'에는 일정한 목적의 공유가 포함되므로 대체로 '무슨 동무'처럼 앞에 목적을 제시하는 경우가 많다. '길동무, 소꿉동무, 글동무, 말동무, 잠동무, 술동무, 어깨동무' 등이 그 예다. 장사를 함께 하는 사람은 '장사동무'가 될 수 있고, 그런 장사를 '동무장사'라고 한다. 동업자(同業者)란 바로 '장사동무'를 가리키고 '동업'이란 '동무장사'를 가리키는 말이다. 동무가 이처럼 일과 관련이 깊기 때문에 북한에서는 공산당 사상을 가진 사람들끼리 '동무'라고 부르는 것이다. <u>우리 사회에서 '동무'라는 명사가 쓰이지 않게 된 직접적인 원인은 공산당 사람들이 서로 자기들을 '동무'라고 부른 데 있었다 해도 과언이 아니다.</u>

— 남영신, 「벗/동무/친구」

위 글에서 앞부분은 '동무'의 개념적 의미를 설명하는 내용이다. 그런데 밑줄 친 부분은 개념적 의미와는 상관없이 '동무'라는 단어의 쓰임을 제약하는 요인을 말하고 있다. 이러한 제약은 전적으로 감정적인 원인에서 비롯된 것이다. 연상적 의미는 함축적 의미, 내포적 의미, 사회적 의미, 정서적 의미 등을 포괄하여 지칭할 수 있는 개념이다. 연상적 의미를 이해하는 것은 글을 쓰거나 말을 하는 사람의 태도와 숨겨진 의도 등을 파악하는 것과 깊이 관련된다. 필자의 주장이 강한 논설문이나 작가의 감성이 담긴 문예문의 경우, 단어의 연상적 의미에 의거하여 글을 이해해야 할 때가 많다. 따라서 이러한 장르를 대상으로 한 학습 과정에서는 연상적 의미를 파악하여 작가의 의도나 태도 등을 이해하는 활동이 집중적으로 이루어질 필요가 있다.

> 누가 구속되었다는 소식을 들으면 대부분의 사람은 당장 피의자가 유죄라는 확신을 합니다. 언론이든 수사 기관이든 개인이든 모두 피의자를 향해 돌을 던질 준비만 하고 있습니다. 나중에 무죄 판결을 받는다 해도 이미 사람들의 머릿속에 유죄로 각인되어 버린 피의자·피고인들의 인생은 되돌릴 길이 없습니다. 새로운 먹이에게 '유죄 추정'의 덫을 씌우느라 정신이 없어서 과거에 이미 희생된 먹이에게는 더 이상 관심을 쏟지 않는 것이 현실입니다.
>
> — 김두식, 「무죄의 추정」

위의 예에서 '당장'은 '성급하게'라는 의미를 연상시킬 수 있는데, '확신을 합니다'와 호응하면서 부정적인 의미가 더욱 강조된다. '돌을 던지다'라는 관용어는 '비난하다'라는 말에 비해 '부당하다'라는 의미를 연상시킨다. 여기에 '먹이'와 '덫'이라는 단어는 독자들이 피의자의 '억울한 희생'을 연상하는 데 결정적인 역할을 하게 된다.

이처럼 단어의 연상적 의미를 이용하여 자신의 주장을 강화하는 기법은 논설문에서 흔히 발견할 수 있다. 따라서 이러한 글을 읽을 때에는 연상적 의미의 효과를 파악하는 동시에 연상적 의미를 걷어 내고 글을 비판적으로 읽어 내는 안목을 기를 수 있도록 노력해야 한다.

2——단어의 의미 확장

1) 글을 이해하는 열쇠, 단어의 의미

한 편의 글을 이해하려면 글쓴이의 의도를 파악하는 것이 중요하다. 글쓴이가 자신의 의도를 드러내는 통로는 다양하다. 단어를 통해 드러내기도 하고, 문장을 통해 드러내기도 하고, 글의 구성 방식을 통해 드러내기도 한다. 그래서 독자는 단어의 의미부터 글의 구성 방식에 이르기까지 세심하게 살피면서 글을 읽어 나간다. 그중 단어의 의미를 정확히 파악하는 것은 글쓴이의 의도를 이해하기 위해 거쳐야 하는 첫 관문이다.

① 느린 존재들은 점점 설 자리를 잃는 듯하다. ② 세상의 변화에 민첩하게 대응하지 못하는 사람들은 도태되고 낙오된다. ③ 그러나 단기 승부의 순발력은 곳곳에서 한계를 드러내고 있다. ④ 2002년 월드컵에 맞춰 완공하는 것을 목표로 급속하게 추진했던 고속 철도가 예정보다 2년이나 늦게 개통된 것은 아이러니가 아닐 수 없다. ⑤ 진정한 경쟁력은 오히려 주변을 찬찬히 살펴보면서 내실을 다지는 깊이에서 나온다. ⑥ 빡빡한 출장길에서도 잠시 창밖을 무심하게 쳐다보는 여유에서 시대가 요구하는 창의성이 생겨난다.

— 김찬호, 「창밖을 보지 않는 여행 — KTX」

①의 문장이 의미하는 바를 곧바로 알아 내기는 쉽지 않다. '느리다'의 해석 폭은 너무 넓어 부정적인 의미로도 긍정적인 의미로도 읽힐 수 있다. 더구나 '존재'라는 지극히 추상적인 단어와 어울려 쓰였으며, '느린 존재들'의 의미가 오리무중인 차에 '설 자리를 잃다'라는 비유적인 의미가 서술부를 차지하고 있다. 그런데 정확한 의미를 알지 못하더라도 이 문장이 의미하는 바는 막연하게나마 와 닿는다. 게다가 생각을 조금 깊게 해 보면 어떤 울림마저 느낄 수 있다. 이것이 다의적이고 비유적인 표현의 효과이다.

그렇다면 ①의 문장이 의미하는 바는 정확히 무엇일까? 그 의미는 ②의 문장과 대비했을 때 분명해진다. '느린'은 '변화에 민첩하게 대응하지 못하다'와 대비되고, '설 자리를 잃다'는 '도태되다'나 '낙오되다'와 대비된다. 그렇게 대비해 보면 의미는 좀 더 명료해진다. '느린 존재들'은 '변화에 민첩하게 대응하지 못하는 존재들'이구나! '설 자리를 잃는 것'은 '도태되거나 낙오되는 것'을 뜻하는구나!

그런데 '느리다'는 부정적인 의미로 쓰였을까, 아니면 긍정적인 의미로 쓰였을까? ③의 문장과 대비했을 때 ①의 문장에 쓰인 '느리다'의 감정 의미가 드러난다. '순발력'이 '민첩하게 대응하는 것'과 대비된다면, '느리다'의 감정 의미는 '순발력'과 호응하는 서술어 '한계를 드러내다'를 통해 자연스럽게 설명된다. 즉, 순발력이 한계를 드러내고 있다는 점을 적시한 것을 보면, 이 글에서 '느린 존재'가 긍정적인 의미를 띠는 존재라는 것을 알 수 있는 것이다. 뒤이은 문장에서도 마찬가지이다. ①의 문장이 ⑤의 문장과 연결되면서 '느리다'는 '찬찬하다'의 의미로 확장되고, ⑥의 문장과 연결되면서 '여유롭다'의 의미로 확장된다. ①~⑥의 문장을 연결 지어 보면 '느리다'의 의미가 다음과 같이 확장됨을 알 수 있다.

- 민첩하게 대응하지 못하다
- 찬찬하다
- 여유롭다

이처럼 한 편의 글에서 핵심어의 의미 확장 양상을 추적해 가면 그 글에서 말하고자 하는 바가 명료해질 것이다. '느리다'의 의미 확장 양상을 추적해 본 결과를 정리하면, 이 글이 말하고자 하는 바는 다음과 같이 정리할 수 있지 않을까?

세상의 변화에 민첩하게 대응하지 못하더라도 매사를 찬찬하게 살피면서 그 상황에 여유롭게 임할 때 세상의 변화를 이끄는 창의성이 생길 수 있다.

글을 쓰거나 말을 할 때 사람들은 읽는 이와 듣는 이의 관심이 흐트러지지 않고 지속되길 원한다. 이때 관심을 지속시킬 수 있는 힘이 호기심이다. 그런데 호기심은 글쓴이가 하고자 하는 말을 어느 정도 이해하는 것을 전제로 한다. 그래야 그 정확한 참뜻을 찾아 들어갈 동기가 생기는 것이다. 노련한 작가나 강연자는 이러한 사실을 잘 알고 있기 때문에 첫 문장에서 자신이 쓰고자 하는 핵심 내용이나 의도를 어느 정도 드러내면서 독자의 호기심을 유도하는 전략을 쓰곤 한다. 독자는 호기심을 따라 글을 읽지만, 궁극적으로 작가나 강연자의 전략을 이해하면서 그 글의, 또는 그 강연의 의미를 완전히 파악하게 된다.

"그래서 뭐가 되고 싶어요, 아름인?"

"저는……."

한참 뜸을 들이다 나는 수줍게 입을 열었다.

"세상에서 제일 웃기는 자식이 되고 싶어요."

"…… 좀 더 설명해 줄래?"

"누가 그러는데 자식이 부모를 기쁘게 해 줄 수 있는 방법엔 여러 가지가 있대요."

"응, 그렇지"

"건강한 것. 형제간에 의좋은 것. 공부를 잘하는 것. 운동을 잘하는 것. 친구들에게 인기가 많은 것. 좋은 직장에 들어가는 것. 결혼해서 아기를 낳는 것. 부모보다 오래 사는 것……. 많잖아요? 그런데 가만 생각해 보니 그중에 제가 할 수 있는 게 아무것도 없더라고요."

"……."

"그래서 한참을 고민하다 생각해 냈어요. 그럼 나는 세상에서 제일 재밌는 자식이 되자고."

— 김애란, 『두근두근 내 인생』

진한 글씨로 표시한 문장을 이해하는 것이 이 글을 제대로 이해하는 열쇠가 된다. 위 글에서 '아름이'는 "세상에서 제일 웃기는 자식이 되고 싶어요."라는 말로 대화 상대의 관심을 끌고 있다. 이런 말을 하면 대부분의 사람들은 귀를

쫑긋하며, 혹은 당황하면서 되물어 볼 것이다. 위 글의 대화 상대처럼 "좀 더 설명해 줄래?"라고 자상하게 되묻든지, 또는 "무슨 소리야?"라고 불만스럽게 소리를 지르든지. 이러한 반응이 나오는 이유는 '웃기다'라는 단어의 의미 때문이다.

'웃기다'가 타동사로 쓰일 때에는 '(어떤 사람이 다른 사람을) 웃게 만들다'라는 의미로 쓰이지만, 자동사로 쓰일 때에는 '(행동이나 상황이) 웃음이 나올 만큼 한심하고 어이없다'라는 의미로 쓰인다. 그런데 진한 글씨로 표시한 첫째 문장은 두 가지 의미로 모두 해석될 수 있는 여지가 있다.

이러한 의문 혹은 당혹스러움은 다음 문장에서 어느 정도 해소된다. "자식이 부모를 기쁘게 해 줄 수 있는 방법"을 통해 앞의 '웃기다'가 타동사의 용법으로 쓰였음을 눈치챌 수 있기 때문이다. 첫 문장에서는 목적어가 생략되었던 것이다. 이를 복원하면 다음과 같은 문장이 만들어진다. "세상에서 제일 (부모님을) 웃기는 자식이 되고 싶어요." 여기까지 대화가 진척되면 '웃기다'와 대응되는 '기쁘게 하다'를 통해 말한 이의 의도를 파악할 수 있을 것이다.

그러나 대화 상대가 '웃기다'를 '기쁘게 하다'와 동일한 의미로 이해해서는 아름이의 말을 제대로 이해할 수 없다. '기쁘게 하는 일'이 여러 방법이 있기 때문에 아름이의 장래 희망을 정확히 알 수 없는 것이다. 그래서 아름이는 대화의 막바지에 앞에서 자신이 한 말을 다시 설명하는 말을 하였다. "그럼 나는 세상에서 제일 재밌는 자식이 되자고."

위 글의 대화 상황을 이해하기 위해서는 '웃기다 – 기쁘게 하다 – 재미있다'라는 단어의 연쇄를 눈여겨보아야 한다. 대화 상대에게 호기심과 당혹스러움을 안긴 '웃기다'라는 단어는 타동사의 의미에서 시작하여 '재미있다'라는 형용사의 의미로 연결되었다. 아름이는 부모님과 생활하면서 부모님을 웃게 할 수 있는 여러 행동을 할 것이고, 부모님이 그런 자신을 보면서 재미있어 하는 걸 보고 싶은 것이다.

2) 다의성

　지금까지 특정 맥락에서 단어의 의미가 확장되어 쓰이고, 그 확장 의미를 이해하면서 한 편의 글을 이해하는 과정을 살펴보았다. 한 단어의 의미가 확장되는 양상을 문법에서는 '다의성(多義性)'이라고 말한다. 단어의 의미가 다의성을 띠게 되는 것은 그 단어가 한 가지 상황에서만 쓰이는 게 아니라 여러 가지 상황에서 다양하게 쓰이기 때문이다. 국어사전에서는 그중 빈번하게 쓰이는 상황과 그때의 의미를 의미 항목으로 정리하여 제시한다.

느리다

「형용사」

① (사람이나 사물이) 어떤 동작을 하거나 움직이는 데 걸리는 시간이 길다. ¶ 우리 중에서 김 대리가 행동이 제일 느렸다. / 앞차가 너무 느리네. / 큰누나는 거북이처럼 느렸다. / 그녀의 동작은 느리고 크다. / 사람들은 모두 느리게 움직였다. / 우리집 개는 살이 너무 쪄서 행동이 느리다. / 마차가 너무 느려서 아직 절반도 가지 못했다. / 지영은 가급적 느린 걸음으로 걸었다. [반의어] 빠르다①

② (일이) 진행되는 속도가 일정한 기준보다 뒤져 있거나 더디다. ¶ 요즘 경제 성장이 느리다. / 극의 전개가 느려서 시청률이 떨어졌다. / 그녀는 정보 산업의 발전이 느리게 진행되는 이유를 설명했다. / 수업 진도가 느렸지만 그는 학생들의 질문에 꼼꼼하게 답해 주었다. / 그는 자신의 진급이 느린 것에 대해 불평하였다. [반의어] 빠르다① [유의어] 더디다^{2}, 완만하다^{1}(緩慢--)①

③ (말이나 소리, 음악 따위가) 급하지 않고 늘어져 길다. ¶ 노래가 너무 느리다. / 그의 말은 느리지만 확신에 차 있었다. / 음악은 느릴수록 장식음이 많이 붙게 된다. / 그 부족은 느린 장단에 맞춰 춤을 추었다. / 그녀의 느린 목소리를 듣고 있자니까 졸음이 왔다.

④ (성질이나 성미가) 급하지 않고 둔하다. ¶ 양 선생님은 성질이 워낙 느렸

다. / 그는 성미가 느려서 좀처럼 서두르지 않는다. [반의어] 빠르다②

⑤ (언덕의 형세나 기울기가) 완만하며 길다. ¶ 언덕의 경사가 느리지만 그래도 조심해라. / 우리는 느린 오르막을 올라 나무숲으로 달려갔다. [유의어] 완만하다¹(緩慢--)②

⑥ (새끼가) 꼬임새나 짜임새가 성글다. ¶ 새끼가 너무 느리게 꼬아졌다. [유의어] 느슨하다④

(고려대학교 민족문화연구원,『고려대 한국어 대사전』)

국어사전에서의 기술을 보면 '느리다'의 가능한 의미를 여섯 가지로 나누어 항목별로 제시하고 있다. 각 의미 항목들은 관습화된 것이어서 의미적으로 독립성을 갖추고 있는데, 이는 항목마다 유의어와 반의어를 따로 제시해야 하는 데에서 알 수 있다. 그런데 이처럼 국어사전에서 기술하는 의미 항목들이 관습화된 것이다 보니, 이 의미 항목들은 우리가 앞의 글에서 보았던 '느리다'의 의미를 다 반영하고 있지는 않다. 앞의 글에서 쓰인 '느리다'의 의미는 의미 항목 ②나 ④를 기반으로 문맥을 참조하여 확장된 것이라고 말할 수 있을 것이다.

그런데 의미 항목 ②와 ④ 또한 다른 의미 항목에서 확장된 것으로 볼 수 있다. ①~⑥까지의 의미 항목 중에는 중심적 의미가 있는데, 이 중심적 의미가 문맥에 따라 확장되면서 나머지 의미 항목이 파생되었다고 보는 것이다. 이때 중심적 의미는 가장 기본적이며 핵심적인 의미를 말하는데, 기본적이고 핵심적인 의미는 대체로 구체성을 띤다. 그렇다면 위의 예에서 중심적 의미는 무엇일까?

의미 항목 ①의 의미를 중심적인 의미로 볼 수 있을 것이다. 의미 항목 ①은 '사람이나 사물의 동작이나 움직임'을 나타내는 의미이고, 이런 점에서 구체성을 띠고 있기 때문이다. 구체성을 띤다는 것은 사람들이 이를 인식하기 쉽고 이를 기반으로 다른 의미를 연상하기가 쉽다는 뜻이다. 이에 비해 의미 항목 ②의 의미는 '일의 진행 속도'를 나타내는 만큼 구체성이 떨어진다고 볼 수 있다. 따라서 이런 의미는 사람이나 사물의 움직임을 기반으로 그 의미를 유추해야 한다. 이러한 의미를 중심적 의미에 대비하여 '주변적 의미'라고 한다.

단어의 중심적 의미를 토대로 주변적 의미를 유추하는 것은 글을 이해하는 데 중요한 역할을 한다. 대부분의 단어는 문맥적 환경에 맞게 의미를 확장하는 것이 일반적이기 때문이다. 이때 의미 확장에는 연상과 유추 작용이 일어나게 되고, 이러한 연상과 유추 과정을 거치면서 언어의 의미가 변화한다. '다리〔脚〕'가 '사람이나 짐승의 다리'만을 가리키다가 이것이 '책상'에까지 적용되는 것은 원래 의미로부터 연상과 유추 과정을 거친 결과이다.

이처럼 확장된 의미는 이전 의미와 더불어 전승되는데, 일부의 경우 확장된 의미가 소멸되거나 원래의 의미가 사라지고 확장된 의미만 남기도 한다.

[확장된 의미의 소멸]

늙다

① 늙다(老)

　　살며 주구미 이실ᄊᆡ 모로매 늙ᄂᆞ니라(『석보상절』 11:36)

② 저물다(暮)

　　江湖앤 보미 늘거가ᄂᆞ니 (『두시언해』 초간본 15: 49)

『두시언해』에서는 '봄이 저물어가다(春欲暮)'라는 뜻을 '봄이 늙어간다'로 번역하여 표현하였다. '계절의 변화'를 '신체의 변화'와 대응시켜 은유적으로 표현한 것이다. 이러한 번역이 가능하였던 것은 당시 '늙다'라는 단어가 '暮'와 '老'의 의미를 포함하여 다의적으로 쓰였기 때문이다. 그런데 현대 국어에서는 '늙다'의 의미를 이렇게 확장하여 쓰지는 않는다. '늙다'의 의미 중 '暮'의 의미는 이미 '저물다'로 넘어갔기 때문이다. 물론 오늘날 어떤 시인이 자신의 시에 '봄이 늙어간다'라고 표현할 수는 있겠지만, 사람들은 이를 새로운 은유 표현으로 받아들일 것이다. 그런데 의미 변화의 과정에서 원래 의미가 사라지고 나중에 확장된 의미만 남는 경우도 있다.

[원래 의미의 소멸]

얼굴

① 형상이나 형체

　　만상은 일체 얼구를 다 니르시니라(『석보상절』 19:11)

② 사람이나 동물의 몸

　　그 얼굴을 ᄒᆞ야ᄇᆞ리디 아니며(『소학언해』 4:18)

③ 머리 앞면의 전체적인 윤곽이나 생김새

　　져 놈은 얼골은 져리 모지러 뵈도(『인어대방』 8:16)

　　의미가 확장되는 과정에서 ①과 ②의 의미는 소멸되고 가장 나중에 생긴 ③의 의미만 남아 현재에 이르고 있다. 이러한 변화를 좀 더 명확하게 보여주는 것이 아래의 예이다.

ᄉᆞ랑ᄒᆞ다

① 생각하다

　　經을 닐거 외오며 그 ᄠᅳ들 ᄉᆞ랑ᄒᆞ야(『석보상절』 9:23)

② 중히 여기다

　　술 즐겨 머거 ᄇᆞᄅᆞᆷ 부는 대를 ᄉᆞ랑ᄒᆞ야(『두시언해』 초간본 6:35)

③ 그리워하다

　　나는 岷山 아랫 ᄯᅡ라ᄂᆞᆯ ᄉᆞ랑커늘(『두시언해』 초간본 22:56)

　　'ᄉᆞ랑ᄒᆞ다'의 경우도 근대 이전에는 위에서처럼 세 가지 의미가 있었지만 근대 이후 의미 확장 과정에서 모두 소멸되고 새로 형성된 의미인 '愛'가 이 의미들을 대체하게 되었다. 의미의 이동은 대부분 이러한 방식으로 이루어지는데, '어엿브다'가 '불쌍하다'의 의미로 쓰이다가 '아름답다'의 의미로 이동한 것이나, '어리다'가 '어리석다'의 의미로 쓰이다가 '나이가 적다'로 이동한 것은 이러한 과정을 거쳐 진행되었다.

그런데 하나의 단어에서 확장되어 쓰이던 의미를 의도적으로 분할하여 별도의 단어로 독립시키는 경우도 있다. 이는 의미를 연관 지어 이해하려는 경향과 의미를 분명하게 구분하여 사용하려는 경향이 공존하기 때문이다.

ㄱㄹ치다

① 가르치다(敎)

　子孫을 ㄱㄹ치신들(『용비어천가』15)

② 가리키다(指)

　머리 하늘 홀 ㄱㄹ치고(『금강경삼가해』2:11)

손으로 지시하는 것에서 교육시키는 것을 연상하여 의미가 확장되었지만, 이 둘을 구분하여 인식하면서 '가르치다'와 '가리키다'라는 별개의 단어로 독립하였다. 지금도 이 둘의 구분을 헷갈리는 사람이 많은데 그만큼 두 단어의 의미적 관련성이 단절되지 않았기 때문이다.

3) 비유 표현과 의미의 확장

비유적인 표현을 하는 과정에서 단어의 의미는 기존의 영역을 넘어 새로운 영역으로 확장된다. 비유적 표현을 만들어 내거나 이해하기 위해서는 해당 표현에 사용되는 단어의 의미를 새로운 차원에서 파악해야 하기 때문이다. 대표적인 비유 표현인 '은유'의 경우를 보자.

일반적으로 은유의 공식을 'A는 B이다'로 설명한다. 이 공식의 의미는 무엇일까? 은유 표현에서는 한 영역(A)을 또 다른 영역(B)의 관점에서 개념화한다는 것이다. 한 예로 "내 마음은 호수다."라는 표현을 보면, '마음'(A)은 표현하고자 하는 목표 영역에 포함되는데, 이 '마음'을 '호수'(B)의 관점에서 새롭게 개념화하는 것이다. 이때 '호수'는 새로운 개념화의 근원이 된다는 점에서 근원 영역이라 할 수 있다. 이렇게 개념화를 하게 되면 근원 영역과 관련되는 어휘장이 환기되면서 "그가 전한 위로의 말에 내 마음이 잔잔해졌다."라든지 "그의 제안을 들을 때 마음에 파문이 일었다."와 같은 표현을 할 수 있을 것이다.

그런데 위의 은유 표현에서 근원 영역으로 본 '호수'는 '그릇'의 관점으로 개념화할 수 있다는 점에서 '마음'을 '그릇'의 관점으로 확장하여 개념화할 수 있다. "내 마음 깊은 곳에 무엇이 들어 있는지 나도 몰라."는 '깊은 그릇이라 볼 수 있는 호수'의 관점에서 마음을 개념화한 표현이다. 또한 "그 정도로는 내 마음에 차지 않는다."나 "그의 하얀 얼굴이 내 마음에 쏙 들어왔다."와 같은 표현은 '마음'을 '그릇'의 개념으로 개념화한 데에서 비롯한 것이다. 이때 근원 영역과 목표 영역의 관계가 관습화되면 근원 영역에 포함되는 단어는 목표 영역의 의미에 영향을 받아 의미가 확장되며 다의화된다.

잔잔하다

「형용사」

① 바람이나 물결 따위가 가라앉아 잠잠하다.

¶ 잔잔한 호수

② 분위기가 고요하고 평화롭다.

¶ 잔잔한 감동을 느끼다

③ 태도 따위가 차분하고 평온하다.

¶ 잔잔한 눈빛

④ 소리가 조용하고 나지막하다.

¶ 잔잔한 옥피리 소리

(국립국어원, 『표준 국어 대사전』)

그러면 왜 사람들은 이처럼 은유적으로 표현하는 것일까? 앞서 설명한 '선택 제약'과 관련지어 생각하면 애초에 '마음이 잔잔하다'는 선택 제약이라는 언어 규약을 위반한 것인데도 말이다. 이는 언어 규약을 의도적으로 위반함으로써, 달리 말해 언어 표현을 무질서하게 만듦으로써 얻을 수 있는 표현 효과가 있기 때문이다. 그 표현 효과는 "은유 표현을 통해 표현하고자 하는 것의 의미를 신선하고 생동감 있게 나타낼 수 있고, 더 나아가 표현하고자 하는 것의 본질을 명료하게 드러낼 수 있다."로 정리할 수 있을 것이다.

이때 언어 규약에 어긋난 무질서한 언어 표현이 '표현하고자 하는 것의 본질을 명료하게 드러낼 수 있다'는 주장은 선뜻 받아들이기 어렵다. 그런데 이 주장의 근거로 주목해야 할 것은 '어떤 대상과 사태를 다른 영역을 통해 개념화하여 이해하는 인간의 인지 능력'이다. 따라서 선택 제약을 위반한 언어 표현은 사실 무질서한 표현이 아니라 대상과 사태의 본질에 한발 더 접근할 수 있게 만드는 표현이다.

> 시를 읽고 쓰는 것, 그것은 이 세상하고 연애하는 일이라고 종종 생각한다. 연애 시절에는 나뭇잎 떨어지는 소리 하나에도 예민하게 반응하고, 연애의 상대와 자신의 관계를 통해 수없이 많은 관계의 그물들이 복잡하게 뒤얽힌다는 것을 생각하고, 그리고 훌륭한 연애의 방식을 찾기 위해 모든 관찰력과 상상력을 동원해야 한다. 연애는 시간과 공을 아주 집중적으로 들여야 하는 삶의 형식 중의 하나인 것이다.
>
> — 안도현, 「나는 왜 문학을 하는가」

시인은 '시를 읽고 쓰는 것'을 '연애', 좀 더 구체적으로는 '세상과의 연애'로 개념화하여 설명하고 있다. 글쓰기와 연애는 전혀 다른 영역이지만, 서로 다른 두 영역을 연결 지은 표현을 통해 독자는 시를 읽고 쓰는 사람의 자세와 시의 본질을 좀 더 명료하게 이해할 수 있다. 그런데 방향을 약간 바꿔 글쓰기의 본질을 다음과 같이 개념화하여 설명할 수도 있다.

> 그 어떤 글 쓰는 사람도 지금까지 처녀 같은 언어에, 즉 이전에도 무수히 많은 난봉꾼과 결코 잠자리를 같이 해 본 적이 없는 그런 언어에는 접근하지 못하고 있다. 언어에 대한 그의 사랑싸움에서 글 쓰는 사람은 자기보다 먼저 글을 쓴 사람들

의 정보들을 새로 가공하고, 그것으로부터 새로운 정보를 창출해 내는데, 그 정보 역시 뒤에 나타나는 글 쓰는 사람들에게로 전수되며, 이 사람들도 그들 나름대로 그것으로부터 새로운 정보를 만들어 낼 것이다.

— 빌렘 플루서, 『글쓰기에 미래는 있는가』

앞의 글에서 시를 읽고 쓰는 것을 '세상과의 연애'로 개념화하였다면, 이 글에서는 글쓰기를 '연애'의 관점에서 개념화하되, 이를 '언어와의 연애'로 구체화하였다. '언어와의 연애'라는 관점에서 저자는 언어가 지닌 '전수'의 속성에 주목하였을 것이고, 이를 토대로 '글쓰기'를 '그 언어를 사용하여 글을 썼던, 즉 앞서 그 언어와 사랑에 빠졌던 작가와의 사랑싸움'으로 표현한 것이다. 이 글을 통해 우리는 앞선 글을 참조할 수밖에 없고 우리가 쓴 글이 뒤이은 글쓰기에서 참조될 수밖에 없는 글쓰기의 숙명을 이해할 수 있을 것이다. 그러나 글쓰기를 어찌 '연애'의 관점에서만 볼 수 있겠는가? 글쓰기의 본질은 '전쟁' 또는 '전투'의 관점에서도 새롭게 파악할 수 있다.

한 지점에 한 방울도 남김없이 화력을 집중해야 하듯이 글의 핵심을 향해 집중할 수 있어야 하며, 분산 고립된 적을 공격한 후에 집결된 적을 공격하듯이 용이한 내용을 먼저 논술하고 심오한 내용을 나중에 논파해야 한다. 그리고 글쓰기는 전쟁처럼 저돌맹진(猪突猛進)과 호의준순(狐疑逡巡)의 과오를 피할 줄도 알아야 한다.

— 김인환, 「좋은 글이란?」

이처럼 은유 표현은 어떤 대상과 사태를 다른 영역의 관점에서 개념화함으로써 표현하고자 하는 것에 대한 이해의 지평을 넓혀 준다. 이러한 특성 때문에 추상적인 것을 설명하는 과정에서 은유 표현이 자연스럽게 사용되곤 한다.

우리는 단순히 타인의 감정 상태를 우리 자신의 감정 상태와 분리된 것으로서 지각하는 것이 아니다. 그것을 감정 이입을 통해 우리 자신에게로 끌어들인다. 관람자가 실레의 자화상에 나온 뒤틀린 자세를 무의식적으로 흉내 낼 때, 그는 실레의 감정이라는 사적인 세계로 들어가기 시작한다. 관람자의 몸이 실레의 감정 묘사가 펼쳐지는 무대가 되기 때문이다.

— 에릭 캔델, 「화가는 어떻게 얼굴, 손, 몸, 색깔로 감정을 묘사하는가」

위의 예에서는 미술 작품의 감상 과정에서 일어나는 '감정 이입' 현상을 '공간적 이동'의 관점에서 개념화하고, 이를 다시 '공연'의 관점에서 개념화하면서 '관람자'를 '무대'와, '실레의 감정'을 '배우'와 대응하여 표현한다. 이러한 표현 방식은 설명하고자 하는 현상이나 대상의 속성을 분명하게 이해하는 데 도움을 줄 수 있다. 이러한 장점 때문에 과학 교육 서적처럼 복잡한 원리를 설명해야 하는 텍스트에서도 은유 표현을 활용하는 빈도가 높다.

석유난로에 연료가 떨어지면 석유 펌프를 이용하여 석유를 공급해야 한다. 이때 석유 펌프는 펌프 손잡이를 수축, 이완하면서 석유통 안의 석유를 빨아 올려 석유난로로 내보낸다. 우리 몸에 있는 심장도 바로 석유 펌프의 방식으로 몸에 필요한 혈액을 공급하고 있다. (중략) 심장은 혈액이 전신으로 순환할 수 있는 힘을 주는 펌프이다. 이 펌프는 쉽게 지쳐버리는 연약한 펌프가 아니라 평생을 통하여 잠시도 쉬지 않고 계속 일하는 강력한 펌프이다.

— 이병언, 「심장과 혈액 운동」

필자는 '인체'를 '기계'의 관점에서 개념화하여 인체 기관의 작동 원리를 설명하는 전략을 취하고 있다. 즉, '심장'의 기능과 작동 원리를 '펌프'의 관점에서 설명하는 것이다. 이러한 전략은 역으로 '기계'의 기능과 작동 원리 혹은 중요성을 강조하는 데 활용되기도 한다. 한 펌프 제작 회사 대표가 건물주를 상대로 한 판촉 행사에서 "펌프는 건물의 심장입니다. 펌프는 사람으로 치면 몸에서 피를 이송하는 심장의 역할을 합니다. 그럼에도 빌딩에서 눈에 잘 보이지 않기 때문에 그 중요성을 간과하기 쉽습니다."라고 말했다면 건물주들은 어떻게 반응했을까? 건물주들이 건물에 물을 공급하는 펌프의 중요성을 쉽게 깨달았다면 이는 '펌프'를 '심장'으로 개념화한 은유 표현 덕분일 가능성이 높다.

이처럼 은유 표현이 광범위하게 사용되는 것은 은유가 인간의 본성에서 비롯되는 자연스러운 표현 행위임을 말해 준다. 이제는 굳이 은유 표현이라고 느끼지 않는 '물가가 떨어지다/오르다', '의욕이 떨어지다/오르다', '성적이 떨어지다/오르다' 등의 표현도 사실은 '물가, 감정, 성적' 등을 '물체의 움직임'이라는 관점에서 개념화한 은유 표현이다. 은유적 표현은 이처럼 우리 삶 속에 깊이 뿌리내리고 있는 것이다. 이러한 맥락에서 보면 단어의 의미가 확장되며 풍부해진 것도 다양한 차원의 어휘들을 관계 지어 표현하는 언어 관습의 결과라고 볼 수 있다. 그렇다면 결국 표현과 이해의 능력을 높이기 위해서는 우리말 은유 표현에서 나타나는 개념화의 양상을 파악하고 각 영역의 어휘 장을 환기하면서, 이를 기반으로 표현 방식을 다양화하거나 이해의 폭을 넓히는 훈련을 해야 할 것이다.

그런데 언어 표현에서 비유가 'A는 B이다'의 공식으로, 즉 '어떤 영역을 다른 영역의 관점에서 개념화하는 방식'으로만 이루어지는 것만은 아니다. 부분을 전체를 통해 이해하고, 전체를 부분을 통해 이해하는 것도 비유 표현의 중요한 부분인데, 이를 '환유'라 하여 은유와 구분하기도 한다.

사람의 집에서 부귀가 한창 피어날 때는 골육 간에 의지하고 서로 믿게 되어 원망할 일이 조금 있어도 마음으로 삭여 드러내지 않으므로 서로 간에 화기(和氣)를 잃지 않을 수 있으나, 만약 매우 빈곤해지면 곡식 몇 되 포목 몇 자 가지고도 다툼이 일어나고 나쁜 말이 오고가서 서로 모욕하고 무시하다가 점점 더 격렬하게 다투게 되어 끝내는 원수지간이 된다.

— 정약용, 「넘어져도 반드시 일어나야 한다」

'골육(骨肉)'은 '뼈와 살'을 이르는 말이지만, 위 글에서는 부자, 형제 등의

'육친(肉親)'을 이르는 뜻으로 쓰였다. 표현하고자 하는 대상을 다른 대상으로 개념화하여 의미를 확장하였다는 점에서는 은유 표현과 같지만, '인체의 일부' 즉 부분이 '사람' 즉 전체를 나타낸다는 점이 일반적인 은유 표현과 다르다. 그렇다면 '두뇌'가 '지적으로 뛰어난 인재'를, '손'이 '일하는 사람'을 나타낼 수 있는 것도 이러한 환유 표현으로 볼 수 있을 것이다. 이에 따라 형성된 환유적 의미가 관습화되면서 다의화가 진행된다.

두뇌

「명사」

① 〈의학〉 [같은 말] 뇌03(腦)(중추 신경 계통 가운데 머리뼈안에 있는 부분).

② 사물을 판단하는 슬기. ¶ 두뇌가 좋다.

③ 지식 수준이 높은 사람을 비유적으로 이르는 말. ¶ 각 회사들은 새로운 기술을 개발할 수 있는 고급 두뇌를 필요로 한다.

④ 총체적으로 일을 지휘하거나 처리하는 명령을 내리는 기능. 또는 그런 기능을 갖는 사람이나 조직을 비유적으로 이르는 말.

이처럼 부분과 전체, 전체와 부분의 상호 작용 또한 개념화의 한 방식으로 볼 수 있고, 이러한 개념화 양상이 관습화되면서 이에 관여하는 단어의 의미가 확장되는 것을 볼 때 환유 또한 큰 틀에서는 은유 표현과 같은 원리가 작용한다고 할 수 있다.

그런데 은유나 환유 이외에 빈번하게 사용하는 비유법으로 '직유'를 들 수 있다. 직유는 목표 영역과 근원 영역이 관계한다는 점에서 은유와 유사하다. 다만 직유는 목표 영역을 근원 영역과 직접적으로 비교하여 해석한다는 특징이 있다. 즉, 목표 영역을 근원 영역의 관점에서 개념화하는 데 중점을 두기보다는 특정 상황에서 부각되는 한 가지 속성에 초점을 두고 두 영역을 비교하는 데 중점을 둔다. 이처럼 두 영역을 직접적으로 비교하여 해석하기 때문에 직유 표현에는 '-같이, -처럼, -와 같다' 등이 개입하게 된다.

그는 나를 쳐다보며 아빠처럼 미소를 지었다.

공부는 농사와 같다. 금방 성과가 나타나는 게 아니다.

그는 쥐같이 약삭빠르다.

위의 직유 표현은 관습적으로 사용될 수 있고, 직유 표현이 관습화될 경우 '공부는 농사다'와 같은 개념화가 이루어져 은유적 용법으로 전환될 수 있다.

▼ 더 생각해 보기

1. 다음은 신문 기사의 표제문(헤드라인)이다. 이 문장에 포함된 단어의 의미를 고려하여 이 기사의 내용을 유추해 보고, 이를 기사문 형식으로 작성해 보자.

"아들은 갔어도 심장은 지금도 뛰고 있습니다."

2. 밑줄 친 부분에 쓰인 단어의 다의적 의미에 유의하면서 아래 글을 읽고, 이 글의 작가가 경험했을 1970년대의 현실이 어떠했을지 이야기해 보자.

우리나라 시를 한두 편 읽은 사람이라면 모르는 사람이 없을 이 유명한 시를 나는 1970년대의 현실과 함께 기억한다. 이 땅에 살아 있는 모든 것을 사랑하면서 부끄럼 없는 삶을 살겠다는 당시 사람들의 각오와 심경을 더없이 잘 보여 주는 시였던 것 같다. 실제로 그 무렵 이 시를 외거나 들으면 숨 막힐 것 같은 어둠이 조금은 걷히고 앞이 부옇게나마 밝아 오는 것 같은 느낌이 들곤 했었다.

— 신경림, 「순결한 젊음, 윤동주를 읽다」

3. 사전 편찬자의 관점으로 '책'이란 단어를 뜻풀이해 보자. 뜻풀이 시 다음 글을 참고하여 '책'에 대한 일반인의 인식을 가늠하고 이를 뜻풀이에 반영하라.

우리는 리플릿이나 팸플릿이라고 부르는 얄팍한 인쇄물은 보통 책이라고 하지 않아. 또 전자책이라는 말도 있고 전자책을 읽는 사람들도 늘어나고 있지만, 아직까지 책이라고 하면 첫 번째 정의에 나와 있는 대로 '종이를 꿰맨 물건'을 연상해. 미래에는 전자책도 그냥 책이라고 부를 날이 오긴 하겠지만, 아직은 'e-북'이나

'전자책'이라고 부르지, 그냥 책이라고 부르는 것 같지는 않아. 그리고 무엇보다도 정기간행물은 책에서 제외하는 것 같아. 물론 두툼한 계간지라면 더러 책이라고 부르기도 하지만, 일간지나 시사 주간지 같은 걸 책이라고 부르지는 않는 것 같아. 일간지라면 몰라도 시사 주간지는 '종이를 꿰맨'이라는 정의에 딱 들어맞는데도 그걸 책이라고 잘 부르진 않아.

— 고종석, 「공화국의 시민이 되기 위하여」

책(册) 「명사」

---

4. "사람을 이렇게 달달 볶아야 마음이 시원해지겠느냐?"라는 표현에 나타난 개념화 양상을 파악해 보자. 그리고 이러한 개념화에 근거하여 만들어질 수 있는 다른 표현을 생각해 보자.

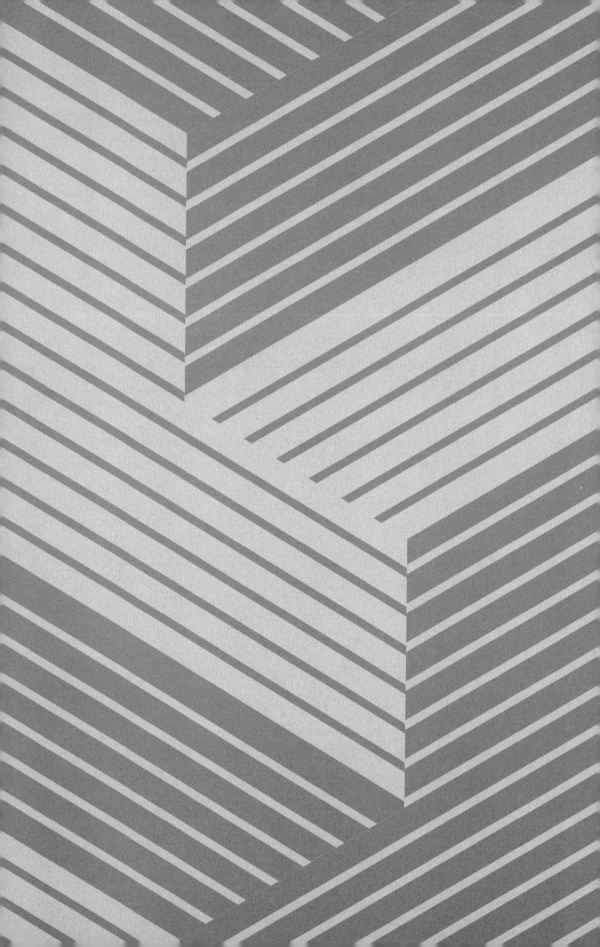

5부
음운

우리는 말소리를 이용하여 끊임없이 의사소통을 한다. 눈에 보이지 않는 소리를 듣고서 그것이 어떤 의미를 나타내는지 파악하고, 다양한 말소리를 만들어 표현함으로써 자신이 생각한 바를 다른 사람에게 전달한다.

그런데 이 과정에서 우리가 머릿속으로 인식하는 말소리가 실제로 발음을 할 때 다르게 실현되는 경우가 종종 있다. 예를 들어, '옷'이 [옫]으로 발음되는가 하면, '옷걸이'는 [옫꺼리/오꺼리]로[1], '옷맵시'는 [온맵씨]로 발음된다. 이러한 현상들을 자세히 살펴보면 대개의 경우 일정한 규칙을 발견할 수 있는데, 이 규칙들을 잘 알아 두면 실수하지 않고 올바른 발음을 구사할 수 있다.

발음 규칙을 제대로 이해하기 위해서는 음운 체계에 대한 이해가 선행되어야 한다. 대부분의 음운 현상은 음소들의 대립 관계인 자음 체계와 모음 체계를 기반으로 하여 접근할 때 쉽게 설명되기 때문이다.

이에 따라 음운 교육에서 다루는 주된 학습 내용은 음운 체계와 음운 현상[2]이라는 두 축으로 압축된다. 여기에 음운론의 기본이라 할 수 있는 음운의 개념을 살펴보고, 자음과 모음의 결합 단위로서 음운 체계와 음운 현상을 긴밀하게 이어 주는 음절에 대해서도 학습하게 될 것이다.

---

1 '옷걸이'의 표준 발음은 [옫꺼리]이지만, 실제로는 [오꺼리]로 발음되는 경향을 보인다.
2 학교 문법에서는 '음운 현상'보다는 '음운 변동'이라는 용어를 주로 사용한다.

음운의 개념과 성격

음운의 개념과 성격을 이해하는 것은 음운론에서 가장 기본이 되는 일이다. 이 장에서는 '음운'의 개념과 성격에 대해 살펴보고 그 하위 개념인 '음소'와 '운소', 그리고 말소리의 두 가지 측면인 '음소'와 '음성'에 대해 알아보기로 한다.

1──음운의 개념

우리말에 '아 다르고 어 다르다'라는 말이 있다. 예를 들어, '나'와 '너'는 똑같이 사람을 가리키는 대명사이지만 '나'는 1인칭, '너'는 2인칭으로 의미가 다르다. 이러한 의미의 차이를 일으키는 요소는 바로 모음 'ㅏ'와 'ㅓ'이다.

'맛'과 '멋'도 그렇다. '맛있다'와 '멋있다'는 둘 다 긍정적인 평가와 관련이 있는 말이지만, '맛있다'는 미각적이고 '멋있다'는 시각적이다. 이러한 의미 차이 역시 'ㅏ'와 'ㅓ'라는 모음의 차이에서 비롯된다.

영어에서는 사물이 오래되어도 'old', 사람이 오래되어도 'old'를 사용한다. 그러나 우리말에서는 사물이 오래되면 '낡다'를, 사람이 오래되면 '늙다'를 사용한다. 이 경우에는 'ㅏ'와 'ㅡ'가 의미의 차이를 결정한다.

모음만 그런 것이 아니다. 자음을 바꾸어도 의미가 달라진다. 차가운 '물'과 뜨거운 '불'의 차이는 'ㅁ'과 'ㅂ'으로 결정이 되고, 우리 몸의 '팔'과 '발'은 'ㅍ'과 'ㅂ'의 차이로 의미가 달라진다.

이처럼 우리는 자음과 모음을 바꾸어 많은 단어를 만들어 낼 수 있다. 만약 우리말에 자음과 모음이 세 개씩밖에 없다고 생각해 보자. 무수히 많은 동음이의어가 존재하여 뜻을 구별해 내느라 정신이 없을 것이다.

이와 같이 자음과 모음은 말의 의미를 구별해 주는 기능을 한다. 그리고 소리의 가장 작은 단위이기도 하다. 자음 'ㄱ'과 모음 'ㅏ'는 더 작은 소리 단위로 나눌 수 없다. 이렇게 의미를 구별해 주는, 소리의 가장 작은 단위를 '음소(音素)'라고 한다.

그렇다면 우리말에서 의미를 구별해 주는 요소는 자음과 모음밖에 없을까? 다음의 대화를 살펴보자.

다솜 : 우리 눈싸움할래?

우람 : 지금은 좀 그렇고, 나중에 하자.

다솜 : 나중에 언제 해? 지금 안 하면 못 해.

우람 : 왜 못 해? 나중에 하면 눈이 없어지기라도 하니?

다솜 : 없어지지. 조금 있으면 햇볕에 다 녹을걸?

위의 대화에서 두 사람 사이에 오해가 생긴 것은 각자가 이해하는 '눈'의 의미가 다르기 때문이다. 다솜이는 하늘에서 내리는 '눈[雪]'을 말한 것인데, 우람이는 사람의 '눈[眼]'으로 잘못 이해한 것이다.

원칙적으로 하늘에서 내리는 '눈'과 사람의 '눈'은 음의 길이가 다르다. 전자는 길게 발음하고 후자는 짧게 발음하는 것이 옳다. 이것을 '음의 장단' 또는 '음의 길이'라고 한다. 만약 다솜이와 우람이가 장단을 정확하게 구별할 수 있었다면 위와 같은 오해가 발생하지는 않았을 것이다.

영어에서도 음의 길이에 따라 단어의 의미가 달라진다. 아울러 음의 세기에 따라 단어의 의미가 달라지기도 한다. 중국어에서는 음의 높낮이인 성조에 따라 단어의 의미가 달라진다. 이처럼 언어마다 조금씩 다르지만, 자음과 모음 외에도 음의 길이, 높이, 세기에 따라 단어의 의미가 달라질 수 있다. 이러한 요소들을 통틀어 '운소(韻素)'라고 한다.

음소를 '분절음(分節音)', 운소를 '초분절음(超分節音)'이라고 부르기도 한다. 분절음이란 작은 단위로 나뉘는[分節] 소리를 의미한다. 인간의 말소리는 자음과 모음으로 나뉜다는 점에서 분절음이지만, 자연의 소리들은 인간의 말소리처럼 더 나뉘지 않기 때문에 분절음이라 하지 않는다.

초분절음은 음의 길이, 높이, 세기처럼 분절음의 영역을 초월하여 존재하는 요소를 말한다. 초분절음은 분절음과는 다른 층위에 존재하지만, 분절음이 발음될 때 실현된다는 점이 특징이다. 이 분절음과 초분절음, 다시 말해 음소와 운소는 단어의 의미를 구별해 준다는 점에서 공통점이 있다. 그래서 이 둘을 하나로 묶어 '음운(音韻)'이라고 부른다.

더 알아보기

'음소'와 '음운'

교과서에서는 '음소'보다는 '음운'이라는 용어를 사용한다. 원래 '음운'에는 넓은 의미와 좁은 의미가 있는데, 넓은 의미로는 자음, 모음, 초분절음을 포함하고, 좁은 의미로는 자음과 모음만을 가리킨다.

교과서에서는 대개 '음운'을 '말의 뜻을 구별해 주는 소리의 가장 작은 단위'라고 정의하고 있다. 이 정의에 따르면 '음운'은 자음과 모음만을 가리키게 된다. 음의 길이와 같은 초분절음은 소리의 단위가 아니라 소리의 속성이기 때문이다.

그런데 어떤 교과서는 '음운'의 요소로 자음과 모음만을 언급하는 반면, 어떤 교과서는 자음과 모음에다가 소리의 길이까지를 포함시킨다. 일반적인 교과서의 정의에 따르면 후자의 교과서는 명백한 오류를 범하고 있다. 앞서 언급하였듯이 소리의 길이는 소리의 단위가 아니라 소리의 속성이기 때문이다.

이러한 문제가 발생하게 된 근본적인 원인은 학교 문법에서 '음소'라는 용어를 사용하지 않기 때문이다. 2009 개정 국어과 교육과정의 중학교 1~3학년군 '문법' 성취 기준을 보면 "모음의 길이가 뜻을 구별하는 기능을 함을 설명할 수 있다."라는 내용이 있다.

많은 교과서들이 이것을 말의 뜻을 구별해 주는 '음소'(교과서에서는 '음운')의 기능과 같다고 보아 소리의 길이를 자음·모음과 같은 대상으로 취급한 듯하다. 그러나 아무리 의미 변별 기능을 갖는다 하더라도 자음·모음과 음의 길이는 층위가 다르기 때문에 근본적으로 구별을 해야 한다.

분절음(자음·모음)과 초분절음(음의 길이)을 구별하기에 가장 적합한 용어는 바로 '음소'이다. 분절음인 자음과 모음만 지칭할 때에는 '음소'라는 용어를 사용하고, 자음·모음에 초분절음인 음의 길이까지 포함할 때에는 '음운'이라는 용어를 사용하면 된다. 그런데 교과서에서 분절음을 가리킬 때 '음소'라는 용어 대신 '음운'이라는 용어를 사용하다 보니, 정작 분절음과 초분절음을 아우르는 적절한 용어를 사용할 수 없었을 것이다.

일반적으로 각 문법 영역에서 가장 기본적인 단위에는 '형태소, 음소, 의미소, 어휘소' 등과 같이 '소(素)'가 붙는다. 학교 문법의 형태론 단원에서 '형태소'라는 용어를 사용하듯이 음운론 단원에서는 '음소'라는 용어를 사용하면 된다. 형태론의 '형태소'와 대응되는 음운론의 용어는 '음소'이지 '음운'이 될 수 없다. '음소'는 자음과 모음을 가리키는 개념으로, '음운'은 자음·모음에 소리의 길이까지 포함하는 개념으로 사용하면 지금과 같은 교과서의 오류를 충분히 피할 수 있다.

2——음성과 음소

엄마, 아빠, 아들, 딸이 식탁에 둘러앉아 밥을 먹고 있다. 모두들 이구동성으로 음식이 맛있다고 말한다. 엄마, 아빠, 아들, 딸의 목소리는 서로 다르지만, 이들은 모두 다른 식구들이 자신과 똑같은 말을 했다고 생각한다.

사실 남자와 여자의 말소리(목소리)가 다르고 어른과 아이의 말소리(목소리)가 다르기 때문에 엄마, 아빠, 아들, 딸의 말소리가 서로 같을 리가 없다. 그럼에도 모두들 동일하게 "맛있다."라고 말한 것으로 생각하는 이유는 무엇일까? 그것은 물리적인 말소리 외에도 우리의 머릿속에 추상적인 말소리가 존재하기 때문이다.

말소리에는 두 가지 개념이 있다. 첫째는 물리적인 말소리로, 이를 '음성'이라고 한다. 둘째는 머릿속의 추상적인 말소리로, 이를 '음소'라고 한다. '음성'은 말소리의 물리적인 실체로서 사람마다 말소리의 진폭, 진동수, 주파수 등이 다 다르다. 그런데 이렇게 물리적으로 다른 말소리를 우리는 머릿속에서 같은 소리로 인식한다. 실제로 구현된 물리적인 소리는 다르지만, 이를 듣고서 인식할 때 공통된 요소만을 간추려 같은 소리로 받아들이는 것이다. 이렇게 우리는 구체적인 말소리를 추상적인 말소리로 인식하며 다른 사람과 의사소통을 하게 된다.

음운론에서는 대체로 추상화된 '음소'를 연구 대상으로 삼고, 음성학에서는 구체적이고 물리적인 '음성'을 연구 대상으로 삼는다. 그렇지만 이 두 영역은 서로 밀접한 관련이 있기 때문에 상호 배타적이라기보다는 상호 보완적인 관계인 경우가 많다.

음운 체계

사람의 말소리는 자음과 모음으로 나눌 수 있다. 자음은 폐에서 시작된 공기의 흐름이 적극적으로 방해를 받아 나는 소리이고, 모음은 공기의 흐름이 적극적으로 방해를 받지 않고 나는 소리이다. 공기의 흐름이 적극적으로 방해를 받는다는 것은 구체적으로 공깃길이 막히거나 좁아진다는 것을 의미한다. 자음은 이렇게 공기의 흐름이 적극적으로 방해를 받기 때문에 홀로 발음될 수 없다. 반면에 모음은 공기의 흐름이 적극적으로 방해를 받지 않기 때문에 홀로 발음할 수 있다.

1——자음 체계

자음 체계를 이해하기 위해서는 먼저 조음 기관에 대한 이해가 필요하다. 조음 기관은 능동부와 고정부로 이루어져 있다. 능동부는 말소리를 내기 위해 능동적으로 움직이는 기관으로, 아래쪽에 있는 아랫입술, 혀 등이 이에 속한다. 고정부는 말소리를 낼 때 덜 움직이거나 움직이지 않는 기관으로, 위쪽에 있는 윗입술, 윗니, 윗잇몸, 입천장 등이 이에 속한다.

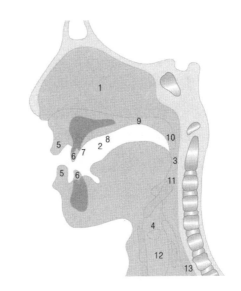

1. 비강
2. 구강
3. 인강
4. 성대
5. 입술
6. 이
7. 치경(윗잇몸)
8. 경구개(센입천장)
9. 연구개(여린입천장)
10. 구개수(목젖)
11. 울대 마개
12. 기관
13. 식도

이를 바탕으로 우리말의 자음 체계를 살펴보도록 하자. 우리말에는 19개의 자음이 있다. 이 자음들을 조음 위치, 조음 방법, 발성 유형, 울림 여부에 따라 체계화하면 아래의 표와 같다.

울림 여부 조음 방법 발성 유형 조음 위치			양순음 (입술 소리)	치경음 (잇몸 소리)	경구개음 (센입천장 소리)	연구개음 (여린입천 장소리)	성문음 (목청소리)
장애음 (안울림 소리)	파열음	평음(예사소리)	ㅂ	ㄷ		ㄱ	
		격음(거센소리)	ㅍ	ㅌ		ㅋ	
		경음(된소리)	ㅃ	ㄸ		ㄲ	
	마찰음	평음(예사소리)		ㅅ			ㅎ
		경음(된소리)		ㅆ			
	파찰음	평음(예사소리)			ㅈ		
		격음(거센소리)			ㅊ		
		경음(된소리)			ㅉ		
공명음 (울림소리)	비음		ㅁ	ㄴ		ㅇ	
	유음			ㄹ			

1) 자음의 조음 위치

자음은 조음 위치에 따라 양순음(입술소리), 치경음(치조음, 잇몸소리), 경구개음(센입천장소리), 연구개음(여린입천장소리), 성문음(목청소리)으로 나뉜다. 그런데 이 소리들은 매우 좁은 공간에서 발음되기 때문에 실제 발음이 나는 지점을 파악하기가 쉽지 않다. 이 경우에는 조음 위치별로 대표 자음을 하나씩 선정하여 이 자음에 모음 'ㅏ'를 붙여 발음하면서 구강에서 능동부와 고정부가 맞닿는 자리가 어디인지를 확인하는 방법을 사용할 수 있다.

바	다	자	가	하
윗입술 아랫입술	윗잇몸 혀끝	경구개 혓바닥 앞쪽	연구개 혓바닥 뒤쪽	성문

위의 음절들을 순차적으로 발음해 보면 구강에서 맞닿는 부분이 점점 뒤로 이동하는 것을 알 수 있으며, 맨 마지막의 '하'를 발음할 때에는 구강에서 어떠한 부분도 맞닿지 않는 것을 알 수 있다. 이러한 식으로 직접 발음을 하면서 조음 위치를 느껴 보도록 하면 조음 위치를 이해하는 데 도움이 된다.

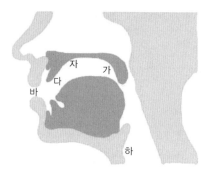

이 음절들을 발음해 보아도 조음 위치가 잘 느껴지지 않는다면, 발음을 하기 직전의 상태에서 조음 기관들의 움직임을 멈춘 후 이때 어느 부위가 맞닿아 있는지를 능동부를 통해 느껴 보면 된다. 천천히 여러 번 반복해 보면 성문음을 초성으로 가진 '하'를 제외한 '바, 다, 자, 가'를 발음할 때 구강에서 어느 위치가 막히는지를 파악할 수 있다.

2) 자음의 조음 방법

조음 방법에 따라서는 자음을 '파열음, 마찰음, 파찰음, 비음, 유음'으로 나눈다.

(1) 파열음

파열음은 폐쇄음이라고도 하며, 구강의 어느 한 부분을 막았다가 터뜨리며 내는 소리이다. 우리말에서 파열음이 발음되는 위치는 입술과 치경(윗잇몸)과 연구개(여린입천장)이며, 각각 /ㅂ/, /ㄷ/, /ㄱ/가 이에 해당한다. 거센소리와 된소리까지 포함하면 우리말의 파열음은 /ㅂ/, /ㅍ/, /ㅃ/, /ㄷ/, /ㅌ/, /ㄸ/, /ㄱ/, /ㅋ/, /ㄲ/가 된다.

입술을 예로 들면, 파열음은 막았다가 터뜨리는 소리이므로 [ㅂ]를 발음하기 전에 반드시 입술이 닫혀 있어야 한다. 입을 계속 벌린 상태에서는 [ㅂ]를 발음할 수 없는데, 이는 폐쇄 과정이 수반되지 않았기 때문이다. 그렇다고 해서 입술을 계속 다물기만 해서는 발음을 할 수 없다. 다문 입술을 개방해야만 비로소 [ㅂ]를 발음할 수 있다.

그런데 '밥'을 발음해 보면 초성을 발음할 때와 종성을 발음할 때가 다르게 느껴진다. 초성을 발음할 때에는 마지막 단계에서 입술이 개방되지만, 종성을 발음할 때에는 입술이 닫힌 상태로 발음이 끝난다. 전자와 같이 폐쇄 후 개방이 일어나는 음을 '외파음(外破音)'이라고 하고, 후자와 같이 폐쇄된 상태로 발음이 끝나는 음을 '불파음(不破音)'이라고 한다. 우리말의 파열음은 음절 말에서는 개방이 일어나지 않는 불파음이라는 점이 특징이다. 다음 문장을 천천히 발음하면서 파열음의 조음 위치가 어떻게 달라지는지 느껴 보자.

바다도 보고 배도 보고.
포도가 보기보다 크다.

(2) 마찰음

마찰음은 공깃길을 완전히 폐쇄하지 않고 좁혀서 그 좁은 틈 사이로 공기를 내보내어 마찰을 일으키면서 내는 소리이다. 우리말에서 마찰이 일어나는 조음 위치는 치경과 성문이다. 치경 마찰음으로는 /ㅅ/, /ㅆ/가 있고, 성문 마찰음으로는 /ㅎ/가 있다.

치경 마찰음인 /ㅅ/, /ㅆ/는 구강에서 마찰이 일어나기 때문에 마찰음이라는 점을 쉽게 인식할 수 있다. 그러나 성문 마찰음인 /ㅎ/는 구강이 아닌 성문에서 마찰이 일어나다 보니 마찰음이라는 점을 인식하기가 어렵다. /ㅎ/는 구강에서는 어떠한 조음 작용도 일어나지 않지만, 기류가 성문을 통과할 때 마찰이 일어나면서 구체적인 소리가 결정되기 때문에 마찰음으로 분류한다.

마찰음을 발음할 때에는 폐쇄가 일어나지 않기 때문에 구강에서 기류가 계속 흐른다. 다음 단어들을 발음해 보면 구강에서 공기의 흐름이 막히지 않는 것을 느낄 수 있다. 이는 이 단어들의 자음이 마찰음인 /ㅅ/와 /ㅎ/로 이루어져 있기 때문이다.

하하호호, 사회, 하수, 호수, 회사

(3) 파찰음

파찰음은 파열음과 마찰음의 속성을 다 가진 소리이다. 구강의 어느 한 부분을 막았다가 터뜨리며 내는 소리라는 점에서는 파열음과 다르지 않다. 다만 막힌 부분을 터뜨릴 때 마찰이 수반된다는 점이 파열음과 다르다. 파열음은 개방을 할 때 순간적으로 막힌 것을 터뜨리기 때문에 마찰이 일어나지 않지만, 파찰음은 개방이 서서히 이루어지기 때문에 마찰을 수반하게 된다. 우리말에서 파찰음이 발음되는 조음 위치는 경구개(센입천장)이며, /ㅈ/, /ㅊ/, /ㅉ/가 이에 속한다.

다음 단어들을 발음해 보면 파열음 /ㅂ/, /ㄷ/, /ㄱ/보다 파찰음 /ㅈ/를 발음할 때 개방이 좀 더 느슨하게 이루어지는 것을 느낄 수 있다. 물론 이러한 차이가 잘 느껴지지 않을 수도 있으므로 참고 사항 정도로만 활용하는 것이 좋다.

보조, 자다, 차다, 가짜

파열음과 파찰음에는 평음(예사소리), 격음(거센소리), 경음(된소리)의 구별이, 마찰음에는 평음, 경음의 구별이 있다. 이들은 어떤 차이가 있는 것일까? '바, 파, 빠'를 발음해 보면 입안에서 아무런 차이도 느낄 수 없다. 이는 평음, 격음, 경음이 조음 위치나 조음 방법에 의해 구별되는 것이 아니기 때문이다.

조음 위치나 조음 방법에 의한 차이가 아니라면 무엇이 다른 것일까? 평음, 격음, 경음은 기류가 성대를 통과할 때 차이를 보인다. 격음을 발음할 때에는 성문으로 많은 양의 공기를 내보내며, 경음을 발음할 때에는 후두의 근육을 긴장시켜 적은 양의 공기를 내보낸다. 평음을 발음할 때에는 성문으로 많은 양의 공기를 내보내지도 않고 후두의 근육을 긴장시키지도 않는다. 이러한 차이를 '발성 유형의 차이'라고 한다.

혹시 발성 유형의 차이를 눈으로 확인해 볼 수 있을까? 화장지와 같은 얇은 종이 한 장만 있으면 가능하다. 아래와 같이 종이를 얼굴 앞에 두고 '파'를 발음해 보자. 그러면 종이가 크게 움직일 것이다. 다음으로 '빠'를 발음해 보자. 이때는 종이가 전혀 움직이지 않는다. 마지막으로 '바'를 발음해 보자. 이때는 종이가 살짝 움직인다. 종이 대신 손바닥을 대고 손바닥에 가해지는 압력의 차이를 느껴 보는 방법도 있다.

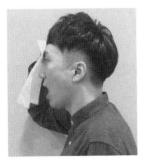  

〈'파'를 발음할 때〉　　　　〈'빠'를 발음할 때〉　　　　〈'바'를 발음할 때〉

이러한 차이가 발생하는 것은 평음, 격음, 경음의 발성 유형이 다르기 때문이다. 격음은 많은 양의 공기를 내보내기 때문에 종이가 크게 움직이지만, 경음은 적은 양의 공기를 압축하여 내보내기 때문에 종이가 전혀 움직이지 않는다. 평음은 경음보다는 많이, 격음보다는 적게 공기를 내보내기 때문에 종이가 살짝 움직인다.

더 알아보기

소리의 세기

대부분의 교과서에서는 평음(예사소리), 격음(거센소리), 경음(된소리)의 차이를 소리의 세기로 설명한다. 그러나 소리의 세기는 청각적인 인상을 반영할 뿐 음운론적 차이를 나타내는 기준이 될 수 없다. 일부 교과서에서는 소리의 세기가 평음, 경음, 격음의 순으로 커진다고 설명하기도 하는데, 이에 대한 객관적인 근거를 제시하지는 못한다.

실제로 어떤 사람은 경음이 가장 세다고 느끼고 어떤 사람은 격음이 가장 세다고 느끼기 때문에 소리의 세기라는 것은 음운론적으로 객관화된 기준이라 할 수 없다. 앞서 설명하였듯이 평음, 격음, 경음은 발성 유형에서 차이를 보이는 것이지 소리의 세기가 다른 것은 아니다.

(4) 비음

비음은 구강에서의 조음 작용은 파열음과 같으나 개방 단계에서 공기를 코로 통과시켜 내는 소리이다. 우리말의 비음은 입술, 치경, 연구개에서 발음된다. 양순 비음 /ㅁ/, 치경 비음 /ㄴ/, 연구개 비음 /ㅇ(ŋ)/은 각각 양순 파열음 /ㅂ/, 치경 파열음 /ㄷ/, 연구개 파열음 /ㄱ/와 대립되는 양상을 보인다.

조음 위치	조음 방법	파열음 (공기가 구강으로만 통함)	비음 (공기가 구강과 비강으로 통함)
양순음		ㅂ	ㅁ
치경음		ㄷ	ㄴ
연구개음		ㄱ	ㅇ

비음과 파열음을 구별하는 중요한 열쇠 역할을 하는 것은 바로 우리가 일반적으로 목젖이라고 부르는 구개수(口蓋垂)이다. 같은 조건에서 구개수를 열어 공기를 구강과 비강으로 통하게 하면 비음이 되고, 구개수를 닫아 공기를 구강으로만 통하게 하면 파열음이 된다. 즉, 양 입술을 다문 상태에서 개방하는 순간에 목젖을 열어 공기를 구강과 비강으로 통하게 하면 비음 /ㅁ/가 되고, 개방하는 순간에 목젖을 닫아 공기를 구강으로만 통하게 하면 파열음 /ㅂ/가 된다.

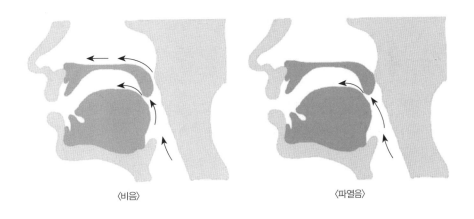

〈비음〉　　　　　　　　　　〈파열음〉

파열음과 비음의 차이를 확인해 보려면 코를 막고 발음을 해 보면 된다. 코를 막은 상태에서 '바'를 발음할 때에는 코를 막은 손가락에 어떠한 압력도 가해지지 않는다. 목젖이 비강으로 통하는 길목을 막고 있어 공기가 코로 흐르지 않기 때문이다. 그러나 코를 막은 상태에서 '마'를 발음해 보면 코를 막은 손가락에 압력이 느껴진다. 목젖이 열리면서 코안으로 공기로 흘러 들어오기 때문이다. '다'와 '나'의 경우에도 마찬가지이다.

'ㅇ'의 음가

'ㅇ'의 경우에는 특별히 문자와 발음을 잘 구별해야 한다. 자음자인 'ㅇ'은 음절 말에서는 종성 [ŋ]으로 발음되지만, 음절 첫머리에서는 아무런 음가도 갖지 못한다. 예컨대 '인사'의 발음은 [insa]로, 이 단어는 자음 두 개와 모음 두 개로 이루어져 있다. 이 경우에 어두의 'ㅇ'은 아무런 음가가 없기 때문에 자음에 해당하지 않는다. '음운'의 발음은 [imun]으로, 이 단어 역시 자음 두 개와 모음 두 개로 이루어져 있다.

「청산별곡」의 후렴구인 '얄리얄리 얄라셩 얄라리 얄라'는 얼핏 보기에 음운론적으로 유음과 비음이 번갈아 반복되는 것 같지만, 실제로는 '셩'에만 비음 /ㅇ/이 포함되어 있을 뿐, 반복되는 초성자 'ㅇ'은 음가가 없는 문자 표기에 불과하다.

(5) 유음

우리말의 유음에는 /ㄹ/가 있다. 이 /ㄹ/는 초성일 때와 종성일 때 발음에 차이가 있다. 초성으로 발음할 때에는 혀가 윗잇몸을 가볍게 한 번 때리고 내려온다. 이를 '탄설음(彈舌音)'이라고 하며, [ɾ]로 표시한다. 반면에 종성으로 발음할 때에는 혀를 윗잇몸에 계속 댄 채 혀의 양옆으로 공기를 내보내며 발음을 한다. 이를 '설측음(舌側音)'이라고 하며, [l]로 표시한다.

'라면'을 발음할 때에는 혀가 윗잇몸을 살짝 때리고 내려오는 것을 감지할 수 있지만, '물'을 발음할 때에는 발음이 끝난 이후에도 혀가 윗잇몸에 계속 붙어 있는 것을 느낄 수 있다. 이것이 탄설음과 설측음의 차이이다.

그렇다면 '둘레, 몰라'와 같이 /ㄹ/가 연달아 올 때에는 발음이 어떻게 될까? 이론적으로는 [lɾ]이 될 것 같지만, 실제로는 [ll]로 발음된다. 종성의 설측음 [l]은 폐쇄된 상태를 계속 유지하려는 속성이 있고, 초성의 탄설음 [ɾ]은 순간적으로 혀끝을 치경에 대었다가 떼려는 속성이 있다. 이 두 발음은 순차적으로 실현되는 것이긴 하지만, 서로 연이어 발음하기가 힘들다. 탄설음을 발음하기 위해서는 혀가 고정부에 접촉하지 않은 개방 상태에서 시작해야 하는데, 직전에 발음되는 설측음은 폐쇄 상태를 계속 유지하려는 속성이 있기 때문이다.

결국 이 경우에는 종성 설측음의 폐쇄 상태가 계속 유지됨으로써, 탄설음을 발음하기 위해 혀를 떼어 개방 상태를 만들었다가 혀를 다시 대었다 떼는 동작을 연이어 하는 것이 거의 불가능하다. 이러한 이유로 우리말에서는 /ㄹ/가 연달아 올 때에는 발음이 설측음 [l]로 통일된다.

더 알아보기

국어와 영어의 유음

우리말에서는 [r]과 [l]이 같은 음절 위치에서 발음되지 못하기 때문에 초성이나 종성의 위치에서 서로 교체되어 의미를 변별해 주는 기능을 수행하지 못한다. 이 때문에 우리말에서 /r/과 /l/은 개별 음소의 지위를 갖지 못한다. 그러나 영어의 경우에는 'reader'와 'leader'처럼 [r]과 [l]이 같은 음절 위치에서 발음되며 이 두 소리의 차이에 의해 단어의 뜻이 달라지므로 영어의 /r/과 /l/은 별개의 음소에 속한다.

(6) 장애음과 공명음의 구별

지금까지 파열음, 마찰음, 파찰음, 비음, 유음에 대해 살펴보았다. 이 중 파열음, 마찰음, 파찰음을 묶어 '장애음(안울림소리)'이라고 하고, 비음과 유음을 묶어 '공명음(울림소리)'이라고 한다. 장애음은 공기의 흐름을 크게 방해하거나 막는 과정을 거쳐 발음되는 소리로, 상대적으로 강하고 거친 느낌을 준다. 반면에 공명음은 공기의 흐름을 강하게 방해하거나 막지 않고 내는 소리로, 상대적으로 작고 부드러운 느낌을 준다. 다음 표현을 비교해 보자.

말랑말랑한 찰떡을 한 입 베어 먹었다.
옛 추억이 안개와 같이 아른아른 피어올랐다.

구두를 신고 뚜벅뚜벅 길을 걸었다.

학생들이 <u>와자지껄</u> 떠드는 소리가 복도 끝까지 들렸다.

'말랑말랑'과 '아른아른'은 자음이 모두 공명음으로 이루어져 있다. 발음도 부드럽지만 단어가 주는 느낌도 밝고 부드럽다. 반면에 '뚜벅뚜벅'과 '와자지껄'은 'ㄹ'을 빼면 자음이 모두 장애음으로 이루어져 있으며, 단어가 주는 느낌이 딱딱하고 강하다.

> 랄랄라 랄랄라 랄랄라
> 나나나 나나나 나나나
> 뚜비뚜바 뚜비뚜바 뚜비뚜바
> 빠빠빠 빠빠빠 빠빠빠

위의 예들은 노래의 후렴이다. 멜로디에 가사를 붙이지 않고 의미 없는 말을 반복함으로써 리듬을 살리는 효과를 얻을 수 있다. '랄랄라'와 '나나나'는 초성이 공명음으로 이루어져 있어 비교적 가볍고 밝은 느낌을 준다. 이에 반해 '뚜비뚜바'와 '빠빠빠'는 초성이 장애음으로 이루어져 있어 상대적으로 강하고 격렬한 인상을 준다.

공명음과 장애음은 유성음과 무성음이라는 점에서 차이를 보이기도 한다. 유성음은 발음할 때 성대가 울리는 소리이고, 무성음은 성대가 울리지 않는 소리이다. 우리말의 자음은 대개 성대가 진동하지 않는 무성음이지만, 비음(ㄴ, ㅁ, ㅇ)과 유음(ㄹ)은 성대가 진동하는 유성음에 속한다.

국어 화자들은 유성음과 무성음의 차이를 인식하지 못하지만, 음성학적으로 볼 때 장애음에 속하는 파열음, 마찰음, 파찰음은 무성음의 특징을 갖고, 공명음에 속하는 비음과 유음은 유성음의 특징을 갖는다.

성대의 진동 여부를 확인하기 위해 공명음과 장애음을 번갈아 발음하면서 목에 손을 대 보기도 하는데, 이는 별 의미가 없다. 일반적으로 자음만으로는 발음이 어렵기 때문에 자음 뒤에 모음 'ㅡ'를 붙여 '느, 므', '드, 브'처럼 발음을 하는데, 이렇게 하면 모음의 유성성으로 인해 모든 경우에 성대의 진동이 느껴지게 된다. 무성음이라 하더라도 '드, 브'와 같이 모음을 붙이는 순간 성대가 진동하기 때문에 무성 자음을 발음할 때 성대가 떨리지 않는 것을 느낌으로 확인하는 것은 불가능하다.

더 알아보기

울림소리와 안울림소리

대부분의 교과서에서는 파열음, 마찰음, 파찰음, 비음, 유음을 울림소리와 안울림소리로 분류한다. 그런데 울림소리와 안울림소리에 대한 설명이 교과서별로 차이를 보인다. 어떤 교과서는 울림소리와 안울림소리의 차이를 성대(목청)의 울림 여부에 의한 것으로 설명하고, 어떤 교과서는 구강(입안)이나 비강(코안)의 울림 여부에 의한 것으로 설명한다.

성대의 울림 여부를 기준으로 하면 울림소리는 유성음, 안울림소리는 무성음이 되고, 구강이나 비강의 울림 여부를 기준으로 하면 울림소리는 공명음, 안울림소리는 장애음이 된다.

그렇다면 이 두 기준 중 어느 기준을 적용하는 것이 옳을까? 설명의 옳고 그름으로만 판단한다면 둘 다 옳다. 비음과 유음은 구강과 비강에서뿐만 아니라 성대에서도 울림이 있는 소리이고, 파열음·마찰음·파찰음은 성대는 물론 구강과 비강에서도 울림이 없는 소리이다.

그렇다고 해서 '울림소리'와 '안울림소리'라는 용어를 '성대 울림'과 '구강·비강의 울림'이라는 두 가지 의미로 모두 사용하는 것은 바람직하지 않다. 어느 기준을 적용하더라도 해당하는 분절음의 목록은 달라지지 않지만, 음운론적인 해석에서 이 둘은 큰 차이를 보이기 때문이다.

특히 교과서에서 자음 체계표를 제시하면서 파열음·마찰음·파찰음을 안울림소리로, 비음과 유음을 울림소리로 분류하는 경우가 많은데, 이때 전자를 유성음으로, 후자를 무성음으로 설명하는 것은 문제가 있다. 우리말에는 음소 간에 유무성 대립이 없으므로 유무성 대립을 자음 체계의 한 기준으로 삼을 수 없기 때문이다. 따라서 국어의 자음 체계표에서는 유성음, 무성음이라는 용어나 그렇게 해석할 수 있는 용어를 사용해서는 안 된다.

우리말에서는 파열음, 마찰음, 파찰음만이 된소리를 가지고 있고, 이것들은 비음 앞에서 비음으로 바뀐다. 이는 파열음, 마찰음, 파찰음이 우리말에서 하나의 자연 부류를 형성한다는 것을 의미한다. 이때 이것들의 공통된 특징은 발음할 때 성대가 떨리지 않는다는 것보다는 공명이 일어나지 않는다는 점으로 귀결된다.[1] 이 때문에 학계에서는 일반적으로 유성음, 무성음이라는 용어보다는 공명음, 장애음이라는 용어를 사용하여 자음을 두 부류로 나눈다.

그런데 학교 문법에서는 유성음이라는 용어를 사용하면서 학생들에게 해당하는 자음의 목록을 가르친다. 우리말에는 유성음과 무성음의 구별이 없다고 가르치면서 한편으로는 유성음의 목록을 외우도록 하니 학생들에게는 말 그대로 암기의 대상이 될 뿐이다. 이때 교사들이 주로 사용하는 방법이 '노란양말, 나라마음'과 같은 표현을 이용하여 목록을 외우도록 하는 것이다. 이 단어들의 각 음절에 포함된 자음 'ㄴ, ㄹ, ㅇ, ㅁ'이 유성 자음이라는 것이다.

이러한 방식은 학생들에게 큰 혼란을 일으킬 우려가 있다. 초성자로 쓰인 'ㅇ'은 실제로는 음가가 없는데, 위의 표현에서는 'ㅇ'이 음소에 해당하는 것처럼 해석하도록 하기 때문이다. '노란양말'의 경우에는 '양'의 초성자가 아닌 종성자 'ㅇ'이 실제 음가를 가지고 있기는 하지만, 나머지 음절에서는 'ㄴ, ㄹ, ㅁ'을 초성자에서 취하기 때문에 이 음절에서만 종성자를 취한다고 생각하는 학생은 거의 없을 것이다. '나라마음'의 경우에는 '음'의 초성자 'ㅇ'이 음가가 없음에도 이를 음가가 있는 것처럼 학생들이 오해하기 쉽다.[2]

이렇게 암기식으로, 그것도 매우 위험한 방식으로 유성음을 외우도록 하는 것은 교사나 학생 모두 유성음을 자연스럽게 인식하는 것이 불가능하므로 암기하는 방법밖에 없다고 생각하기 때문일 것이다.

---

1 이와 관련해서는 4장의 '비음화 현상'에 대한 설명 중 '공명도 조건'을 참고하기 바란다. 비음화 현상에서 의미 있는 음운론적 차이는 유성음과 무성음의 구별이 아니라 장애음과 공명음의 구별이다.

2 교사가 '노란양말', '나라마음'을 판서하지 않고 음성 언어로 제시한다 하더라도 학생들은 머릿속에 표기를 떠올리기 때문에 자연스럽게 음가가 없는 초성자 'ㅇ'이 음가를 가진 것처럼 생각하기 쉽다. '나라마음'의 경우에는 'ㅇ'이 초성자로만 쓰이기 때문에 더욱 그러하다.

그러나 유성음이 아닌 공명음의 개념으로 접근하면 앞서 언급한 예들을 통해 밝고 부드러운 느낌을 준다는 점을 강조하여 공명음과 장애음의 차이점을 이해하도록 유도할 수 있다. 이러한 차이점은 종성 발음에서도 잘 드러난다.

> A : 이해가 잘 되니?
>
> B : 넵!
>
> C : 넹!

> A : 조금만 더 쉬었다 가면 안 될까?
>
> B : 빨리 와욧!
>
> C : 빨리 와용!

B의 말에서는 장애음 종성이 울림을 수반하지 않기 때문에 강한 느낌을 주지만, C의 말에서는 공명음 종성이 울림을 수반하여 부드러운 느낌을 준다. 이러한 차이를 성대의 울림보다 구강·비강의 울림에서 비롯된 것으로 해석하는 것이 우리말의 음운론적인 성격에 부합한다.

2──모음 체계

모음은 일반적으로 단모음과 이중 모음으로 나뉜다. 단모음은 발음을 하는 동안 혀의 위치나 입술의 모양이 바뀌지 않는 반면, 이중 모음은 혀의 위치나 입술의 모양이 바뀐다. 단모음(單母音)을 단모음(短母音)과 구별하기 위해 '단순 모음'이라고도 한다.

야, 벌써 여름이 왔구나.

위 문장을 모음의 발음에 주의하며 읽어 보자. 그리고 어떤 모음을 발음할 때 혀의 위치나 입술의 모양이 바뀌는지 파악하여, 이를 단모음과 이중 모음으로 나누어 보자. 정답은 다음과 같다.

　　단모음: ㅓ, ㅡ, ㅣ, ㅜ, ㅏ
　　이중 모음: ㅑ, ㅕ, ㅘ

1) 단모음

우리말 모음은 혀의 최고점의 높이, 혀의 최고점의 전후 위치, 입술의 모양에 따라 분류할 수 있다. 보통 모음 체계를 모음 사각도로 나타내는데, 모음 사각도는 그림과 같이 구강에서 경구개와 연구개 사이에 걸쳐 있다. 즉, 우리말 모음은 경구개와 연구개 사이에서 발음된다고 할 수 있다.

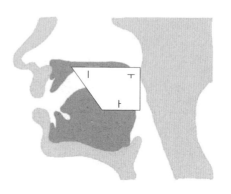

이론적으로 단모음에 해당하는 모음은 'ㅏ, ㅐ, ㅓ, ㅔ, ㅗ, ㅚ, ㅜ, ㅟ, ㅡ, ㅣ'이다. 이를 세 가지 분류 기준에 따라 체계화하면 다음과 같다.

혀의 높이 ＼ 입술 모양 ＼ 혀의 전후 위치	전설 모음		후설 모음	
	평순 모음	원순 모음	평순 모음	원순 모음
고모음	ㅣ	ㅟ	ㅡ	ㅜ
중모음	ㅔ	ㅚ	ㅓ	ㅗ
저모음	ㅐ		ㅏ	

예전에는 혀의 최고점의 위치에 따라 전설 모음, 중설 모음, 후설 모음으로 구

별하였지만, 지금은 전설 모음과 후설 모음의 양자 대립으로 설명하는 것이 일반적이다. 이렇게 양자 대립 체계를 설정하면 혀의 최고점의 전후 위치를 기준으로 평순 모음과 원순 모음, 고모음과 중모음과 저모음이 규칙적인 대립을 이룬다.

그런데 일부 모음의 경우 다른 모음과 서로 구별이 되지 않거나 이중 모음으로 발음되는 경향을 보이기도 한다. 예를 들어, 'ㅐ'와 'ㅔ'는 표기가 명확히 다르지만 발음상으로는 잘 구별이 되지 않는다. 다음 표기 중 올바른 것을 모두 골라 보자.

김치찌개	김치찌게
예컨대	예컨데
금새	금세
품새	품세

이 단어들의 표기가 헷갈리는 이유는 /ㅐ/와 /ㅔ/의 발음이 사실상 구별되지 않기 때문이다. 발음이 명확하게 구별된다면 발음에 따라 자동적으로 표기를 할 수 있겠지만, 실제로는 그렇지 않기 때문에 혼란을 일으키는 것이다.

2인칭 대명사의 주격형인 '네가'를 [니가]로 발음하는 것도 /ㅐ/와 /ㅔ/의 발음이 잘 구별되지 않기 때문이다. 1인칭 대명사의 주격형인 '내가'와 2인칭 대명사의 주격형인 '네가'가 발음상 확실하게 구별되지 않다 보니 의사소통의 혼란을 피하기 위해 후자의 발음을 편의상 [니가]로 하는 것이다.

'ㅚ'와 'ㅟ'의 경우에는 단모음보다는 이중 모음으로 발음하는 경향이 강하다. 다음 단어들을 발음하면서 모음 'ㅚ'와 'ㅟ'를 발음할 때 혀의 위치나 입술의 모양이 바뀌는지 안 바뀌는지 판단해 보자.

외로움	위안부
외침	위로
외면	위기

만약 혀의 위치나 입술의 모양이 바뀐다면 이때의 'ㅚ'와 'ㅟ'는 단모음이 아닌 이중 모음으로 보아야 한다. 표준 발음법 제4항의 [붙임]에서는 "'ㅚ, ㅟ'는 이중 모음으로 발음할 수 있다."라고 하여 이러한 현실 발음을 수용하고 있다. 다음 단어들의 발음은 어떤지 판단해 보자.

사죄   박쥐
금괴   복귀

사람에 따라 차이가 있겠지만, 위의 단어들을 발음할 때 대체로 혀의 위치나 입술의 모양이 바뀌지 않는 경향이 있다. 'ㅚ, ㅟ'는 첫음절에 초성이 없을 경우에는 대개 이중 모음으로 발음되지만, 첫음절 이외에서 초성이 있는 경우에는 단모음으로 발음되는 경향을 보인다. 이처럼 우리말의 단모음 체계는 관점에 따라 10모음 체계부터 7모음 체계까지 다양하게 설정할 수 있다.

10모음 체계 : ㅏ, ㅐ, ㅓ, ㅔ, ㅗ, ㅚ, ㅜ, ㅟ, ㅡ, ㅣ
9모음 체계 : ㅏ, ㅓ, ㅔ, ㅗ, ㅚ, ㅜ, ㅟ, ㅡ, ㅣ
8모음 체계 : ㅏ, ㅐ, ㅓ, ㅔ, ㅗ, ㅜ, ㅡ, ㅣ
7모음 체계 : ㅏ, ㅓ, ㅔ, ㅗ, ㅜ, ㅡ, ㅣ

9모음 체계에서는 'ㅐ'와 'ㅔ'가 하나로 합류되어 구별되지 않고, 8모음 체계에서는 'ㅚ'와 'ㅟ'가 단모음이 아닌 이중 모음으로 발음된다. 7모음 체계에서는 'ㅐ'와 'ㅔ'가 합류될 뿐만 아니라 'ㅚ'와 'ㅟ'가 이중 모음으로 발음되어 단모음 수가 가장 적다. 표준 발음법 제4항의 [붙임]에서 'ㅚ, ㅟ'의 이중 모음 발음을 인정함에 따라 8모음 체계는 표준 발음법에 어긋나지 않지만, 'ㅐ'와 'ㅔ'의 합류는 아직 인정하지 않으므로 9모음 체계나 7모음 체계는 표준 발음법에 어긋난다. 그러나 현실 발음에서는 7모음 체계가 일반적이다.

2) 이중 모음

이중 모음을 발음할 때에는 혀의 위치나 입술의 모양이 바뀌는데, 이는 이중 모음을 발음할 때 전이(轉移) 구간이 존재하기 때문이다. 이 전이 구간의 음을 음운론적으로 '활음(滑音)'이라고 한다. 활음을 다른 말로 '반모음, 반자음, 과도음'이라고도 하며, 영어로는 '글라이드(glide)'라고 한다.

와, 여기가 꽤 유명한 곳이군요.

위 문장에서 이중 모음을 찾아 보면 순서대로 'ㅘ, ㅕ, ㅙ, ㅠ, ㅛ'가 있다. 이들을 발음 기호로 표시하면 /wa/, /jə/, /wɛ/, /ju/, /jo/와 같다. 이때 /w/와 /j/는 전이가 일어나는 활음에 속하며, /a, ə, ɛ, u, o/는 이중 모음의 주모음(主母音)이 된다.

이중 모음은 활음과 주모음의 배열 순서에 따라 상향 이중 모음과 하향 이중 모음으로 나뉘며, 각각의 이중 모음은 다시 활음의 종류에 따라 더 세분화된다. 활음이 주모음보다 앞서 발음될 때 이를 상향 이중 모음이라고 하고, 활음이 주모음 뒤에 올 때 이를 하향 이중 모음이라고 한다. 우리말 이중 모음의 활음으로는 앞서 분석한 것처럼 /w/와 /j/가 있다. 이를 바탕으로 이중 모음의 목록을 정리하면 다음과 같다.

/j/계: ㅑ /ja/, ㅕ /jə/, ㅛ /jo/, ㅠ /ju/, ㅒ /jɛ/, ㅖ /je/
/w/계: ㅘ /wa/, ㅝ /wə/, ㅚ·ㅞ /we/, ㅙ /wɛ/, ㅟ /wi/

여기에서 주의할 점은 'ㅚ, ㅞ, ㅙ'의 발음이다. 다음 문장을 한번 소리 내어 읽어 보자.

<u>왜</u>소한 체구의 <u>외</u>국인이 빨간 스<u>웨</u>터를 입고 있다.

'왜소한, 외국인, 스웨터'에 각각 모음 'ㅙ, ㅚ, ㅞ'가 포함되어 있다. 그런데 이들을 발음해 보면 큰 차이가 느껴지지 않는다. 'ㅚ'는 원칙적으로 단모음으로 발음해야 하지만 이중 모음 발음도 허용되는데, 이때 허용되는 이중 모음 발음이 [ㅞ]이다. 따라서 'ㅚ'를 이중 모음으로 발음할 때에는 'ㅞ'와 발음이 같아진다. 'ㅙ'와 'ㅞ'의 경우에는 'ㅙ'가 'ㅞ'보다 개구도가 크지만, 단모음에서 'ㅔ'와 'ㅐ'를 구별하지 못하듯 이중 모음에서도 'ㅞ'와 'ㅙ'를 구별하지 못하는 경향이 있다. 그 결과 'ㅚ, ㅞ, ㅙ'의 발음이 현실적으로 잘 구별되지 않는다.

이 때문에 몇몇 단어의 경우 표기에서 오류가 발생하기도 한다. 사람들이 '되'와 '돼'의 표기를 혼동하는 것도 'ㅚ'와 'ㅙ'의 발음을 잘 구별하지 못하기 때문이다. 자음으로 시작하는 어미와 결합할 때에는 '되'로 표기하고 '되어'의 준말일 때에는 '돼'로 표기하면 되지만, '되'와 '돼'의 발음이 현실적으로 구별이 되지 않다 보니 많은 사람들이 이 두 표기를 구별하는 데 어려움을 호소한다.

이중 모음 중에서 가장 논란이 많은 모음은 'ㅢ'이다. 'ㅢ'는 음운론적인 환경에 따라 다양하게 발음되는 속성이 있어 이에 대한 구체적인 정리가 필요하다. 다음 문장을 발음해 보자.

패배 의식을 주의하고 희망을 잃지 않으면 삶의 목표를 달성할 수 있다.

'의식, 주의, 희망, 삶의'에 공통적으로 모음 'ㅢ'가 포함되어 있다. 그러나 같은 'ㅢ'라 하더라도 환경이 각각 달라 발음에서 차이를 보이게 되는데, 이에 대한 구체적인 내용은 다음과 같다.

첫째, 첫음절에서 초성이 없는 'ㅢ'는 문자 그대로 이중 모음으로 발음한다. 따라서 '의식'의 'ㅢ'는 이중 모음으로 발음해야 한다. 그러나 일부 지역에서는 '의식'을 [으식]이나 [이식]과 같이 단모음으로 발음하는 경향이 있으며, 개인의 발음에서 이러한 경향이 관찰되기도 한다.

둘째, 단어의 첫음절 이외에서 초성이 없는 '늬'는 이중 모음 [ㅢ]로 발음하는 것이 원칙이지만, [ㅣ]로 발음하는 것도 허용한다. 따라서 '주의'는 [주의]로 발음하는 것이 원칙이지만 [주이]로 발음해도 된다.

셋째, 초성이 있는 '늬'는 [ㅣ]로 발음한다. 따라서 '희망'은 [히망]으로 발음한다. 초성이 없을 때에는 첫음절이냐 아니냐에 따라 발음이 달라질 수 있지만, 초성이 있을 때에는 첫음절이냐 아니냐와 상관없이 항상 [ㅣ]로 발음한다. 이에 따라 '무늬'의 발음도 [무니]라고 해야 한다.

넷째, 조사 '의'는 [ㅢ]로 발음하지만, [ㅔ]로 발음하는 것도 허용한다. 따라서 '삶의'는 [살믜]와 [살메] 모두 옳은 발음이다.

'늬'의 발음이 이처럼 환경에 따라 다양하게 실현되는 것은 그만큼 현대 국어에서 '늬'의 발음이 매우 불안정한 상태에 놓여 있기 때문이다. 심지어 학계에서조차 /늬/의 발음을 음운론적으로 해석하는 문제에 대해 아직도 뚜렷한 결론을 내리지 못하고 있다.

/j/계: ㅑ /ja/, ㅕ /jə/, ㅛ /jo/, ㅠ /ju/, ㅒ /jɛ/, ㅖ /je/

/w/계: ㅘ /wa/, ㅝ /wə/, ㅚ·ㅞ /we/, ㅙ /wɛ/, ㅟ /wi/

/ɨ/계: ㅢ /ɨ̯i/

위의 체계는 /늬/를 상향 이중 모음으로 본 것이다. 이렇게 보면 우리말에는 상향 이중 모음만 있고 하향 이중 모음이 없다는 점에는 변화가 없다. 다만 활음의 목록으로 /ɨ/가 하나 더 추가되는데, /ɨ/라는 활음을 가진 이중 모음이 /늬/ 하나뿐이라는 점이 부담이 된다.

상향 이중 모음   /j/계: ㅑ /ja/, ㅕ /jə/, ㅛ /jo/, ㅠ /ju/, ㅒ /jɛ/, ㅖ /je/

            /w/계: ㅘ /wa/, ㅝ /wə/, ㅚ·ㅞ /we/, ㅙ /wɛ/, ㅟ /wi/

하향 이중 모음 —— /j/계: ㅢ /ɨ̯i/

위의 체계는 /ㅢ/를 하향 이중 모음으로 본 것이다. 이 경우에는 /ɨ/라는 활음을 하나 더 인정하지 않아도 되지만, 단 하나의 모음 때문에 이중 모음 체계에서 하향 이중 모음을 인정해야 한다는 부담이 있다. 이처럼 'ㅢ'는 상향 이중 모음으로 보아도 문제가 있고 하향 이중 모음으로 보아도 문제가 된다. 학계에서는 두 가지 견해가 공존하고 있어 아직 어느 한쪽으로 정리가 되지 않은 상태이다.

다만 '희망, 무늬' 등에서 /ㅢ/가 [ㅣ]로 발음되는 현상을 근거로 /ㅢ/를 상향 이중 모음으로 보는 관점이 다소 우세한 편이다. /ㅢ/를 하향 이중 모음으로 보면 /ㅢ/ → [ㅣ]의 변화에서 주모음이 탈락한다고 보아야 하는 문제가 있지만, /ㅢ/를 상향 이중 모음으로 보면 상대적으로 약한 활음이 탈락하고 주모음이 남는다는 점에서 설명에 부담이 적기 때문이다.

'ㅢ'의 발음

표준 발음법 제5항에서는 자음을 첫소리로 가지고 있는 음절의 'ㅢ'는 [ㅣ]로 발음하고, 단어의 첫음절 이외의 '의'는 [ㅣ]로 발음함을 허용한다고 하였다. 전자의 예로는 '무늬[무니]'가 제시되었고, 후자의 예로는 '협의[혀븨/혀비]'가 제시되었다.

그런데 '협의'의 경우 첫음절의 종성이 다음 음절의 초성으로 연음이 되면 '무늬'와 마찬가지로 'ㅢ'가 자음을 첫소리로 가지게 된다. 즉, '무늬'와 '협의'는 표기상으로는 차이가 있지만 '협의'의 중간 단계가 '혀븨'가 된다는 점에서 '무늬'와 크게 달라 보이지 않는다.

그러나 표준 발음법에서는 이 둘을 엄격하게 구별하고 있다. '무늬'처럼 기저형에서부터 초성을 가진 'ㅢ'는 [ㅣ]로 발음하도록 하였지만, '협의'와 같이 기저형 단계에서 초성을 가지지 않은 'ㅢ'는 원칙적으로 [ㅢ]로 발음하되 첫음절이 아닌 경우에는 [ㅣ]로 발음하는 것도 허용하고 있다.

'궈'의 표기

'열중쉬어'라는 구령을 실제로 발음을 해 보면 '쉬어'라는 두 음절보다는 한 음절로 들린다. 만약 '쉬어'를 한 음절로 표기한다면 '쉬'가 될 테지만, 이렇게 표기하는 경우는 거의 없다. 전통적으로 '궈'라는 모음자를 사용한 적이 없기 때문이다. 한글 맞춤법 제4항은 한글 자모를 다루고 있는데, 목록에 '궈'가 빠져 있다.

이 때문에 '바뀌-+-어', '사귀-+-어' 등이 실제로 두 음절로 발음됨에도 이 발음을 제대로 적을 수가 없다. 분명히 발음의 실체가 있지만 한글 맞춤법에서 이를 적을 수 있는 문자를 인정하지 않아 표기를 할 수 없는 문제가 발생하는 것이다.

더 심각한 문제는 규범에서 이 발음의 실체를 인정하지 않는다는 점이다. 표준 발음법 제3항에서는 표준어의 모음을 21개로 제시하고 있는데, 이 목록에도 우리가 다루고 있는 모음이 빠져 있다. 발음 자체를 인정하지 않는 상황에서 이에 대한 문자를 기대한다는 것은 어불성설일 것이다.

많은 사람들이 궁여지책으로 '바껴, 사겨'처럼 적기도 하지만, '바껴, 사겨'는 각각 '바끼-+-어', '사기-+-어'로 분석되므로 올바른 표기라 할 수 없다. 이것이 다 전통적으로 '궈'라는 모음자를 만들어 쓰지 않은 탓이다.

그러면 왜 훈민정음을 창제할 때 '궈'라는 모음자를 만들지 않은 것일까? 그 이유는 당시에는 지금처럼 [wi]라는 이중 모음 발음이 없었기 때문이다. 당시의 표기 '귀'는 지금과 같은 [wi]가 아니라 [ui] 또는 [uj]로 발음되었다. '쉬-+-어'의 결합이 지금처럼 [swjə]로 발음되지 못하고 [sujə]로 발음되었던 것이다. [sujə]는 [suj]+[ə]나 [su]+[jə]와 같이 두 음절로 인식되므로 '궈'라는 모음자를 만들 필요가 없었다. 옛 문헌에서 '쉬-+-어'는 주로 '쉬여'로 표기되어 지금과의 발음 차이를 감지하기 어렵지만, '쥐-+-어'는 '주여'로 표기된 경우가 많아 발음이 지금과 달랐음을 알 수 있다.

지금은 발음이 바뀌어 [swjə]와 같은 새로운 발음이 존재하므로, 이 음가를 반영할 수 있는 새로운 문자 '궈'를 만들어 쓰는 것이 타당하다. 그렇다면 이때의 [wjə]를 '활음+활음+주모음'의 구조를 가진 삼중 모음으로 인정할 수 있을까? 그렇게 볼 수도 있지만, /w/와 /j/가 순차적으로 발음되기보다는 동시에 발음된다고 보아 새로운 활음 /ɥ/를 설정하여 '궈'의 음가를 [ɥə]로 표시하기도 한다.

3──운소 체계

우리말의 대표적인 운소로는 음의 길이, 즉 장단(長短)이 있다. 일반적으로 많은 사람들이 음의 길이를 구별하지 못하지만, 표준 발음법에서는 소리의 길이를 지키도록 규정하고 있다. 소리의 길이는 다음과 같이 동음이의어를 구별하는 데 유용한 정보를 제공한다.

[눈:](雪)　　[말:](言)　　[밤:](栗)　　[묻:따/무:따](問)

[눈](眼)　　[말](馬)　　[밤](夜)　　[묻따/무따](埋)

그런데 이러한 장단의 구별은 첫음절에서만 유효하다. 모음의 길이가 긴 단어가 합성이나 파생에 의해 둘째 음절 이하에 놓이게 되면 다음과 같이 모음의 길이가 변별성을 잃고 짧아진다.

첫눈[천눈], 참말[참말], 알밤[알밤], 되묻다[되묻따/되무따/뒈묻따/뒈무따]

용언의 단음절 어간에 어미 '-아/-어'가 결합하여 한 음절로 축약될 때에는 다음과 같이 모음을 길게 발음한다. 그러나 이러한 현상이 절대적이지는 않아 '와, 쳐'와 같은 활용형은 모음을 길게 발음하지 않는다.

보아 → 봐[봐ː]	기어 → 겨[겨ː]	되어 → 돼[돼ː]
오아 → 와[와]	치어 → 쳐[처]	

화자의 심리적인 감정이 반영되어 모음이 길게 발음되기도 한다. '진짜'는 원래 첫음절의 모음이 짧지만 강조할 때 첫음절의 모음을 길게 발음하는 경향이 있으며, '대박'은 원래 첫음절의 발음이 길기도 하지만 강조할 때에는 이보다 훨씬 더 길게 발음한다.

오늘 날씨가 [진ː짜] 덥다.
야, [대ː박]이다.

우리말의 또 다른 운소로는 억양이 있다. 억양은 대개 여러 음절에 걸쳐서 음의 높낮이가 달라지는 것을 말한다. 장단은 한 음절의 모음을 통해 실현되지만, 억양은 대개 여러 음절에 걸쳐서 실현된다. 억양은 화자의 감정이나 태도, 문장의 종류에 따라 달라진다.

집에 누가 왔어. (평서문)
집에 누가 왔어? (판정 의문문)

집에 누가 왔어? (설명 의문문)

위의 예에서 보듯이 우리말에서는 평서문과 의문문의 발음이 같은 경우가 있는데, 이때 이 둘을 구별하는 기준은 억양이 된다. 판정 의문문과 설명 의문문도 억양으로 구별할 수 있다.

같은 평서문의 경우라 하더라도 구체적인 감정에 따라 억양이 조금씩 달라지는데, 일반적인 평서문에서는 억양이 내려가면서 문장을 끝맺는다. 반면에 판정 의문문일 경우에는 마지막 음절에서 억양이 올라가고, 설명 의문문일 경우에는 마지막 음절에서 억양이 내려왔다가 다시 올라간다.

4──훈민정음의 음운론적 해석

『훈민정음』에서 말하는 새로운 문자의 개수는 28개이다. 이 중 초성은 17개이고 중성은 11개이다. 원래 말소리와 문자를 구별하여 '초성'과 '초성자'라는 용어를 사용해야 하지만, 『훈민정음』에서는 문자를 가리킬 때 '초성, 중성, 종성'이라는 용어를 사용하므로 이 책에서도 이를 그대로 따른다. 먼저 초성의 목록을 살펴보면 다음과 같다.

아음: ㄱ, (ㄲ), ㅋ, ㆁ   설음: ㄷ, (ㄸ), ㅌ, ㄴ   순음: ㅂ, (ㅃ), ㅍ, ㅁ

치음: ㅈ, (ㅉ), ㅊ, ㅅ, (ㅆ)   후음: ㆆ, ㅎ, (ㆅ), ㅇ   반설음: ㄹ

반치음: ㅿ

『훈민정음』「예의(例義)」에서 구체적인 글꼴이 소개된 초성은 17개이지만, 위에서 괄호 안에 넣은 'ㄲ, ㄸ, ㅃ, ㅉ, ㅆ, ㆅ'의 경우에는 글꼴만 소개되지 않았을 뿐 음가에 대해서는 구체적인 언급이 있어 이것까지 포함하면 총 23개의 초성이 제시되었다고 할 수 있다. 여기에 'ㅸ'이 별도로 언급되었고, 「해례(解

例)」에서 합용 병서를 따로 설명하여, 훈민정음 창제 직후 실제로 사용된 초성의 개수는 이보다 훨씬 많다.

병서(並書)는 두 글자를 나란히 쓰는 것을 의미하는데, 'ㄲ, ㄸ, ㅃ, ㅉ, ㅆ, ㆅ'처럼 같은 글자를 나란히 쓰는 것을 '각자 병서(各字並書)'라고 하고, 서로 다른 글자를 나란히 쓰는 것을 '합용 병서(合用並書)'라고 한다. 합용 병서의 목록은 다음과 같다.

> ㅅ계 합용 병서: ㅺ, ㅼ. ㅽ
> ㅂ계 합용 병서: ㅳ, ㅄ, ㅷ, ㅴ
> ㅄ계 합용 병서: ㅲ, ㅵ

종성에 대해서는 「예의」에서 따로 문자를 제시하지 않고 초성을 다시 사용한다고 밝혔다. 이는 곧 음절을 초성, 중성, 종성으로 분석하면서도 음소 차원에서 초성과 종성이 다르지 않다는 점을 파악한 것으로 당시 사람들의 음운론적인 인식을 잘 보여 준다.

「해례」에서는 초성 17자의 제자(制字) 원리를 상형(象形), 가획(加劃), 이체(異體) 등으로 설명하였다. 'ㄱ, ㄴ, ㅁ, ㅅ, ㅇ'은 각각 혀뿌리가 목구멍을 막은 모양, 혀가 윗잇몸에 붙은 모양, 입의 모양, 이의 모양, 목구멍의 모양을 본떴다고 밝히고 있는데, 이는 상형의 원리를 말하는 것이다. 그런데 정음 28자 모두 그 모양을 본떠서 만들었다(正音二十八字。 各象其形而制之。)고 밝히고 있어 위의 기본자뿐만 아니라 가획자와 이체자도 상형의 원리를 따른 것으로 보아야 한다.

'ㄱ, ㄴ, ㅁ, ㅅ, ㅇ'보다 센 소리는 획을 더해 만들었는데, 이는 가획의 원리라 할 수 있다. 가획자에는 'ㅋ, ㄷ, ㅌ, ㅂ, ㅍ, ㅈ, ㅊ, ㆆ, ㅎ, ㆁ' 등이 있다. 나머지 'ㄹ, ㅿ'은 가획의 뜻이 없이 모양만 달리한 이체자이다. 흔히 'ㆁ'을 이체자에 포함시키지만, 「해례」의 원문을 보면 다음과 같이 'ㆁ'과 'ㄹ, ㅿ'에 대한 설명이 별개의 문장으로 나뉘어 있어 'ㆁ'은 가획자로, 'ㄹ, ㅿ'은 이체자로 보는 것이 옳다(『훈민정음』에서는 의미 단위로 'ㅇ'를 사용하면서 문장 끝에는 '。'

를 사용하는데, 'ㆁ'를 설명하는 문장과 'ㄹ, ㅿ'을 설명하는 문장이 '。'에 의해 나뉘어 있다).

ㅋ은 ㄱ에 비해 소리가 조금 세므로 획을 더하였다. ㄴ과 ㄷ, ㄷ과 ㅌ, ㅁ과 ㅂ, ㅂ과 ㅍ, ㅅ과 ㅈ, ㅈ과 ㅊ, ㅇ과 ㆆ, ㆆ과 ㅎ은 소리로 인해 획을 더하는 뜻이 모두 같으나, 오직 ㆁ은 다르다. 반설음 ㄹ, 반치음 ㅿ 역시 혀와 이의 형상을 본떴으나 그 체를 달리한 것은 획을 더하는 뜻이 없는 것이다. (ㅋ比ㄱ。聲出稍厲。故加劃。ㄴ而 ㄷ。ㄷ而ㅌ。ㅁ而ㅂ。ㅂ而ㅍ。ㅅ而ㅈ。ㅈ而ㅊ。ㅇ而ㆆ。ㆆ而ㅎ。其因聲加劃之義皆同。而 唯ㆁ爲異。半舌音ㄹ。半齒音ㅿ。亦象舌齒之形而異其體。無加劃之義焉。) (『훈민정음해례』 「제자해」)

지금까지의 설명을 표로 정리하면 다음과 같다.

칠음 \ 유형	상형자			
	기본자	가획자		이체자
		厲	기타	
아음	ㄱ	ㅋ	ㆁ	
설음	ㄴ	ㄷ, ㅌ		
순음	ㅁ	ㅂ, ㅍ		
치음	ㅅ	ㅈ, ㅊ		
후음	ㅇ	ㆆ, ㅎ		
반설음				ㄹ
반치음				ㅿ

합용 병서의 음가에 대해서는 대개 각자 병서와 ㅅ계 합용 병서는 경음을, ㅂ계 합용 병서는 자음군을 나타내는 것으로 본다. 즉, 'ㄲ, ㄸ, ㅃ, ㅆ, ㅉ'의 음 가는 [k'], [t'], [p'], [s'], [ʨ']로, 'ㅺ, ㅼ, ㅽ'의 음가는 [k'], [t'], [p']로, 'ㅳ, ㅄ, ㅶ, ㅷ'의 음가는 [pt], [ps], [pʨ], [ptʰ]로 보는 것이 일반적이다. 'ㅴ, ㅵ'의 음

가는 대개 [pk˺], [pt˺]로 본다. 각자 병서 중 'ㆅ'은 음가를 경음으로 보기도 하지만, 성문 마찰음 /ㅎ/는 대응하는 경음을 생각하기가 어렵기 때문에 경음 이외의 다양한 음가 설명이 이루어졌다.

각자 병서와 ㅅ계 합용 병서가 경음의 음가를 갖는다고는 하나, 전자는 대개 관형사형 어미 '-ㄹ' 뒤의 경음화 현상을 반영하고, 후자는 주로 기저형의 경음을 나타낸다. 전자의 예로는 '오실 낄, 갈 띡, 求홀 싸름' 등이 있고, 후자의 예로는 '꿈〔夢〕, 똘〔女息〕, 뿔〔角〕' 등이 있다.

ㅂ계 합용 병서의 음가를 자음군으로 보는 것은 현대 국어에서 음절 초에 자음이 두 개 이상 발음될 수 없다는 제약과 다른 특징을 보인다. 흔히 '좁쌀〔조+쌀(ᄡᆞᆯ)〕, 볍씨〔벼+씨(ᄡᅵ)〕, 입때〔이+때(ᄢᅢ)〕'와 같이 합성어를 이룰 때 'ㅂ'이 덧나는 현상을 ㅂ계 합용 병서의 음가가 자음군이라는 가설의 근거로 제시하기도 한다.

그러나 ㅂ계 합용 병서가 현대 국어의 경음에 대응되는 데다가 현대 국어에서는 자음군 발음이 불가능하다는 점 때문에 ㅂ계 합용 병서의 음가를 경음으로 보기도 한다. 이 경우에는 다른 경음 표기와의 차별성이 문제가 되는데, 이에 대한 연구 결과가 발표되어 있지만 간단하게 옮길 수 없어 설명은 생략하기로 한다.

일반적으로 'ㅸ'의 음가는 양순 유성 마찰음 /β/로, 'ㅿ'의 음가는 치경 유성 마찰음 /z/로 본다. 여기에다가 '몰애〔沙〕, 올오(올-+-고)'와 같이 분철 표기된 'ㅇ'의 음가를 후두 유성 마찰음 /ɦ/로 보기도 하는데, 이처럼 중세 국어 시기에 유성 자음이 음소로서의 지위를 가지고 있었는지에 대해서는 논란이 있다.

만약 현대 국어와는 달리 중세 국어의 자음들이 유무성 대립을 이루고 있었다면 파열음 계통에서 체계적인 유무성 대립이 있어야 하는데 그렇지 못한 데다가, 유성음으로 주장되는 것들이 모두 무성음이 약화된 것으로 추정되는 음이어서 이들이 서로 대등하게 음소로서 대립 관계를 이루었다고 보기 어려운 면이 있다. 이에 'ㅸ'의 경우에는 자음으로서의 음가를 인정하기보다는 공명음 사이에서 /p/가 탈락하거나 /w/로 약화된 현상을 반영한 표기로 해석하기

도 한다. 'ㅿ'의 경우에도 유성 자음이라기보다는 구개성 자질을 가진 /j/의 음
가를 가진 것으로 해석하기도 하며, 분철 표기에 사용된 'ㅇ'의 경우에도 구체
적인 음가가 있다기보다는 공명음 사이에서 /k/가 탈락하였다는 정보를 반영
한 표기로 해석하기도 한다.

한편 중세 국어에서 음절 말의 'ㅅ'이 현대 국어처럼 [t]로 불파되지 않고
[s]로 외파되었다고 보는 것이 일반적인데, 그 근거는 다음과 같다.

> 그러나 'ㄱ, ㆁ, ㄷ, ㄴ, ㅂ, ㅁ, ㅅ, ㄹ'의 여덟 자로 족히 사용할 수 있다. '빗곶〔梨
> 花〕', '영의갗〔狐皮〕'은 'ㅅ' 자로 통용할 수 있으므로 'ㅅ' 자만 쓴다. (然ㄱㆁㄷㄴㅂㅁ
> ㅅㄹ八字可足用也。如빗곶爲梨花。영의갗爲狐皮。而ㅅ字可以通用。故只用ㅅ字。) (『훈민정음
> 해례』「종성해」)

「종성해」에서는 음절 말에서 8개의 종성자만 사용해도 충분하다고 밝히고
있는데, 이 중 'ㅅ'이 포함된 것은 당시에 'ㅅ'이 제 음가대로 [s]로 발음되었기
때문이라는 해석이 지배적이다. 그러나 종성해의 또 다른 부분에서는 다음과
같이 음절 말의 'ㅅ'이 입성으로서 불파된다고 설명하고 있어 종성 'ㅅ'이 [s]
로 발음되었다는 해석과 배치된다.

> 소리에는 느리고 빠름의 차이가 있어, 평성, 상성, 거성은 그 종성이 입성의 촉
> 급함과 같지 않다. 불청불탁자는 그 소리가 세지 않으므로 음절 말에 사용하면 평
> 성, 거성, 상성에 해당한다. 전청자, 차청자, 전탁자는 그 소리가 세므로 음절 말에
> 사용하면 입성에 해당한다. 'ㆁ, ㄴ, ㅁ, ㅇ, ㄹ, ㅿ' 여섯 자는 평성, 상성, 거성의 종
> 성이 되고 나머지는 모두 입성의 종성이 된다. (聲有緩急之殊。故平上去其終聲不類入聲
> 之促急。不淸不濁之字。其聲不厲。故用於終則宜於平上去。全淸次淸全濁之字。其聲爲厲。故用於
> 終則宜於入。所以ㆁㄴㅁㅇㄹㅿ六字爲平上去聲之終。而餘皆爲入聲之終也。) (『훈민정음해례』
> 「종성해」)

위의 설명에서 입성은 음절 말 불파를 의미하는데, 음절 말에서 'ㆁ, ㄴ, ㅁ, ㅇ, ㄹ, ㅿ' 이외의 자음은 모두 입성이 된다고 하였으니, 'ㅅ'이 음절 말에서 [t]로 불파되었다는 의미가 된다. 'ㅅ'이 음절 말에서 불파되었을 것이라는 추정은 '머릿터럭, 나뭇가지'와 같은 사이시옷 표기를 통해서도 가능하다. 이 때문에 'ㅅ'이 음절 말에서 [s]로 외파되지 않고 현대 국어처럼 [t]로 불파되었다고 보는 의견도 만만치 않다.

다음으로 모음에 대해 살펴보자. 「제자해」에서는 중성 11자 중 'ㆍ, ㅡ, ㅣ'는 각각 하늘과 땅과 사람을 본떴다고 설명한다. 이것들을 하나씩 조합하여 초출자(初出字) 'ㅗ, ㅏ, ㅜ, ㅓ'를 만들고 다시 이를 바탕으로 재출자(再出字) 'ㅛ, ㅑ, ㅠ, ㅕ'를 만들었다. 나머지 모음자에 대해서는 「중성해」에 다음과 같이 소개가 되어 있다.

① 두 글자를 합한 것(二字合用)

　ㅘ, ㆇ, ㅝ, ㆊ

② 한 글자로 된 중성을 'ㅣ'와 합한 것(一字中聲之與ㅣ相合)

　ㆎ, ㅢ, ㅚ, ㅐ, ㅟ, ㅔ, ㆉ, ㆓, ㆌ, ㆖

③ 두 글자로 된 중성을 'ㅣ'와 합한 것(二字中聲之與ㅣ相合)

　ㅙ, ㅞ, ㆈ, ㆋ

이 중 ②와 ③은 현대 국어와 음가가 다르다. 이것들은 모두 /j/가 포함된 하향 이중 모음으로 해석된다. 즉, ②의 모음자들은 하향 이중 모음 [ʌj], [ij], [oj], [aj], [uj], [əj], [joj], [jaj], [juj], [jəj]로, ③의 모음자들은 [waj], [wəj], [jwaj], [jwəj]로 발음되었을 것으로 본다.

②와 ③의 음가를 대등한 모음의 결합으로 보아 각각 [ʌi], [ii], [oi], [ai], [ui], [əi], [joi], [jai], [jui], [jəi]와 [wai], [wəi], [jwai], [jwəi]로 보는 견해도 있다. 'ㆈ'와 'ㆋ'는 이론적으로는 가능한 발음이지만, 실제로 고유어 표기에 사용되지는 않았다.

중세 국어의 초분절 음소로는 성조를 들 수 있다. 중세 국어의 성조에는 평성(平聲), 상성(上聲), 거성(去聲), 입성(入聲)이 있다. 입성은 앞서 언급한 대로 음의 높낮이와 상관없이 음절 말 자음이 불파되는 경우에 해당한다. 즉, 음절 말 자음이 [p], [t], [k]로 발음되는 경우를 말한다. 평성은 낮은 소리로, 글자의 왼쪽에 점을 찍지 않는다. 거성은 높은 소리로, 글자의 왼쪽에 점을 하나 찍는다. 상성은 처음은 낮고 나중은 높은 소리로, 글자의 왼쪽에 점을 두 개 찍는다. 현재는 경상도를 중심으로 일부 지역에만 성조가 남아 있고 중부 지방에서는 성조가 사라졌다. 다만 중세 국어의 상성이 중부 지방에서는 대체로 장음으로 실현되는 양상을 보인다.

음절

한 번에 소리 낼 수 있는 최소의 소리 단위를 '음절'이라고 한다. 서양의 알파벳과는 달리 우리말은 초성자, 중성자, 종성자를 모아 쓰기 때문에 국어 화자들은 음절에 대한 인식이 비교적 뚜렷한 편이다. 이 모아쓰기 때문에 우리말에서는 글자 수와 음절 수가 항상 같다.

장마철에는 비가 많이 오고 습도가 높다.
[장마처레는 비가 마니 오고 습또가 놉따]

그런데 주의할 점은 글자가 곧 음절은 아니라는 것이다. 이는 한글 맞춤법에서 우리말을 소리대로 적되 어법에 맞도록 하고 있기 때문이다. 어법에 맞도록 적는다는 것은 형태소를 구별하여 적는다는 것을 의미하며, 이 때문에 표기와 발음이 일치하지 않는 경우가 많다. 예를 들어, 위 문장에서 첫 어절의 표기는 '장마철에는'이지만 발음은 '장마처레는'이어서 글자와 음절이 일치하지 않는다.

우리말 음절의 특징을 살펴보면 다음과 같다. 첫째, 우리말에는 음절 첫머리나 끝에서 자음이 하나만 발음된다는 제약이 있다.

스트라이크(strike), 트럭(truk), 디스크(disk)

영어의 'strike, truk, disk'는 모두 모음이 하나로서 한 음절로 이루어진 단어이다. 그런데 영어에서는 'str, tr, sk'와 같이 음절 초나 말에 자음이 두세 개 연달아 올 수 있다. 이를 자음군이라고 한다. 그러나 우리말에서는 음절 초나 말에서 자음이 하나밖에 발음될 수 없기 때문에 다음과 같이 자음과 자음 사이에 모음 'ㅡ'를 집어넣어 음절 수가 늘어나게 된다.

t r ʌ k ⇨ t ɨ r ə k

⋮ ⋮ ⋮ ⋮   ⋮ ⋮ ⋮ ⋮ ⋮

C C V C   C V C V C (C=자음, V=모음)

음절 말에서 자음이 하나만 발음되는 것도 이러한 제약 때문이다. 과거에 '돓'이라고 적었던 것을 현재 '돌'이라고 적는 것은 이러한 현상이 아예 표기에 반영된 것이다. 그러나 대부분의 단어에서는 이러한 발음의 양상을 표기에 반영하지 않는다.

닭[닥], 몫[목], 값[갑], 외곬[외골]

둘째, 음절 말에서는 [ㄱ], [ㄴ], [ㄷ], [ㄹ], [ㅁ], [ㅂ], [ㅇ(ŋ)] 등 일곱 개의 자음만 발음된다. 이 일곱 소리의 공통점은 발음이 폐쇄 상태로 끝난다는 것이다. 파열음인 [ㄱ], [ㄷ], [ㅂ]는 발음을 할 때 마지막 단계에서 개방이 일어나지 않고, 비음인 [ㄴ], [ㅁ], [ㅇ(ŋ)]은 발음을 할 때 공기가 비강으로 통하기는 하지만 구강에서는 역시 [ㄱ], [ㄷ], [ㅂ]와 마찬가지로 개방이 일어나지 않는다. [ㄹ]는 종성으로 발음할 때 혀가 윗잇몸을 막아 구강의 중앙 부위가 폐쇄 상태로 계속 유지된다. 이렇게 개방이 일어나지 않는 폐쇄 상태를 '불파(不破)'라고 한다. 반면에 개방이 일어나는 상태를 '외파(外破)'라고 한다.

우리말에서는 종성의 발음이 불파되지만, 영어에서는 외파된다. 영어 단어 'cat'을 발음할 때 우리는 종성을 불파시켜 [캔]으로 발음하지만, 영어 화자들은 't'를 발음할 때 개방이 일어나 [t]가 약하게 들리기도 한다. 이 때문에 영어 화자가 우리말 단어 '밥'을 발음할 때 종성의 [ㅂ]를 외파시키는 경우가 있는데, 이럴 때에는 과감하게 또한 정중하게 '밥'을 발음하고 나서 입을 다물라고 말해 주면 된다. 종성이 불파되는 이러한 특징은 음운 현상 중 평파열음화 현상과 깊은 관련이 있다.

셋째, [ㅇ(ŋ)]을 초성으로 발음할 수 없다. 우리말의 모든 자음은 초성으로 발음할 수 있지만 [ㅇ(ŋ)]만은 초성으로 발음할 수 없다. 이는 대부분의 언어도 마찬가지이다. 다만 베트남어와 같이 일부 동남아시아어에서는 [ㅇ(ŋ)]을 초성으로 발음하기도 한다.

▼ 더 생각해 보기

1. 한글은 다음과 같이 초성자, 중성자, 종성자를 모아 쓴다. 아래의 표기를 영어의 표기처럼 풀어 써 보자.

   • 푸른 하늘 은하수
   • 고요한 아침의 나라
   • 나랏 말쏨이 중국과 달라

2. 위의 표기를 풀어 쓸 때 불필요한 자음자나 모음자가 없는지 생각해 보자.

3. 다음 노래 가사를 거꾸로 불러 보고 한글을 풀어 쓰지 않고 모아 쓰는 이유에 대해 생각해 보자.

   산토끼 토끼야 어디를 가느냐
   깡충깡충 뛰면서 어디를 가느냐

음운 현상

우리말에는 매우 다양한 음운 현상이 있다. 일반적으로 음운이 통시적으로 바뀌는 것을 '음운 변화'라고 하고, 공시적으로 바뀌는 것을 '음운 변동'이라고 한다. 공시적이냐 통시적이냐에 대한 구별 없이 음운이 바뀌는 현상을 일반적으로 음운 현상이라고도 한다.

우리말의 음운 현상을 몇 가지 유형으로 분류하면 다음과 같다.

교체 현상: 한 음소가 다른 음소로 바뀌는 것.
탈락 현상: 있던 음소가 없어지는 것.
첨가 현상: 없던 음소가 생겨나는 것.
축약 현상: 둘 이상의 음소가 하나로 합쳐지는 것.

다음 표현을 밑줄 친 부분의 발음에 유의하며 발음해 보자.

보기 좋은 한여름 시골의 넉넉한 인심
　　　[조은][한녀름]　　　[넝너칸]

위의 표현에는 교체, 탈락, 첨가, 축약 현상이 모두 반영되어 있다. '좋은'[조은]에서 /ㅎ/가 발음되지 않는 것은 탈락 현상이고, '한여름'[한녀름]에서 /ㄴ/가 생겨나는 것은 첨가 현상이다. '넉넉한'[넝너칸]에서 첫음절 종성 /ㄱ/가 [ㅇ(ŋ)]으로 바뀌는 현상은 교체 현상에 해당하고, 둘째 음절 종성 /ㄱ/와 셋째 음절 초성 /ㅎ/가 [ㅋ]로 합쳐진 것은 축약 현상에 해당한다.

더 알아보기

음운 현상의 분류

제7차 교육과정의 고등학교 『문법』 교과서에서는 음운 현상을 '교체, 동화, 축약, 탈락, 첨가'로 분류하였다. 교과서의 설명에 따르면, 여기에서의 '교체'는 어떤 음운이 형태소의 끝에서 다른 음운으로 바뀌는 현상을 말하고, '동화'는 한쪽의 음운이 다른 쪽 음운의 성질을 닮는 현상을 말한다. 이에 따라 /옷/이 [온]으로 발음되는 현상은 전자에 속하는 것으로, /옷만/이 [온만]으로 발음되는 현상은 후자에 속하는 것으로 보았다.

그런데 이 두 현상은 /ㅅ/가 [ㄷ] 또는 [ㄴ]라는 다른 음으로 바뀐다는 점에서 사실상 같은 유형에 속하는 현상으로 파악된다. 이에 따라 제7차 교육과정 이후의 교과서에서는 이러한 분류를 따르지 않고, 속성이 다른 '동화'를 제외하고 음운 현상을 '교체(대치), 탈락, 축약, 첨가'로 분류한다. 이 분류에 따르면 앞서 말한 두 현상은 공통적으로 '교체(대치)' 현상에 속하게 된다.

한편 '교체'라는 용어가 형태론의 이형태 교체와 혼동될 수 있다는 이유로 '대치'라는 용어를 대신 사용하기도 한다. 그러나 기술의 전후 맥락을 따질 때 이 두 개념이 혼동될 가능성이 거의 없는 데다가 '대치'보다 '교체'라는 용어가 더 보편적이라는 점을 고려할 때 '교체'라는 용어를 사용해도 큰 문제는 없을 듯하다. '교체'라는 용어는 한 음소가 다른 음소로 바뀐다는 개념을 잘 전달하지만, '대치'라는 용어는 서로 맞서 버틴다는 의미를 떠올리기 쉬워 오히려 혼란을 일으킬 수 있다.

1——교체 현상

우리말의 교체 현상으로는 평파열음화 현상, 유음화 현상, 비음화 현상, 구개음화 현상, 경음화 현상, 양순음화 현상, 연구개음화 현상, ㅣ역행 동화 현상, ㅣ순행 동화 현상 등 매우 다양한 현상이 있다.

1) 평파열음화 현상

음절 구조상 자음은 음절의 초성이나 종성으로 발음된다. 그런데 우리말의 초성과 종성은 실제로 발음되는 자음의 목록에서 차이를 보인다. 우리말의 음절 초에서는 모든 자음이 발음될 수 있지만, 음절 말에서는 특정 자음만 발음된다. 다음의 예를 보자.

빗, 빚, 빛

위의 단어들은 받침의 표기가 각각 다르지만, 발음은 모두 [빋]으로 종성이 동일하게 발음된다. 음절 말에서 /ㅅ/, /ㅈ/, /ㅊ/가 제 음가대로 발음되지 못하는 것인데, 이는 앞서 살펴본 종성 제약 때문이다. 즉, 우리말의 음절 말에서는 자음이 폐쇄 상태를 개방하지 않고 소리 난다는 제약의 적용을 받는 것이다.

/ㅅ/, /ㅈ/, /ㅊ/가 음절 말에서 제 음가대로 발음되지 못하는 구체적인 이유는 다음과 같다. 먼저 /ㅅ/는 마찰음으로서 공기를 계속 흘려보내면서 내는 소리인데, 우리말의 음절 말에서는 구강의 공깃길이 폐쇄되기 때문에 마찰음을 제 음가대로 발음할 수 없다. /ㅈ/와 /ㅊ/는 파찰음으로서 개방 단계에서 마찰이 수반되는 소리인데, 역시 음절 말에서 폐쇄 상태가 개방되지 않기 때문에 파찰음의 음가가 제대로 실현될 수 없다. 이 때문에 음절 말에서 /ㅅ/, /ㅈ/, /ㅊ/는 제 음가를 잃고 모두 파열음 [ㄷ]로 발음된다. 이때 파열음 [ㄷ]는 개방 단계가 생략된 불파음이다.

부엌, 밑, 밭, 숲, 앞

위의 단어들도 마찬가지이다. 표기상으로는 'ㅋ, ㅌ, ㅍ'과 같이 받침이 서로 다르지만, 실제 발음은 [부억], [믿], [받], [숩], [압]으로 실현된다. /ㅋ/, /ㅌ/, /ㅍ/는 모두 거센소리로 개방 단계에서 성문을 통해 많은 공기를 배출하는 소리이다. 그런데 음절 말에서 역시 폐쇄 상태가 개방되지 않기 때문에 제 음가대로 발음되지 못하고 예사소리의 불파음인 [ㄱ], [ㄷ], [ㅂ]로 소리 난다.

깎다, 있다

위의 예들도 마찬가지이다. 경음은 후두의 근육을 긴장시켰다가 개방할 때 소량의 공기를 내보내며 내는 소리인데, 우리말의 음절 말에서는 폐쇄 상태가 개방되지 않기 때문에 음절 말에서 경음의 음가가 실현될 수 없다.
이러한 식으로 따지면, 우리말의 음절 말에서 제 음가가 실현될 수 있는 소리는 [ㄱ], [ㄴ], [ㄷ], [ㄹ], [ㅁ], [ㅂ], [ㅇ]뿐이다. 따라서 이외의 자음이 음절 말에 오게 되면 이 일곱 소리 중 하나로 바뀌게 되는데, 이러한 현상을 '평파열음화 현상'이라고 한다. 이 현상을 학교 문법에서는 '음절의 끝소리 규칙'이라고 한다. 이 제약에 따른 음소의 변동 내용을 구체적으로 제시하면 다음과 같다.

/ㅋ/, /ㄲ/ → [ㄱ]
/ㅅ/, /ㅆ/, /ㅈ/, /ㅊ/, /ㅌ/, /ㅎ/ → [ㄷ]
/ㅍ/ → [ㅂ]

위와 같이 이 현상의 적용 결과는 파열음의 평음, 즉 평파열음인 [ㄱ], [ㄷ], [ㅂ]로 귀결된다. 이 현상은 음절 초와는 달리 음절 말에서 폐쇄 상태가 다시 개방되지 않는 현상이기 때문에 기본적으로 조음 위치가 바뀌지 않는다. 다만 /ㅈ/, /ㅊ/의 경우에는 경구개 위치에 평파열음이 없기 때문에 조음 위치가 바

꿰어 인접 조음 위치의 [ㄷ]로 발음되고, /ㅎ/는 구강에서 정해진 조음 위치가 없기 때문에 가장 대표적인 평파열음인 [ㄷ]로 발음된다.

이 현상을 과거에는 '받침 법칙, 말음 법칙, 절음 법칙' 등 다양한 이름으로 불렀다. 이후 '말음'을 '음절의 끝소리'라는 순우리말로 바꾸고 여기에 '규칙'을 붙여 '음절의 끝소리 규칙'이라는 용어가 학교 문법의 용어로 자리를 잡게 되었다.

과거에 이 현상을 '말음 법칙' 등으로 다양하게 부르던 시기에는 음운 현상을 지금과 같이 '교체, 탈락, 첨가, 축약' 현상으로 분류하지 않았다. 그러다 보니 '말음 법칙'은 말 그대로 음절 말에서 일어나는 다양한 변동을 모두 아우르는 개념으로 사용되었다. 즉, 음절 말에서 일곱 개의 자음만 발음되는 현상뿐만 아니라 '닭'이 [닥]으로 발음되는 탈락 현상, '빛이'가 [비치]로 연음되는 현상까지도 포괄적으로 아우르는 개념으로 사용되었다.

그러나 지금은 음운 현상을 '교체, 탈락, 첨가, 축약' 현상으로 분류하기 때문에 과거와 같이 이 현상들을 하나의 범주로 묶기가 곤란하다. '빛'이 [빋]으로 발음되는 것은 교체 현상이지만 '닭'이 [닥]으로 발음되는 것은 탈락 현상이므로 성격이 다른 두 현상을 하나의 음운 현상으로 취급할 수 없는 것이다.

최근에는 이러한 문제점을 인식하고 평파열음화 현상만을 '음절의 끝소리 규칙'의 내용으로 다루기도 한다. 그러나 '음절의 끝소리 규칙'이라는 용어는 엄밀히 따지면 말 그대로 음절 말에서 적용되는 모든 음운 규칙을 가리키는 것으로 이해될 수 있으므로, 내용상 탈락 현상인 자음군 단순화 현상을 분리해 낸다 하더라도 평파열음화 현상에만 국한하여 이러한 용어를 사용하는 것은 적절하지 않다. 따라서 과거에 통합적인 관점에서 사용하던 '음절의 끝소리 규칙'이라는 용어를 과감하게 버리고 평파열음화 현상 또는 평폐쇄음화 현상이라고 부르는 것이 타당하다.

한편 이 현상은 우리말의 종성은 개방이 일어나지 않고 폐쇄 상태로 끝난다는 제약의 적용을 받는 것이므로, 이러한 특성을 살려 음운 제약의 측면에서 '대표음 제약'이나 '일곱 소리 제약' 등의 용어를 사용할 수도 있을 것이다.

이 현상은 외래어에도 그대로 적용된다. 외래어의 경우에는 발음뿐만 아니라 표기에도 영향을 미쳐, 외래어를 표기할 때에는 실제로 종성에서 발음되지 않는 'ㅈ, ㅊ, ㅋ, ㅌ, ㅍ, ㅎ' 등을 아예 받침으로 표기하지 않는다. 이러한 내용이 외래어 표기법 제3항에 잘 명시되어 있다.

　　　제3항 받침에는 'ㄱ, ㄴ, ㄹ, ㅁ, ㅂ, ㅅ, ㅇ'만을 쓴다.

과거에는 외래어 표기가 통일되지 못한 채 다양한 형태를 띠는 경우가 많았다. 아래 사진은 모두 1980년에 신문에 실린 광고이다. 같은 해에 실린 광고인데도 '케잌'과 '케익'으로 표기가 서로 다르다. 영어의 철자에 따라 '케잌'으로 적어도 발음은 어차피 [케익]이기 때문에 두 가지 표기가 공존하게 된 것이다.

그렇다면 둘 중 어느 것이 현행 표기법에 맞는 것일까? 정답은 외래어 표기법 제3장 제1절 제1항을 참고하기 바란다.

현행 외래어 표기법에 따르면 '커피숖, 디스켙, 슈퍼마켙, 스트라잌' 등의 표기는 모두 잘못된 것으로 다음과 같이 바꾸어 써야 한다.

커피숖→커피숍

디스켙→디스켓

슈퍼마켙→슈퍼마켓

스트라잌→스트라이크

평파열음화 현상은 발음과 관련된 것이기 때문에 표기 오류와는 크게 상관이 없다. 그러나 종성의 위치에서 몇몇 자음이 제 음가대로 발음되지 못하고 하나의 자음으로 발음되다 보니 간혹 표기에서 혼란을 보이기도 한다.

고등학교 동창 대여섯 명이 모여 구파발에 사는 친구 집에 놀러 갔다. 저녁을 먹고 텔레비전을 본 후 화투를 쳤다. 내가 첫판부터 다섯 판까지 내리 싹쓸이했다. 그러나 거기까지였다. 결국 나는 판돈 5천 원을 몽땅 잃었다. <u>첫끝발</u>이 <u>끝</u>까지 가질 못했다. (중략) 화투를 치다 보면 첫판을 승리한 사람이 결국 모든 것을 잃어버리는 것을 종종 보게 된다. 화투에서 첫판에 이긴 사람이 <u>끝판</u>에 가면 모든 것을 잃을 경우, 그것을 '<u>첫끝발</u>이 <u>개끝발</u>'이라고 한다.

위 글에는 '첫끝발, 끝, 끝판, 개끝발'과 같이 '끝'이라는 단어가 많이 사용되었다. 그런데 '첫끝발'과 '개끝발'은 표기가 잘못되었다. '첫끗발'과 '개끗발'이라고 해야 옳다. '끝'과 '끝판'은 '마지막'이라는 의미를 가지고 있으므로 '끝'으로 표기하는 것이 옳지만, '끗발'은 '노름에서 좋은 끗수가 잇따라 나오는 기세'를 의미하므로 '끗수'의 표기를 따라 '끗발'이라고 적는 것이 옳다. '끗수'는 '노름에서 셈을 치는 점수'를 의미하며, '마지막'을 의미하는 '끝'과는 관계가 없다. 단순히 '끝자리에 있는 수'를 의미할 때에는 '끝수'가 맞지만, 점수의 의미일 때에는 '끗수'가 맞다. 흔히 비유적으로 '끗발이 좋다'고 표현할 때에도 '끝발'이 아니라 '끗발'이라고 적는 것이 옳다.

새우젓 무침은 반찬이라기보다는 소스에 가깝죠? 하지만 맛있게 잘 무쳐진 새우젓은 젖갈 반찬으로도 손색이 없어요.

위 글에서는 '새우젖'과 '젖갈'이 잘못되었다. '젖'과 '젓'은 엄연히 의미가 다른데도 혼동하여 쓰는 경향이 있다. '우유'를 우리말로 '소젖, 쇠젖'이라고 하지 '소젓, 쇠젓'이라고 하지는 않는다. 마찬가지로 우리가 먹는 '새우젓'은 '젓갈'에 속하므로 '새우젖'이 될 수 없다.

외래어의 'ㅅ' 받침 표기

외래어 표기법에서 'ㄷ'이 아닌 'ㅅ'을 받침으로 쓰도록 한 이유는 무엇일까? 실제로 종성으로 발음되는 소리는 [ㅅ]가 아닌 [ㄷ]인데, 외래어 표기법에서는 'ㄷ'이 아닌 'ㅅ'을 받침으로 표기하도록 하고 있다. 그 이유는 'robot', 'market' 등 't'로 끝나는 영어 단어 뒤에 모음을 붙여 보면 [로보시], [마케슬]과 같이 종성이 /ㄷ/나 /ㅌ/가 아닌 /ㅅ/인 것처럼 발음되기 때문이다.

이러한 경향은 표준 발음은 아니지만 구어에서 어말의 /ㅈ/, /ㅊ/, /ㅌ/ 등이 모음과 결합할 때 [ㅅ]로 연음되는 현상과 관련이 있다. 예를 들어, 구어에서 '빛이', '빛을', '바깥이'를 각각 [비시], [비슬], [바까시]로 발음하는 경향이 있는데, 이러한 경향이 외래어의 기저형 형성에 영향을 미친 것으로 보인다.

실제로 표준 발음법 제16항은 한글 자모의 이름 중 'ㄷ, ㅈ, ㅊ, ㅋ, ㅌ, ㅍ, ㅎ'의 발음을 다음과 같이 제시하고 있는데, 이는 구어에서 어말의 /ㅈ/, /ㅊ/, /ㅌ/ 등을 [ㅅ]로 연음하는 현상과 관련이 있다. 그러나 '빛이', '꽃이'를 [비시], [꼬시]로 발음하는 것은 공식적으로 허용되지 않는다.

디귿이[디그시]	디귿을[디그슬]	디귿에[디그세]
지읒이[지으시]	지읒을[지으슬]	지읒에[지으세]
치읓이[치으시]	치읓을[치으슬]	치읓에[치으세]
키읔이[키으기]	키읔을[키으글]	키읔에[키으게]

티읕이[티으시]	티읕을[티으슬]	티읕에[티으세]
피읖이[피으비]	피읖을[피으블]	피읖에[피으베]
히읗이[히으시]	히읗을[히으슬]	히읗에[히으세]

2) 유음화 현상

유음은 자음 중에서 가장 부드러운 소리이다. 우리말의 유음 /ㄹ/는 구강에서 공기의 흐름이 완전히 차단되지 않기 때문에 다른 자음에 비해 상대적으로 울림이 크고 모음에 가까운 속성을 갖는다. 그런데 유음 /ㄹ/는 비음 /ㄴ/와 잘 어울리지 못하는 경향이 있다. 다음의 예를 보자.

신라(新羅)[실라] 권력(權力)[궐력] 윤리(倫理)[율리] 난로(煖爐)[날로]

위의 단어들은 모두 한자어로, /ㄴ/와 /ㄹ/의 연쇄가 [ㄴㄹ]로 발음되지 못하고 [ㄹㄹ]로 발음된다. 비음 /ㄴ/가 유음 /ㄹ/의 영향을 받아 [ㄹ]로 바뀌는 것으로, 이러한 현상을 '유음화 현상'이라고 한다. 다른 말로 '설측음화 현상'이라고 부르기도 한다. 위의 예들은 후행 자음인 /ㄹ/가 선행 자음인 /ㄴ/에 영향을 미친 결과 /ㄴ/가 선행 자음과 같은 소리인 [ㄹ]로 바뀐 것이다. 이 내용을 간단하게 기술하면 다음과 같다.

/ㄴㄹ/→[ㄹㄹ]

이처럼 어떤 소리가 다른 소리를 자신과 같거나 비슷한 소리로 바꾸는 현상을 '동화 현상'이라고 한다. 동화(同化)란 서로 같게 되거나 비슷하게 되는 것을 말한다.

동화가 일어날 때 앞에 있는 음이 뒤에 있는 음을 바꾸기도 하고, 뒤에 있는

음이 앞에 있는 음을 바꾸기도 한다. 이때 다른 음에 영향을 미치는 음을 '동화주(同化主)'라고 하고, 영향을 받아 다른 음으로 바뀌는 음을 '피동화주(被同化主)'라고 한다.

위의 경우에는 뒤에 있는 /ㄹ/가 앞에 있는 /ㄴ/를 [ㄹ]로 바꾸었다. 따라서 /ㄹ/가 동화주가 되고 /ㄴ/가 피동화주가 된다. 이렇게 뒤에 있는 음이 앞에 있는 음을 자신과 같거나 비슷한 소리로 바꿀 때 이를 '역행 동화'라고 한다. 역행 동화일 때에는 동화주가 피동화주 뒤에 위치한다. 반대로 동화주가 피동화주 앞에 있을 때에는 '순행 동화'라고 한다. 다음과 같이 유음 /ㄹ/는 뒤에 나오는 비음 /ㄴ/를 유음으로 바꾸기도 한다.

실내[실래]   열녀[열려]   설날[설랄]   달님[달림]

위의 예에서는 /ㄹ/와 /ㄴ/의 연쇄가 [ㄹㄹ]로 발음된다. 앞선 예들과 달리 선행 자음 /ㄹ/가 후행하는 비음 /ㄴ/를 [ㄹ]로 바꾸었으므로 이는 순행 동화에 속한다. 순행 유음화 현상은 한 형태소로 이루어진 한자어 내부에서 일어나지만, 역행 유음화 현상은 '실내(室內)'와 같은 단일 형태소 한자어 내부뿐만 아니라 '설날'과 같은 합성어에서도 일어난다.[1] 역행 유음화 현상을 간단하게 기술하면 다음과 같다.

/ㄹㄴ/→[ㄹㄹ]

이처럼 유음화 현상은 /ㄴ/와 /ㄹ/가 만날 때 앞뒤 순서와 상관없이 순행 동화와 역행 동화가 모두 일어난다. /ㄹ/가 /ㄴ/의 앞에 있든 뒤에 있든 동화주가 되어 /ㄴ/를 [ㄹ]로 바꾼다. 물론 이때 형태론적인 조건이 완전히 동일하지

---

1 한자 하나하나를 형태소로 보아 '신라'를 합성어로 보는 견해도 있으나 적어도 음운 현상과 관련해서는 '신라'는 합성어가 아닌 단일어이다. 이와 관련하여 440면에서 다룬 비음화 현상과 유음화 현상의 경쟁 관계를 참고하기 바란다.

는 않다. 앞서 살펴본 것처럼 순행 유음화 현상은 형태소 내부에서만 일어나지만, 역행 유음화 현상은 형태소 내부와 형태소 경계에서 모두 일어난다.

이렇게 /ㄴ/와 /ㄹ/가 만나 발음이 [ㄹㄹ]가 되더라도 이 발음을 표기에 반영하지는 않는다. '신라(新羅), 실내(室內)'와 같은 한자어들은 한자 고유의 발음이 정해져 있고 '설날, 달님' 등의 고유어는 '설'과 '날', '달'과 '-님'이라는 각 형태소가 명확하게 인식되기 때문이다.

더 알아보기

'술래'의 어원과 유음화 현상

유음화 현상은 표기에 반영되지 않는다고 했으나, 일부 단어들은 형태나 어원에 대한 인식이 희박해지면서 원래의 형태와는 다르게 실제 발음되는 대로 표기하기도 한다. 이와 관련하여 다음의 글을 읽어 보자.

지금 서울의 골목길 속에서 저녁때나 달밤이면 어린이들이 모여 재미있게 유희를 한다. 그 유희의 대개는 줄넘기 공기받기 술라잡기다. 줄넘기는 근래에 시작된 것이요 공기받기와 술라잡기는 예전부터 내려온 것이다.

그중에 술라잡기하는 것을 보면 여러 아이들이 모이어 숨고 찾아내는 장난이다. 옛 제도에 서울에는 술정(戌正, 오후 8시)이 되면 운종가(雲從街, 지금 종로)에 있는 종루(鐘樓)에서 종소리가 나면 사대문(四大門)을 닫고 통행을 금지하고 축초(丑初, 오전 0시 직후)가 되어 종루에서 또 종소리가 나면 사대문도 열고 통행금지가 해제된다. 술정 종소리가 나온 뒤에는 치안을 담당한 좌우 포청(捕廳)에서 가일층(加一層) 경계를 한다.

그 방식은 좌우 포장(捕將)의 지휘로 포교(捕校)와 나졸(羅卒)을 시켜 서울에 속한 48방(坊) 내 동리를 일일이 순회하며 수사하게 하는 것이요 나졸이 순회한다는 것을 순라(巡羅)라 약칭한 것이다.

또 병조(兵曹)에서는 즉관(郎官)이 청사사방정(靑紗四方灯)에다 홍색(紅色)으로 본병(本兵)이라고 써붙인 것을 앞세우고 병조 사령(兵曹使令) 두 명이 곤장(棍)을 메고 따라간다. 이것은 도순(都巡)이라 한다. 도순은 순라를 감시도 하고 범인을 즉결도 한다. 밤에 다니던 사람이 나졸에게 붙들리는 것을 순라에게 잡혔다는 것이다.

그중에도 약간 세력이 있는 사람은 순라에게 버티기도 하고 순라도 감히 손을 못 대지마는 도순에게 걸리면 아무리 용을 빼는 사람이라도 할 수 없이 당하는 것이다. 순라에 잡히면 붙들려 가서 경이나 치지마는(경 치는 것은 다음에 쓴다) 도순에게 잡히면 불문곡직(不問曲直)하고 길가에다 엎어놓고 곤장 십도(十度)를 때린 뒤에 처리(處理)는 나중에 하는 것이다.

예전 수수께끼에 '호랑이보다 더 무서운 것은 무엇이냐' 하면 '도순'이라는 대답이 있다. 그러므로 각 관청에 속한 사람들이 그날 입직(入直)한 관원의 물금체(勿禁帖, 지금 야간통행증 같은 것이나 당일 발행하는 것)가 없으면 도순에게는 못 면하는 것이다.

이외에도 순라잡기에 대한 유모아가 퍽 많지마는 이것으로 그치고 대체 이 장난은 군총(軍摠)이 많이 사는 동리에서 군총들이 아이들에게 순라가 사람을 잡는 예습을 시키려고 시작한 것이 온 서울 안에 퍼진 것이다.

— 김화진, 「고속금어(古俗今語) ④ 술라(巡羅)잡기」

위 글은 '술래잡기'의 유래를 설명하고 있다. 지금은 '술래'라고 하지만 1950년대까지만 해도 이를 '술라'라고 하였으며, 이 '술라'는 예전에 치안을 담당하던 나졸들이 거리를 순회하던 '순라(巡邏)'에서 유래하였다는 것이다.

여기에서 '순라'가 '술라'가 된 것은 역행 유음화 현상이 적용된 결과이다. 한자어 '巡邏'에 대한 인식이 약해지면서 발음 나는 대로 '술라'가 기저형으로 굳어지게 된 것이다. '술라'가 다시 '술래'가 되는 것은 일반적인 현상은 아니지만 '셜마(雪馬)〉썰마〉썰매', '딕파(推鉋)〉대파〉대패' 등의 유사한 예가 있다.

3) 비음화 현상

비음은 목젖(구개수)을 열어 공기를 코로 내보내며 내는 소리이다. 우리말의 비음에는 /ㄴ/, /ㅁ/, /ㅇ/이 있으며, 이 중 /ㅇ/은 초성으로는 발음되지 못하고 음절 말에서만 [ŋ]으로 발음된다. 그런데 이 비음이 다른 자음과 만날 때 그 자음의 음가가 바뀌는 경우가 있다. 다음의 전화 통화 내용을 살펴보자.

다솜: 지금 뭐 해?

우람: 밥 먹어.

다솜: 밤 먹는다고? 나 밤 좋아하는데.

우람: 밤이 아니라 밥 먹는다고.

다솜: 그래, 밤!

위의 대화에서 의사소통이 잘 되지 않은 이유는 다솜이가 '밥 먹는다'를 [밤 먹는다]로 들으면서 '밥'이 아닌 '밤'을 떠올렸기 때문이다. 그러나 누구에게 도 잘못은 없다. 이러한 음의 변화는 우리말에서 아주 자연스러운 현상이기 때 문이다. 다음의 예를 더 보자.

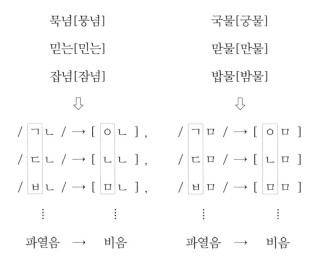

위의 예들을 보면 /ㄱ/, /ㄷ/, /ㅂ/가 /ㄴ/나 /ㅁ/ 앞에서 각각 [ㅇ], [ㄴ], [ㅁ]로 바뀐다. 이때 /ㄱ/, /ㄷ/, /ㅂ/는 파열음이고, /ㄴ/, /ㅁ/는 비음이다. 도 출형의 [ㅇ], [ㄴ], [ㅁ] 역시 비음으로, 각각 파열음인 /ㄱ/, /ㄷ/, /ㅂ/와 동일 한 조음 위치에서 발음되는 소리이다. 따라서 위의 현상은 파열음이 비음 앞에 서 동일 조음 위치의 비음으로 바뀌는 현상이라고 할 수 있다. 이때 파열음이 피동화주, 비음이 동화주가 되며, 동화의 방향으로는 역행 동화가 된다.

그런데 엄밀하게 말하면 피동화주가 파열음으로 한정되는 것은 아니다. 다음과 같이 마찰음과 파찰음도 피동화주가 되며, 평파열음이 아닌 격음과 경음도 이 규칙의 적용을 받는다.

옛날[옌날]   옷맵씨[온맵씨]

젖니[전니]   젖먹이[전머기]

윷놀이[윤노리]   꽃마차[꼰마차]

끝나다[끈나다]   겉모습[건모습]

앞날[암날]   앞모습[암모습]

위와 같이 음절 말의 /ㅅ/, /ㅈ/, /ㅊ/, /ㅌ/, /ㅍ/ 등이 다음 음절의 초성 /ㄴ/, /ㅁ/ 앞에서 [ㄴ]나 [ㅁ]로 바뀔 때에는 일반적으로 중간 단계를 거치는 것으로 본다. 즉, 음절 말에서 먼저 평파열음화 규칙의 적용을 받은 후 다시 비음화 규칙의 적용을 받아 최종 도출형이 생성된다고 보는 것이다.

/옛날/   →   /옏날/   →   [옌날]

/젖니/   →   /젇니/   →   [전니]

/꽃마차/   →   /꼳마차/   →   [꼰마차]

/끝나다/   →   /끋나다/   →   [끈나다]

/앞날/   →   /압날/   →   [암날]

     ⋮   ⋮

   평파열음화   비음화

이렇게 기저형에서 표면형이 도출될 때 여러 음운 규칙이 적용되기도 하는데, 대개 규칙들 간에 순서가 정해져 있는 경우가 많다. 이를 '규칙순'이라고 한다. 위의 경우에는 평파열음화 규칙이 먼저 적용된 후에 비음화 규칙이 적용된다.

비음화 현상이 일어나는 원인은 우리말 음절 말에서는 자음이 불파되기 때문이다. '톱날'을 예로 들면, 종성 /ㅂ/를 발음할 때 입술을 모았다가 개방을 하지 않고 다음 음절의 초성 /ㄴ/를 발음할 때 비로소 닫힌 입술을 개방하게 된다. 그런데 다음 음절의 /ㄴ/를 발음하기 위해서는 공기를 코로 내보내야 한다. 이를 위해 입술을 다문 상태에서 목젖을 열어 공기를 코로 흘려 보낸 다음 입술을 개방하면 자연스럽게 파열음 /ㅂ/가 비음 [ㅁ]로 소리 나게 된다. 이것이 바로 비음화 현상의 원리이다.

위의 비음화 현상은 역행 동화에 속한다. 앞서 살펴본 유음화 현상은 역행 동화와 순행 동화가 모두 가능했는데, 비음화 현상의 경우에는 어떨까? 비음화 현상도 순행 동화가 가능하다. 단, 비음화 현상은 유음화 현상과는 달리 역행 동화와 순행 동화의 음소 배열이 동일하지 않다.

범람[범남]　　삼류[삼뉴]　　심리[심니]
경로[경노]　　공로[공노]　　영리[영니]

위의 예들을 보면 비음 /ㅁ/와 /ㅇ/ 뒤에서 유음 /ㄹ/가 비음 [ㄴ]로 발음된다. 선행 자음인 비음에 의해 후행 자음인 유음이 비음으로 바뀌므로 순행 동화라 할 수 있다. 그런데 역행 동화 때와는 달리 피동화주가 유음 /ㄹ/로 한정된다는 점에서 차이를 보인다. 그래서 이러한 현상을 '/ㄹ/의 비음화 현상'이라고 따로 구별하여 부르기도 한다.

그런데 특이하게도 /ㄹ/의 비음화 현상은 비음이 아닌 파열음 뒤에서도 발생한다.

독립[동닙]　　백로[뱅노]　　법률[범뉼]　　섭리[섬니]

위의 예들을 보면 기저형에 비음이 없음에도 /ㄹ/가 비음 [ㄴ]로 바뀌고, 선행 자음인 파열음 또한 동일 조음 위치의 비음으로 바뀐다. 이처럼 기저형에 비음이 없음에도 두 자음이 모두 비음으로 바뀌는 이유는 무엇일까?

이는 음절 말 불파 현상과 초성 /ㄹ/의 조음 방법적인 특성이 종합적으로 작용한 결과로 볼 수 있다. 초성 /ㄹ/는 탄설음으로, 폐쇄되지 않은 상태에서 혀끝으로 재빠르게 윗잇몸을 한 번 치면서 내는 소리이다. 그런데 폐쇄 상태로 끝나는 불파음 뒤에서는 탄설음을 연이어 발음하기가 힘들다. 구강이 개방된 상태에서 시작해야 탄설음을 쉽게 발음할 수 있는데, 파열음은 음절 말에서 개방이 일어나지 않기 때문이다.

이 때문에 우리말에서는 /ㄱㄹ/, /ㅂㄹ/와 같은 파열음과 유음의 연쇄가 제 음가대로 발음되지 못한다. 파열음과 유음의 연쇄를 발음할 수 없기 때문에 조음 방법을 조절하는 방식을 취하게 되는데, 이때 사용하는 방법이 바로 두 음을 모두 비음으로 바꾸는 것이다.

더 알아보기

비음화 현상과 공명도 조건

파열음과 유음이 만나 모두 비음으로 바뀌는 현상을 공명도 조건으로 설명하기도 한다. 자음을 울림 정도에 따라 등급을 나누면 '장애음(파열음, 마찰음, 파찰음) < 비음 < 유음' 순으로 공명도가 높아진다. 그런데 우리말에서는 C_1C_2의 연쇄가 있을 때 (C_1은 선행 자음, C_2는 후행 자음) C_1의 공명도가 C_2의 공명도보다 크거나 같아야 한다는 조건이 있다. 이 조건이 충족되지 않으면 조건을 충족하는 방향으로 음의 교체가 일어나게 된다.

/ㄱㄹ/, /ㅂㄹ/의 연쇄에서는 C_1인 파열음의 공명도가 C_2인 유음의 공명도보다 작아 공명도 조건을 어기므로, 파열음의 공명도를 한 단계 높이고 유음의 공명도를 한 단계 낮춤으로써 두 음의 공명도를 중간 단계인 비음으로 일치시키게 된다. 그 결과 /ㄱㄹ/, /ㅂㄹ/ 연쇄가 [ㅇㄴ], [ㅁㄴ]으로 바뀌게 된다.

그런데 파열음과 유음의 연쇄가 결과적으로 비음으로 바뀌기는 하지만, 기

저형에 동화주로서 비음이 존재하지 않는다는 점에서 이 현상은 앞서 살펴본 비음화 현상과 차이가 있다. 기저형에 비음이 없다는 점 때문에 이를 동화 현상으로 인정하지 않는 견해도 있지만, 파열음과 유음의 연쇄가 불가능하다는 제약에 따라 이러한 현상이 발생하는 것이므로 음운론적인 동인은 명확하다고 할 수 있다.

앞서 비음 뒤에서 유음이 비음으로 바뀐다고 하였는데, 이때 유의해야 할 점은 비음이 /ㄴ/일 때에는 유음화 적용 환경과 비음화 적용 환경이 겹친다는 것이다. '신라'는 비음 뒤에 유음이 온다는 점에서 /ㄹ/의 비음화 규칙이 적용될 수 있는 환경이지만, 실제로는 [실라]와 같이 유음화 규칙이 적용된다. 그렇다면 어느 때 유음화 규칙이 적용되고, 어느 때 비음화 규칙이 적용되는 것일까? 이와 관련하여 다음 단어들의 발음을 비교해 보자.

신라 – 신라면
연료 – 강연료
인력 – 흡인력

위의 단어 쌍 중 왼쪽의 단어들은 /ㄴㄹ/의 연쇄가 [ㄹㄹ]로 유음화되지만, 오른쪽의 단어들은 [ㄴㄴ]로 비음화된다. 이 단어들의 차이점은 전자는 /ㄴ/와 /ㄹ/ 사이에 형태소 경계가 없지만, 후자는 /ㄴ/와 /ㄹ/ 사이에 형태소 경계가 있다는 것이다. '신라'[실라]는 '신'과 '라' 사이에 경계가 없지만, '신라면'[신나면]은 '신'과 '라면' 사이에 경계가 있다. '연료'와 '강연료', '인력'과 '흡인력'의 관계도 마찬가지이다. 이처럼 /ㄴ/와 /ㄹ/ 사이에 형태소 경계가 없을 때에는 유음화 현상이 적용되지만, /ㄴ/와 /ㄹ/ 사이에 형태소 경계가 있을 때에는 비음화 현상이 적용된다.

음운론, 공권력

그런데 위의 단어들은 사람에 따라 발음이 다르게 실현된다. '음운론'을 어떤 사람은 [으문논]이라고 발음하고, 어떤 사람은 [으물론]이라고 발음한다. '공권력'도 [공꿘녁] 또는 [공꿜력]으로 발음된다. 이 두 단어는 모두 /ㄴ/와 /ㄹ/ 사이에 형태소 경계가 있으므로 비음화된 [으문논]과 [공꿘녁]이 올바른 발음이지만, 유음화시켜 발음하는 이들이 많다. 이는 형태소 경계의 유무와 상관없이 개인의 인식에 따라 발음이 다를 수 있다는 점을 잘 보여 준다.

원룸, 인라인, 온라인

비음화 현상과 유음화 현상의 경쟁은 외래어에서도 마찬가지이다. 위의 단어들을 어떤 사람은 비음화된 발음으로, 어떤 사람은 유음화된 발음으로 소리 낸다. 앞서 언급하였듯이 객관적인 분석에서 경계를 인정할 수 있다 하더라도 화자의 인식에 따라 발음이 달라질 수 있는데, 외래어의 경우가 특히 그러하다.

외래어는 국어사전에 발음 정보가 제시되어 있지 않아 올바른 발음에 대한 정보를 얻을 수가 없다. 대개는 표기대로 발음하면 된다고 보지만, 위의 단어들은 표기대로 발음할 수가 없어 비음화나 유음화 중 하나를 적용해야만 한다. 외래어는 전통적으로 전해 내려오는 발음이 없을 뿐만 아니라 원어의 형태론적인 분석이 우리말에서도 유효하다고 볼 수 없어 표준 발음을 결정하기가 쉽지 않다.

유음화 현상과 마찬가지로 비음화 현상의 경우에도 실제 발음을 표기에 그대로 반영하지 않는다. '묵념(黙念), 잡념(雜念)' 등의 한자어에서는 고유한 한자음대로 표기하며, '국물, 믿는, 윷놀이' 등의 고유어는 형태소의 원형을 밝혀 적는 것이 원칙이다.

그러나 원래의 형태나 어원에 대한 인식이 희박해진 경우에는 발음되는 대로 표기하기도 한다. 대표적인 예로 '장난'을 들 수 있다. '장난'은 한자어 '작란(作亂)'에서 온 말로, 원래는 글자 그대로 '난리를 일으키다' 정도의 의미로 사용되었다. 옛 문헌을 보면 다른 나라와 싸우기 위해 군사를 일으키거나 도적

떼가 난리를 일으키는 것을 '작란'이라 하였다. 그런데 이 단어가 현재는 '재미나 심심풀이로 하는 짓' 정도로 의미가 축소되면서 '난리를 일으키다'라는 본래의 의미에서 멀어지게 되었고, 이에 따라 어원 의식이 희박해져 결국 발음되는 대로 '장난'으로 표기가 바뀌었다.

'공권력'의 발음

勞使분규와 公權개입

"公權 불개입 원칙"

公權과 公金의 무게

흔히 '공권력'을 '공'과 '권력'이 결합한 것으로 생각하여 [공꿜력]으로 발음하는 경향이 있다. 그러나 이 단어는 '공권'과 '-력'이 결합한 것이다. 지금은 잘 사용하지 않지만, 1980년대까지만 하더라도 '공권'이라는 단어를 흔히 사용했었다. 왼쪽 사진은 1980년대 신문 기사의 제목이다. 이 제목을 통해 '공권'이라는 단어가 일반적으로 사용되었다는 사실을 잘 알 수 있다. '공권력'의 표준 발음이 [공꿜력]이 아니라 [공꿘녁]인 것은 바로 이러한 이유 때문이다.

▼ 더 생각해 보기

1. 다음 단어들을 발음해 보자.

   대관령(大關嶺), 신선로(神仙爐), 노근리(老斤里), 여민락(與民樂)

2. 위 단어들의 올바른 발음을 조사해 보고 그 근거를 생각해 보자.

4) 구개음화 현상

비음화 현상과 유음화 현상은 한 자음이 인접한 다른 자음의 조음 위치를 닮아 바뀐다는 점에서 자음 간의 동화 현상이라고 할 수 있다. 그런데 이렇게 인접한 음의 조음 위치에 영향을 받는 현상이 항상 자음 사이에서만 발생하는 것은 아니다. 자음과 모음이 인접할 때 후행하는 모음에 의해 선행하는 자음의 조음 위치가 바뀌는 경우도 있다.

철수: 우리 같이 동해안으로 해돋이를 보러 가자.
영희: 피곤한데 굳이 멀리 가서 해 뜨는 걸 봐야 해?

위의 예를 보면 음절 말의 /ㄷ/, /ㅌ/가 다음 음절의 모음 /ㅣ/ 앞에서 [ㅈ], [ㅊ]로 바뀌는 것을 알 수 있다. 이러한 현상을 '구개음화 현상'이라고 한다. 이는 자음의 조음 위치가 모음의 조음 위치를 따라 치경에서 경구개로 이동한 것이다.

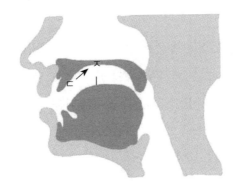

그런데 /ㄷ/, /ㅌ/가 /ㅣ/와 결합할 때 항상 [ㅈ], [ㅊ]로 바뀌는 것은 아니다. 다음의 예들은 이러한 규칙의 적용을 받지 않는다.

곧이어[고디어], 밭일[반닐], 홑이불[혼니불], 겉잎[건닙]

위의 예들이 구개음화 규칙의 적용을 받지 않는 것은 /ㅣ/가 문법 형태소가 아닌 어휘 형태소에 속하기 때문이다. '잇-(활용형은 '이어'), 일, 이불, 잎'은 모두 어휘 형태소에 속한다. 이처럼 /ㄷ/, /ㅌ/가 /ㅣ/와 결합하더라도 /ㅣ/가 어휘 형태소에 속할 때에는 구개음화 현상이 일어나지 않는다. 즉, 구개음화 현상은 /ㄷ/, /ㅌ/가 접미사, 조사, 어미와 같은 문법 형태소에 속하는 /ㅣ/와 결합할 때에만 일어난다.

내가 어렸을 때 집 주변에 논이랑 <u>밭이랑</u> 많이 있었는데, 봄이 되면 아버지가 <u>밭이랑에</u> 씨를 뿌리던 모습이 아직도 눈에 선하다.

위 문장에서 첫 번째의 '밭이랑'과 두 번째의 '밭이랑'은 발음이 다르다. 전자는 명사 '밭'에 조사 '이랑'이 붙었기 때문에 구개음화 규칙이 적용되어 [바치랑]이 되지만, 후자는 명사 '밭'에 명사 '이랑'이 결합하여 합성어가 되었기 때문에 구개음화 규칙이 적용되지 못하고 /ㄴ/가 첨가되어 [반니랑]으로 발음된다.

이렇게 구개음화 현상은 음운론적인 조건뿐만 아니라 형태론적인 조건까지도 충족해야 한다. /ㄷ/, /ㅌ/와 /ㅣ/가 연쇄되더라도 다음과 같이 고유어나 외래어의 형태소 내부에서는 구개음화 규칙이 적용되지 않는다.

잔디, 마디, 견디다, 느티나무, 티끌
디지털, 디자인, 보디가드, 멀티미디어

그런데 구개음화 현상이 처음 발생할 당시에는 매우 강력한 힘을 가져 형태소 경계뿐만 아니라 형태소 내부에서도 예외 없이 규칙이 적용되었다. 다음의 예들은 형태소 내부에서 구개음화 현상이 일어나 통시적으로 기저형이 바뀐 것이다.

디다 > 지다	건디다 > 건지다	딜그릇 > 질그릇	모딜다 > 모질다
티다 > 치다	텬디(天地) > 천지	걸티다 > 걸치다	멸티 > 멸치

근대 국어 시기에는 구개음화 현상이 형태론적인 조건을 따지지 않고 강력한 힘을 발휘하여 / ㅣ /에 선행하는 /ㄷ/, /ㅌ/를 예외 없이 [ㅈ], [ㅊ]로 바꾸었다. 그 결과 구개음화된 발음이 기저형으로 굳어져 현대 국어에서는 '디', '티' 음절을 가진 단어를 거의 찾아 볼 수 없게 되었다. 그럼에도 불구하고 현대 국어에 '잔디, 마디, 견디다, 티끌, 느티나무'와 같은 단어가 남아 있는 것은 구개음화 규칙이 활발하게 적용될 당시에 이 단어들은 구개음화 규칙의 적용 조건을 갖추지 못하였기 때문이다.

쟘쀠 > 잔듸 > 잔디	ᄆᆞ듸 > 마듸 > 마디
견듸다 > 견디다	드틀 > 틧글 > 티끌
누튀 > 느틔나모 > 느티나무	

위의 변화 과정에서 보듯이 원래 이 단어들은 /ㄷ/, /ㅌ/ 뒤에 오는 모음이 /ㅟ/, /ㆍㅣ/, /ㅢ/와 같은 모음이어서 구개음화 규칙의 적용 대상이 아니었다. 그러다가 형태소 내부에서 구개음화 현상이 세력을 잃은 후 단모음화에 의해 모음이 'ㅣ'로 바뀌어 지금과 같이 단어 내부에 '디, 티'를 유지할 수 있게 된 것이다. 이는 구개음화 현상이 현대 국어에서는 형태소 내부에서 적용되지 않는다는 것을 의미한다.

한글 맞춤법 제6항은 "'ㄷ, ㅌ' 받침 뒤에 종속적 관계를 가진 '-이(-)'나 '-히-'가 올 적에는 그 'ㄷ, ㅌ'이 'ㅈ, ㅊ'으로 소리 나더라도 'ㄷ, ㅌ'으로 적는다."라고 하여, 구개음화 현상을 표기에 반영하지 않는다는 점을 분명히 하고 있다. 그럼에도 어린 학생들의 경우 '굳이'를 소리 나는 대로 '구지'로 잘못 쓰는 경향이 있다.

한편 어원 의식이 희박해지면서 구개음화 규칙이 적용된 발음을 표기에 그대로 반영하는 경우도 있다. '고슴도치'가 대표적인 예이다. 중세 국어에서는 이를 '고솜돝'이라고 하였는데, 뒤에 '-이'가 결합하면서 구개음화된 발음이 표기로 굳어져 '고솜도치'를 거쳐 지금의 '고슴도치'가 되었다. '고솜돝'에서 '돝'은 예전에 '돼지'를 뜻하던 말이었으며, '고솜'은 어원이 불분명하다.

'고치다'도 마찬가지이다. 일반적으로 '고치-'는 어간 '곧-'에 사동 접미사 '-히-'가 결합한 구성에서 유래한 것으로 보는데, 이러한 구성이 '고치-'가 된 것은 구개음화 현상이 표기에 반영된 결과라 할 수 있다. 한글 맞춤법 제22항에서는 " '-이-, -히-, -우-'가 붙어서 된 말이라도 본뜻에서 멀어진 것은 소리대로 적는다."라고 하면서 그 예로 '고치다'를 제시하였다. 이를 통해 우리는 '고치다'의 원래 의미가 '곧게 하다'라는 점을 알 수 있다.

5) 경음화 현상

기저의 평음이 경음으로 바뀌어 발음되는 현상을 '경음화 현상'이라고 한다. 이 경음화 현상을 학교 문법에서는 '된소리되기'라고 한다. 경음화 현상에는 다양한 유형이 있는데, 경음의 도출을 필연적으로 설명할 수 있는 유형도 있지만, 그렇지 않은 경우가 더 많다. 그렇다 보니 각 유형의 규칙을 구체적으로 교수·학습하기가 쉽지 않다.

이러한 이유 때문인지 경음화 현상을 음운 현상으로 다루지 않은 교과서가 많은 편이다. 그러나 우리말의 발음에 내재된 원리와 규칙을 파악한다는 음운 교육의 목표를 생각한다면, 유형이 다양하고 내용이 복잡하더라도 학습자의 수준에 맞게 경음화 현상의 규칙과 원리를 교육할 필요가 있다.

경음화 현상은 일상생활에서 매우 친숙한 현상일 뿐만 아니라 표준 발음 및 한글 맞춤법 표기와도 밀접한 관련이 있으므로 학교에서 기본적인 교육이 이루어져야 한다. 표준 발음의 경우 단어 개별적으로 오류가 발생하는 경우가 많고, 맞춤법과 관련해서는 경음 표기뿐만 아니라 사이시옷 표기와도 관련하여 오류가 많이 발생하고 있다. 따라서 각 유형별로 규칙이나 원리를 설명하면서 일상생활에서 틀리기 쉬운 예를 제시함으로써 경음화 현상이 실생활과 밀접한 관련이 있다는 점을 상기시킬 필요가 있다.

경음화 현상의 각 유형은 다음과 같다.

(1) 평파열음 뒤의 경음화

우리말에서는 평파열음 뒤에서 다음 음절의 초성이 평장애음일 경우 이 평장애음이 경음으로 발음된다. 좀 더 구체적으로 살펴보면, 다음과 같이 파열음 종성 /ㄱ/, /ㄷ/, /ㅂ/ 뒤에서 평장애음 /ㄱ/, /ㄷ/, /ㅂ/, /ㅅ/, /ㅈ/가 경음 [ㄲ], [ㄸ], [ㅃ], [ㅆ], [ㅉ]로 바뀐다. 이 현상은 조건이 충족되면 예외 없이 적용되는 필수적인 현상이다.

환경 유형	/ㄱ/ 뒤	/ㄷ/ 뒤	/ㅂ/ 뒤
/ㄱ/의 경음화	먹고[먹꼬]	굳게[굳께]	잡곡[잡꼭]
/ㄷ/의 경음화	학대[학때]	섣달[섣딸]	잡다[잡따]
/ㅂ/의 경음화	국밥[국빱]	돋보기[돋뽀기]	첩보[첩뽀]
/ㅅ/의 경음화	목숨[목쑴]	굳세다[굳쎄다]	답사[답싸]
/ㅈ/의 경음화	걱정[걱쩡]	곧잘[곧짤]	압정[압쩡]

우리말의 파열음은 음절 말에서 폐쇄 상태가 지속되고 개방이 일어나지 않는데, 이때 구강의 공기압이 높아지면서 에너지가 축적된다. 이후 다음 음절의 초성을 발음할 때 비로소 기류가 입 밖으로 빠져나가게 되는데, 이때 수축되었던 목의 근육이 이완되고 축적된 에너지가 한꺼번에 방출되면서 자연스럽게 경음이 발음된다.

부엌데기[부억떼기]

옷고름[옫꼬름]　　　낮다[낟따]　꽃비[꼳삐]　낱개[낟깨]

앞장[압짱]

위의 예들에서는 기저의 종성이 평파열음화 규칙에 의해 /ㄱ/, /ㄷ/, /ㅂ/가 된 후 다시 후행하는 음절의 평장애음을 경음으로 바꾼다. 이때 규칙이 적용되는 단계를 살펴보면 다음과 같다.

/옷고름/ → /옫고름/ → [옫꼬름]

/앞장/ → /압장/ → [압짱]

(2) 어간 말 비음 뒤의 경음화

'안경, 운동, 건더기, 곤지' 등에서 보듯이 일반적으로 비음 뒤에서는 평장애음이 경음으로 바뀌지 않고 원래의 음가대로 발음된다. 그런데 일부 형태론적인 환경에서는 비음 뒤의 평장애음이 경음으로 교체되어 발음된다.

신다[신따], 신고[신꼬], 신지[신찌]

안다[안따], 안고[안꼬], 안지[안찌]

감다[감따], 감고[감꼬], 감지[감찌]

숨다[숨따], 숨고[숨꼬], 숨지[숨찌]

위와 같이 용언의 어간 말 자음이 비음 /ㄴ/, /ㅁ/이고 후행하는 어미의 두음이 평장애음일 경우에는 어미의 두음이 경음으로 교체된다. 그러나 어간 말 자음이 비음이라 하더라도 다음과 같이 어간 뒤에 어미가 아닌 접미사가 결합할 때에는 이러한 현상이 나타나지 않는다.

안기다[안기다], 감기다[감기다], 숨기다[숨기다], 신기다[신기다]

위의 예 중 '신기다'를 [신끼다]로 발음하는 경향이 있는데, 이는 표준 발음이 아니다. '안기다, 감기다, 숨기다' 등에서 경음이 발음되지 않는 것처럼 '신기다'에서도 경음이 발음되지 않는 것이 원칙이므로 이 단어의 발음에 유의할 필요가 있다.

(3) 관형사형 어미 '-ㄹ' 뒤의 경음화

관형사형 어미 '-ㄴ' 뒤에서는 경음화 현상이 일어나지 않지만, 관형사형 어미 '-ㄹ' 뒤에서는 다음과 같이 평장애음이 경음으로 발음된다.

간 곳[간곧]	본 사람[본사람]	먹은 것[머근걷]
갈 곳[갈꼳]	볼 사람[볼싸람]	먹을 것[머글껃]

관형사형 어미 '-ㄹ' 뒤라 하더라도 휴지(休止)가 올 때에는 경음화 현상이 필수적으로 일어나지 않는다. 예를 들어, '갈 곳'을 발음할 때 수식어와 피수식어를 연달아 발음하지 않고 그 사이에 휴지를 두면 '곳'의 초성이 평음으로 발음되기도 한다. 이처럼 관형사형 어미 '-ㄹ' 뒤에서 경음화 현상이 일어나기 위해서는 수식어와 피수식어가 한 호흡 단위를 이루어야 한다.

더 알아보기

어미의 평음 및 경음 표기

한글 맞춤법 제53항은 어미의 평음 표기와 경음 표기에 대해 설명하고 있다. 이 규정에 따르면 '-ㄹ까, -ㄹ꼬, -ㄹ쏘냐, -ㅂ니까/습니까' 등의 의문형 어미는 경음으로 표기하지만, 의문형 어미가 아닌 '-ㄹ걸, -ㄹ게, -ㄹ지, -ㄹ수록' 등의 어미는 평음으로 표기한다. 이 어미들의 실제 발음이 경음으로 실현되는 것은 어미에 포함된 'ㄹ'이 기원적으로 관형사형 어미 '-ㄹ'이었기 때문이다('-ㅂ니까/습니까'는 해당 사항 없음).

관형사형 어미 '-ㄹ' 뒤에서 경음화 현상이 일어날 때에는 이를 표기에 반영하지 않는 것이 원칙이지만, 위의 예들은 이미 어미로 변화를 입었기 때문에 소리 나는 대로 적어도 무방하다.

다만 같은 관형 구성에서 유래한 어미라 하더라도 의문형 어미만을 경음으로 표기하게 된 것은 이 어미들이 이른 시기, 즉 중세 및 근대 시기에 형성되어 경음 표기의 전통을 이어 오는 반면, '-ㄹ걸, -ㄹ게' 등은 어미화한 지가 오래되지 않아 전통적인 표기가 미처 경음으로 자리잡지 못하였기 때문이다. 많은 사람들이 '-ㄹ걸', '-ㄹ게'를 '-ㄹ껄', '-ㄹ께'와 같이 경음으로 표기하는 경향을 보이지만, 전통적인 표기가 없는 탓에 규범에서는 아직 이를 허용하지 않고 있다.

참고로 '-ㄹ수록'의 경우에는 비교적 역사가 오래되었지만, 전통적인 문헌 표기는 '-ㄹ스록'으로 평음이었다. 이 때문인지 현재의 표기도 경음이 아닌 평음으로 되어 있다.

(4) 한자어 내부의 경음화

고유어와는 달리 한자음에는 경음이 드물다. '喫(끽)', '雙(쌍)', '氏(씨)' 정도가 있을 뿐이다. 그래서인지 한자어 내부에서는 경음화 현상이 잘 일어나지 않는다. 다음 단어들을 발음해 보자.

전기(電氣), 인도(引導), 안부(安否), 안심(安心), 인정(人情)
연기(煙氣), 담당(擔當), 남발(濫發), 감소(減少), 감정(感情)

위의 한자어에서는 경음화 현상이 일어나지 않는다. 그렇다면 다음 단어들을 발음해 보자.

발달(發達), 발사(發射), 발전(發展)

특이하게도 위의 한자어에서는 [발딸], [발싸], [발쩐]과 같이 경음화 현상이 일어난다. 그렇다면 한자어에서 /ㄹ/ 뒤에서만 경음화 현상이 일어나는 것일까? 다음 단어들을 발음해 보자.

발견(發見), 발굴(發掘), 발병(發病), 발부(發附)

같은 /ㄹ/ 뒤라 하더라도 위의 한자어에서는 경음화 현상이 일어나지 않는다. 이러한 차이를 어떻게 설명할 수 있을까? 다음 단어들을 발음해 보자.

물건(物件), 결국(結局), 말기(末期), 일기(日記)
절도(竊盜), 결단(決斷), 할당(割當), 출동(出動)
일부(一部), 결빙(結氷), 살벌(殺伐), 출발(出發)
발산(發散), 결속(結束), 실수(失手), 밀실(密室)
굴절(屈折), 결정(決定), 걸작(傑作), 절제(切除)

위의 단어들을 발음해 보면 /ㄹ/ 뒤에서 /ㄷ/, /ㅅ/, /ㅈ/는 경음으로 발음되지만, /ㄱ/, /ㅂ/는 평음으로 발음되는 것을 알 수 있다. 이러한 특성은 조음 위치에 따라 경음화 여부가 달라지는 것이라 할 수 있다. 즉, 한자어 내부에서는 /ㄹ/ 뒤에서 경음화 현상이 발생하는데, 이때 같은 평장애음이라 하더라도 구강의 중앙부에 있는 치경음 /ㅅ/, /ㄷ/와 경구개음 /ㅈ/는 경음화되지만, 구강의 양 끝에 있는 양순음 /ㅂ/와 연구개음 /ㄱ/는 경음화되지 않는다. 이를 발음 기관의 단면도를 이용하여 나타내면 다음과 같다.

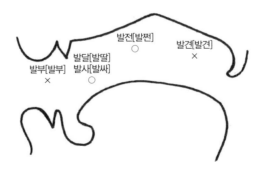

이처럼 조음 위치에 따라 경음화 현상의 적용 여부가 달라지는 이유를 현재로서는 명확하게 설명하기가 어렵다. 통시적으로 과거에 /ㄹ/의 종성 발음이 설측음 [l]로 폐쇄되지 않고 탄설음 [ɾ]로 외파되었을 것이라는 가정을 통해 이러한 차이를 설명하기도 하지만 확실하지는 않다.

최근에 '간단하다'를 [간따나다]로 발음하는 경향이 있는데, '간단(簡單)'은 한자어이며 경음화 현상이 적용될 환경이 아니므로 [간단]으로 발음하는 것이 옳다. 그러나 '산보(散步)'처럼 경음화 현상이 적용될 환경이 아니면서도 경음화된 발음을 인정하는 경우도 있으므로 이러한 기준이 절대적이라고 하기는 어렵다.

어떤 한자어들은 비어두의 위치에서 주로 경음으로 발음되는 경향을 보이기도 한다. 다음 단어들을 발음해 보자.

인기(人氣), 경기(驚氣), 산기(産氣), 광기(狂氣)
물가(物價), 시가(時價), 원가(原價), 평가(評價)

위의 예들은 한자로 된 단어이지만, '기'와 '가'가 [끼], [까]로 발음된다. 같은 한자어이면서도 '경기(景氣)', '공기(空氣)' 등과 같이 경음으로 발음되지 않는 경우도 있지만, '價'의 경우에는 거의 대부분의 예에서 경음으로 발음된다. 이처럼 한자어의 경음화 현상은 매우 복잡한 양상을 보인다.

(5) 합성어의 경음화

합성어를 이룰 때 경음화 현상이 일어나는 경우가 있다. 그러나 다음의 예에서 보듯이 이때의 경음화 현상은 필수적이지 않다.

경음화 현상이 일어나는 예	경음화 현상이 일어나지 않는 예
문고리, 산길 불기둥, 불길 강가, 강둑, 강기슭	문단속, 산사태 불가마, 불장난 강섬, 강자갈

위와 같은 차이를 설명하기 위해 구성 요소의 의미 관계에 따라 경음화 현상의 적용 여부가 결정된다고 보기도 한다.

물고기[물꼬기]　　　불고기[불고기]

'물고기'와 '불고기'는 음운론적인 환경과 형태론적인 구성이 같지만 경음화 현상에서 차이를 보인다. 이러한 차이를 '물'과 '고기', '불'과 '고기'의 의미 관계가 각각 다르거나 '물고기'와 '불고기'에서 '고기'의 의미가 서로 다르다는 점을 들어 설명하기도 한다. '물'과 '고기' 사이에는 '서식지'라는 의미 관계가, '불'과 '고기' 사이에는 '조리 방법'이라는 의미 관계가 성립한다.

'물고기'와 동일한 의미 관계를 가진 '물개[물깨]', '물소[물쏘]' 등에서도 경음화 현상이 일어나는 것을 보면 합성어의 경음화 현상에서 의미 관계가 중요한 역할을 하는 것처럼 보인다. 그러나 역시 동일한 의미 관계를 가진 '물뱀[물뱀]', '물거미[물거미]' 등에서는 경음화 현상이 일어나지 않아 의미 관계를 절대적인 기준으로 보기는 어렵다. 현재로서는 이러한 현상을 절대적인 규칙으로 설명하기가 어려운 상황이다.

이렇게 합성어를 이룰 때 첨가되는 음의 발음은 원칙적으로 [ㄷ]이지만, 관습적인 표기로는 이를 'ㅅ'으로 표기하며, 이를 '사이시옷'이라고 부른다. 다음 단어들의 발음과 표기를 비교해 보면 이러한 점을 잘 알 수 있다.

촛불, 빗길, 바닷가, 노랫소리, 구릿빛

한글 맞춤법 제30항은 사이시옷 표기를 규정하고 있다. 이 중 한자어의 경우에는 음이 첨가되더라도 사이시옷을 받쳐 적지 않도록 규정하고 있는데, 다만 '곳간(庫間), 셋방(貰房), 숫자(數字), 찻간(車間), 툇간(退間), 횟수(回數)' 등 여섯 단어는 예외적으로 사이시옷을 받쳐 적을 수 있도록 하였다.

규정에서 사이시옷을 받쳐 적을 수 있는 한자어를 이 여섯 단어로 한정하다

보니 '셋방'과 관련이 있는 '월세방(月貰房), 전세방(傳貰房)'이나 '찻간'과 관련이 있는 '기차간(汽車間)' 등은 사이시옷을 받쳐 적을 수 없다. 이외에도 '초점(焦點), 대구(對句), 개수(個數), 시가(時價), 대가(對價)' 등 많은 한자어가 이 규정에 따라 사이시옷을 받쳐 적지 못하게 되었는데, 이와 관련해서는 합리적인 대안이 필요해 보인다.

ㄴ 첨가와 사잇소리 현상

학교 문법에서는 합성어 형성 시에 일어나는 경음화 현상과 ㄴ 첨가 현상을 통틀어 '사잇소리 현상'이라고 묶어서 설명한다. 그러나 이때의 경음화 현상과 ㄴ 첨가 현상은 첨가되는 음이 다르고 음운론적인 환경도 다르며, '문고리, 산길'과 같이 공명음 뒤에서 경음화 현상이 일어나는 경우에는 첨가되는 음을 확인하기가 어렵기 때문에 하나의 음운 현상으로 통합하여 다룰 수 없다.

예컨대 제7차 교육과정의 고등학교 『문법』 교과서에서는 '촛불[초뿔], 밤길[밤낄], 콧날[콘날], 솜이불[솜니불]'을 모두 사잇소리 현상으로 설명하였으나, 이 단어들은 서로 다른 성격을 띠고 있어 동일한 음운 현상으로 처리하기가 힘들다.

'촛불'과 '콧날'은 합성어를 이루는 과정에서 /ㄷ/가 첨가되었다는 점에서 공통점이 있다. 다만 전자는 첨가된 /ㄷ/가 후행하는 파열음 /ㅂ/를 경음화하고, 후자는 첨가된 /ㄷ/가 후행하는 비음 /ㄴ/에 의해 비음화된다는 점이 다를 뿐이다.

그런데 사잇소리 현상에서는 '콧날'에 첨가되는 음을 /ㄷ/가 아닌 /ㄴ/로 본다. 그리고 이것을 '솜이불'에 첨가되는 /ㄴ/와 동일하게 처리한다. 그러나 '솜이불'에 /ㄴ/가 첨가되는 현상은 선행 요소가 종성으로 끝나고 후행 요소가 /i/나 /j/계 이중 모음으로 시작한다는 한정된 조건에서만 발생하는 것이어서 '콧날'의 경우와는 전혀 다르다. '콧날'에 첨가되는 음은 /ㄷ/이고 '솜이불'에 첨가되는 음은 /ㄴ/이기 때문에 이 두 현상은 엄연히 성격이 다르다.

그럼에도 이 둘을 동일한 현상으로 처리하는 문제가 발생하게 된 것은 학교 문법에서 표준 발음법 제29항과 제30항을 무리하게 통합하였기 때문이다. 표준 발음법 제

29항은 ㄴ 첨가 현상에 관한 것이고, 제30항은 사이시옷이 붙은 단어의 발음에 관한 것이다. 이 둘은 전혀 다른 성격의 것이지만, 표준 발음법에서 제7장 '음의 첨가'로 묶여 있다. 이 때문인지 학교 문법에서 이 둘을 하나로 통합하여 설명하는 바람에 위와 같은 문제가 발생하게 된 것이다.

지금도 학교 현장에서는 '콧날, 콧물' 등을 ㄴ 첨가 현상으로 설명하는 경향이 있다. 그러나 앞서 언급하였듯이 '콧날, 콧물'과 '솜이불, 담요'에 적용되는 음운 규칙은 적용 환경 자체가 다르기 때문에 '콧날, 콧물'을 ㄴ 첨가 현상의 예로 보아서는 안 된다.

(6) 어두 경음화

단어의 첫머리에서 평음을 경음으로 발음하는 경우가 있다. 이러한 발음은 표준 발음으로 인정하지 않기 때문에 경음화 현상을 다룰 때 제외하는 경향이 있다. 그러나 표준 발음을 교육할 때 중요한 비중을 차지하므로 이에 대해서도 어느 정도 다룰 필요가 있다.

개인 차가 있기는 하겠지만, '수세미, 도랑, 골짜기' 등의 체언은 물론 '닦다, 세다, 자르다, 작다, 좁다' 등의 용언에 이르기까지 광범위하게 많은 단어에서 표기와는 다르게 첫소리를 경음으로 발음하는 경향이 있다. 물론 이를 표준 발음으로 허용하지 않는다. 특히 '쭈꾸미, 쑥맥'과 같이 경음 발음에 이끌려 표기까지 경음으로 잘못하는 경우가 있는데, 발음은 물론 표기에서도 오류가 발생하지 않도록 주의해야 한다. '주꾸미, 숙맥'이 올바른 표기이다.

더 알아보기

'ㅎ' 뒤 'ㅅ'의 발음

표준 발음법 제12항은 받침 'ㅎ'의 발음을 설명하고 있다. 이 중 "'ㅎ(ㄶ, ㅀ)' 뒤에 'ㅅ'이 결합되는 경우에는 'ㅅ'을 [ㅆ]으로 발음한다."라는 내용이 있는데, 그 예로

'닿소[다쏘]', '많소[만:쏘]', '싫소[실쏘]' 등을 제시하였다. 그런데 [다쏘]의 도출 과정에 대해서는 논란이 있다.

표준 발음법은 /ㅎ/와 /ㅅ/가 바로 결합하여 [ㅆ]로 되는 것처럼 기술하고 있지만, 이와는 달리 /'닿소'/가 평파열음화에 의해 [닫소]가 되었다가 경음화 현상에 의해 [닫쏘]가 되고 다시 /ㄷ/가 탈락하여 [다쏘]가 된다고 보는 견해도 있다.

전자와 같은 해석은 종성 /ㅎ/의 평파열음화 현상을 인정하지 않는다. '닿고'가 [다코]로 발음되는 과정에서 종성 /ㅎ/가 평파열음으로 바뀌지 않듯이 '닿소'의 경우에도 /ㅎ/가 평파열음으로 바뀌지 않고 바로 /ㅅ/와 결합하여 [ㅆ]로 된다고 보는 것이다.

반면에 후자의 견해는 다른 자음들과 마찬가지로 종성의 /ㅎ/가 [ㄷ]로 평파열음화하는 과정을 거친다고 본다. 이러한 해석은 평파열음화, 경음화, /ㄷ/ 탈락 규칙이 연달아 적용된다는 점에서 전자보다는 복잡해 보이지만, /ㅎ/와 /ㅅ/의 결합이 [ㅆ]가 되는 것이 자연스럽지 못하다는 점에서 설득력이 있다.

6) 양순음화 현상

지금까지 살펴본 음운 현상들은 자음의 조음 방법이 바뀌는 현상이었다. 이 중 구개음화 현상은 조음 방법과 함께 조음 위치도 바뀌는 특성을 보이는데, 이는 구개음화 현상의 경우 자음의 조음 위치가 모음의 조음 위치로 이동하기 때문이다. 이렇게 조음 방법 외에 조음 위치가 동화되는 현상이 있는데, 특히 자음과 자음이 만날 때 선행 자음이 후행 자음의 조음 위치로 동화되는 현상이 빈번하게 일어난다.

소년이 이번에는 어머니한테 아버지가 어디 가시느냐고 물어 보았다.
"저, 서당골 윤 초시 댁에 가신다. 제삿상에라도 놓으시라구⋯⋯."
"그럼 큰 놈으로 하나 가져가지. 저 얼룩 수탉으루⋯⋯."
이 말에, 아버지는 허허 웃고 나서,

"임마, 그래두 이게 실속이 있다."

소년은 공연히 열적어, 책보를 집어던지고는 외양간으로 가, 소 잔등을 한 번 철썩 갈겼다. 쇠파리라도 잡는 척.

— 황순원,「소나기」

위 글에서 '임마'는 '이놈아'의 준말로 '인마'로 적는 것이 옳은 표기이다. 그러나 대부분의 작품에서 '임마'로 표기하고 있으며, 대부분의 사람들이 [임마]로 발음하고 있다. 옳은 표기는 아니지만, '인마'를 '임마'로 표기하는 것은 실제 발음에 이끌린 결과이다. 이는 치경음 /ㄴ/가 양순음 /ㅁ/ 앞에서 양순음으로 조음 위치가 동화된 것으로, 이를 '양순음화 현상'이라고 한다.

/ㄴㅁ/ → [ㅁㅁ]: 신문[심문], 눈물[눔물], 선물[섬물]
/ㄴㅂ/ → [ㅁㅂ]: 신발[심발], 군밤[굼밤], 안부[암부]

위의 예와 같이 치경음 /ㄴ/는 양순음 /ㅁ/나 /ㅂ/ 앞에서 양순음 [ㅁ]로 발음되는 경향이 있다. 다음과 같이 치경음 /ㄷ/ 역시 양순음 /ㅁ/나 /ㅂ/ 앞에서 양순음으로 발음된다.

/ㄷㅁ/ → [ㅁㅁ]: 만물[맘물], 맏며느리[맘며느리]
/ㄷㅂ/ → [ㅂㅃ]: 돋보기[돕뽀기], 곧바로[곱빠로]

양순음화 현상은 다음과 같이 평파열음화 현상이 일어난 이후에 적용되기도 한다.

/꽃망울/ → /꼳망울/ → [꼼망울]
/꽃봉오리/ → /꼳뽕오리/ → [꼽뽕오리]

그러나 표준 발음법 제21항에서는 양순음화 현상에 의한 발음을 표준 발음으로 인정하지 않는다. 비음화 현상이나 유음화 현상과는 달리 양순음화 현상은 필연적인 현상이 아니기 때문이다.

예를 들어, 많은 사람들이 '눈물'을 [눔물]로 발음하는 경향이 있지만, 표기 그대로 [눈물]로 발음하는 것이 불가능한 것은 아니다. 즉, 많은 사람들이 발음의 편의를 위해 연쇄된 두 자음의 조음 위치를 하나로 일치시키지만, 두 자음의 조음 위치를 반드시 같게 해야만 발음이 가능한 것은 아니다. 이런 이유로 규범에서는 양순음화 현상을 인정하지 않는다.

그러나 현실 발음에서 양순음화 현상이 워낙 두드러지게 일어난다는 점을 감안한다면, 융통성을 발휘하여 양순음화된 발음 역시 표준 발음으로 인정하는 것을 고려해 볼 만하다.

7) 연구개음화 현상

2000년대 초반 우리나라에서 인기를 끌었던 만화 영화 중에 「방가방가 햄토리」라는 작품이 있다. 일본 원작으로, 햄스터들의 좌충우돌 에피소드를 그린 것인데 그 당시에 인기가 매우 높았다.

이 만화 영화의 제목에 나오는 '방가방가'는 예전에 온라인상에서 인사말처럼 사용하던 표현이다. '방가'는 '반가워'에서 '워'를 뺀 '반가'의 발음을 그대로 표기로 옮긴 것인데, '반가워'가 [방가워]로 발음되는 것은 선행 자음의 조음 위치가 후행 자음의 조음 위치에 동화된 결과이다.

구체적으로 보면 치경음 /ㄴ/가 후행하는 연구개음 /ㄱ/의 조음 위치에 동화되어 연구개음 [ㅇ(ŋ)]으로 발음되는데, 이러한 현상을 '연구개음화 현상'이라고 한다. 학교 문법에서는 앞서 다룬 양순음화 현상과 연구개음화 현상을 묶어 '조음 위치 동화 현상'이라고 부른다.

연구개음화 현상은 다음과 같이 치경음이나 양순음이 후행하는 연구개음의 조음 위치에 동화되어 연구개음으로 발음되는 양상을 보인다.

/ㄴㄱ/ → [ㅇㄱ]: 한강[항강], 안경[앙경], 안기다[앙기다]

/ㄷㄱ/ → [ㄱㄲ]: 닫고[닥꼬/다꼬], 묻고[묵꼬/무꼬], 숟가락[숙까락/수까락]

/ㅁㄱ/ → [ㅇㄱ]: 감기[강기], 숨기다[숭기다], 참고[창고]

/ㅂㄱ/ → [ㄱㄲ]: 밥그릇[박끄른/바끄른], 잡곡[작꼭/자꼭], 잡고[작꼬/자꼬]

다음과 같이 평파열음화 후에 연구개음화 현상이 일어나기도 한다.

/옷감/ → /옫감/ → [옥깜]

/꽃길/ → /꼳길/ → [꼭낄]

그러나 표준 발음법 제21항에서는 양순음화 현상과 마찬가지로 연구개음화 현상에 의한 발음을 표준 발음으로 인정하지 않는다. 그런데 예외적으로 연구개음화 현상에 의한 발음이 표준 발음으로 인정된 예가 있다. 아래 글은 1960년대 신문에 실린 독자 투고 글인데, 지금의 '강낭콩'이 '강남콩'으로 표기되어 있다.

요즈음 시장에서 많이 구할 수 있는 감자와 <u>강남콩</u>을 이용해서 감자떡을 좀 만들어 보자. 먼저 감자와 <u>강남콩</u>은 껍질을 벗기어 놓는다. <u>강남콩</u>은 보통 콩보다 껍질이 두꺼우므로 한가한 틈을 이용하여 미리 벗겨 두면 더욱 좋다. 이것을 솥에다 감자와 콩을 삶아서, 감자는 뜨거운 김이 없이 식혀야 좋다.

—『동아 일보』 1963년 8월 5일 자 독자 투고 글

그러나 1988년에 고시된 표준어 사정 원칙 제5항에서는 어원에서 멀리 떨어진 형태로 굳어져서 널리 쓰이는 것은 그것을 표준어로 삼는다면서 '강남콩' 대신 '강낭콩'을 인정하였다. '강남콩'이 '강낭콩'이 된 것은 양순음 /ㅁ/ 가 후행하는 연구개음 /ㄱ/의 조음 위치에 동화되어 [ㅇ(ŋ)]으로 바뀐 것으로,

바로 연구개음화 현상에 해당한다. 그런데 '강낭콩' 외에도 현대 국어의 일부 어휘에서 연구개음화 현상의 흔적을 찾아볼 수 있다.

헌것 > 형겊
둗겁다 > 두껍다
슴겁다 > 싱겁다
굼굼ᄒ다 > 궁금하다
덥갈나모 > 떡갈나무

위의 예들을 통해 연구개음화 현상의 역사가 깊으며 오래전부터 언중들의 발음에 영향을 미쳐 왔다는 사실을 알 수 있다. 외래어 표기로 '돈키호테'와 '동키호테'가 공존하고, '연계(軟鷄)'를 '영계(young鷄)'로 잘못 인식하는 것도 모두 연구개음화 현상의 영향이다.

양순음화 현상과 마찬가지로 연구개음화 현상도 일상생활의 발음에서 널리 보편화되었고 통시적으로 적용되어 현대 국어 어휘의 기저형이 바뀌기도 하였으므로 그 영향력을 인정하여 표준 발음으로 인정하는 방안을 검토해 볼 수도 있겠다.

8) | 역행 동화 현상

자음과 자음, 또는 자음과 모음이 서로 영향을 주고받아 다른 음으로 바뀌는 것처럼 모음과 모음도 서로 영향을 주고받아 다른 모음으로 바뀌는 경우가 있다.

이웃집 <u>애기</u>가 진짜 귀엽다.
아, 정말 <u>챙피하다.</u>
이번에 역전하면 한 방 <u>멕일</u> 수 있다.

차를 따뜻하게 <u>뎁혀</u> 드릴까요?

옷이 너무 헐렁해서 <u>뵈기 싫다.</u>

국물 맛이 <u>쥑인다.</u>

맛이 조금 <u>니끼하네.</u>

위 문장들에서 밑줄 친 부분은 '아기, 창피하다, 먹이다, 덥히다, 보기 싫다, 죽이다, 느끼하다'가 표준어이다. 그러나 일상생활에서 '애기, 챙피하다, 멕이다, 뎁히다, 뵈기 싫다, 쥑이다, 니끼하다'와 같은 표현을 흔히 접할 수 있다. 이 단어들의 공통점은 후설 모음인 /ㅏ/, /ㅓ/, /ㅗ/, /ㅜ/, /ㅡ/가 각각 같은 개구도의 전설 모음인 [ㅐ], [ㅔ], [ㅚ], [ㅟ], [ㅣ]로 바뀐다는 점이다.

혀의 위치	전설 모음		후설 모음	
혀의 높이 · 입술 모양	평순 모음	원순 모음	평순 모음	원순 모음
고모음	ㅣ	ㅟ	ㅡ	ㅜ
중모음	ㅔ	ㅚ	ㅓ	ㅗ
저모음	ㅐ		ㅏ	

또 한 가지 공통점이 있다면 이러한 변화가 일어나는 음절의 바로 뒤 음절이 'ㅣ' 모음을 가지고 있다는 점이다. '아기, 창피, 먹이-, 덥히-, 보기, 죽이-, 느끼'에서 둘째 음절의 모음이 모두 'ㅣ'인 것을 확인할 수 있다.

이러한 현상을 'ㅣ 역행 동화 현상'이라고 하는데, 이는 전설 모음 /ㅣ/가 선행 음절의 후설 모음을 전설 모음으로 동화시킨다는 것을 의미한다. 이를 '움라우트 현상'이라고도 한다.

그런데 위의 예들을 보면, 첫째 음절의 후설 모음과 둘째 음절의 모음 /ㅣ/ 사이에 반드시 자음이 들어가 있는 것을 알 수 있다. '아기, 먹이-, 보기, 죽이-, 느끼'에는 자음이 하나 들어가 있고, '창피'에는 두 개 들어가 있다. '덥히-'는 표기상으로는 자음이 두 개 들어가 있는 것으로 보이나 실제 발음인

[더피]를 보면 하나 들어가 있는 것으로 해석할 수 있다. 사실 여기에서 자음의 개수는 중요하지 않다. 중요한 것은 후설 모음과 /ㅣ/ 사이에 반드시 자음이 하나 이상 들어가야 한다는 것이다. 이를 '개재(介在) 자음'이라고 한다.

아이, 나이, 어버이, 누이, 모임

위의 예들은 [애이], [내이], [어베이], [뉘이], [뫼임]으로 발음되지 않는다. 그 이유는 후설 모음 /ㅏ/, /ㅓ/, /ㅗ/, /ㅜ/와 후행하는 음절의 모음 /ㅣ/ 사이에 개재 자음이 없기 때문이다. 이처럼 개재 자음은 ㅣ 역행 동화 현상에서 중요한 조건에 해당한다.

다리, 어머니, 어디, 가시, 아저씨, 바지, 까치, 어찌

그런데 위의 예들에서는 후설 모음과 /ㅣ/ 사이에 개재 자음이 있음에도 불구하고 ㅣ 역행 동화 현상이 일어나지 않는다. 개재 자음이 있다고 해서 ㅣ 역행 동화 현상이 항상 일어나지는 않는 것이다. 위의 예들에서 보듯이 자음 중 /ㄴ/, /ㄷ/, /ㄹ/, /ㅅ/, /ㅈ/, /ㅊ/, /ㅉ/ 등은 ㅣ 역행 동화 현상을 저지한다. 이 자음들은 조음 위치상 치경음과 경구개음에 속한다는 공통점이 있다. 이를 통해 개재 자음이 치경음과 경구개음일 때에는 ㅣ 역행 동화 현상이 일어나지 않고, 양순음과 연구개음일 때에는 ㅣ 역행 동화 현상이 일어난다는 사실을 알 수 있다. 예를 들면 다음과 같다.

ㅁ, ㅂ - 동그래미(동그라미), 손잽이(손잡이), 애비(아비), 에미(어미)
ㅇ, ㄱ - 가랭이(가랑이), 아지랭이(아지랑이), 싸래기눈(싸라기눈)

그런데 치경음 중에서 /ㄹ/의 경우에는 다음과 같이 예외적으로 ㅣ 역행 동화 현상을 허용하기도 한다. 또한 지역에 따라 '마디'를 '매디'라고 하는 것을

보면, 치경음의 경우에는 개재 자음의 제약이 강력하지는 않은 듯하다.

　　대리미(다리미), 베리다(버리다), 채리다(차리다)

　우리말 규범에서는 원칙적으로 ㅣ역행 동화 현상을 인정하지 않는다. ㅣ역행 동화 현상은 음운론적인 동인이 강하지 않고, 조건이 충족된다고 해서 필수적으로 적용되는 현상도 아니며, 지역에 따라 개인에 따라 양상이 다르게 나타나기 때문이다. 따라서 예로 든 단어들은 모두 표준어로 인정받지 못한다.
　이러한 내용은 표준어 사정 원칙 제9항에 제시되어 있다. 그런데 이 조항에서는 ㅣ역행 동화 현상에 의한 발음을 원칙적으로 표준 발음으로 인정하지 않는다고 하면서도, 예외적으로 ㅣ역행 동화가 적용된 형태인 '동댕이치다', '냄비', '-내기' 등은 표준어로 인정하고 있다. 그리고 '-장이'는 기술자에게, '-쟁이'는 그 외의 경우에 사용하는 것을 원칙으로 한다. '-장이'가 붙는 예로는 '가구장이, 대장장이, 도배장이, 땜장이, 미장이, 옹기장이' 등이 있고, '-쟁이'가 붙는 예로는 '개구쟁이, 겁쟁이, 멋쟁이, 난쟁이, 점쟁이' 등이 있다.
　이처럼 현행 규범에서는 소수의 예만을 인정하지만, 통시적으로 볼 때에는 ㅣ역행 동화 현상에 의한 발음이 현대 국어에 와서 표준 발음으로 굳어진 예가 적지 않다.

올창이 > 올챙이	굼벙이 > 굼벵이	올바미 > 올빼미
삼기다 > 생기다	ᄂᆞ리다 > 내리다	ᄃᆞ리다 > 데리다
ᄌᆞ미(滋味) > 재미	삿기 > 새끼	

　위와 같이 현대 국어의 여러 단어에 통시적으로 ㅣ역행 동화 현상이 반영되어 있는 것을 보면 '애기'나 '챙피하다'처럼 널리 일반화된 발음을 표준 발음으로 인정할 수도 있을 듯하다. 그런데 '애기'나 '챙피하다' 등이 위의 예들과 다른 점은 이 현상의 적용을 받지 않은 '아기'나 '창피하다' 등이 공존한다는

것이다. 따라서 ㅣ역행 동화 현상이 적용된 발음을 정식으로 인정하기 위해서는 복수 표준어 지정이 불가피하다.

학자들은 ㅣ역행 동화 현상이 현재 공시적으로 존재하는 것이 아니라 과거에 통시적으로 변화된 발음이 굳어진 것으로 본다. '애기, 애비, 챙피하다' 등의 발음이 공시적인 규칙에 의해 도출되는 것이 아니라 통시적으로 굳어진 발음이라고 보는 것이다. 이렇게 본다면 국어 화자의 기저에 '아기'와 '애기'가 공존한다고 할 수 있는데, 이러한 해석은 기저형이 반드시 단일한 것은 아니며 복수로 존재할 수도 있다는 복수 기저형의 논의로 연결된다.

현행 규범에서 몇몇 예를 제외하고는 ㅣ역행 동화 현상을 인정하지 않기 때문에 이 현상을 굳이 학생들에게 가르칠 필요가 없다고 주장하기도 한다. 그러나 이 현상이 현재 우리말에 깊숙이 영향을 미치고 있고, '-장이', '-쟁이'와 같이 두 어형이 의미를 달리하는 경우도 있으며, '애기, 아지랭이, 챙피하다' 등이 비표준어라는 점을 이해하기 위해서는 이러한 현상에 대한 이해가 선행되어야 한다. 따라서 비표준 발음이라는 이유만으로 학습 내용에서 제외하는 것은 다시 생각해 볼 필요가 있다.

9) ㅣ순행 동화 현상

우리말의 모음 /ㅣ/는 역행 동화뿐만 아니라 순행 동화도 일으킨다. 예를 들어, 어간 '기-'와 어미 '-어'의 결합은 [기어]로 발음하는 것이 원칙이지만, [기여]로 발음하거나 [겨]로 발음하기도 한다. 이 중 [기여]는 선행하는 모음 /ㅣ/가 후행하는 모음 /ㅓ/를 [ㅕ]로 바꾸는 것으로, 이를 'ㅣ순행 동화 현상'이라고 한다. 다음의 예들도 마찬가지이다.

가리어[가리어/가리여]   울먹이어[울머기어/울머기여]
책이오[채기오/채기요]   아침이오[아치미오/아치미요]

이러한 현상은 어간이 'ㅣ'로 끝날 때뿐만 아니라 다음과 같이 어간이 'ㅚ, ㅟ, ㅞ, ㅐ, ㅔ' 등으로 끝날 때에도 발생한다. 동화주가 'ㅣ'로 국한되지 않고 전설 모음인 'ㅚ, ㅟ, ㅞ, ㅐ, ㅔ'가 모두 동화주 역할을 한다는 점에서는 전설 모음이 후행하는 후설 모음을 전설 모음화하는 현상이라고 할 수 있다.

되어[되어/되여/뒈어/뒈여]   뛰어[뛰어/뛰여]

꿰어[꿰어/꿰여]   뉘어[뉘어/뉘여]

내어[내어/내여]   데어[데어/데여]

그러나 중세 국어 시기에 'ㅚ, ㅟ, ㅞ, ㅐ, ㅔ'의 발음이 각각 [oj], [uj], [wəj], [aj], [əj] 또는 [oi], [ui], [wəi], [ai], [əi]였다는 점을 감안하면, 이러한 현상이 /ㅣ/와 무관하다고 볼 수는 없다.

표준 발음법 제22항에서는 어간이 'ㅣ'와 'ㅚ'로 끝나는 경우만을 예로 들고 있지만, 현실 발음에서는 '내어, 데어'와 같이 어간이 'ㅐ'와 'ㅔ'로 끝나는 경우에도 이러한 현상이 일어난다. 따라서 이 경우도 표준 발음으로 인정할 필요가 있다.

이 현상을 다음과 같이 활음이 첨가되는 현상으로 보고 '활음 첨가' 또는 '/j/ 첨가 현상'이라고 부르기도 한다. 활음 대신 '반모음'이라는 용어를 사용하여 '반모음 첨가 현상'이라고도 한다.

/ki/ + /ə/ → [kijə]

그러나 이 경우에는 우리말에서 활음이 음소로서의 지위를 가지고 있는지를 먼저 따져 보아야 한다. 영어의 경우에는 활음을 음소로 인정하여 문자가 따로 마련되어 있지만, 우리말의 경우에는 이중 모음을 하나의 문자로 처리하는 등 활음을 독립적인 음소로 인식한다고 보기 어려운 측면이 있기 때문이다.

무엇보다도 /ㅣ/에 선행하는 후설 모음이 전설 모음으로 바뀌는 현상을 역행 동화로 본다면 /ㅣ/에 후행하는 후설 모음이 전설 모음으로 바뀌는 현상은 이와 대칭적인 관점에서 순행 동화로 볼 수 있다는 점에서 위와 같은 현상을 첨가 현상으로 보기 어려운 면이 있다.

북한에서는 이러한 현상을 표기에 반영하여 '기여, 되여'와 같이 쓰지만, 남한에서는 이 현상을 표기에 반영하지 않고 '기어, 되어'와 같이 쓰므로 표기할 때 발음에 이끌리지 않도록 주의해야 한다. 특히 '아니오'와 '아니요'의 표기를 구별해야 한다. 두 표기가 모두 가능하지만, 구체적인 형태소 결합 관계는 서로 다르다.

나는 바보가 아니오. (○)　　　나는 바보가 아니요. (×)
그는 천재가 아니오. (○)　　　그는 천재가 아니요. (×)

위의 예처럼 '아니오'가 서술어 역할을 할 때에는 [아니요]로 발음이 되더라도 '아니오'로 표기해야 한다. 어간 '아니-'에 어미 '-오'가 결합한 구성이기 때문이다. 그러나 다음과 같이 대답하는 말일 때에는 '아니요'로 표기하는 것이 옳다.

문법 공부가 어렵습니까?
아니요.

이 경우에는 감탄사 '아니'에 보조사 '요'가 결합한 것으로 본다. 이때의 '요'는 '먹어요, 했어요'에서와 같이 청자에게 존대의 뜻을 나타내는 보조사로 분석한다.

우리가 흔히 출입문에서 볼 수 있는 '미세요, 미시오', '당기시오, 당기세요'는 올바른 표기이지만, 이를 '미시요, 당기시요'로 표기하는 것은 잘못된 것이다. '미세요, 당기세요'는 각각 어간 '밀-'과 '당기-' 뒤에 선어말 어미 '-시-'와 어말 어미 '-어요'가 결합한 것이다. 어말 어미 '-어요'는 어말 어미 '-어'

에 보조사 '요'가 결합한 것으로 다시 분석할 수도 있다. '-시-'와 '-어요'의 결합은 원칙적으로 '-셔요'가 되어야 하지만, 현실 발음을 고려하여 표준어 사정 원칙 제26항에서는 '-세요'와 '-셔요'를 복수 표준어로 인정하였다.

어서 오십시오. (○)   어서 오십시요. (×)   어서 오세요. (○)
안녕히 가십시오. (○)   안녕히 가십시요. (×)   안녕히 가세요. (○)

마찬가지로 위의 예들도 '오십시오, 오세요', '가십시오, 가세요'는 올바른 표기이지만, '오십시요, 가십시요'는 잘못된 표기이다. 이처럼 ㅣ 순행 동화 현상이 일어난다고 해서 이를 그대로 표기에 반영하지 않도록 주의해야 한다.

2── 탈락 현상

우리말의 탈락 현상으로는 자음군 단순화 현상, ㅎ 탈락 현상, ㄹ 탈락 현상 등이 있다. 이것들은 같은 탈락 현상이지만, 구체적인 내용에서는 성격이 다르다. 자음군 단순화 현상은 음절의 구조적인 제약에 의해 발생하지만 나머지 두 현상은 이와는 상관이 없으며, ㅎ 탈락 현상과는 달리 ㄹ 탈락 현상은 원인이 명확하지 않고 통시적인 성격이 강한 편이다.

1) 자음군 단순화 현상

김소월의 시 「진달래꽃」은 한국의 대표적인 시로 많은 사람들의 사랑을 받고 있다. 워낙 유명한 시이다 보니 시 낭송회에서 즐겨 낭송하는 애창시 중의 하나이다.

나 보기가 역겨워 / 가실 때에는 /

말없이 고이 보내 드리우리다 //

영변(寧邊)에 약산(藥山) / 진달래꽃, /

아름 따다 가실 길에 뿌리우리다 //

가시는 걸음걸음 / 놓인 그 꽃을 /

사뿐히 즈려 밟고 가시옵소서 //

나 보기가 역겨워 / 가실 때에는 /

죽어도 아니 눈물 흘리우리다

그런데 이 시의 낭송을 들을 때마다 어색한 부분이 한 군데 있다. 바로 '사뿐히 즈려 밟고'를 발음하는 대목이다. 이 시를 낭송할 때 대부분 '즈려 밟고'를 [즈려 발꼬]로 발음한다. 그러나 '밟고'의 표준 발음은 [발꼬]가 아니라 [밥꼬]이다. [발꼬]로 발음하면 유음 때문에 어감이 부드럽게 느껴지기는 하지만, 규범에서 인정하는 표준 발음은 [발꼬]가 아니라 [밥꼬]이다.

우리말의 음절 말에서는 기저형에 종성이 여러 개가 있더라도 실제로는 자음을 하나만 발음하는데, 이러한 현상을 '자음군 단순화 현상'이라고 한다. 자음군 단순화 현상은 매우 복잡한 양상을 띠어, 음절 말 자음군의 종류가 다양한 데다 어떤 자음이 탈락하는지를 규칙으로 기술하기도 쉽지 않다. 그러나 실제 발음에서 오류를 보이는 경우가 많은 편은 아니므로 실제 발음을 통해 규칙을 이해하면서 틀리기 쉬운 발음 중심으로 학습을 하는 것이 효율적이다.

음절 말 자음군은 두 자음 중 첫째 자음이 파열음인 경우(ㄳ, ㅄ), 첫째 자음이 비음인 경우(ㄵ, ㅀ), 첫째 자음이 유음인 경우(ㄺ, ㄿ, ㄼ, ㄽ, ㄾ, ㄿ, ㅀ)로 나눌 수 있다. 이 중 셋째 유형이 수적으로 가장 큰 비중을 차지한다.

(1) 첫째 자음이 파열음인 경우

이 유형에 속하는 자음군으로는 /ㄳ/와 /ㅄ/가 있다. 이 자음군을 발음해 보면 첫째 자음인 파열음이 남고 둘째 자음인 /ㅅ/가 탈락한다. '몫'과 '삯'은 각각 [목]과 [삭]으로, '없다'와 '값'은 각각 [업따]와 [갑]으로 발음된다.

/ㄳ/ → [ㄱ]: 넋, 몫, 삯

/ㅄ/ → [ㅂ]: 없다, 값

(2) 첫째 자음이 비음인 경우

이 경우에도 첫째 자음인 비음이 남는다. '앉다, 앉고'는 각각 [안따], [안꼬]로 발음되고, '많다, 많고'는 격음화 현상이 적용되어 [만타], [만코]로 발음된다.

/ㄵ/ → [ㄴ]: 앉다, 얹다

/ㄶ/ → [ㄴ]: 끊다, 많다, 않다

(3) 첫째 자음이 유음인 경우

이 경우는 유형이 다양한데, 첫째 자음인 유음이 남는 경우도 있고 둘째 자음이 남는 경우도 있다. 유음이 남는 경우는 /ㄼ/, /ㄽ/, /ㄾ/, /ㅀ/이고, 유음이 탈락하는 경우는 /ㄺ/, /ㄻ/, /ㄿ/이다.

/ㄼ/ → [ㄹ]: 넓다, 떫다, 밟다, 섧다, 얇다, 엷다, 짧다

여덟

/ㄽ/ → [ㄹ]: 곬, 외곬

/ㄾ/ → [ㄹ]: 핥다, 훑다

/ㅀ/ → [ㄹ]: 곯다, 꿇다, 끓다, 닳다, 뚫다, 싫다, 옳다, 잃다

위의 예처럼 /ㄹ/ 뒤에 마찰음 /ㅅ/나 /ㅎ/가 올 때에는 마찰음이 탈락하고, /ㄼ/, /ㄾ/에서도 둘째 자음인 파열음이 탈락한다. 예전에는 아이가 태어난 날로부터 한 해가 되는 날을 '돐'이라고 표기하였지만, 지금은 '돌'이라고 표기한다. 원래 연음될 환경에서는 자음군 단순화 현상이 일어나지 않지만, 이 경우에는 특별히 [도리](주격), [도를](목적격)과 같이 현실 발음이 변한 것을 인정하여 기저형에 /ㅅ/가 없는 것으로 재구조화한 것이다.

위의 자음군 중 /ㄼ/과 관련해서는 주의해야 할 점이 있다. /ㄼ/은 둘째 자음인 파열음이 탈락하고 [ㄹ]가 발음되는 것이 원칙이지만, 예외적으로 어간 '밟-'은 /ㅂ/가 탈락하여 [밥]으로 발음된다. 구체적인 예는 다음과 같다.

짧다[짤따]   짧고[짤꼬]   짧지[짤찌]   짧게[짤께]

넓다[널따]   넓고[널꼬]   넓지[널찌]   넓게[널께]

밟다[밥ː따]   밟고[밥ː꼬]   밟지[밥ː찌]   밟게[밥ː께]

또한 '넓다'의 활용형과는 달리 복합어인 '넓죽하다'와 '넓둥글다'의 경우에는 다음과 같이 예외적으로 유음이 탈락하여 [넙]으로 발음된다. 이는 '넓다'가 과거에 '넙다'였던 흔적이 반영된 것이다.

넓죽하다[넙쭈카다]   넓둥글다[넙뚱글다]

/ㄼ/, /ㄳ/, /ㄾ/, /ㅀ/과는 달리 /ㄺ/, /ㄻ/, /ㄿ/의 경우에는 유음이 탈락하고 나머지 자음이 발음된다. 물론 이 중에서 '읊다'의 경우에는 평파열음화 현상을 거쳐 /ㅍ/이 [ㅂ]로 발음된다.

/ㄺ/ → [ㄱ]: 갉다, 굵다, 긁다, 낡다, 늙다, 맑다, 묽다, 밝다, 붉다, 얽다, 옭다, 읽다
　　　　　　 닭, 삵, 칡, 흙
/ㄻ/ → [ㅁ]: 곪다, 굶다, 닮다, 삶다, 옮다, 젊다
　　　　　　 삶, 앎
/ㄿ/ → [ㅂ]: 읊다

위의 경우에도 예외가 있다. /ㄺ/은 유음이 탈락하여 [ㄱ]로 발음하는 것이 원칙이지만, /ㄱ/로 시작하는 어미와 결합할 때에는 예외적으로 /ㄱ/가 탈락하여 [ㄹ]로 발음된다. 구체적인 예는 다음과 같다.

맑다[막따]	맑지[막찌]	맑고[말꼬]	맑게[말께]
읽다[익따]	읽지[익찌]	읽고[일꼬]	읽게[일께]
굵다[국따]	굵지[국찌]	굵고[굴꼬]	굵게[굴께]

2) ㅎ 탈락 현상

어떤 사람을 처음 만나면 인사를 하면서 자연스럽게 자신의 이름을 말하게 된다. 성인의 경우에는 통성명을 하면서 자신의 이름이 인쇄된 명함을 주고받기도 한다. 이처럼 이름은 자신을 가장 잘 드러내는 표현 수단이라고 할 수 있다.

그런데 간혹 이름이 잘 생각나지 않아 곤란할 때가 있다. 이름을 착각하는 바람에 실례를 범하기도 한다. 이러한 실수를 하지 않으려면 어떤 사람의 이름을 처음 들을 때 정확하게 기억해야 한다. 그런데 그렇게 주의를 기울여도 이름을 정확하게 알아듣지 못하는 경우가 있다.

미현: 안녕하세요? 저는 강미현이라고 합니다.
종오: 네, 반갑습니다. 저는 설종오입니다.

위의 대화에서 강미현 씨가 자신을 소개할 때 [강미현]이라고 정확하게 발음하려 하지만, 실제로는 [강미연]으로 발음하는 경향이 있다. 이런 경우에 설종오 씨가 듣기에는 [강미연]이라고 했는지 [강미현]이라고 했는지 잘 구별이 되지 않는다. 강미현 씨의 경우에도 [설종오]라는 이름을 [설종호]로 인식하기가 쉽다.

이러한 혼란이 일어나는 이유는 /ㅎ/가 공명음 사이에서 쉽게 탈락하는 경향이 있기 때문이다. 우리말의 공명음으로는 공명 자음인 비음(ㄴ, ㅁ, ㅇ)과 유음(ㄹ), 그리고 모음이 있다. '미현'은 모음과 모음 사이에서, '종호'는 비음과 모음 사이에서 /ㅎ/가 탈락하여 각각 [미연], [종오]처럼 들린다.

좋아[조아]   좋은[조은]   놓아[노아]   놓은[노은]
많아[마나]   많이[마니]   끊어[끄너]   끊을[끄늘]

위와 같이 용언 어간 말의 /ㅎ/는 모음으로 시작하는 어미와 결합할 때 음가가 실현되지 않는다. 이러한 점에 착안하여 '새해 복 마니 받으세요.', '조은 ○○'와 같이 일부러 'ㅎ'을 빼고 발음되는 대로 표기하는 경우도 있다.

부호, 고향, 전화, 만화, 큰형, 남향, 강화도, 영화

위의 단어들을 발음할 때에도 용언의 경우와 마찬가지로 /ㅎ/가 잘 발음되지 않는다. 그런데 표준 발음법에서는 용언이 모음으로 시작하는 어미나 접미사와 결합하는 경우에만 /ㅎ/가 탈락하는 것을 인정한다. 즉, 위와 같이 체언에서는 /ㅎ/의 탈락을 인정하지 않는다. 따라서 이들은 [부호], [고향], [전화] 등과 같이 발음하는 것이 원칙이다. 그러나 실제로는 [부오], [고양], [저놔] 등으로 발음하는 경향이 있어 규범과 일치하지 않는 양상을 보인다.

우리가 일상생활에서 '지양(止揚)'과 '지향(志向)'을 제대로 구별하지 못하고 혼동하는 것은 바로 이러한 현상 때문이다. '지양(止揚)'은 더 높은 단계로 오르기 위해 어떠한 것을 하지 않는 것을 의미하고, '지향(志向)'은 어떠한 것을 목표로 하여 나아가는 것을 의미한다. 이 두 단어는 의미가 전혀 다르므로, 발음이 잘 구별되지 않더라도 다음과 같이 표기상으로는 명확하게 구별해야 한다.

무분별한 개발을 지양하고 환경을 보존합시다.
우리가 지향하는 가치는 바로 자유 민주주의이다.

/ㅎ/의 탈락이 워낙 빈번하게 일어나다 보니 원래부터 /ㅎ/가 없는데도 마치 /ㅎ/가 탈락한 것처럼 생각하여 /ㅎ/를 잘못 복원하는 경우도 있다.

여기에서 우리는 한 가지 중요한 사실을 <u>염두해</u> 두어야 한다.

이 일을 하기 위해 몇 가지 <u>염두해야</u> 할 것이 있다.

위 문장처럼 '염두해 두다, 염두하다'라는 표현을 사용하는 경우가 있는데, 우리말에 '염두하다'라는 단어는 없다. 이는 '염두에 두다'를 잘못 쓴 것으로, 원래 /ㅎ/가 없는데도 /ㅎ/가 있는 것으로 생각하여 잘못 표기한 것이다.

푹 쉬고 빨리 <u>낳아라.</u>

그중에서 이게 제일 <u>낳은</u> 것 같다.

치마하고 바지 중에 어느 게 더 <u>낳냐?</u>

위 문장들에서도 /ㅎ/를 잘못 복원하여 오류가 발생하였다. '낫다'의 활용형은 '나은, 나아'이고 '낳다'의 활용형은 '낳은, 낳아'이지만 ㅎ 탈락 현상으로 인해 두 활용형의 발음이 사실상 같아진다. 이 때문에 '낫다'의 활용형 '나은, 나아'를 '낳다'의 활용형 '낳은, 낳아'로 잘못 인식하면서 위와 같은 표기가 나타나게 된 것이다. 마지막 문장에서는 '낫냐'와 '낳냐'의 발음이 [난냐]로 동일한 데에서 오류가 발생하였다.

인터넷상에서 유행하고 있는 '대다나다'라는 표현에도 ㅎ 탈락 현상이 잘 반영되어 있다. '대다나다 대단해'와 같이 표기하는 것을 보면, '대다나다'는 현실 발음 때문에 표기를 혼동했다기보다는 의도적으로 실제 발음을 표기에 반영한 것으로 보인다. 그러나 표준 발음법에서는 용언 어간 말의 /ㅎ/가 탈락하는 경우만 인정하기 때문에 '대단하다'의 표준 발음은 [대다나다]가 아닌 [대:단하다]이다. 이처럼 아직까지는 규범과 현실 발음 사이에 큰 차이가 있다.

영어에서는 오른쪽을 'right', 오른손을 'right hand'라고 한다. 이 'right'의 기본 의미가 '옳은, 바른'이니 영어의 'right hand'는 '올바른 손'이라는 인식을 반영한다. 이는 우리말에서도 마찬가지이다. 우리말의 '오른쪽, 오른손'에서 '오른'은 원래 '옳은(올흔)'에서 온 것으로 ㅎ 탈락 현상이 표기에 반영된 것이다. '오른쪽, 오른손'을 '바른쪽, 바른손'이라고도 하는 것을 통해서도 이러한 사실을 잘 알 수 있다. '왼쪽, 왼손'의 '왼'은 '외다'의 관형사형으로 지금은 잘 쓰지 않지만, 예전에는 '외다'가 '그르다'의 의미로 사용되었다.

▼ 더 생각해 보기

1. 다음 중 괄호 안에 들어갈 알맞은 표기를 골라 보자.

- (희안하게도/희한하게도) 두 사람의 얼굴이 너무 닮았다.
- 삼면이 바다로 (둘러싸인/둘러쌓인) 나라.
- 왕성한 활동으로 여러분의 기대에 (부응하겠습니다/부흥하겠습니다).

2. 이 외에도 ㅎ 탈락 현상에 의해 표기를 잘못하는 예가 있는지 찾아보자.

---

3) ㄹ 탈락 현상

우리말의 용언은 활용할 때 '삼고, 삼아', '먹고, 먹어'와 같이 어간과 어미가 형태 변화 없이 규칙적으로 결합하기도 하지만, '덥고, 더워', '묻고, 물어', '짓고, 지어'와 같이 형태 변화를 수반하기도 한다. 이 중 어간 말 자음이 /ㄹ/일 경우에는 다음과 같이 환경에 따라 /ㄹ/가 탈락하는 규칙적인 모습을 보인다.

알다	알고	알며	아니	아시고
살다	살고	살며	사니	사시고
놀다	놀고	놀며	노니	노시고

위의 예에서 보듯이 어간 말 자음 /ㄹ/는 다음 음절의 초성 /ㄴ/와 /ㅅ/ 앞에서 규칙적으로 탈락한다. 그런데 과거에는 /ㄴ/와 /ㅅ/ 외에 /ㄷ/와 /ㅈ/ 앞에

서도 어간 말 자음 /ㄹ/가 탈락하였다. 현재 우리가 사용하는 몇몇 표현에 그 흔적이 아직도 남아 있다.

그는 인력거꾼이 흘깃 뒤를 돌아다보았을 때, 얼굴의 주름살에서 나이를 가늠 해보면서, 개산에 묻힌 아버지의 얼굴을 떠올려보았다. 늙고 휘주근한 인력거꾼 에게서 아버지의 모습 한 부분을 느낄 수가 있었기 때문이었다.

"그렇다면 노인장께서는 새끼내를 아시겠구만요?"

"아다마다요. 본디 새끼내에는 주막만 있었는듸, 종들이 풀려나오면서 마을이 되었다우."

"하면 노인장께서는 새끼내 사람들도 아시겠네요?"

"그렇고말고요. 한때는 새끼내 사람들과 선창 등짐꾼 노릇을 했는데유."

— 문순태,『타오르는 강』

중문간에서 아이 우는 소리가 엉엉 난다. 모친은 앞창을 열고 내다 보며,

"추운데 어디를 이렇게 싸지르는거냐?"

하며 애년을 나무라고 나서,

"어 우지 마라, 어어 우지 마라!"

하고 건너다보고 어른다.

— 염상섭,『삼대』

위 글에서 '아다마다'는 '알고말고'와 같은 의미로 /ㄷ/ 앞에서 어간 말의 /ㄹ/가 탈락한 것이다. '알다시피'를 '아다시피'라고 하는 것도 마찬가지이다. 또한 '울지 마라'를 예전에는 '우지 마라'라고 했는데, 이는 /ㅈ/ 앞에서 어간 말의 /ㄹ/가 탈락한 것이다. 이처럼 얼마 전까지만 해도 어간 말 자음 /ㄹ/는 /ㄴ/, /ㄷ/, /ㅅ/, /ㅈ/ 앞에서 규칙적으로 탈락하는 현상을 보였지만, 지금은 환경이 축소되어 /ㄴ/와 /ㅅ/ 앞에서만 탈락한다.

한편 활용형이 아닌 복합어에서도 /ㄹ/가 탈락하는 현상을 볼 수 있다. 이

경우에는 다음과 같이 /ㄴ/, /ㄷ/, /ㅅ/, /ㅈ/ 앞에서 모두 /ㄹ/가 탈락하는데, 용언의 활용형과는 달리 환경이 축소되지 않은 것을 알 수 있다.

> /ㄴ/ 앞: 소나무, 아드님, 따님, 겨우내
> /ㄷ/ 앞: 미닫이, 여닫이, 차돌, 다달이
> /ㅅ/ 앞: 부삽, 마소, 무소, 화살
> /ㅈ/ 앞: 바느질, 우짖다, 이부자리

용언의 활용형에서는 어간 말의 /ㄹ/가 규칙적으로 탈락하지만, 복합어일 경우에는 /ㄹ/의 탈락이 수의적이다. 위의 예들과 같은 환경임에도 '달님, 물동이, 물소리, 불조심' 등의 단어에서는 /ㄹ/가 탈락하지 않는다.

이와 관련하여 복합어에서의 ㄹ 탈락 현상을 공시적인 현상이 아닌 통시적인 현상으로 보는 견해가 있다. 과거에 복합어를 형성하면서 /ㄹ/가 탈락하였던 것이 화석화되어 현대 국어에 그대로 반영되어 있다는 것이다.

실제로 /ㄹ/가 탈락한 사실이 잘 드러나지 않는 단어들이 있는데, 이런 단어들은 통시적으로 굳어진 것으로 해석할 수밖에 없다. 예를 들어, '화살'은 '활'과 '살'이 결합하면서 /ㄹ/가 탈락한 것인데, 원래는 '활'과 '살'을 아우르는 의미를 가져야 하지만 현재는 '살'의 의미만을 가지고 있어 공시적으로 합성이 이루어졌다고 볼 수 없다.

'수저'의 경우도 어원적으로는 '술〔匙〕'과 '저〔箸〕'가 결합한 단어이지만, 공시적으로는 합성어라는 점이 잘 인식되지 않는다. 이 때문에 '수저'는 '숟가락'과 '젓가락'을 아우르기도 하고, 한편으로는 의미가 축소되어 '숟가락'만을 의미하기도 한다.

한편 '안(알-+-ㄴ), 압니다(알-+-ㅂ니다), 아오니(알-+-오-+-니), 아오(알-+-오)' 등을 ㄹ 탈락 현상의 적용 예로 보아 이 현상의 적용 환경을 확대하여 해석하기도 한다. 그러나 '안'과 '압니다'는 자음군 단순화 현상으로 자연스럽게 설명되기 때문에 이 예들을 ㄹ 탈락 현상의 예로 볼 이유가 없다.

'아오니'는 통시적으로 '아ᅀᆞᄫᆞ니 > 아ᅀᆞ오니 > 아ᅌᆞ오니 > 아오니'의 과정을 거친 것으로, 애초에 '알-'과 '-ᄉᆞᆸ-'이 결합하는 과정에서 /ㄹ/가 탈락한 어형이 후대에까지 이어져 오는 것이므로 공시적으로 모음 앞에서 /ㄹ/가 탈락하는 것으로 볼 수 없다.

'아오'의 경우에는 종결 어미 '-오'의 기원이 아직 명확하지는 않지만, 중세 국어에 종결 어미 '-오'가 없었다는 점을 고려할 때 역시 '아소' 또는 '아오'와 같은 어형에서 /ㄹ/가 탈락하여 지금까지 내려오는 것으로 생각된다.

3── 첨가 현상

우리말의 첨가 현상으로는 ㄴ 첨가 현상과 ㄷ 첨가 현상이 있다. 이 두 현상은 형태소와 형태소가 결합하는 환경에서 일어난다는 점과 수의적인 현상이라는 점에서 공통점이 있다.

1) ㄴ 첨가 현상

우리말에는 특정 환경에서 비음 /ㄴ/가 첨가되는 현상이 있다. 이와 관련하여 아래의 학교 이름들이 어떻게 발음되는지 빈칸에 적어 보자.

이화여고[　]	경덕여고[　]	일신여고[　]
성심여고[　]	성모여고[　]	신일여고[　]
신답여고[　]	중앙여고[　]	큰빛여고[　]
한밭여고[　]	수도여고[　]	제일여고[　]

빈칸에 적은 발음들을 '여고'의 발음만을 기준으로 하여 분류해 보자. 그러면 다음과 같이 [여고], [녀고], [려고]의 세 유형으로 분류할 수 있을 것이다.

[여고]류 - 이화여고, 성모여고, 수도여고

[녀고]류 - 경덕여고, 일신여고, 성심여고, 신답여고, 중앙여고, 큰빛여고,
　　　　　한밭여고

[려고]류 - 신일여고, 제일여고

고유어 '일'이 결합한 단어들도 위와 같이 분류해 볼 수 있다.

[일]류 - 농사일, 동네일

[닐]류 - 집안일, 잡일, 헛일, 세상일, 밭일, 앞일

[릴]류 - 가을일, 들일

이와 같이 일부 단어에서 표기와는 다르게 발음할 때 [ㄴ]나 [ㄹ]가 첨가되는 현상을 관찰할 수 있다. 그런데 이 중 /ㄹ/가 첨가된 것처럼 보이는 예들은 다음과 같이 /ㄴ/가 먼저 첨가된 후 선행 음절의 종성 /ㄹ/에 의해 이 /ㄴ/가 [ㄹ]로 바뀐 것이므로, 실제로는 다른 예들과 마찬가지로 /ㄴ/가 첨가된 예라 할 수 있다.

이렇게 /ㄴ/가 첨가되는 현상은 '비상약[비상냑], 색연필[생년필], 산업용[사넘뇽], 담요[담뇨], 식용유[시굥뉴], 기본예절[기본녜절], 뒷얘기[뒨내기]' 등 많은 단어에서 일어난다. 이렇게 특정 환경에서 /ㄴ/가 첨가되는 현상을 'ㄴ 첨가 현상'이라고 한다. 그렇다면 ㄴ 첨가 현상은 구체적으로 어떤 환경에

서 일어나는 것일까? 위의 예들을 분석해 보면 ㄴ 첨가 현상을 다음과 같이 기술할 수 있다.

즉, 복합어에서 앞 형태소가 자음으로 끝나고 뒤 형태소가 모음 /ㅣ/, /ㅑ/, /ㅕ/, /ㅛ/, /ㅠ/, /ㅒ/ /ㅖ/ 등으로 시작할 때 그 사이에 /ㄴ/가 첨가된다. 이때 앞 형태소의 말음은 어떤 자음이든지 상관없다. 그리고 이 현상은 단어뿐만 아니라 구 구성에서도 발생한다.

어제 한 일[어제한닐]
안 열린다[안녈린다]
못 이긴다[몬니긴다]

앞 형태소가 모음으로 끝나더라도 다음과 같이 단어 형성 과정에서 사잇소리가 들어가는 경우에는 이 사잇소리가 마지막 음절의 종성으로 기능하여 /ㄴ/가 첨가된다. 그리고 이때 첨가된 /ㄴ/가 선행 음절 말의 사잇소리를 비음화하여 결국 [ㄴㄴ] 연쇄를 이루게 된다.

나무 + 잎 → 나뭇잎[나문닙]
예사 + 일 → 예삿일[예산닐]
베개 + 잇 → 베갯잇[베갠닏]

그런데 다음과 같이 음운론적인 환경이 충족되더라도 /ㄴ/가 첨가되지 않는 경우가 있다.

그림일기[그리밀기], 눈인사[누닌사], 수납인[수나빈],
맛있다[마신따/마딛따]

이처럼 ㄴ 첨가 현상은 필수적인 현상이 아닌 수의적인 현상이다. 환경이 충족된다고 해서 항상 적용되는 것은 아니므로 잘못 발음하지 않도록 주의해야 한다. 아래 단어들은 발음할 때 실수하기가 쉽다.

불이익, 윗잇몸, 밤이슬, 솜이불, 핵융합

이 단어들은 /ㄴ/가 첨가되지 않은 [부리익], [위딘몸], [바미슬], [소미불], [해귱압]으로 발음하기 쉽지만, 각각 [불리익], [윈닌몸], [밤니슬], [솜니불], [행늉합]으로 발음하는 것이 옳다. '첫인사, 첫인상'의 경우에는 /ㄴ/를 첨가 하여 [천닌사], [천닌상]으로 발음하는 경향이 있지만, /ㄴ/를 첨가하지 않은 [처딘사], [처딘상]이 올바른 발음이다.

그런데 다음과 같은 단어들은 /ㄴ/를 첨가한 발음과 /ㄴ/를 첨가하지 않은 발음이 모두 허용된다. ㄴ 첨가 현상이 수의적이다 보니 일부 예에서 특별히 복수 발음이 허용된다고 보면 된다.

검열[검녈/거멸]	금융[금늉/그뮹]
이죽이죽[이중니죽/이주기죽]	야금야금[야금냐금/야그먀금]
욜랑욜랑[욜랑뇰랑/욜랑욜랑]	이글이글[이글리글/이그리글]

이 중 '검열'과 '금융'은 다른 예들과는 달리 단일어라는 점에서 문제가 있 다. 표준 발음법 제29항에서는 ㄴ 첨가 현상을 설명하면서 이 두 단어의 발음 을 복수로 인정하였지만, ㄴ 첨가 현상이 일반적으로 형태소가 결합할 때 발생 한다는 점을 감안한다면 '검열'과 '금융'은 [거멸]과 [그뮹]만을 표준 발음으 로 인정하는 것이 옳다고 본다.

2) ㄷ 첨가 현상

이 현상은 앞서 합성어의 경음화 현상에서 언급하였던 내용이다. 합성어를 형성하면서 선행 요소와 후행 요소 사이에 /ㄷ/가 첨가되는 현상으로, 이때 첨가되는 /ㄷ/를 대개 사이시옷으로 표기한다.

　그러나 모든 합성어에 /ㄷ/가 첨가되는 것은 아니다. 앞서 언급하였듯이 선행 요소와 후행 요소의 의미 관계에 따라 /ㄷ/가 첨가되는 것으로 보기는 하지만, 예외도 많아 이를 절대적인 기준으로 볼 수 없다.

　첨가된 /ㄷ/는 후행하는 평장애음을 경음으로 바꾼다. 이는 필수적인 경음화 현상이며, 선행 요소의 음절 말 위치가 비어 있지 않을 경우에는 /ㄷ/가 실현되지 않고 경음화 현상만 일어난다.

공깃밥[공기빱/공긷빱], 낚싯밥[낙씨빱/낙씯빱], 눈칫밥[눈치빱/눈칟빱]
아침밥[아침빱], 비빔밥[비빔빱], 연밥[연빱]

　위의 단어들은 합성어를 이루면서 경음이 발생한다는 점에서 공통점이 있다. 이 중 '공깃밥, 낚싯밥, 눈칫밥'은 선행 요소의 음절 말에 자음이 없어 /ㄷ/가 첨가되면서 경음화 현상이 발생하였고, 이때 첨가된 /ㄷ/를 'ㅅ'으로 표기하였다. 그러나 '아침밥, 비빔밥, 연밥'은 선행 요소의 음절 말이 비어 있지 않기 때문에 /ㄷ/가 발음되지 못하고 후행하는 /ㅂ/만 [ㅃ]로 경음화되었다.

보리밥, 녹두밥, 잡채밥, 쌀밥, 콩나물밥, 콩밥, 쌈밥

　반면에 위의 예에서는 후행 요소가 동일한 '밥'인데도 경음화 현상이 일어나지 않는다. 이는 단어 구성에서 아예 /ㄷ/가 첨가되지 않았기 때문이다. 대체로 선행 요소가 음식 재료일 때 경음화 현상이 일어나지 않는 것을 알 수 있다.

　그런데 '김밥'의 경우에는 선행 요소가 음식 재료임에도 경음화 현상이 일어난다. '김밥'은 얼마 전까지만 하더라도 표준 발음이 [김:밥]이었지만, 경음화된 발음을 인정하여 현재는 [김:밥]과 [김:빱]을 복수 발음으로 인정하고 있다. '비빔밥'과 '볶음밥'의 경우도 구성 요소들의 의미 관계가 동일하지만,

전자는 경음화가 일어나고 후자는 경음화가 일어나지 않는다.

4──축약 현상

우리말의 축약 현상으로는 '격음화 현상'과 '모음 축약 현상'이 있다. 전자는 자음끼리 만나 축약이 일어나는 현상이고, 후자는 모음끼리 만나 축약이 일어나는 현상이다.

1) 격음화 현상

격음화 현상은 '유기음화 현상'이라고도 하고, 학교 문법에서는 대개 '거센소리되기'라고 한다. 이 현상은 평파열음 또는 평파찰음과 /ㅎ/가 결합하여 격음(거센소리)으로 바뀌는 현상이다.

넣고[너코]   좋다[조타]   많지[만치]

위의 예와 같이 어간 말 자음 /ㅎ/와 어미의 두음 /ㄱ, ㄷ, ㅈ/가 결합하면 [ㅋ], [ㅌ], [ㅊ]로 발음된다. 이 경우에 어미의 두음이 /ㅂ/인 경우는 없어 [ㅍ]는 도출되지 않는다. 위의 예에서는 음절 말 자음 /ㅎ/와 다음 음절의 초성이 축약되었는데, 다음과 같이 /ㅎ/가 음절의 초성에 있을 때에도 축약 현상이 일어난다.

축하[추카]   맏형[마텽]   굽히다[구피다]

이처럼 /ㅎ/는 음절 말에 있든지 음절 초에 있든지 위치와 상관없이 평파열음 또는 평파찰음과 결합하여 축약이 일어난다. 아래의 예처럼 평파열음화 현상이 먼저 일어난 후 축약 현상이 일어나기도 하고, 구 구성에서 축약 현상이 일어나기도 한다.

첫해[처태]	맞홍정[마퉁정]	꽃향기[꼬턍기]
옷 한 벌[오탄벌]	죽 한 그릇[주칸그른]	낮 한때[나탄때]

'많다[만타], 않지[안치]'에서 보듯이 격음화 현상은 /ㅎ/가 자음군을 이룰 때에도 일어나는데, 최근에 '끊기다'를 [끈기다]로 잘못 발음하는 경향이 있다. 이 경우에는 /ㅎ/와 /ㄱ/가 축약되므로 [끈기다]가 아니라 [끈키다]라고 발음해야 한다.

부사 중 '결단코, 무심코, 맹세코' 등은 '결단하고, 무심하고, 맹세하고'가 줄어든 말이다. 이 단어들은 통시적으로 용언의 활용형이 부사로 굳어진 예이지만, 통시적인 과정을 현대 국어의 공시태에서 설명하기가 쉽지 않기 때문에 공시적인 문법 분석으로는 이때의 '-코'를 부사 파생 접미사로 처리하는 것이 일반적이다.

'아무튼, 하여튼'의 경우에는 '아뭏든, 하옇든'으로 적지 않도록 주의해야 한다. 한글 맞춤법 제40항의 [붙임 3]은 이 부사들을 소리 나는 대로 적도록 규정하고 있다. '어떻게'와 '어떡해'도 잘 구별해야 한다.

그 일이 <u>어떻게</u> 됐어?

이 일을 <u>어떡해</u>?

부사어는 '어떻게'로 적고 서술어는 '어떡해'로 적어야 하는데, 간혹 '나 어떻게?'처럼 서술어를 '어떻게'로 적는 경우가 있다. 이때 서술어는 '어떡하다'의 활용형이므로 '어떡해'로 적는 것이 옳다. 부사어 '어떻게'에 이끌려 서술어를 '어떻해'로 잘못 적는 경우도 많은데, '어떡하다'의 활용형은 '어떡해'이므로 틀리지 않도록 주의해야 한다.

한글 맞춤법 제40항은 어간의 끝 음절 '하'의 'ㅏ'가 탈락하여 격음화 현상이 일어날 경우 발음대로 적도록 규정하고 있다. '간편케(간편하게)', '다정타(다정하다)', '연구토록(연구하도록)' 등의 표기가 이에 해당한다. 그런데 '생각다 못해', '생각건대', '익숙지 않다'와 같이 모음 'ㅏ'가 아닌 음절 '하'가 생략되는 경우도 있으므로 주의해야 한다.

더 알아보기

'맞히다'의 발음

'맞히다[마치다]'의 발음 도출 과정에 대해서는 두 가지 견해가 있다. 첫째는 /ㅈ/와 /ㅎ/가 바로 결합하여 [ㅊ]가 된다고 보는 것이다. 둘째는 /맞히다/ → /맏히다/ → /마티다/ → [마치다]와 같이 평파열음화, 격음화, 구개음화가 순차적으로 적용되어 최종 발음이 도출된다고 보는 것이다.

표준 발음법 제12항 [붙임 1]에서는 받침 'ㄱ(ㄺ), ㄷ, ㅂ(ㄼ), ㅈ(ㄵ)'이 뒤 음절 첫소리 'ㅎ'과 결합되는 경우에도 역시 두 음을 합쳐서 [ㅋ, ㅌ, ㅍ, ㅊ]으로 발음한다고 하여, 전자의 견해를 따르고 있다. 그러나 후자의 과정을 거친다고 보는 견해도 만만치 않다.

이는 격음화 현상과 평파열음화 현상 중 어느 쪽이 더 우선순위이냐는 문제라고 볼 수 있다. 만약 격음화 현상이 평파열음화 현상보다 앞서 적용된다면 바로 [마치다]가 되겠지만, 평파열음화 현상이 격음화 현상보다 앞서 적용된다면 평파열음화, 격음화, 구개음화 현상이 순차적으로 적용된다고 보아야 할 것이다. 아직까지는 이 두 가지 견해가 팽팽하게 맞서고 있다.

2) 모음 축약 현상

어간과 어미가 결합할 때 어간의 모음과 어미의 모음이 하나로 줄어드는 경우가 있다. 예를 들어, 어간 '기-'와 어미 '-어'가 결합할 때 이 두 음절이 한 음절인 '겨'로 축약된다. 어간 '보-'와 어미 '-아'가 결합할 때에도 한 음절인 '봐'로 축약된다. 이 현상은 그동안 전통적으로 축약 현상으로 분류되어 왔다. 그러나 최근에 이를 교체 현상으로 보아야 한다는 지적이 있다. 음소 차원에서 볼 때 다음과 같이 모음이 활음으로 바뀌므로 이를 교체 현상으로 보아야 한다는 것이다.

기어		겨	보아		봐
/kiə/	→	[kjə]	/poa/	→	[pwa]
⋮		⋮	⋮		⋮
/i/	→	[j]	/o/	→	[w]

음운 현상은 음절 차원이 아닌 음소 차원의 문제이므로, 음소 차원에서 보면 이 현상을 교체 현상으로 볼 수도 있을 것 같다. 그런데 위와 같이 발음 기호를 사용하여 전사를 할 경우에는 교체의 양상을 쉽게 파악할 수 있지만, '겨', '봐'와 같이 한글로 표기를 할 경우에는 시각적으로 음절이 축약된다는 점이 확연하게 눈에 들어온다. 시각적인 표기가 아니더라도 발음을 청취할 때 음절 수가 줄어든다는 점이 쉽게 파악된다.

게다가 앞서 설명하였듯이 우리말에서 활음이 음소의 지위를 갖느냐 하는 점에 대해서 아직 명확한 결론이 도출되지 않았기 때문에 섣불리 이 현상을 교체 현상으로 보기는 어려울 듯하다.

이러한 현상을 축약 현상으로 볼 때 축약되는 대상이 음소가 아니라 음절이라는 점에서 문제가 될 수도 있다. 그러나 자세히 보면 /i/와 /ə/라는 모음이 각각 음절을 이루기 때문에 두 음절이 한 음절로 축약된 것으로 보일 뿐, 이 현상의 본질은 두 모음이 하나의 모음으로 축약된 것이라고 할 수 있다.

학교 문법에서는 대개 음소에 해당하는 요소로 자음과 모음을 제시한다. 그리고 모음을 다시 단모음과 이중 모음으로 분류한다. 이러한 처리는 이중 모음을 활음과 주모음으로 분리하여 각각을 음소로 인정하는 것이 아니라 이중 모음 전체를 음소로 인정하는 것이어서 활음을 음운 현상의 대상으로 삼기가 어렵다.

　일반적으로 교과서에서는 국제 음성 기호(IPA)를 사용하여 음성을 전사하지 않고 한글로 발음을 표기하는데, 이러한 표기 방식을 통해서는 활음을 음소 단위로 인지하기가 어렵다는 문제가 있다. 서양의 음소 문자들이 활음을 별도의 문자로 표기하는 것과는 달리 한글은 애초부터 이중 모음을 하나의 문자로 표기하였는데, 이는 우리말의 이중 모음에 대한 인식을 잘 보여 준다고 할 수 있다. 이러한 여러 가지 상황을 고려할 때 위와 같은 현상은 활음 첨가 현상이 아닌 모음 축약 현상으로 이해하는 것이 바람직해 보인다.

참고 문헌

1부 총론

강범모 외(2000), 『한국어의 텍스트 장르, 문체, 유형 — 컴퓨터와 통계적 기법의 이용』, 태학사.

고영근(2004가), 「국어 문법 교육의 방향 탐색 — 현행 고등학교 『문법』을 검토하면서」, 『우리말 연구』 제15집, 우리말학회.

고영근·구본관(2008), 『우리말 문법론』, 집문당.

구본관·신명선(2011), 「원리 중심의 문법 교육에 대한 연구」, 『국어 교육 연구』 제27집, 서울대학교 국어교육연구소.

김광해(1993), 『국어 어휘론 개설』, 집문당.

_____(1997), 『국어 지식 교육론』, 서울대학교 출판부.

김봉순(2002), 『국어 교육과 텍스트 구조』, 서울대학교 출판부.

_____(2010), 「국어 교육을 위한 텍스트 분류 체계 연구 — 읽기와 쓰기 영역을 중심으로」, 『국어 교육학 연구』 제39집, 국어교육학회.

김소영·이병운(2013), 「고등학교 국어과 어휘 교육 내용의 구성 요소 연구」, 『교사 교육 연구』 제52권 제3호, 부산대학교 사범대학 과학교육연구소.

김윤신(2014가), 「국어 문법 교육에서의 의미 교육의 한계와 전망」, 『새 국어 교육』 제98호, 한국국어교육학회.

김은성(2005), 「영국의 문법 교육에 대한 고찰」, 『문법 교육』 제2호, 한국문법교육학회.

_____(2006), 「국어 문법 교육의 태도 교육 내용 연구」, 서울대학교 박사 학위 논문.

_____(2008), 「국어 문법 교육에서 '텍스트' 처리의 문제」, 『국어 교육학 연구』 제33집, 국어교육학회.

김은성 외(2009), 「고등학교 〈문법〉 '이야기' 단원의 내용 구성 연구」, 『국어 국문학』 제151호, 국어국문학회.

김정자(2004), 「텍스트 언어학과 작문 교육」, 『텍스트 언어학』 제17집, 한국텍스트언어학회.

김창원 외(2015), 『2015 개정 교과 교육과정 시안 개발 연구 Ⅱ — 국어과 교육과정』 연구보고 CRC 2015-25-3, 한국교육과정평가원.

김혜정(2011), 「'정보 전달' 텍스트의 특성과 교수 학습 방법」, 『국어 교육』 제136호, 한국어교육학회.

남가영(2009), 「문법 지식의 응용화 방향: 신문 텍스트에 나타난 '-(다)는 것이다' 구문의 의미 기능을 중심으로」, 『형태론』 제11권 제2호, 박이정.

_____(2011), 「문법 교육용 텍스트의 개념 및 범주」, 『국어 교육』 제136호, 한국어교육학회.

남기심·고영근(1993),『표준 국어 문법론』(개정판), 탑출판사.

박나리(2012),「'-는 것이다' 구문 연구 — 문법 기능과 담화 기능 그리고 화자의 담화 전략의 상관성을 중심으로」,『국어학』제65집, 국어학회.

서덕희(2010),「교육학에서 담론적 접근의 의미」,『교육 사회학 연구』제20권 제4호, 한국교육사회학회.

신명선(2004),「어휘 교육의 목표로서의 어휘 능력(lexical competence)에 대한 연구」,『국어 교육』제113호, 한국어교육학회.

_____(2011),「국어과 어휘 교육 내용의 유형화에 관한 연구」,『국어 교육학 연구』제40집, 국어교육학회.

윤석민(2011),「텍스트 언어학과 화용론 — 그 상호 접점을 찾아서」,『한국어 의미학』제34집, 한국어의미학회.

이관희(2012),「문법 교육에서 텍스트 중심 통합의 방향 탐색」,『국어 교육』제137호, 한국어교육학회.

이익섭·채완(1999),『국어 문법론 강의』, 학연사.

이지수·정희창(2015),「문장 성분 교수를 위한 '문법 교과 내용 지식' 연구」,『새 국어 교육』제104호, 한국국어교육학회.

임동훈(2011),「한국어의 문장 유형과 용법」,『국어학』제60집, 국어학회.

제민경(2014),「'장르' 개념화를 위한 문법 교육적 접근」,『국어 교육학 연구』제49집 제3호, 국어교육학회.

_____(2015),「장르 문법 교육 내용 연구」, 서울대학교 박사 학위 논문.

조진수, 노유경, 주세형(2015),「학습자의 논증 텍스트에 나타난 '것 같다'에 대한 문법 교육적 고찰」,『새 국어 교육』제105호, 한국국어교육학회.

주세형(2004),「학교 문법 다시 쓰기 — 언어 단위 문제를 중심으로」,『국어 교육학 연구』제20집, 국어교육학회.

_____(2005가),「국어과 어휘 교육의 발전 방향」,『독서 연구』제14호, 한국독서학회.

_____(2005나),「통합적 문법 교육 내용 설계의 원리와 실제 연구」, 서울대학교 박사 학위 논문.

_____(2006가),「국어 지식 영역의 규범성 패러다임: 창의성과 균형 잡기」,『국어 교육』제119호, 한국어교육학회.

_____(2009),「할리데이 언어 이론의 국어 교육학적 의미」,『국어 교육』제130호, 한국어교육학회.

_____(2010),「학교 문법 다시 쓰기(3): 인용 표현의 횡적 구조 연구」,『새 국어 교육』제85집, 한국국어교육학회.

_____(2014),「통합적 문법 교육의 전제와 학문론적 의의」,『국어 교육 연구』제34집, 서울대학교 국어교육연구소.

_____(2016가), 「〈언어와 매체〉 교재 구성의 원리 — 문법 영역에서의 통합 원리 탐색을 중심으로」, 『문법 교육』 제28호, 한국문법교육학회.

_____(2016나), 「'통일성과 응집성' 관련 성취 기준에 대한 검토」, 『한말 연구』 제40호, 한말연구학회.

주세형·조진수(2014), 「독서의 언어학」, 『청람 어문 교육』 제52집, 청람어문교육학회.

최현배(1937/1971), 『우리말본』, 정음사.

허웅(1995), 『20세기 우리말의 형태론』, 샘문화사.

Dancygier, B. & Sweetser, E.(2015), 『비유 언어 — 인지 언어학적 탐색』, 임지룡·김동환 공역, 한국문화사.

Lakoff, G. & Johnson, M.(2006), 『삶으로서의 은유』(수정판), 노양진·나익주 공역, 박이정.

Andrews, L.(2008), 『국어 수업을 위한 언어 탐구와 인식』, 이관규 외 역, 박이정.

Knapp, P. & Watkins, M.(2007), 『장르·텍스트·문법 — 쓰기 교육을 위한 문법』, 주세형 외 역, 박이정.

Owens, R. E.(2006), 『언어 발달』(제6판), 이승복·이희란 공역, 시그마프레스.

2부 텍스트

강소영(2002), 「[확연], [당연], [개연]의 양태 표지 연구」, 『한국어학』 제16집, 한국어학회.

_____(2003), 「양태 표지의 선택에 관한 연구」, 『이화 어문 논집』 제21집, 이화어문학회.

구본관(2008), 「맞춤법 교육 내용 연구 — 한글 맞춤법의 원리를 중심으로」, 『국어 교육』 제127호, 한국어교육학회.

_____(2016), 「문법 연구의 변화와 문법 교육의 변화 — 탈문법학 시대의 문법 교육의 새로운 지향」, 『국어 교육 연구』 제37집, 서울대학교 국어교육연구소.

김지영(2011), 『피동형 기자들』, 효형출판.

김혜연(2010), 「과학 글쓰기의 또 다른 가능성 — 『성호사설』과 『의산문답』을 중심으로」, 『국어교육학연구』 제46집, 국어교육학회.

맹승호 외(2010), 『지구과학 논문의 언어 특성 이해: 레지스터 분석』, 『한국지구과학회지』 제31권 제7호, 한국지구과학회.

박영민(2003), 「과학 영역의 작문에서 예상 독자 유형과 은유의 전략」, 『국어 교육학 연구』 제16집, 국어교육학회.

박재연(2007), 「보조 용언 구성 '-어지-'의 양태 의미에 대하여」, 『국어학』 제50집, 국어학회.

박진호(2011), 「시제, 상, 양태」, 『국어학』 제60집, 국어학회.

신명선(2006), 「국어 학술 텍스트에 드러난 헤지(Hedge) 표현에 대한 연구」, 『배달말』 제38집, 배달말학회.

신선경(2008), 「과학 탐구와 과학 글쓰기에 대한 텍스트 언어학적 접근」, 『텍스트 언어학』 제

24집, 한국텍스트언어학회.

_____(2009), 「과학의 언어 ─ 이론 구성과 소통 기능을 중심으로」, 『사고와 표현』 제2집 제1
호, 한국사고와표현학회.

안소진(2012) 「학술 논문 문형의 문법적 특징과 담화 기능에 대하여」, 『어문 연구』 제73집, 어
문연구학회.

오장근(2001), 「사건 보도, 사태 보도, 르포르타주 ─ 정보 위주 신문 텍스트의 텍스트 유형 분
류를 위한 연구」, 『텍스트 언어학』 제10집, 한국텍스트언어학회.

오철우(2015), 「대중 과학에서 은유와 유비의 역할: 가모프의 우주론 3부작을 중심으로」, 『한
국과학사학회지』 제37권 제1호, 한국과학사학회.

이선웅(2001), 「국어의 양태 체계 확립을 위한 시론」, 『관악 어문 연구』 제26집, 서울대학교 국
어국문학과.

_____(2008), 「국어 명사구의 유형에 대하여」, 『어문 연구』 제56집, 어문연구학회.

이정찬(2013), 「글쓰기 교육을 위한 과학 텍스트 분석 연구」, 『우리말 교육 현장 연구』 제7집
제2호, 우리말교육현장학회.

이호승(2001), 「국어의 상 체계와 보조 용언의 상적 의미」, 『국어학』 제38집, 국어학회.

임동훈(2011), 「한국어의 문장 유형과 용법」, 『국어학』 제60집, 국어학회.

최미숙 외(2016), 『국어 교육의 이해 ─ 국어 교육의 미래를 모색하는 열여섯 가지 이야기』(개
정3판), 사회평론.

Andrews, L.(2008), 『국어 수업을 위한 언어 탐구와 인식』, 이관규 외 역, 박이정.

Beaugrande, R. de & W. Dressler, W.(1991), 『담화·텍스트 언어학 입문』, 김태옥·이현호 공역,
양영각.

Halliday, M.(2004), *The Language of Science*, Continuum.

Knapp, P. & Watkins, M.(2007), 『장르·텍스트·문법 ─ 쓰기 교육을 위한 문법』, 주세형 외 역,
박이정.

3부 문장

고영근(2004나), 『한국어의 시제 서법 동작상』, 태학사.

고영근·구본관(2008), 『우리말 문법론』, 집문당.

구본관 외(2015), 『한국어 문법 총론 I ─ 개관, 음운, 형태, 통사』, 집문당.

권재일(2012), 『한국어 문법론』, 태학사.

김광해 외(1999), 『국어 지식 탐구 ─ 국어 교육을 위한 국어학 개론』, 박이정.

김윤신(2001가), 「파생 동사의 어휘 의미 구조: 사동화와 피동화를 중심으로」, 서울대학교 박
사 학위 논문.

_____(2001나), 「한국어 동사의 어휘 의미 구조와 피동화의 제약」, 『언어학』 제30호, 한국언

어학회.

_____(2012가), 「국어의 상적 의미 구문에 대한 의미 해석 ─ 유형 강제와 인지적 추론」, 『한국어 의미학』 제39집, 한국어의미학회.

_____(2012나), 「국어 사동문에 나타난 사동 행위의 직·간접성 ─ 사동문의 논항 구조와 사건 구조를 중심으로」, 『우리말 연구』 제30집, 우리말학회.

_____(2013가), 「생성 어휘부 이론과 합성성의 기제」, 『한국어 의미학』 제41집, 한국어의미학회.

_____(2014나), 「국어 의미론에서의 기술 문법과 학교 문법」, 『국어학』 제69집, 국어학회.

손호민(1978), 「긴 형과 짧은 형」, 『어학 연구』 제14권 제2호, 서울대학교 어학연구소.

양인석(1974), 「Two Causative Forms in Korean」, 『어학 연구』 제10권 제1호, 서울대학교 어학연구소.

이관규(2012), 『학교 문법론』(개정판), 월인.

이익섭·채완(1999), 『국어 문법론 강의』, 학연사.

이지수(2016), 「문법 교육을 위한 교수학적 내용 지식 연구」, 서울대학교 박사 학위 논문.

임지룡 외(2010), 『문법 교육론』, 역락.

주세형(2006나), 『문법 교육론과 국어학적 지식의 지평 확장』, 역락.

최현배(1937/1971), 『우리말본』, 정음사.

허웅(1995), 『20세기 우리말의 형태론』, 샘문화사.

Dowty, D. R.(1979), *Word Meaning and Montague Grammar*, Reidel.

Lee, C.(1973), "Abstract Syntax and Korean with Reference to English", PhD. Dissertation, Indiana University.

Pustejovsky, J.(1995), *The Generative Lexicon*, The MIT Press.

Shibatani, M.(1973), "Lexical versus Periphrastic Causatives in Korean", *Journal of Linguistics* 9-2.

Smith, C.(1992), *The Parameter of Aspect*, Kluwer.

Vendler, Z.(1957/1967), *Linguistics and Philosophy*, Cornell University Press.

4부 어휘

구본관(2011가), 「어휘 교육의 목표와 의의」, 『국어 교육학 연구』 제40집, 국어교육학회.

_____(2011나), 「어휘 교육의 이론과 실제」, 『우리말 교육 현장 연구』 제5집 제2호, 우리말교육현장학회.

김창원(2012), 「고등학교 어휘 교육의 위상과 어휘 교육론의 과제」, 『국어 교육학 연구』 제44집, 국어교육학회.

남기심·고영근(1993), 『표준 국어 문법론』(개정판), 탑출판사.

도원영(2008),『국어 형용성 동사 연구』, 태학사.

박형우(2012),「국어 어휘 교육 개선 방안 연구」,『청람 어문 교육』제46집, 청람어문교육학회.

윤평현(2008),『국어 의미론』, 역락.

이관규(2011),「문법 교육과 어휘 교육」,『국어 교육학 연구』제40집, 국어교육학회.

_____(2013),『학교 문법 교육론』(개정판), 고려대학교 민족문화연구원.

이충우(2005),「국어 어휘 교육의 개선 방안」,『국어 교육학 연구』제24집, 국어교육학회.

임지룡(1992),『국어 의미론』, 탑출판사.

_____(2010),「국어 어휘 교육의 과제와 방향」,『한국어 의미학』제33집, 한국어의미학회.

최경봉(2000),「은유 표현에서 단어의 선택과 해석 원리」,『한국어 의미학』제7집, 한국어의미학회.

_____(2015),『어휘 의미론 — 의미의 존재 양식과 실현 양상에 대한 탐구』, 한국문화사.

최호철(2006),「전통 및 구조 언어학에서 본 의미의 본질」,『한국어 의미학』제21집, 한국어의미학회.

홍종선 외(2009),『국어사전학 개론』, 제이앤씨.

황화상(2013),『현대 국어 형태론』(개정판), 지식과교양.

Lyons, J.(2011),『의미론 1 — 의미 연구의 기초』, 강범모 역, 한국문화사.

_____(2013),『의미론 2 — 의미와 문법, 맥락, 행동』, 강범모 역, 한국문화사.

5부 음운

강신항(1987),『훈민정음 연구』, 성균관대학교 출판부.

김무림(1992),『국어 음운론』, 한신문화사.

_____(2004),『국어의 역사』, 한국문화사.

김무림·김옥영(2009),『국어 음운론』, 새문사.

김성규(1996),「중세 국어 음운」,『국어의 시대별 변천·실태 연구 1 — 중세 국어』, 국립국어연구원.

배영환(2010),「학교 문법의 '음운의 변동'에 대한 비판적 고찰」,『언어학 연구』제17호, 한국중원언어학회.

배주채(2003),『한국어의 발음』, 삼경문화사.

백두현 외(2013),『한국어 음운론』, 태학사.

신승용(2013),『국어 음운론』, 역락.

신지영(2000),『말소리의 이해 — 음성학·음운론 연구의 기초를 위하여』, 한국문화사.

_____(2006),「국어 음운론 지식의 교과서 수용 실태와 문제점 — 고등학교『문법』교과서를 중심으로」,『한국어학』제33집, 한국어학회.

_____(2011),『한국어의 말소리』, 지식과교양.

신지영·차재은(2003), 『우리말 소리의 체계 ─ 국어 음운론 연구의 기초를 위하여』, 한국문
화사.

신호철(2008), 「『문법』 교과서에서 '말소리' 단원의 양상과 문제」, 『국어 국문학』 제150호, 국
어국문학회.

양순임(2007), 『말소리』, 제이앤씨.

이기문(1961), 『국어사 개설』, 민중서관.

_____(1972가), 『국어사 개설』(개정판), 탑출판사.

_____(1972나), 『국어 음운사 연구』, 탑출판사.

이동석(2002), 「국어 음운 현상의 소멸과 변화에 대한 연구」, 고려대학교 박사 학위 논문.

_____(2005), 「국어 경음화 현상에 대한 연구」, 『청대 학술 논집』 제6집, 청주대학교 학술연구
소.

_____(2013가), 「'ㅸ'의 음가론」, 『국어사 연구』 제17호, 국어사학회.

_____(2013나), 「'음절의 끝소리 규칙'에 대한 비판적 검토」, 『새 국어 교육』 제94호, 한국국
어교육학회.

_____(2014), 「국어사에서의 기술 문법과 학교 문법: 〈독서와 문법 Ⅱ〉 교과서를 중심으로」,
『국어학』 제69집, 국어학회.

_____(2015), 「중학교 국어 교과서의 음운 단원 연구」, 『새 국어 교육』 제105호, 한국국어교
육학회.

이문규(2003), 「국어 지식 영역 음운 관련 단원의 내용 검토」, 『어문학 교육』 제27집, 한국어문
교육학회.

_____(2004), 『국어 교육을 위한 현대 국어 음운론』, 한국문화사.

이상신(2014), 「국어 음운론에서의 기술 문법과 학교 문법」, 『국어학』 제69집, 국어학회.

이진호(2005), 『국어 음운론 강의』, 삼경문화사.

_____(2012), 『한국어의 표준 발음과 현실 발음』, 아카넷.

이호영(1996), 『국어 음성학』, 태학사.

장석(2016가), 「ㅿ-ㅸ의 연쇄로 본 ㅿ의 음가」, 『구결 연구』 제36집, 구결학회.

____(2016나), 「후기 중세 한국어에서 ㅿ의 음운 자격」, 『민족 문화 연구』 제72호, 고려대학교
민족문화연구원.

장윤희(2013), 「훈민정음 제자 원리의 위계성과 이체」, 『어문 연구』 제41권 제2호, 한국어문교
육연구회.

허웅(1958), 『국어 음운론』, 정음사.

____(1965), 『국어 음운학』(개고신판), 정음사.

인용 출처

2부 텍스트

박완서, 『아주 오래된 농담』, 실천문학사, 2000.

안정효, 「글더듬이 접속사」, 『안정효의 글쓰기 만보』, 모멘토, 2006.

최명희, 『혼불 1』, 한길사, 1996.

권정생, 「아낌없이 주는 나무」, 『고등학교 독서와 문법』, 이도영 외, 창비, 2013.

도정일, 「고독한 성찰과 불안한 의심의 극장」, 『별들 사이에 길을 놓다』, 문학동네, 2014.

유홍준, 「진경산수의 창시자, 겸재 정선」, 『고등학교 국어 Ⅱ』, 문영진 외, 창비, 2013.

김애란, 「침묵의 미래」, 『2013 이상문학상 작품집』, 김애란 외, 문학사상사, 2013.

「한글의 생일날」, 『중학교 국어 6』, 이도영 외, 창비, 2012.

김선우, 「쓰레기통, 부정된 것들을 긍정하는 자의 힘」, 『김선우의 사물들』, 눌와, 2005.

정민, 「옛사람의 기록 정신」, 『책 읽는 소리』, 마음산책, 2002.

「안락사를 허용해서는 안 된다」, 『중학교 국어 5』, 이도영 외, 창비, 2012.

「금강 소나무 숲을 다녀와서」, 『고등학교 국어 Ⅱ』, 문영진 외, 창비, 2013.

윤오영, 「찰밥」, 『곶감과 수필』, 태학사, 2000.

「나비 박사 석주명」, 2013년 국가 수준 학업 성취도 평가 중학교 3학년 국어.

엘리엇 애런슨, 캐럴 태브리스, 『거짓말의 진화 — 자기 정당화의 심리학』, 박웅희 역, 추수밭, 2007.

조화순, 「집단 지성이란 무엇인가?」, 『집단 지성의 정치 경제 — 네트워크 사회를 움직이는 힘』, 조화순 외, 한울아카데미, 2011.

주세형, 「국어과 문법 평가 이론의 발전 방향」, 『국어 교육』 제135호, 한국어교육학회, 2011.

남형두, 「서설 — 이성적이고 합리적인 표절 논의를 제창함」, 『표절론 — 표절에서 자유로운 정직한 글쓰기』, 현암사, 2015.

이정전, 「시장과 국가 그리고 생활 세계」, 『인간 문명과 자연 세계 — 자연, 물질, 인간』, 이정전 외, 민음사, 2014.

심상민, 「다문화 사회에서의 문식성 교육의 제 문제」, 『국어 교육학 연구』 제35집, 국어교육학회, 2009.

김윤정 외, 「네트워크 경제를 고려한 거시 경제 실증 모형의 한국 경제에 대한 함의」, 『한국 경제의 분석』 제21권 제2호, 한국금융연구원, 2015.

조동일, 『학문론』, 지식산업사, 2012.

이준구, 「한미 FTA, 걸어 볼 만한 도박인가?」, 『쿠오바디스 한국 경제 — 이념이 아닌 합리성의 경제를 향하여』, 푸른숲, 2009.

진중권, 「유희·노동·주술」, 『미학 오디세이 1 — 에셔와 함께 탐험하는 아름다움의 세계』(완결 개정판), 휴머니스트, 2003.

곽동우, 「독서를 시작하는 사람들을 위한 독서 기술」, 『독서 혁명 — 변화를 만들지 못하는 독서 는 버려라』, 은행나무, 2011.

4부 어휘

정철, 「글자 하나 생각 하나 마음 하나」, 『한글자』, 허밍버드, 2014.

안도현, 「형용사를 멀리하고 동사를 가까이하라」, 『가슴으로도 쓰고 손끝으로도 써라 — 안도 현의 시작법』, 한겨레출판, 2009.

이무영, 「제1과 제1장」, 『제1과 제1장』, 문학과지성사, 2009.

신동엽, 「옹」, 『신동엽 시전집』, 창비, 2013.

황현산, 「민주주의 앞에 붙었던 말」, 『밤이 선생이다』, 난다, 2013.

김정운, 『휴테크 성공학』, 명진출판사, 2003.

김정운, 「'나'는 내 기억이 편집된 결과다!」, 『에디톨로지 — 창조는 편집이다』, 21세기북스, 2014.

배유안, 『초정리 편지』, 창비, 2007.

배순탁, 「이것이야말로 어른의 음악」, 『시사IN』 제435호, 2016년 1월 19일.

이희재, 「살 빼기: 군살은 뺄수록 아름답다」, 『번역의 탄생 — 한국어가 바로 서는 살아 있는 번 역 강의』, 교양인, 2009.

신동엽, 「너에게」, 『신동엽 시전집』, 창비, 2013.

김소진, 「쥐잡기」, 『열린 사회와 그 적들』, 솔, 1993.

손석춘, 「저 긴 '죽음의 행렬'을 보라」, 『한겨레』, 2009년 1월 29일.

이문구, 「우리 동네 김씨」, 『우리 동네』, 민음사, 1981.

안도현, 「외로움」, 『그리운 여우』, 창작과비평사, 1997.

안도현, 「아까징끼」, 『안도현의 발견』, 한겨레출판, 2014.

김소연, 「중요하다: 소중하다」, 『마음 사전』, 마음산책, 2008.

배병삼, 「공자의 사생활 — 자한편」, 『논어, 사람의 길을 열다』, 돌베개, 2005.

유홍준, 「그때 그런 일이 다 있었단 말인가」, 『나의 문화 유산 답사기 — 일본편 1 규슈』, 창비, 2013.

최경봉, 「세상 속 지식을 모두 모아라」, 『우리말의 탄생 — 최초의 국어사전 만들기 50년의 역 사』, 책과함께, 2005.

신영복, 「책은 먼 곳에서 찾아온 벗입니다」, 『냇물아 흘러 흘러 어디로 가니 — 신영복 유고』, 돌 베개, 2017.

임종국,「친일문학론」,『친일문학론』, 민족문제연구소, 2013.

남영신,「벗/동무/친구」,『한국어 용법 핸드북』, 모멘토, 2005.

김두식,「무죄의 추정」,『고등학교 국어 Ⅱ』, 문영진 외, 창비, 2013.

김찬호,「창밖을 보지 않는 여행 — KTX」,『문화의 발견 — KTX에서 찜질방까지』, 문학과지성사, 2007.

김애란,『두근두근 내 인생』, 창비, 2011.

안도현,「나는 왜 문학을 하는가」,『그런 일』, 삼인, 2016.

빌렘 플루서,『글쓰기에 미래는 있는가』, 윤종석 역, xbooks, 2015.

김인환,「좋은 글이란?」,『글쓰기의 방법』, 작가, 2005.

에릭 캔델,「화가는 어떻게 얼굴, 손, 몸, 색깔로 감정을 묘사하는가」,『통찰의 시대: 뇌과학이 밝혀내는 예술과 무의식의 비밀』, 이한음 역, 알에이치코리아, 2014.

이병언,「심장과 혈액 운동」,『고교생이 알아야 할 생물 스페셜』, 신원문화사, 2000.

정약용,「넘어져도 반드시 일어나야 한다」,『유배지에서 보낸 편지』(개정2판), 박석무 편역, 창비, 2009.

신경림,「순결한 젊음, 윤동주를 읽다」,『고등학교 국어 Ⅰ』, 문영진 외, 창비, 2013.

고종석,「공화국의 시민이 되기 위하여」,『시사IN』제436호, 2016년 1월 23일.

5부 음운

김화진,「고속금어(古俗今語) ④ 술라(巡羅) 잡기」,『경향 신문』, 1954년 9월 19일.

황순원,「소나기」,『소나기』, 다림, 1999.

문순태,『타오르는 강』, 창작과비평사, 1987.

염상섭,『삼대』, 실천문학사, 2000.

찾아보기

지은이 소개

최경봉 원광대학교 국어국문학과 교수

원광대학교 국어국문학과에서 국어학을 가르치면서 어휘 의미론, 국어학사, 국어 정책과 관련한 연구를 하고 있다. 『우리말의 수수께끼』(공저), 『우리말의 탄생』, 『한글에 대해 알아야 할 모든 것』(공저), 『한글 민주주의』, 『우리말 관용어 사전』, 『어휘 의미론』, 『근대 국어학의 논리와 계보』 등을 저술하였다.

김윤신 인천대학교 국어교육과 교수

의미에 초점을 맞추어 한국어 문법과 문법 교육을 연구하는 언어학자이다. 1993년 서울대학교 언어학과를 졸업하고 2001년 서울대학교 대학원에서 문학 박사 학위를 받았다. 서울대학교 인문학 연구원 선임 연구원, 신라대학교 국어교육과 교수 등을 거쳐 2014년 2학기부터 인천대학교 국어교육과에서 교수로 재직 중이다.

이동석 한국교원대학교 국어교육과 교수

음운론, 형태론, 어원론, 어휘사, 음운사와 관련한 연구를 하면서, 『방송 언어와 국어 연구』(공저), 『한국어 표현 문법』(공저), 『국어 음운 현상의 공시성과 통시성』, 『우리말 어휘의 역사 연구 1』, 『시어의 어원 연구』 등을 저술하였다. 2010년부터 계간지 『말과 글』에 일상생활의 언어 표현을 문법적으로 해석하는 글을 연재하고 있다.

주세형 서강대학교 교육대학원 교수

서울대학교 국어교육과를 졸업하고 2005년 동대학원에서 교육학 박사 학위를 받은 후, 서원대학교를 거쳐 현재 서강대학교 교육대학원 교수로 재직 중이다. 주요 논저로는 『문법 교육론과 국어학적 지식의 지평 확장』, 『국어 교육의 이해』(공저), 『국어과 교과서론』(공저), 『장르 · 텍스트 · 문법』(공역) 등이 있다.